MOSAIK

DER GESCHICHTE AUF DER SPUR

F4 VOM ERSTEN WELTKRIEG BIS ZUR GEGENWART

Herausgegeben
von Joachim Cornelissen • Martin Ehrenfeuchter • Christoph Henzler • Michael Tocha • Helmut Winter

Erarbeitet
von Joachim Cornelissen • Martin Ehrenfeuchter • Bettina Hennemann • Christoph Henzler • Dorina Jechnerer • Julia Kind • Jan Koppmann • Norbert Lorch • Gertrud Lübbecke • Kirsten Müller • Stefan Schipperges • Michael Tocha • Stefan Weih • Helmut Winter

Beraten
von Christoph Cornelißen

AUSGABE HESSEN

Oldenbourg

N E U Z

1914-1918 Erster Weltkrieg	1939-1945 Zweiter Weltkrieg	Zeitalter

Dt. Kaiser-reich	1918-1933 Weimarer Republik	1933-1945 NS-Diktatur		1949-1990

1918/19 1920 1930 1940 1950

1914-1918
Erster Weltkrieg

1917
Revolution in Russland
Eintritt der USA in den Ersten Weltkrieg

9. November 1918
Ende des dt. Kaiserreichs/ Ausrufung der Republik

1919
Versailler Vertrag
Weimarer Verfassung

1923
Hyperinflation und Ruhrkrise

1924-1953
Herrschaft Stalins

1925
Vertrag von Locarno

1929
Beginn der Weltwirtschaftskrise

30. Jan. 1933 Ernennung Hitlers zum Reichskanzler/ Aufbau der NS-Diktatur

9. November 1938
Pogromnacht

1939-1945
Zweiter Weltkrieg

ab 1942
Vernichtung der europäischen Juden

ab 1943
„totaler Krieg"

1943-1948
Flucht und Vertreibung von Deutschen aus den Ostgebieten

8. Mai 1945
bedingungslose Kapitulation der deutschen Wehrmacht
6. und 9. August 1945
Atombomben auf Hiroshima und Nagasaki

1947
Trumandoktrin und Marshallplan

1948
Währungsreformen
Berlinblockade/„Luftbrücke"

Mai 1949
Grundgesetz der BRD
Oktober 1949
Verfassung der DDR
Gründung der Nato

17. Juni 1953
Volksaufstand in der

1955
Gründung des Warschauer Pa

1957
Gründung de Europäische Wirtschafts- gemeinscha (EWG)

E I T

des Ost-West-Konflikts/Kalter Krieg | Globalisierung

Teilung Deutschlands (BRD und DDR) | Bundesrepublik Deutschland

1970 — 1980 — 1990 — 2000 — 2007

1
uerbau

1962
Kubakrise

1964-1973
Vietnamkrieg

1970
Ostverträge

1972
Grundlagenvertrag

1975
Konferenz für Sicherheit und
Zusammenarbeit in Europa (KSZE)

ab 1985 Michail Gorbatschow –
Perestroika und Glasnost in der Sowjetunion

1989/90
Umbruch im Ostblock

9. Nov. 1989 Fall der Mauer

3. Oktober 1990
Beitritt der fünf „neuen" Länder
zur Bundesrepublik Deutschland

1991
Ende der UdSSR und Auflösung des Warschauer Pakts

1993
Vertrag von Maastricht (Europäische Union)

Worum geht es in diesem Buch und wie ist es aufgebaut?

Im Fach Geschichte beschäftigst du dich in diesem Schuljahr mit dem 20. Jahrhundert, dem Zeitalter von zwei Weltkriegen und der Rivalität von zwei Machtblöcken. Das Schlusskapitel des Buches reicht bis an die Gegenwart heran. Dazu haben Lehrerinnen und Lehrer darstellende Texte verfasst. Zusätzlich gibt es Materialien wie Bild- und Textquellen, Karten und Schaubilder sowie Arbeitsaufträge, mit deren Hilfe du die am Anfang eines jeden Kapitels genannten Kompetenzen zur Bearbeitung der Inhalte erwerben kannst. Hier einige Hilfen, damit du dich im Buch zurechtfindest und dir das Lernen erleichtern kannst:

Wenn du „Mosaik – Der Geschichte auf der Spur“ durchblätterst, begegnen dir unterschiedlich gestaltete Seiten:
Auftaktdoppelseiten bringen großformatige Bilder und führen dich in das jeweilige Thema eines Großkapitels ein. Sie sollen deine Neugier auf das kommende Thema wecken, oft wirst du aber auch schon einiges darüber wissen und davon berichten können. Die **nachfolgende Doppelseite** greift die Inhalte dieser Bilder auf und bietet zusätzliche Informationen. Außerdem erhältst du auf diesen Seiten eine kurze Vorschau auf die Inhalte dieses Großkapitels. Dies geschieht meist in Form von Fragen, die du dir vielleicht auch selbst schon gestellt hast und auf die du eine Antwort erwarten darfst.
Die einzelnen Themenbereiche sind in der Regel auf einer **Doppelseite** dargestellt, damit ein Problem möglichst im Zusammenhang gelesen und untersucht werden kann. Die **darstellenden** Texte ① findest du meist auf der linken Seite. Sie sind durch **Abschnittstitel** ② noch einmal untergliedert, die zur leichteren Übersicht Unterpunkte einer Einheit hervorheben. Bildquellen, Grafiken ③ oder Karten können dort ebenfalls zu finden sein. Begriffe, die besonders wichtig sind, werden mit einem ▸ vor dem Wort gekennzeichnet und auf den Seiten 244–251 erläutert. Auf der rechten Seite finden sich **Materialien** ④. Das sind Texte und Dokumente, die aus der behandelten Zeit stammen. Sie sind mit einem **M** versehen und werden durchnummeriert. Wenn es sich um Aussagen aus unserer Zeit handelt, steht vor dem **M** ein ■. Diese Auszüge erklären einen Sachverhalt. Manchmal geben sie auch die Meinung von Historikern wieder, die geschichtliche Ereignisse oft sehr unterschiedlich beurteilen. Schließlich haben die Autoren auch Erzähltexte verfasst, weil diese oft spannender zu lesen sind als Sachtexte. Die **Arbeitsaufträge** ⑤ wollen dazu anregen, die vorgestellten Materialien näher zu erschließen, sie verweisen auf ergänzende Stellen im Buch oder auf Fragen, die bis in unsere Gegenwart von Bedeutung sind.
Im Kasten **GESCHICHTE AKTIV/KREATIV** findest du Anregungen für Projekte, die etwas mehr Zeit in Anspruch nehmen und insbesondere deine/eure Kreativität und Initiative erfordern. Hier arbeitet ihr oft in Gruppen an der Lösung der Aufgaben. Das fördert den Teamgeist, d.h. die sozialen Fähigkeiten/Kompetenzen deiner Klasse. Die Vorschläge sind auch für Projekttage oder -wochen geeignet.
Eine Besonderheit sind die farblich abgesetzten **Methodenseiten.** Hier wird Hilfestellung gegeben, welche Arbeitstechniken du in sinnvollen Schritten bei einzelnen Materialien (z. B. Karten, Bildern, Texten) anwenden sollst, damit du möglichst viele Informationen aus ihnen ableiten kannst. Die Methoden aus den Bänden 1 bis 3 werden dir in einem Überblick auf den Seiten 238–243 noch einmal erklärt.
Schließlich gibt es noch am Ende eines jeden Großkapitels Doppelseiten zum **Kompetenzen trainieren, sichern und vertiefen.** Mit den dort angebotenen Materialien, der Zeittafel, den wichtigsten Fachbegriffen und den Arbeitsaufträgen kannst du für dich alleine die Inhalte der Einheit wiederholen und prüfen, ob du die am Anfang des Kapitels ➡ beschriebenen Kompetenzen erworben hast. Häufig können hier aber auch im Team neue und interessante Arbeitsformen ausprobiert werden.
Mithilfe des **Namen- und Sachregisters** kannst du rasch nachschlagen, um Informationen zu finden.
Auf den Seiten 9–11 geht es los – dort findest du alle Themen im Überblick.

Viel Spaß mit „MOSAIK – DER GESCHICHTE AUF DER SPUR“!

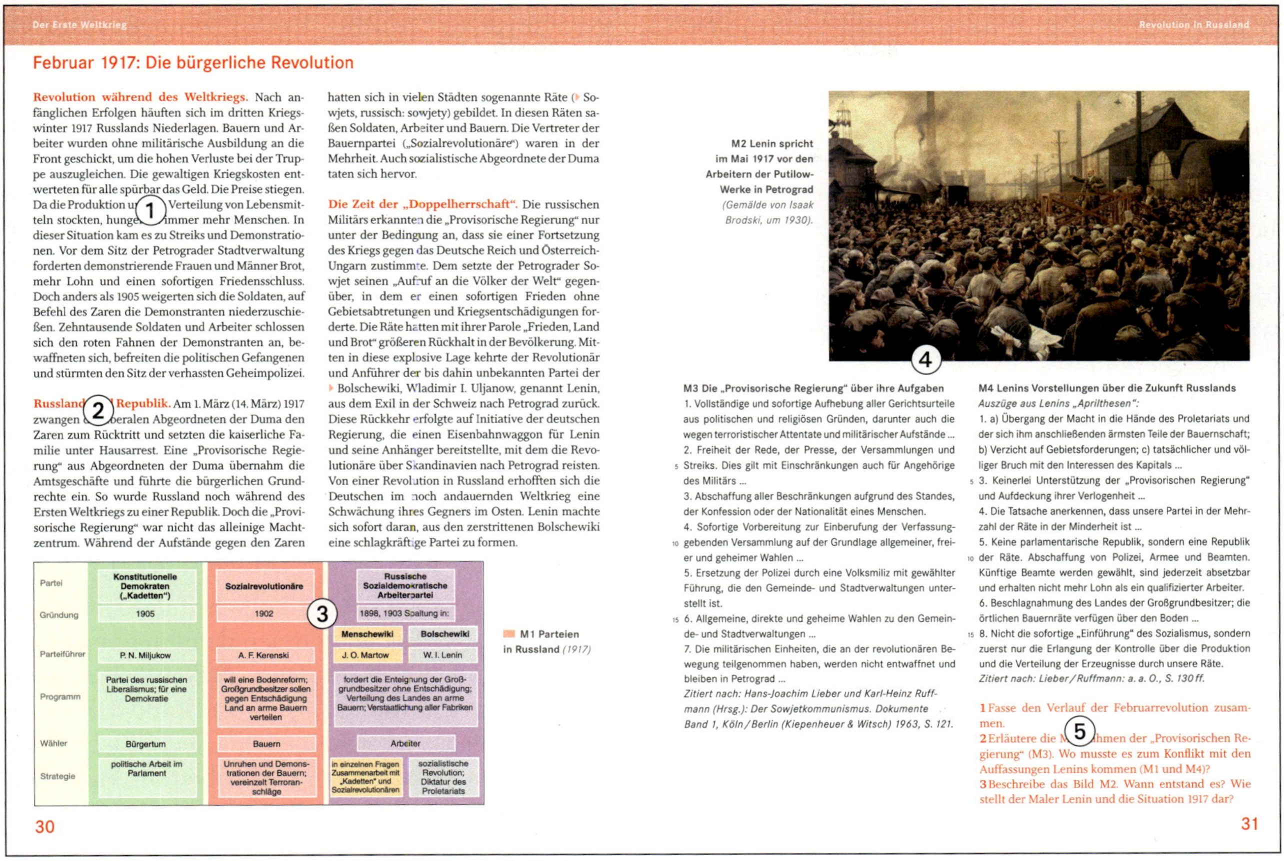

Februar 1917: Die bürgerliche Revolution

Revolution während des Weltkriegs. Nach anfänglichen Erfolgen häuften sich im dritten Kriegswinter 1917 Russlands Niederlagen. Bauern und Arbeiter wurden ohne militärische Ausbildung an die Front geschickt, um die hohen Verluste bei der Truppe auszugleichen. Die gewaltigen Kriegskosten entwerteten für alle spürbar das Geld. Die Preise stiegen. Da die Produktion u Verteilung von Lebensmitteln stockten, hunge immer mehr Menschen. In dieser Situation kam es zu Streiks und Demonstrationen. Vor dem Sitz der Petrograder Stadtverwaltung forderten demonstrierende Frauen und Männer Brot, mehr Lohn und einen sofortigen Friedensschluss. Doch anders als 1905 weigerten sich die Soldaten, auf Befehl des Zaren die Demonstranten niederzuschießen. Zehntausende Soldaten und Arbeiter schlossen sich den roten Fahnen der Demonstranten an, bewaffneten sich, befreiten die politischen Gefangenen und stürmten den Sitz der verhassten Geheimpolizei.

Russland Republik. Am 1. März (14. März) 1917 zwangen beralen Abgeordneten der Duma den Zaren zum Rücktritt und setzten die kaiserliche Familie unter Hausarrest. Eine „Provisorische Regierung" aus Abgeordneten der Duma übernahm die Amtsgeschäfte und führte die bürgerlichen Grundrechte ein. So wurde Russland noch während des Ersten Weltkriegs zu einer Republik. Doch die „Provisorische Regierung" war nicht das alleinige Machtzentrum. Während der Aufstände gegen den Zaren hatten sich in vielen Städten sogenannte Räte (▸ Sowjets, russisch: sowjety) gebildet. In diesen Räten saßen Soldaten, Arbeiter und Bauern. Die Vertreter der Bauernpartei („Sozialrevolutionäre") waren in der Mehrheit. Auch sozialistische Abgeordnete der Duma taten sich hervor.

Die Zeit der „Doppelherrschaft". Die russischen Militärs erkannten die „Provisorische Regierung" nur unter der Bedingung an, dass sie einer Fortsetzung des Kriegs gegen das Deutsche Reich und Österreich-Ungarn zustimmte. Dem setzte der Petrograder Sowjet seinen „Aufruf an die Völker der Welt" gegenüber, in dem er einen sofortigen Frieden ohne Gebietsabtretungen und Kriegsentschädigungen forderte. Die Räte hatten mit ihrer Parole „Frieden, Land und Brot" größeren Rückhalt in der Bevölkerung. Mitten in diese explosive Lage kehrte der Revolutionär und Anführer der bis dahin unbekannten Partei der ▸ Bolschewiki, Wladimir I. Uljanow, genannt Lenin, aus dem Exil in der Schweiz nach Petrograd zurück. Diese Rückkehr erfolgte auf Initiative der deutschen Regierung, die einen Eisenbahnwaggon für Lenin und seine Anhänger bereitstellte, mit dem die Revolutionäre über Skandinavien nach Petrograd reisten. Von einer Revolution in Russland erhofften sich die Deutschen im noch andauernden Weltkrieg eine Schwächung ihres Gegners im Osten. Lenin machte sich sofort daran, aus den zerstrittenen Bolschewiki eine schlagkräftige Partei zu formen.

Partei	Konstitutionelle Demokraten („Kadetten")	Sozialrevolutionäre	Russische Sozialdemokratische Arbeiterpartei	
Gründung	1905	1902	1898, 1903 Spaltung in:	
			Menschewiki	Bolschewiki
Parteiführer	P. N. Miljukow	A. F. Kerenski	J. O. Martow	W. I. Lenin
Programm	Partei des russischen Liberalismus; für eine Demokratie	will eine Bodenreform; Großgrundbesitzer sollen gegen Entschädigung Land an arme Bauern verteilen	fordert die Enteignung der Großgrundbesitzer ohne Entschädigung; Verteilung des Landes an arme Bauern; Verstaatlichung aller Fabriken	
Wähler	Bürgertum	Bauern	Arbeiter	
Strategie	politische Arbeit im Parlament	Unruhen und Demonstrationen der Bauern; vereinzelt Terroranschläge	in einzelnen Fragen Zusammenarbeit mit „Kadetten" und Sozialrevolutionären	sozialistische Revolution; Diktatur des Proletariats

M1 Parteien in Russland *(1917)*

M2 Lenin spricht im Mai 1917 vor den Arbeitern der Putilow-Werke in Petrograd *(Gemälde von Isaak Brodski, um 1930).*

M3 Die „Provisorische Regierung" über ihre Aufgaben

1. Vollständige und sofortige Aufhebung aller Gerichtsurteile aus politischen und religiösen Gründen, darunter auch die wegen terroristischer Attentate und militärischer Aufstände …
2. Freiheit der Rede, der Presse, der Versammlungen und Streiks. Dies gilt mit Einschränkungen auch für Angehörige des Militärs …
3. Abschaffung aller Beschränkungen aufgrund des Standes, der Konfession oder der Nationalität eines Menschen.
4. Sofortige Vorbereitung zur Einberufung der Verfassunggebenden Versammlung auf der Grundlage allgemeiner, freier und geheimer Wahlen …
5. Ersetzung der Polizei durch eine Volksmiliz mit gewählter Führung, die den Gemeinde- und Stadtverwaltungen unterstellt ist.
6. Allgemeine, direkte und geheime Wahlen zu den Gemeinde- und Stadtverwaltungen …
7. Die militärischen Einheiten, die an der revolutionären Bewegung teilgenommen haben, werden nicht entwaffnet und bleiben in Petrograd …

Zitiert nach: Hans-Joachim Lieber und Karl-Heinz Ruffmann (Hrsg.): Der Sowjetkommunismus. Dokumente Band 1, Köln/Berlin (Kiepenheuer & Witsch) 1963, S. 121.

M4 Lenins Vorstellungen über die Zukunft Russlands

Auszüge aus Lenins „Aprilthesen":

1. a) Übergang der Macht in die Hände des Proletariats und der sich ihm anschließenden ärmsten Teile der Bauernschaft; b) Verzicht auf Gebietsforderungen; c) tatsächlicher und völliger Bruch mit den Interessen des Kapitals …
3. Keinerlei Unterstützung der „Provisorischen Regierung" und Aufdeckung ihrer Verlogenheit …
4. Die Tatsache anerkennen, dass unsere Partei in der Mehrzahl der Räte in der Minderheit ist …
5. Keine parlamentarische Republik, sondern eine Republik der Räte. Abschaffung von Polizei, Armee und Beamten. Künftige Beamte werden gewählt, sind jederzeit absetzbar und erhalten nicht mehr Lohn als ein qualifizierter Arbeiter.
6. Beschlagnahmung des Landes der Großgrundbesitzer; die örtlichen Bauernräte verfügen über den Boden …
8. Nicht die sofortige „Einführung" des Sozialismus, sondern zuerst nur die Erlangung der Kontrolle über die Produktion und die Verteilung der Erzeugnisse durch unsere Räte.

Zitiert nach: Lieber/Ruffmann: a. a. O., S. 130 ff.

1 Fasse den Verlauf der Februarrevolution zusammen.
2 Erläutere die M hmen der „Provisorischen Regierung" (M3). Wo musste es zum Konflikt mit den Auffassungen Lenins kommen (M1 und M4)?
3 Beschreibe das Bild M2. Wann entstand es? Wie stellt der Maler Lenin und die Situation 1917 dar?

Was du lernen kannst

Warum beschäftigen wir uns überhaupt mit der Vergangenheit und den weit zurückliegenden Handlungen von Menschen? Vieles davon hat heute noch Bestand, wir können es **wahrnehmen.** Bauten, die 100, 1000 oder auch 2000 Jahre alt sind, können wir anschauen und anfassen. Wir fangen an, Fragen zu stellen, z. B.: Wie, wann und von wem wurde das Gebäude gebaut? Dazu beschaffen wir uns Informationen, um Antworten auf die Fragen zu bekommen. Das alles gehört zur Wahrnehmung von Geschichte. Bei unserer Erforschung der Vergangenheit sind wir angewiesen auf historische Materialien, wie Bilder, Denkmäler, Quellentexte. Um diese für die Beantwortung unserer Fragen zu nutzen, müssen wir lernen sie auszuwerten. Das betrifft unsere **Analysefähigkeit.**

Wenn wir uns mit der Geschichte auseinandersetzen, ordnen wir auch vergangene Ereignisse ein, z. B. ob sie vor oder nach Christi Geburt stattfanden, oder wir beginnen, sie zu deuten, z. B. wie sie damals auf die Menschen wirkten oder wodurch sie verursacht wurden. So **urteilen** wir über das vergangene Geschehen. Vor allem aber dient die Beschäftigung mit der Geschichte auch dem Verstehen der Gegenwart und dem zukünftigen Handeln von Menschen. Es geht also darum, **Orientierung** aus der Vergangenheit für Gegenwart und Zukunft zu bekommen.

Kompetenzen auf- und ausbauen

Mit „Mosaik – Der Geschichte auf der Spur" werden die grundlegenden Fähigkeiten/Kompetenzen gefördert, die du für den Umgang mit der Geschichte benötigst. An wesentlichen Stellen, z. B. auf der zweiten Auftaktdoppelseite, auf den Methodenseiten sowie bei den Kapitelschlussseiten kannst du sie an Abkürzungssymbolen erkennen:

WK = **Wahrnehmungskompetenz**
AK = **Analysekompetenz**
UK = **Urteilskompetenz**
OK = **Orientierungskompetenz**

Was ich bisher gelernt habe (1649–1914)

Absolutismus und Aufklärung. Im 17. Jh. stritten die Stände, also Geistlichkeit, Adel und Bürgertum, mit den Königen und Fürsten um Mitbestimmung und Machtbeteiligung. In England führte dieser Streit zu einer Teilung der Macht zwischen König und Parlament. In Frankreich und den meisten Staaten des Deutschen Reichs hingegen gelang es den Monarchen, die Stände zurückzudrängen und ihre Macht zu steigern. Ludwig XIV. von Frankreich wurde zum Inbegriff des absolutistischen Herrschaftsstils. Sein riesiges Schloss, das er in Versailles errichten ließ, diente als sichtbares Zeichen der königlichen Macht. Er beanspruchte, sein Amt direkt von Gott erhalten zu haben, ohne Mitwirkung der Stände zu herrschen und Gesetze zu erlassen, die für alle außer ihm selbst zu gelten hätten. „Der Staat bin ich", so lautete sein Herrschaftsmotto. Seine Macht beruhte auf einem stehenden Heer, das er ständig vergrößerte. Er führte zahlreiche Kriege um die Vorherrschaft (Hegemonie) in Europa, erreichte dieses Ziel aber nicht. Das Wirtschaftssystem des Merkantilismus sollte Ludwigs Ausgaben finanzieren. Jedoch stiegen die Schulden ins Unermessliche, während die Bevölkerung hungerte.

Kritik begann sich zu regen und wurde durch die Erkenntnisse von Denkern und Naturforschern untermauert. Sie erhoben die Vernunft des Menschen zur obersten Autorität. Mit dem Denken der Aufklärung begann ein Zeitalter des gesellschaftlichen, politischen und wirtschaftlichen Wandels.

Revolutionen in Amerika und Europa. Gegen Ende des 18. Jh. kam es zunächst in den englischen Kolonien in Amerika, kurze Zeit später auch in Frankreich, zu gewaltsamen Auseinandersetzungen zwischen dem Bürgertum und den herrschenden Schichten, dem Adel und dem König. Statt absolut regierender Monarchen sollte die Vernunft des Volkes herrschen und durch Verfassungen gesichert werden. Als die Steuerpolitik Englands den Siedlern in den nordamerikanischen Kolonien immer größere Abgaben aufzwang, wehrten sie sich gemäß dem Motto „No taxation without representation". Der Konflikt ging in einen offenen Kampf über. Am 4. Juli 1776 erklärten sich die dreizehn Kolonien für unabhängig. Sie erarbeiteten eine gemeinsame Verfassung für ihren neuen Staat, die „Vereinigten Staaten von Amerika". Die Verfassung, die 1787 in Kraft trat und lediglich durch Zusätze erweitert bis heute gilt, war die erste demokratische Verfassung der Neuzeit. Erstmals waren die Ideen der Aufklärung in einer Verfassung verwirklicht worden.

Auch in Frankreich kam es aufgrund der stetig steigenden Staatsschulden und den damit einhergehenden hohen Abgabeforderungen im Sommer 1789 zur revolutionären Unruhen. Der dritte Stand, Hauptträger dieser Abgabenlast ohne jegliche politische Mitspracherechte, erreichte die Ausarbeitung einer Verfassung mit Freiheits- und Gleichheitsrechten für den Großteil der männlichen Bürger (1791). Die Stimmung in Frankreich wurde in den folgenden Jahren immer gewaltbereiter. Die Gruppe der Jakobiner unter ihrem Führer Maximilien Robespierre setzte sich für die radikale Gleichheit aller Bürger ein und forderte erfolgreich die Hinrichtung König Ludwigs XVI. (1793). Unter dem Vorwand Tugend, Güte und Gerechtigkeit durchzusetzen, wurden zwischen 1793 und 1794, der Zeit des sogenannten „Terreurs", an die 30 000 Bürger als Gegner der Revolution unter der Guillotine hingerichtet. Erst als Robespierre selbst angeklagt und hingerichtet wurde, endete diese Schreckensherrschaft. Die Macht ging in die Hände des Besitzbürgertums über. Ein Direktorium von fünf Männern übernahm die Regierungsgeschäfte. Doch die politischen Unruhen gingen weiter.

Napoleon verändert Europa. Im Verlauf der Kriege Frankreichs mit den Gegnern der Revolution Österreich, Preußen und England war ein junger General populär geworden: Napoleon Bonaparte. Als die Unruhen im Inneren immer größer wurden, stürzte Napoleon 1799 das Direktorium, erklärte die Revolution für beendet und ernannte sich selbst zunächst zum „Ersten Konsul", 1804 sogar zum Kaiser der Franzosen.

Unter Napoleon setzte man wichtige Forderungen der Revolution dauerhaft um. Die Festschreibung bürgerlicher Freiheitsrechte im „Code Civil" wurde zum Vorbild für das Rechtswesen in großen Teilen Europas.
Napoleon wollte die liberalen Ideen Frankreichs auf ganz Europa ausweiten und begann einen einzigartigen Eroberungszug durch Europa. 1806 besiegte er Preußen, löste das „Heilige Römische Reich Deutscher Nation" auf und ordnete die Gebiete in Deutschland neu. Sein Eroberungsdrang scheiterte 1812/1813 in Russland, wo seine über 600 000 Mann starke Armee im Winter erhebliche Verluste erlitt. Die Schwäche Frankreich nutzten die anderen europäischen Staaten. Napoleon wurde 1813 in der Völkerschlacht bei Leipzig besiegt und anschließend verbannt. Nach über 25 Jahren Revolution und Krieg legten Herrscher und Staatsmänner auf dem Wiener Kongress 1814/15 eine neue Friedensordnung für Europa fest und stellten die Herrschaft der Fürsten wieder her („Restauration"). Mithilfe von Pressezensur, Versammlungsverboten und polizeilicher Überwachung wurden fortan die Freiheitsrechte und alle demokratischen Bewegungen unterdrückt.

Die Revolution von 1848/49 scheitert. Gegen diese Unterdrückung kam es 1848 in weiten Teilen Europas zu gewaltsamen Erhebungen von Bürgern, die auch auf die deutschen Länder übergriffen. Die Revolution schien zunächst erfolgreich zu verlaufen. Nach ersten freien Wahlen in Deutschland konstituierte sich in der Frankfurter Paulskirche eine gesamtdeutsche Nationalversammlung. Die Abgeordneten entschieden sich für eine konstitutionelle Monarchie mit Grundrechten für alle Bürger, an deren Spitze der preußische König als deutscher Kaiser stehen sollte. König Friedrich Wilhelm IV. lehnte jedoch die vom Parlament angetragene Kaiserkrone 1849 ab, da er militärisch die Lage wieder in der Hand hatte. Damit war die Revolution gescheitert.

Die industrielle Revolution und die soziale Frage. Während die Herrscher politische Veränderungen blockierten, veränderte sich das Wirtschaftsleben immer stärker. Ausgangspunkt war England, wo weder Zunft- noch Zollbeschränkungen den Handel erschwerten und natürliche Bedingungen den Warenverkehr erleichterten. Die Erfindung der Dampfmaschine gegen Ende des 18. Jh. und die damit verbundenen Weiterentwicklungen, u.a. der Spinnmaschine und dem mechanischen Webstuhl, ermöglichten eine Massenproduktion vieler Erzeugnisse. Die dadurch erzielte Produktivitätssteigerung führte zu hohen Gewinnen, die reinvestiert wurden und die Produktion erneut ankurbelten. Die Nachfrage an Arbeitskräften stieg, weswegen viele verarmte Bauern in die Städte kamen, wo sie in Fabriken die Maschinen bedienten. Diese Entwicklung weitete sich auf große Teile Europas aus. Innerhalb relativ kurzer Zeit wandelte sich die agrarisch geprägte Gesellschaft zu einer Industriegesellschaft, weshalb man auch von „industriellen Revolution" spricht.

In Deutschland setzte diese Phase etwas später als in England ein. Grund dafür waren die vielen Kleinstaaten mit ihren Handelsbeschränkungen und Zöllen sowie die Ständegesellschaft mit fehlenden persönlichen Freiheiten. Schrittmacher der Industrie wurde die Eisenbahn. Die Vereinheitlichung des Wirtschaftsraumes durch den Zollverein, später durch die Reichsgründung 1871, ermöglichte ein rasches Wirtschaftswachstum und führte zu einem Wirtschaftsboom, der Deutschland zu einer der größten Industrienationen der damaligen Zeit machte. Spitzenprodukte aufgrund von neuen Erfindungen, u.a. im Bereich Motorenbau, Elektrotechnik und Chemie, ließen die Bezeichnung „Made in Germany" zum Gütezeichen der Industrialisierung werden.

Die soziale Frage. Bereits vor der Industrialisierung hatte das gewaltige Bevölkerungswachstum mangels fehlender Nahrungsgrundlagen und Arbeitsmöglichkeiten zu Massenarmut geführt. Es kam zur verstärkten Abwanderung von Arbeitskräften vom Land zu den Fabriken in die Städte, wo die Arbeitssuchenden unter menschenunwürdigen Bedingungen in Mietskasernen auf engstem Raum wohnten. Überlange Arbeitszeiten, fehlende soziale Absicherung im Krankheitsfall oder bei Unfällen, niedrige Löhne sowie Kinder- und Frauenarbeit verschärften das Elend der Fabrikarbeiter. Immer wieder gab es Bestrebungen, die soziale Frage zu lösen. Karl Marx und Friedrich Engels fassten die Kritik an den bestehenden Verhältnissen im „Kommunistischen Manifest" (1848) zusammen. Die Arbeiterschaft begann sich in Gewerkschaften und sozialistischen Parteien zu organisieren. Aber auch die Kirchen, die Unternehmer und der Staat suchten nach Lösungen. 1883 schließlich wurde die staatliche Sozialpolitik mit Gesetzen zur Kranken-, Unfall- und Altersversicherung begründet.

Das deutsche Kaiserreich. 1862 ernannte König Wilhelm I. Otto von Bismarck zum preußischen Ministerpräsidenten. Er wollte Deutschland unter preußischer Vorherrschaft einen. Krieg war für ihn ein legitimes Mittel zur Durchsetzung seiner Ziele. In drei Kriegen gegen Dänemark (1864), Österreich (1866) und Frankreich (1870/71) schuf er die Voraussetzungen für das deutsche Kaiserreich, das am 18. Januar 1871 im Spiegelsaal von Versailles bei Paris ausgerufen wurde. Damit war Deutschland zwar wieder geeint, doch die Forderungen nach Freiheit und

Demokratie blieben unerfüllt. Das Parlament hatte im Verhältnis zum Kaiser und dem Reichskanzler eine relativ schwache Stellung, die Verfassung enthielt weder Menschen- noch Grundrechte. Da das Kaiserreich mit militärischen Erfolgen erfochten wurde, besaß das Militär sehr großes Ansehen. Gehorsam gegenüber Autoritäten war von großer Wichtigkeit. Andersdenkende und Minderheiten wurden verfolgt und in ihren Rechten eingeschränkt: Sozialdemokraten, Katholiken oder auch die polnische Minderheit im Osten des Reiches waren lange Zeit harten Verfolgungen und Schikanen ausgesetzt; die jüdische Bevölkerung hatte bereits im Kaiserreich mit starkem Antisemitismus zu kämpfen. Trotzdem konnte das Kaiserreich auch viele Erfolge verzeichnen: Ein beispielloser wirtschaftlicher Aufschwung sorgte für wachsenden Wohlstand breiter Schichten.

Imperialismus – das Streben nach Weltmacht. Die Suche nach Rohstoffen und Absatzmärkten, aber auch ein Gefühl der Überlegenheit der europäischen Kultur und der weißen „Rasse" führten dazu, dass die europäischen Mächte große Gebiete Afrikas und Asiens zu gewinnen suchten. Wie viele andere wollte auch Deutschland die Macht des eigenen Staates weit über seine Grenzen hinaus ausdehnen. Seine größten Besitzungen waren Deutsch-Ostafrika (heute Tansania) und Deutsch-Südwestafrika (heute Namibia). Immer wieder kam es zu Aufständen der kolonisierten Völker, die von den europäischen Kolonialherren blutig niedergeschlagen wurden. Während Bismarck durch seine Bündnispolitik bemüht war, Frieden in Europa zu erhalten, änderte sich dies nach Bismarcks Entlassung mit der Regentschaft Wilhelms II. In Europa begann ein Wettrüsten.

▸ Diese Begriffe werden ab Seite 244 erklärt.

Inhaltsfelder

Der Erste Weltkrieg

Der Erste Weltkrieg und seine Folgen

Erinnerungen an einen Krieg vor 100 Jahren. Im Jahre 2008 starb im Alter von 110 Jahren der letzte französische Soldat des Ersten Weltkriegs. Dieser war als italienischer Gastarbeiter nach Frankreich gekommen und hatte dort für sein Gastland gegen die Deutschen gekämpft. Eine Totenmesse im Pariser Invalidendom unter Beteiligung führender Politiker ehrte diesen Soldaten. Mit einer Schweigeminute und Trauerbeflaggung gedachte die Bevölkerung in Frankreich der verstorbenen Soldaten des Kriegs. Ebenfalls im Jahre 2008 starb mit 107 Jahren der älteste deutsche Kriegsteilnehmer. Sein Tod war den Zeitungen nur eine Randnotiz wert. Bis heute gibt es unterschiedliche Formen der Erinnerung an den „Great War" oder „La grande guerre", wie der Erste Weltkrieg bei unseren Nachbarn heißt. Der Tag des Waffenstillstandes, der 11. November 1918, wird bis heute in Frankreich, den USA und Polen als nationaler Feiertag begangen. In Großbritannien und seinen ehemaligen Kolonien von Kanada über Südafrika bis Australien heißt er „Remembrance Day" und wird mit dem Symbol des Klatschmohns bedacht, während in Deutschland viele Menschen an diesem Tag allenfalls an den Beginn des Karnevals denken.

Der Weg in den Krieg. Im Zeitalter des Imperialismus waren viele europäische Nationen in einen Wettlauf um die „freien" Gebiete der Erde eingetreten. Mehrfach konnten kriegerische Auseinandersetzungen zwischen europäischen Mächten beim Erwerb von Kolonien erst in letzter Minute verhindert werden. Das Wettrüsten der Großmächte hielt unvermindert an. Deutschland stieg bis 1913 zur führenden Exportnation auf. Der neue deutsche Nationalismus verlangte nach einer aggressiveren Außenpolitik zur Durchsetzung deutscher „Weltgeltung". Mit großer Begeisterung verfolgte die deutsche Öffentlichkeit den Bau kostspieliger Schlachtschiffe, deren militärischer Wert zweifelhaft war. Die europäischen Nachbarn waren verunsichert und schlossen Bündnisse gegen eine mögliche „deutsche Gefahr". Die deutsche Reichsleitung verbreitete die Vorstellung, Deutschland sei von Feinden „eingekreist" und müsse sich militärisch verteidigen. So entstand in Deutschland die vorherrschende Meinung, dass nur ein „großer" Krieg Einfluss und Macht auf der Welt neu verteilen könne. Auch die Kirchen in Deutschland unterstützten den nationalistischen Kurs. Nur wenige Stimmen warnten vor den Folgen eines großen Krieges. Die Arbeiterparteien in allen Ländern Europas fühlten sich berufen, einen Krieg verhindern zu können. Die „Haager Friedenskonferenzen" von 1899 und 1907 richteten Schiedsgerichte ein und verabschiedeten Grundregeln für Kriege, bewirkten aber keinen Fortschritt in der Abrüstungsfrage.

M1 Klatschmohn als Symbol – „Remembrance Day" oder „Poppy day"

„In Europa gehen die Lichter aus …" Mit diesem Satz kommentierte der britische Außenminister Edward Grey 1914 hellsichtig den Ausbruch des Kriegs. Denn bei Kriegsende 1918 war die Welt eine vollkommen andere geworden. Brutale Materialschlachten, Massensterben und unbeschreibliche Grausamkeiten zeigten das Gesicht eines neuen industrialisierten und totalen Kriegs. Totaler Krieg bedeutet die Ausrichtung aller Lebensbereiche – von der Wirtschaft bis zum Alltag der Menschen – an die Erfordernisse des Krieges.
Aus heutiger Sicht gilt das Jahr 1917 als der eigentliche Beginn des 20. Jahrhunderts: Die USA traten auf der Seite Frankreichs und Großbritanniens in den Weltkrieg ein. In Russland setzten zwei Revolutionen eine völlige Veränderung der Gesellschaft in Gang. Die aus dieser Revolution entstandene Sowjetunion wurde – wie die USA – zur neuen Weltmacht.

Was lernst du in diesem Kapitel? Am Ende dieser Einheit wirst du folgende Fragen beantworten können:
- Aus welchen Gründen kam es zum Ausbruch des Ersten Weltkriegs? OK WK
- Welchen Verlauf nahm der Krieg und wie veränderte er das Leben der Zivilbevölkerung und das Wirtschaftsleben? OK UK
- Welche Anlässe führten zu den Revolutionen des Jahres 1917 in Russland? WK OK
- Was bedeutete die Errichtung eines kommunistischen Staates für die Menschen in der Sowjetunion und in der ganzen Welt? AK UK
- Wie sah die territoriale Neuordnung und der Neubeginn in den Ländern Europas nach dem Ersten Weltkrieg aus? WK OK

M2 Europäische Bündnisse zur Zeit Bismarcks (oben) und 1914 (unten)

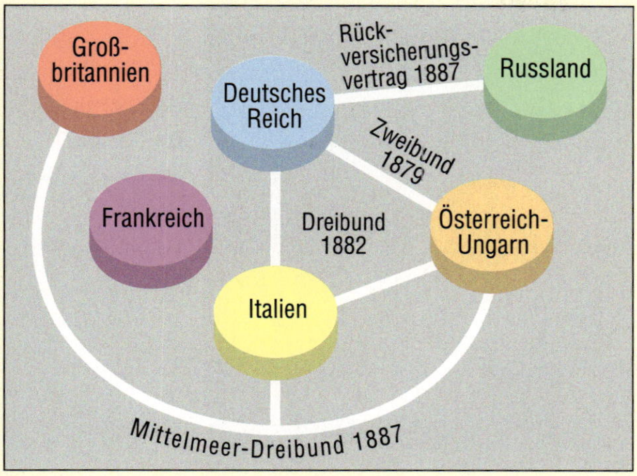

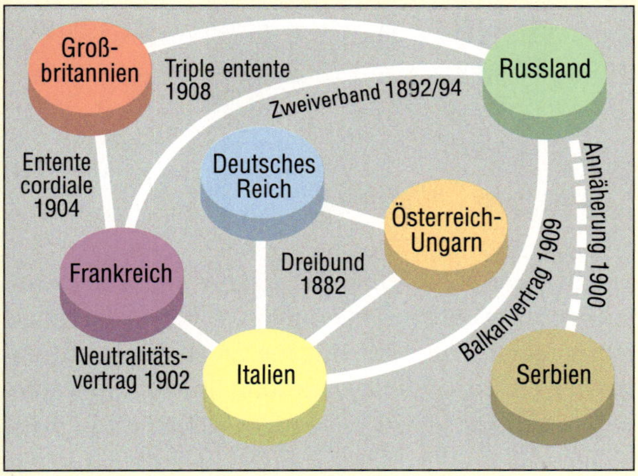

M3 Rüstungsausgaben der europäischen Großmächte

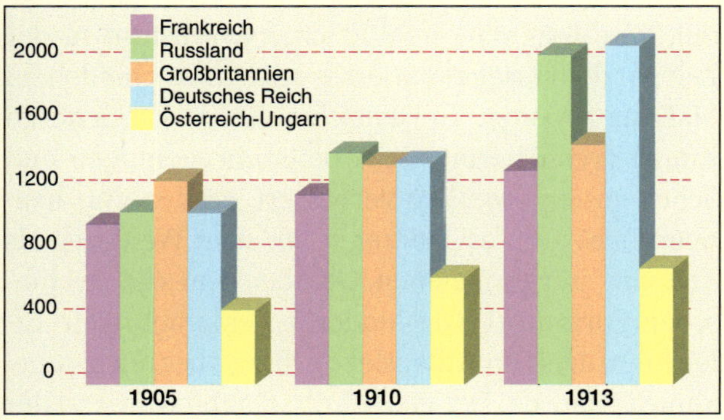

M4 Gegen die „imperialistische Rüstungspolitik“

Die deutsche SPD und die Sozialistische Partei Frankreichs veröffentlichten im März 1913 ein gemeinsames Manifest:

Die französische und die deutsche Sozialdemokratie erheben einmütig und einstimmig Protest gegen die unaufhörlichen Rüstungen, die die Völker erschöpfen, sie zur Vernachlässigung der wichtigsten Kulturaufgaben zwingen, dass gegenseitige Misstrauen steigern und, statt den Frieden zu sichern, Konflikte heraufbeschwören, die zu einer Weltkatastrophe führen mit Massenelend und Massenvernichtung im Gefolge ... Die herrschenden Klassen hüben und drüben sind es, die die nationalen Gegensätze, statt sie zu bekämpfen künstlich verschärfen, die gegenseitige Feindseligkeit schüren und dadurch die Völker von ihren Kulturbestrebungen und ihrem Befreiungskampf im Innern ablenken. Um den Frieden, die Unabhängigkeit der Völker und den Fortschritt der Demokratie auf allen Gebieten in beiden Staaten zu sichern, fordert die Sozialdemokratie, dass alle Streitigkeiten zwischen den Völkern schiedsgerichtlich geschlichtet werden ... Sie fordert weiter die Beseitigung des stehenden Heeres, das eine stete Bedrohung der Nationen bildet, und an dessen Stelle die Einführung einer Volkswehr auf demokratischer Grundlage, die nur der Landesverteidigung zu dienen hat.

Zitiert nach: Dieter Fricke (Hrsg.): Dokumente zur deutschen Geschichte 1910 – 1914, Frankfurt a. M. (Deutscher Verlag der Wissenschaften) 1977, S. 101.

1 Das Bild auf Seite 12 oben zeigt junge Männer zu Beginn des Ersten Weltkriegs 1914: Beschreibe ihr Verhalten und stelle Vermutungen an, was sie dazu veranlasst haben könnte.

2 Gib dem großen Bild auf Seite 12–13 eine passende Überschrift.

3 Beschreibe die Entwicklung der Rüstungsausgaben in den Jahren vor dem Krieg (M3). Welche Aussagen kannst du aus der Grafik ableiten?

4 Benenne und bewerte die Forderungen der deutschen und französischen Sozialdemokraten (M4).

5 Stelle dar, wie sich die außenpolitische Lage des Deutschen Reichs zwischen 1890 und 1914 verändert hatte (M2). Welche Forderungen entstanden durch den neuen deutschen Nationalismus (Autorentext)?

6 Suche die Herkunft und Bedeutung des Klatschmohn-Symbols heraus (Suchwort: Remembrance Day) und gib ein Urteil ab, warum es bis heute zu so unterschiedlichen Erinnerungen an den Krieg kommt.

Europa vor dem Krieg

M1 „Pavillon des Lichts" auf der Pariser Weltausstellung 1900 *(zeitgenössische Grafik)*

Eine Weltausstellung als Leistungsschau. Über 50 Millionen Menschen strömten im Jahre 1900 in Paris zur bis dahin größten Weltausstellung. Dort stellten die vertretenen Nationen alle ihre Errungenschaften in Technik, Wissenschaft und Alltagsleben aus. Neue Fernbahnhöfe und die erste Linie der Pariser Metro erleichterten die Anfahrt der vielen Besucher. Rund um den Eiffelturm konnten die Zuschauer über eine riesige Rolltreppe mit Namen „Straße der Zukunft" laufen, die Kinovorführungen der Brüder Lumière auf riesigen Leinwänden anschauen oder das Lichtermeer des „Pavillons des Lichts" bewundern.

Die Entstehung der modernen Welt. Wie hatte sich doch in nur einer Generation das Leben der Menschen vor allem in den Städten verändert! Noch immer lebte ein großer Teil der Bevölkerung in Europa auf dem Land (37 % in Deutschland, 42 % in Frankreich und 62 % in Österreich-Ungarn), wo das Leben ärmlich blieb und sich nur allmählich technische Neuerungen durchsetzten. In den Städten hingegen war der Fortschritt in Form von elektrisch betriebenen Bahnen, beleuchteten Straßen und Telefonanschlüssen zu erleben. Kabelnetze verbanden erstmals ganze Kontinente. Der Zugang zu sauberem Trinkwasser, eine funktionierende Kanalisation und weitere Fortschritte in Hygiene und Medizin dämmten Seuchen ein und verlängerten die Lebenserwartung. Im Dienstleistungsgewerbe entstanden unzählige neue Arbeitsplätze. Angesichts der allmählichen Durchsetzung der Schulpflicht gab es in den fortgeschrittenen Industrieländern kaum noch Analphabeten. Von dem starken Wirtschaftswachstum in der Zeit vor dem Krieg profitierten auch in bescheidenem Maß die Arbeiter. Im Deutschen Reich waren deren Krankenversicherungen, Arbeitszeitregelungen und Schutzgesetze deutlich verbessert worden. Aus heutiger Sicht gilt das Jahrzehnt vor dem Weltkrieg als Zeit des ungebrochenen Glaubens an den technischen Fortschritt. Die Moderne versprach viele Erleichterungen im Alltagsleben, barg aber auch ungeahnte Gefahren. Der Fortschrittsglaube wurde in der Nacht vom 14. auf den 15. April 1912 durch den Untergang des modernsten Passagierschiffes der Welt, der Titanic, nachhaltig erschüttert.

M2 Stimmen zum Fortschrittsglauben

a) Aus dem Prospekt zur Weltausstellung 1900:

Der Palast der Elektrizität gleißt jede Nacht in blendendem Licht. Dort findet man, in feurigen Lettern geschrieben, die Geschichte der Elektrizität von ihren primitivsten Erscheinungsformen bis zu den neuesten Möglichkeiten ihrer Anwendung ... Die Märchengöttin der Elektrizität wurde, dank dem Genius des Menschen, eine mächtige Herrscherin, begabt mit unendlicher Macht.

Übers. vom Verfasser.

b) Der deutsche Unternehmer Werner von Siemens in einer Rede vor 2700 Zuhörern 1886:

Und so, meine Herren, wollen wir uns nicht irre machen lassen in unserem Glauben, dass unsere Forschungs- und Erfindungstätigkeit die Menschen höheren Kulturstufen zuführt ... und die Menschheit besser, glücklicher und mit ihren Geschick zufriedener machen wird. So wollen wir an unserer Überzeugung festhalten, dass das Licht der Wahrheit, die wir erforschen, nicht auf Irrwege führen und dass es die Machtfülle, die es der Menschheit zuführt, ciese auf eine höhere Stufe des Daseins erheben muss.

Zitiert nach: August Nitschke (Hrsg.): Jahrhundertwende, Bd. 1, Reinbek (Rowohlt) 1990, S. 313.

c) Die Britin Eva Hart, Überlebende des Titanic-Untergangs, 1912:

Ich glaube, dass die 1500 Menschen, die in jener Nacht starben, uns als Bespiel für die Arroganz des Menschen im Gedächtnis bleiben müssen. Die Menschen werden weiterhin glauben, sie hätten etwas Vollkommenes erfunden wie ein unsinkbares Schiff. Wir müssen ständig daran erinnert werden, dass das falsch ist und ich glaube, dass die Titanic uns daran gemahnen kann.

Zitiert nach: Joseph MacInnes: Titanic: In a New Light: A New Light in the World's Most Famos Shipwerk, Charlottesville (Thomasson-Grant Publishers) 1993, S. 37. Übers. vom Verfasser.

M3 Industrieproduktion der Großmächte

Die Tabelle nimmt die britische Industrieproduktion des Jahres 1900 als Ausgangspunkt (= 100). Damit kann man das Verhältnis zur Höhe der Produktion der anderen Länder und zu den unterschiedlichen Jahren bestimmen:

Gesamtes Industriepotenzial der Mächte:
(Großbritannien: 1900 = 100)

	1880	1900	1913
Großbritannien	73,3	(100)	127,2
USA	46,9	127,8	298,1
Deutschland	27,4	71,2	137,7
Russland	24,5	47,5	76,6

Industrialisierungsniveau pro Kopf:
(Großbritannien: 1900 = 100)

	1880	1900	1913
Großbritannien	87	(100)	115
USA	38	69	126
Deutschland	25	52	85
Russland	10	15	20

Relative Anteile an der Welt-Industrieproduktion (in %):

	1880	1900	1913
Großbritannien	22,9	18,5	13,6
USA	14,7	23,6	32,0
Deutschland	8,5	13,2	14,8
Russland	7,6	8,8	8,2

1 Erläutere die Faszination für die neue Energieform Elektrizität (M1, M2a und Autorentext). Schreibe einen kleinen Erlebnisbericht: Ein Tag heute ohne Elektrizität.

2 Erstelle eine Liste wichtiger Merkmale der Moderne (Autorentext). Welche Punkte kannst du ergänzen?

3 Bewerte die Äußerungen zum Thema „Fortschritt" (M2b und c). Welche Haltungen vertreten Werner von Siemens und Eva Hart? Wo siehst du Parallelen zu heutigen Diskussionen um technischen Fortschritt?

4 Werte die Tabelle M3 aus. Benenne die führenden Wirtschaftsmächte zu den jeweils angegebenen Jahren. Welche Veränderungen kannst du beobachten?

Die Balkankriege und der Ausbruch des Weltkriegs 1914

Der Balkan – ein „Pulverfass"? Der größte Teil des Balkans war seit dem späten Mittelalter unter türkische Herrschaft gekommen. Die Sultane des Osmanischen Reichs sorgten durch eine tolerante Herrschaftsausübung für den Fortbestand einer einzigartigen Mischung von Völkern, Sprachen und Religionen in dieser Region. Doch der im 19. Jh. aufkommende Nationalismus säte Hass, Gewalt und Krieg unter den dort lebenden Völkern. Die Regierungen in der Hauptstadt Istanbul waren nicht mehr in der Lage, das Reich zusammenzuhalten. Bald sprach man in Europa vom „kranken Mann am Bosporus".

Die Griechen hatten die Schwäche des Osmanischen Reichs bereits 1822 zur Bildung eines eigenen Staates genutzt. Im Jahre 1898 wurde Serbien unabhängig und hegte Träume von einem „Großserbien" auf Kosten der Nachbarn. In den Jahren 1912 und 1913 kam es zu zwei Kriegen auf dem Balkan. Serbien, Montenegro, Bulgarien und Griechenland nahmen dem Osmanischen Reich fast seine gesamten Gebiete in Europa ab. Dann zerstritten sich die Sieger und führten Krieg gegeneinander. Dabei verdoppelte Serbien sein Gebiet und stieg zur Regionalmacht auf. Russland als Schutzmacht Serbiens unterstützte dessen Expansionspläne und versprach sich davon einen Zugang zum Mittelmeer. Schon vor den Balkankriegen hatte Österreich-Ungarn im Jahre 1908 die osmanischen Gebiete Bosnien und Herzegowina besetzt und seinem Reich einverleibt. Dagegen hatte Serbien scharf protestiert, weil in diesen Provinzen viele Serben lebten. Die Feindschaft von Russland und Serbien auf der einen mit Österreich auf der anderen Seite erreichte einen neuen Höhepunkt.

Mitten in dieser gespannten Atmosphäre reisten der österreichische Thronfolger Prinz Franz Ferdinand und seine Frau in die bosnische Hauptstadt Sarajewo, um dort die Macht Österreichs zu demonstrieren. Ein bosnischer Serbe, Mitglied einer großserbischen Geheimorganisation, erschoss das Paar am 28. Juni 1914.

Die Julikrise 1914. Die österreichischen Machthaber vermuteten, dass hinter dem Attentat die serbische Regierung stünde und suchten nach Möglichkeiten, Serbien zu bestrafen. Da Russland Schutzmacht für Serbien war, fragten die Österreicher beim deutschen Kaiser an, ob Deutschland eine Strafaktion gegen Serbien gutheißen würde. Das Deutsche Reich sicherte am 5. Juli 1914 eine Unterstützung der österreichischen Position zu. Der Konflikt mit Serbien bot Deutschen und Österreichern überdies eine gute Gelegenheit, die Festigkeit des gegnerischen Bündnisses zwischen Russland, Frankreich und Großbritannien zu testen. Zugleich verschob sich jedoch der defensive Charakter des Zweiverbandes hin zu einer offensiven Drohung.

Mobilmachungen und Kriegserklärungen. Österreich stellte am 23. Juli 1914 der serbischen Regierung ein Ultimatum, die Mörder Franz Ferdinands zu bestrafen. Das Ultimatum wurde von Serbien bis auf einen nebensächlichen Aspekt akzeptiert und der deutsche Kaiser sah den Konflikt als erledigt an. Dennoch erklärte Österreich-Ungarn am 28. Juli Serbien den Krieg. Einen Tag später mobilisierte Russland seine Truppen zur Unterstützung Serbiens. Zuvor hatte sich Russland der französischen Unterstützung versichert. Im Deutschen Reich wurde die russische Mobilmachung als direkte Bedrohung Deutschlands verstanden – so erklärte Deutschland am 1. August 1914 Russland den Krieg. Von Frankreich erwarteten die Deutschen die Zusicherung der Neutralität und stellten entsprechende Forderungen. Dies wurde in Paris abgelehnt und so folgte die deutsche Kriegserklärung an Frankreich am 3. August. Am gleichen Tag marschierten deutsche Truppen ins neutrale Belgien ein, um von dort gegen Nordfrankreich vorzurücken. Dabei wurden 5000 belgische Zivilisten von deutschen Truppen ermordet und auch die weltberühmte Bibliothek von Löwen niedergebrannt. Großbritannien als Garantiemacht der belgischen Neutralität griff nun ebenfalls in den Krieg ein. So entstand innerhalb weniger Wochen aus einem regionalen Konflikt ein Krieg der europäischen Großmächte.

Heute wissen wir, dass die Reaktionen auf den Mord von Sarajewo nicht zwangsläufig in einen Krieg hätten münden müssen. Mit diplomatischem Geschick und einer Portion guten Willens wäre der Konflikt – wie in vielen Fällen zuvor während der Epoche des Imperialismus – beigelegt worden. Doch zu groß war die Versuchung nach dem „Griff nach der Weltmacht" bei Deutschland und Kriegszielen aller Art bei den anderen Großmächten Nach Kriegsende wurde Deutschland als Verursacher des Krieges verurteilt und für alle Schäden haftbar gemacht (s. S. 38).

M1 Erinnerungsbild aus dem Jahre 1914

Nach dem Kriegsausbruch hörten die innenpolitischen Kämpfe zwischen links und rechts sowie Arm und Reich auf. In Deutschland nannte man dies den „Burgfrieden", in Frankreich die „Union sacrée". Die Bildunterschrift lautete: „Von diesen Karten sind nur 200 Exemplare hergestellt worden, da es nach Beendigung des Feldzuges ja doch wieder losgeht. "

Am I. August 1914 sagte Kaiser Wilhelm II. in einer Rede: „Kommt es zum Kampf, so hören alle Parteien auf! ... Ich kenne keine Parteien und auch keine Konfessionen mehr; wir sind heute alle deutsche Brüder und nur noch deutsche Brüder." Tatsächlich ließen die im Reichstag vertretenen Parteien ihre Streitigkeiten ruhen und bewilligten die notwendigen Kredite für den Krieg. Das Gleiche geschah in der französischen Nationalversammlung. Zitiert nach: Zweite Balkanrede: Kriegs-Rundschau, Bd. 1, S. 43.

M2 „Endlich!" *(französische Karikatur)*

M3 Kriegsziele der Nationen

Deutschland:
- dauerhafte deutsche Herrschaft über Belgien
- Besetzung der Erzgebiete in Nordostfrankreich
- Siedlungsland in Osteuropa

Frankreich:
- Rückgewinnung Elsass-Lothringens
- Annexion des Saargebietes
- Vorschieben der Grenze an den Rhein
- Brechung der Vorherrschaft Deutschlands

Großbritannien:
- Unabhängigkeit Belgiens
- Aufteilung der deutschen Kolonien zwischen Großbritannien und Frankreich
- Zerschlagung des Osmanischen Reichs und Einverleibung der arabischen Gebiete in den britischen Kolonialbesitz

Russland:
- Kontrolle der Meerengen Bosporus und Dardanellen

Italien:
- Erwerb des österreichischen Hafens Triest und aller Gebiete bis zum Brenner-Pass (Südtirol)

Vom Verfasser zusammengestellt.

1 Beschreibe die Karikatur M2 und stelle die Verbindung zu den Kriegszielen Frankreichs her (M3).

2 Erstelle eine Stichwortliste zum Autorentext auf Seite 18. Erkläre deinem Tischnachbarn die Balkankriege und den Verlauf der Julikrise 1914.

3 Interpretiere die Aussage Wilhelm II. (M1). Wie hatte sich in seinen Augen die innenpolitische Landschaft verändert? Vergleiche diese Veränderung mit dem Vorkriegszustand. Welche gesellschaftlichen Gruppen vertreten die drei Herren? Zeige, wie der Verfasser der Bildunterschrift die Entwicklung einschätzte.

4 Erläutere die Kriegsziele der einzelnen Nationen (M3). Nimm einen Geschichtsatlas zu Hilfe.

Der Verlauf des Kriegs bis 1917

Vom Bewegungs- zum Stellungskrieg. Überall in Europa gab es Menschen, die den Krieg begeistert begrüßten (s. S. 12). Sie betrachteten ihn als ein „reinigendes Gewitter", mit dem man schon lange gerechnet hatte und zu dem es nun endlich gekommen war. Andere sahen das Elend und die Gefahren klarer, die mit einem Krieg verbunden sind.

Im Westen gelang den deutschen Truppen ein rascher Vormarsch. Vier Millionen Soldaten stießen, durch das neutrale Belgien ziehend, nach Frankreich vor. Erst an der Marne, gleichsam vor den Toren von Paris, gelang es den Franzosen Anfang September 1914, den deutschen Angriff zu stoppen. In den ersten beiden Kriegsmonaten verloren Deutsche und Franzosen fast ein Fünftel ihrer Soldaten – immer jüngere Jahrgänge mussten die Getöteten ersetzen. In den folgenden Monaten und Jahren erstarrten dann die Fronten; der Krieg war zum Stellungskrieg geworden. Die jeweiligen Truppen verschanzten sich mithilfe von Laufgräben, Unterständen und Befestigungssystemen im Gelände. Immer wieder versuchten sie, die gegnerischen Stellungen zu stürmen, konnten dabei aber kaum mehr größere Geländegewinne erzielen.

Im Osten dagegen mussten die deutschen Truppen vor den angreifenden russischen Armeen, die Ostpreußen besetzten, zunächst zurückweichen. Erst nach einem Wechsel an der Kommandospitze konnten die Angreifer zurückgedrängt und weite Teile Russlands erobert werden (s. S. 22 f.). Auch an der Ostfront gruben sich nun die Soldaten in Unterstände und Schützengräben von insgesamt 800 km Länge ein.

Das Schlachten geht weiter. Um im Westen doch noch zu einem Erfolg zu kommen, nutzten die Armeen modernste Waffentechniken, unter anderen kamen Flugzeuge, Panzer (engl: tanks), Flammenwerfer und Giftgas zum Einsatz. Doch Tapferkeit und Heldenmut wurden unter den Bedingungen des Stellungskrieges sinnlos. Der Soldatentod verwandelte sich in ein anonymes Massensterben. Die Psyche der Soldaten war durch das unentwegte Trommelfeuer der schweren Kanonen und die ständige Todesangst belastet. Viele junge Soldaten verloren in den Schützengräben den Verstand. In der Schlacht um die Festung Verdun versuchte die deutsche Armee 1916 vergeblich, die feindlichen Stellungen zu stürmen. Ebenso ergebnislos verliefen ähnliche Unternehmungen der Franzosen und Briten Ende des Jahres 1916 an der Somme. Obwohl die Kriegsparteien keine nennenswerten Erfolge verbuchen konnten, setzten sie weiterhin auf den Sieg.

M1 Deutsche Soldaten in einem Schützengraben bei Arras *(ca. 1916)*

M2 Ein Soldatenfriedhof bei Verdun

1916 fielen bei Verdun innerhalb von zehn Monaten 360 000 französische und 335 000 deutsche Soldaten. 1 350 000 Tonnen Munition wurden verschossen. Dabei verschob sich die Front nur um acht Kilometer.

M3 Kriegserlebnisse

a) Der Pilot Oswald Boelcke berichtete am 16. März 1916:

Es war sehr schönes Flugwetter, da gab es tüchtig zu tun. Ich startete um 11 Uhr, um zwei französische Doppeldecker zu vertreiben ... Nun entspann sich ein lustiges Geschieße, es war das reine Katz-und-Maus-Spiel. Ich kriegte den einen schön von hinten zu fassen ... Den anderen habe ich verjagt, es war eine reine Pracht.

Zitiert nach: Christine Beil u. a.: Der Erste Weltkrieg, Berlin (Rowohlt) 2004, S. 152 f.

b) Aus dem Brief eines Soldaten (19. Januar 1915):

Vieles Grausige ... vermag ich euch nicht zu erzählen. Der Ekel steigt mir hoch, wenn ich daran denke ... Da lagen an einer Stelle, von einer Mine zerrissen, etwa acht (Soldaten) ..., ein hoher, blutiger Haufen völlig zerschmetterter Menschenleiber ... oben ein Leichnam ohne Kopf und Oberkörper, darunter Lebende mit abgerissenen und zerschmetterten Gliedmaßen. Das Wimmern und Jammern dieser armen, dem Tode geweihten feindlichen Soldaten ging uns ans Herz.

Zitiert nach: Philipp Witkop (Hrsg.): Kriegsbriefe gefallener Studenten, München (Georg Müller Verlag) 1928, S. 150.

c) Maurice Marechal schrieb am 27. September 1914:

Sind wir nun im Gefechtsgebiet angekommen, nimmt jeder den ihm angewiesenen Posten ein ... Dann gräbt man sich in die Schützengräben ein und wartet. Man sieht nichts, doch man hört etwas: Das ist zumindest etwas! Die Artillerie schlägt los, man zählt die Kracher, man riskiert für einen flüchtigen Blick seine Deckung, um die Entfernung abzumessen, in der die Geschosse einschlagen ... Es ist kalt, die Hände frieren und man weiß nicht, ob man für das Vaterland etwas Nützliches vollbracht zu hat! Wir waren tatenlos!

Zitiert nach: http://www.dradio.de/dlf/sendungen/feldpost/981103.html (Stand: 03/2012) Sendung vom 3. November 1998. Vom Autor übersetzt.

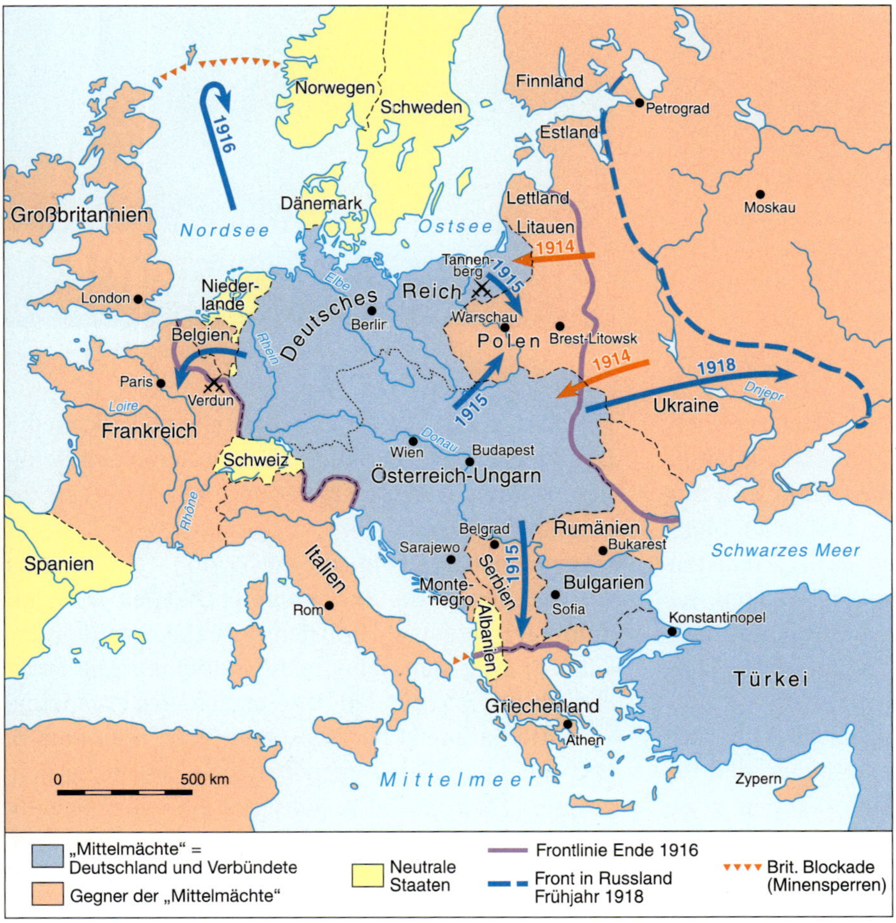

M4 Europa während des Ersten Weltkriegs

1 Fasse den Autorentext in Form einer Mindmap zusammen. Orientiere dich dabei an den Überschriften im Text.

2 Zeige anhand des Autorentextes, M1 und M2, was gemeint ist, wenn von der „Technisierung des Kriegs“ gesprochen wird.

3 Vergleiche und erkläre die Einstellung der einzelnen Soldaten zum Krieg (M3).

4 Nenne die Länder, in denen die Kämpfe des Ersten Weltkriegs stattfanden (M4).

5 Erläutere mithilfe von M4 die Begriffe „Bewegungskrieg“ und „Stellungskrieg“.

Propaganda-Postkarten im Ersten Weltkrieg

M1 Russische Propaganda-Postkarte *(ca. 1915)*

Die Drachenköpfe sollen den deutschen Kaiser Wilhelm II., den Kaiser von Österreich, Franz Joseph I. sowie den türkischen Kriegsminister Enver Pascha darstellen. Die Bildüberschrift lautet: „Großer europäischer Krieg".

M2 Deutsche Propaganda-Postkarte *(ca. 1915)*

Kriegspostkarten als Werbemittel. Kriege werden nicht nur auf dem Schlachtfeld, in Schützengräben oder Städten geführt; Krieg bedeutet nicht nur, mit Waffen zu kämpfen. In ihm werden Truppen mobilisiert – und auch die Köpfe und Herzen der Zivilisten in den Heimatländern der kämpfenden Soldaten. Sie vor allem spricht die Propaganda an; so nennt man die Werbung, die eine Regierung in Krieg oder Frieden für oder gegen eine Sache macht.
Propaganda kann auf unterschiedliche Weise betrieben werden: mithilfe von Zeitungsartikeln, öffentlichen Reden, Plakaten, Flugblättern, Filmen oder auch Postkarten. Allein in Österreich und im Deutschen Reich wurden während des Ersten Weltkriegs mehr als 50 000 verschiedene Kriegspostkarten veröffentlicht. Sie wandten sich an das eigene Volk, an die Bündnispartner, aber auch an nicht am Krieg beteiligte Staaten, in denen man vor allem die Presse zu beeinflussen versuchte.
Im eigenen Land wollte die Propaganda den Krieg als gerecht, notwendig und gottgewollt darstellen, den Kampfgeist beflügeln und den Durchhaltewillen stärken. Oft ging man dabei recht simpel vor. Die Sprüche, die das Bild auf den Postkarten häufig ergänzten, vermittelten meist leicht verständliche Botschaften: Der jeweilige Kriegsgegner wurde als lächerlich, grausam oder erfolglos, auf jeden Fall aber negativ dargestellt. Die eigenen Soldaten dagegen beschreiben die Propaganda-Bilder als fair, heldenhaft und überlegen.

M3 Feldpostkarte *(1914)*

Im August 1914 besetzten russische Truppen weite Teile Ostpreußens.
In der Schlacht von Tannenberg wurden sie von einer deutschen Armee besiegt.

Der „Tannenberg-Mythos“. In einer gewaltigen Schlacht siegte zwischen dem 26. und 30. August 1914 die deutsche Armee bei Tannenberg in Ostpreußen unter den Generälen Hindenburg und Ludendorff über die russischen Truppen. Dabei starben 13 000 deutsche und 50 000 russische Soldaten. Über 90 000 russische Soldaten kamen in deutsche Kriegsgefangenschaft.

Als großer Sieg am Beginn des Weltkriegs wurde die Schlacht von Tannenberg im Deutschen Reich als etwas Außergewöhnliches und „eine der größten Einkreisungsschlachten der Weltgeschichte“ gefeiert. Zugleich entstand ein Kult um die siegreichen Generäle als „Retter der Nation“. Die Schlacht wurde zum Gegenmodell für die verlustreichen Materialschlachten im Westen.

M4 Nach der Schlacht

Der Kriegsberichterstatter Rolf Brandt schreibt:

Die Russen lagen da in den Stellungen oft so dicht, dass sie den Straßengraben bedeckten: Die Hände krampften sich in den Boden … Der graue Straßenstaub lag gleichmäßig über allem, über den Gefallenen, über Mänteln, Uniformen, Gewehren, Tornistern, toten Pferden, die von der Hitze seltsam aufgetrieben waren … Hohenstein mag ein hübsches Städtchen gewesen sein. Jetzt war die Hauptstraße ein Trümmerhaufen, in dem noch die halb verbrannten Russenleichen lagen – es muss hier ein erbitterter Kampf getobt haben, bis die Russen aus den Straßen geworfen wurden – unsere Toten hat man mit Tüchern bedeckt.

Zitiert nach: Christine Beil u. a.: Der Erste Weltkrieg, Berlin (Rowohlt) 2004, S. 68.

1 Interpretiere M3. Beschreibe, welche Wirkung mit dieser Karte im Deutschen Reich erzielt werden sollte.

2 Vergleiche die Aussage von der Postkarte M3 mit dem Kriegsbericht M4.

3 Beschreibe und vergleiche M1 und M3 unter der Frage, was für ein Bild sie vom Krieg vermitteln.

4 Erläutere, welche Gründe es hat, dass Deutschland M2 zufolge stolz sein kann.

5 1410 besiegten polnisch-litauische Truppen deutsche Ordensritter in der Nähe von Tannenberg und Grünfelde. Finde die Bedeutung jener Schlacht (Suchbegriff: „Schlacht bei Grunwald“) für unsere östlichen Nachbarn heraus und bewerte dann den deutschen „Tannenberg-Mythos“ von 1914.

„Gehungert haben wir oft ...“ – die Heimat im Krieg

Elend und Ernüchterung. Auf die Siegesgewissheit der ersten Kriegswochen folgte bald Ernüchterung. Der sich in die Länge ziehende Krieg verschlechterte die Lebensverhältnisse im Reich und zermürbte viele Menschen. Mit Kriegsschiffen blockierte Großbritannien die Nachschubwege zur See. So wurde die Versorgung Deutschlands mit Rohstoffen und Lebensmitteln aus dem Ausland weitgehend unterbunden. Zusätzlich verschärft wurde die Versorgung der Menschen mit Nahrung durch das Fehlen von Arbeitskräften und Zugtieren in der heimischen Landwirtschaft. Zu viele Männer – und als Transporttiere rund 1,5 Millionen Pferde – mussten an die Front und konnten von Frauen und Kindern nicht vollständig ersetzt werden. So litten viele Menschen bald großen Hunger. Etwa 750 000 Menschen sind im Ersten Weltkrieg in Deutschland verhungert oder an den Folgen der Unterernährung gestorben.

M1 Öffentliche Speisung

Zu Beginn des Kriegs waren Kartoffeln das Hauptnahrungsmittel der deutschen Bevölkerung. Auch infolge schlechter Ernten war der Bedarf ab 1916 aber nicht mehr zu decken. So wurden Kohl- und Steckrüben, die eigentlich nur als Viehfutter vorgesehen waren, zum wichtigsten Nahrungsmittel im Krieg. Öffentliche Speisungen konnten den Hunger der Bevölkerung nur notdürftig lindern.

M2 Schaffnerinnen in Darmstadt *(Foto 1915)*

Die Diktatur der OHL. Ab 1916 bildeten Generalfeldmarschall Paul von Hindenburg und seine rechte Hand, General Erich Ludendorff, die ▸ Oberste Heeresleitung (OHL). Vor allem Ludendorff nahm immer mehr Einfluss auf die deutsche Innenpolitik. So erzwang er zum Beispiel den Sturz des Reichskanzlers Theobald von Bethmann Hollweg, als es zwischen beiden zum Streit über militärische Fragen kam: Ludendorff wollte alle Schiffe (auch die neutraler Staaten), die Großbritannien anliefen, von U-Booten versenken lassen; der Reichskanzler lehnte dieses Vorgehen ab (s. S. 26f).
Währenddessen verschlang der Krieg immer größere Geldsummen. Zu seiner Finanzierung trug auch die Bevölkerung bei, indem sie Kriegsanleihen zeichnete: Aus Patriotismus liehen die Menschen dem Staat Geld, aber in der Hoffnung, es im Frieden hoch verzinst zurückzuerhalten. Dies konnte nur funktionieren, wenn der Krieg siegreich enden und der Feind hohe Kriegsentschädigungen an Deutschland leisten würde. Ein Sieg war jedoch nicht abzusehen.
Um das Schlachten an den Fronten zu beenden, verlangte daher 1917 eine Mehrheit im Reichstag – bestehend aus der Sozialdemokratischen Partei, dem Zentrum und der liberalen Fortschrittspartei – einen Frieden ohne Sieger und Besiegte zu schließen. Die OHL aber wollte weiterkämpfen; gegen sie konnte sich der Reichstag nicht durchsetzen.

M3 Rationierung von Lebensmitteln

Folgende Rationen wurden zugeteilt (Durchschnittsverbrauch pro Person):

	1913	1914	1915	1917
Brot	330 g	225 g	220 g	160 g
Fleisch	150 g	71,5 g	35,5 g	19 g
Fett	28 g	?	12 g	7 g

M4 Frauen in Männerberufen

Aus den „Hessischen Kriegsheften" 1916:

Im Straßenleben der Stadt tritt neuerdings der weibliche Teil viel mehr in Erscheinung wie in Friedenszeiten. Die Straßen durcheilt, ausgerüstet mit Brieftasche und Uniformmütze, der weibliche Briefträger; auf den Bahnhöfen wirken Bahnsteigschaffnerinnen, auf Automobilen und auf den Plattformen der elektrischen Straßenbahn außer Schaffnerinnen nun auch weibliche Wagenführer und in der Stadt, in den Häusern, auf vielen – durch den Krieg entstandenen Stellen und Ämtern und auch auf anderen, früher von Männern besetzten Plätzen – wirken Vertreterinnen des weiblichen Geschlechts.

Zitiert nach: Digitales Archiv Hessen-Darmstadt. http://www.digada.de/wk1/kap3/frauen.htm (Stand: 2/2012)

M5 Die Herrschaft der Obersten Heeresleitung

Fragen des 12-jährigen Theodor Eschenburg[1] an seinen Vater:

„Was ist denn Politik?" fragte ich meinen Vater. Das sei die Gesetzgebung, die innere, die auswärtige Politik, erklärte er mir. „Haben da die Militärs nichts zu sagen?" Im Frieden nicht, erwiderte er, aber im Kriege gehe nichts ohne sie. Darüber stünde nur der Kaiser. Aber merkwürdig: Wer sprach eigentlich noch ernstlich vom Kaiser? Sein Name wurde selten genannt. Was man dagegen immer wieder hören konnte, war: „Das erlaubt Ludendorff nicht ..." oder „das verlangt Ludendorff ..." Er war die wirkliche Obrigkeit. Gegenüber beiden war der Kaiser machtlos. Er hätte es nicht wagen können, ... einen von beiden abzusetzen. Im Gegenteil, diese drohten mit ihrem Rücktritt, wenn ihren politischen Forderungen nicht entsprochen wurde.

In: Theodor Eschenburg: Also hören Sie mal zu. Geschichte und Geschichten 1904–1933, Berlin (BVT) 2001, S. 96 f.

[1] Theodor Eschenburg (1904–1999) wurde ein bedeutender Politikwissenschaftler und Staatsrechtler.

M6 Der Krieg verändert das Alltagsleben

Johann Baptist Gradl (1904–1988) berichtet:

Mein Vater war an der Westfront. Je länger der Krieg dauerte, umso mehr wuchs die Angst. Am schlimmsten waren die großen Postpausen ... Lebte der Vater überhaupt noch? Meine Mutter hatte oft verweinte Augen ... Seit Februar 1915 gab es Lebensmittelkarten. Die Zuteilungen waren nicht nur gering, sondern ... auch unregelmäßig und fielen zuweilen aus. Die Folge war, dass man ‚Schlange stehen' musste, stundenlang. Meine Mutter schickte mich als den Älteren oft zum ‚Anstehen' ... Nicht selten ... passierte es, dass ich mit leerer Tasche nach Hause kam, weil die Ware, zumal Butter, nicht gereicht hatte ... Gehungert haben wir oft, und den Geruch erfrorener Kohlrüben im Kochtopf aus dem berüchtigten Kohlrübenwinter 1916/17 habe ich heute noch in der Nase ... Aber trotz Hunger und Kälte zeigte sich bis zum Streik im Januar 1918 kein offenes Aufbegehren ... In der Schule wurden wir schon im zweiten Kriegsjahr angehalten zu Aktivitäten für die ‚Kriegswirtschaft'. Die Lehrer hielten Sammelstunden ab, zu denen wir brachten, was wir auftragsgemäß gesammelt hatten. Mal waren es Konservendosen aus Weißblech, mal Altgummiteile, mal anderes ... In einem Sommer wurde uns nahe gelegt, barfuß in die Schule zu gehen, um Leder zu sparen ... So verging ein Kriegsjahr nach dem anderen. Alle Jahre einmal kam mein Vater... für zwei Wochen auf Urlaub. Wenn er kam, war die Freude groß, wenn er fuhr, flossen die Tränen.

Zitiert nach: Rudolf Pörtner: Kindheit im Kaiserreich. Erinnerungen an vergangene Zeiten, München (= dtv Nr. 11084) 1989, S. 242 f.

1 Untersuche, wie sich die Stimmung der Bevölkerung im Verlauf des Kriegs veränderte. Nenne Gründe dafür (M1–M3, M6 und Autorentext).

2 Zeichne ein Schaubild, auf dem zu erkennen ist, wie sich das Machtgefüge im Staat während des Kriegs wandelte. Berücksichtige dabei die Stellung des Kaisers, der OHL und des Reichstags (M5 und Autorentext).

3 Harry Graf Kessler, ein kritischer Beobachter seiner Zeit, urteilte über Erich Ludendorff, dieser habe „Deutschland in den Abgrund gestürzt" und dabei keinerlei Rücksichten genommen. Erläutere, was Kessler zu diesem Urteil veranlasst haben könnte (M5, M6 und Autorentext).

4 Zeige, wie der Krieg das Leben von Kindern und Frauen veränderte (M1, M2 und M4).

Der Kriegseintritt der USA bringt die Wende

Der uneingeschränkte U-Boot-Krieg. Da die Briten auf dem Schlachtfeld nicht geschlagen wurden, wollte die Oberste Heeresleitung Großbritannien schwächen, indem sie seine Nachschubwege blockierte: Deutsche U-Boote versuchten, jedes Schiff zu versenken, das einen britischen Hafen anlief. Auch Schiffe neutraler Staaten gerieten so in die Schusslinie. In diesem Sinne wurde der U-Boot-Krieg „unbeschränkt" geführt. Weil bei den Angriffen deutscher U-Boote wiederholt amerikanische Staatsbürger starben, wurde die öffentliche Meinung in den USA immer deutschfeindlicher. Bereits 1915 hatte die Versenkung des britischen Passagierdampfers „Lusitania", bei der auch 127 Amerikaner ums Leben gekommen waren, das deutsch-amerikanische Verhältnis schwer belastet. Im April 1917 trat die amerikanische Regierung schließlich aufseiten der Alliierten in den Krieg ein. Damit war die deutsche Niederlage besiegelt: Die USA, die wirtschaftlich stärkste Nation der Welt, unterstützten die Gegner des Deutschen Reichs nicht nur mit Waffen, Munition und anderer kriegswichtiger Ausrüstung; bis zum Ende des Jahres 1918 griffen auch etwa zwei Millionen amerikanische Soldaten in die Kämpfe auf dem europäischen Festland ein: Frische Truppen verstärkten die alliierten Armeen, die – ebenso wie die deutschen – bereits deutlich geschwächt waren.

Der Krieg ist verloren. Angesichts des neuen Gegners USA gerieten die deutschen Truppen immer mehr in die Defensive. Der OHL erschien die militärische Lage schließlich aussichtslos: Im September 1918 verlangte sie von der Regierung, einen Waffenstillstand zu schließen. Um die Vermittlung des Waffenstillstands wurde der amerikanische Präsident Woodrow Wilson gebeten. Er erklärte sich aber nur bereit, mit einer Regierung und einem Reichskanzler zu verhandeln, die sowohl dem Kaiser als auch dem Parlament verantwortlich waren. Eben das forderte auch die OHL, welche die Schuld an der Niederlage der Regierung zuschieben wollte, anstatt selbst die Verantwortung dafür zu übernehmen. So kam es zu einer bedeutenden Verfassungsreform: Künftig traf das Parlament die Entscheidung über Krieg und Frieden und die Regierung hing vom Vertrauen des Parlaments anstatt des Kaisers ab. Max von Baden wurde Reichskanzler. Ohne Zustimmung des Reichskanzlers konnte der Kaiser keine Entscheidungen mehr vornehmen. Damit wurde das Kaiserreich eine parlamentarische Monarchie.

Die Alliierten knüpften Bedingungen an den Waffenstillstand: So musste das Deutsche Reich sein gesamtes Kriegsmaterial abliefern und alle Kriegsgefangenen entlassen, während deutsche Soldaten weiterhin in alliierter Gefangenschaft blieben. Auch die Seeblockade wurde nicht aufgehoben; an der Not der Bevölkerung im Reich änderte sich zunächst nichts. Der endgültige Waffenstillstand wurde am 11. November 1918 geschlossen, zwei Tage, nachdem in Berlin die Monarchie abgeschafft und die Republik ausgerufen worden war. Die Bilanz des Kriegs war schrecklich: Allein Deutschland beklagte 2 Millionen gefallene Soldaten (von insgesamt eingesetzten 13 Millionen), ebenso viele Verwundete und häufig für den Rest ihres Lebens Verkrüppelte sowie durch Kriegsgeschehnisse Traumatisierte.

M1 Amerikanische Truppen auf ihrem Vormarsch in Frankreich im Mai 1918

M2 Alliiertes Flugblatt zur deutschen Kriegsführung

M3 Werbeplakat *(1917)*

M4 Die militärische Lage des Reichs 1917

a) Der Schriftsteller Carl Zuckmayer erinnerte sich:

Wir waren in der Luft bereits um achtzig Prozent unterlegen. Stieg auf deutscher Seite eine Staffel von vier bis sechs Jagdfliegern auf, so kamen von drüben zwanzig bis dreißig, mit neuen Maschinen und besserer Ausrüstung ... Ähnlich waren die Verhältnisse der Artillerien und des Munitionsnachschubs, dazu gesellten sich die Amerikaner mit ihren frischen Truppen und die fürchterlichen ... Tanks (Panzer) ... Der Krieg war verloren, und wir wussten es. Aber wir hatten ihn noch über ein Jahr, in hoffnungsloser Lage, fortzuführen.

Zitiert nach: Carl Zuckmayer: Als wär's ein Stück von mir. Horen der Freundschaft, Frankfurt (S. Fischer) 1997, S. 290.

b) Generalfeldmarschall von Hindenburg schrieb am 3. Oktober 1918 an Reichskanzler Max von Baden:

... infolge der Unmöglichkeit, die in den Schlachten der letzten Tage eingetretenen ... Verluste zu ergänzen, besteht nach menschlichem Ermessen keine Aussicht mehr (zu siegen). Der Gegner seinerseits führt ständig neue frische Reserven in die Schlacht ... Die Lage verschärft sich ... täglich ... Unter diesen Umständen ist es geboten, den Kampf abzubrechen ...

Zitiert nach: Herbert Michaelis / Ernst Schraepler: Ursachen und Folgen. Vom deutschen Zusammenbruch 1918 und 1945 bis zur staatlichen Neuordnung Deutschlands in der Gegenwart, Band II, Berlin (Dokumentenverlag) 1959, S. 331.

1 Nenne Folgen des unbeschränkten U-Boot-Kriegs (Autorentext).

2 Vergleiche Zuckmayers und Hindenburgs Beurteilung der militärischen Lage (M4a und b).

3 Hindenburg behauptete im November 1919, die deutsche Armee sei „... von der Zivilbevölkerung von hinten erdolcht worden". Stelle dieser Behauptung M4b gegenüber. Beziehe dabei auch die Seite 50 mit ein. Was könnte Hindenburg zu dieser Erklärung veranlasst haben?

4 Interpretiere das Plakat M3. Wie stellt es die militärische Lage dar, in der sich die deutsche Armee befand?

5 Beschreibe M2 und erörtere mithilfe von M4a sowie des Autorentextes, inwieweit die Aussage des Flugblatts berechtigt war.

Russland unter den Zaren

Großmacht trotz Rückständigkeit? Die Ideen der Revolutionen von 1789 und 1848 sprangen nicht nach Russland über. Die russischen Zaren regierten weiterhin ohne jede Machtkontrolle über ihr Land. Dabei konnten sie sich auf die Unterstützung ihrer Geheimpolizei und der orthodoxen Kirche verlassen. In Russland war der Zar nicht nur weltlicher, sondern auch geistlicher Herrscher des Landes.

Russland blieb bis zum Ersten Weltkrieg ein Agrarland, in dem 80 % der Bevölkerung als Bauern arbeiteten. Erst 1861 wurde die Leibeigenschaft der Bauern aufgehoben. Doch die befreiten Bauern verfügten nicht über die finanziellen Mittel, eigenen Grund zu erwerben. Daher bewirtschafteten viele Dorfgemeinschaften gemeinsam das Land. Veraltete Anbaumethoden und ungünstige klimatische Bedingungen führten immer wieder zu Hunger und Elend durch Ernteausfälle. Nur sehr langsam begann in der zweiten Hälfte des 19. Jh. die Industrialisierung des Landes, die sich auf einzelne Gegenden des riesigen Reichs beschränkte. Das Kapital für den Aufbau der Eisenbahn, der Schwer- und Textilindustrie kam vor allem aus Frankreich und Großbritannien. Da es in Russland kein finanzkräftiges und am Gewinn orientiertes Bürgertum wie in Westeuropa gab, fehlten einheimische Investoren. Mithilfe des ausländischen Kapitals sollte wirtschaftlich der Anschluss an Westeuropa gelingen.

Modernisieren ohne Gewährung von Freiheiten? Die Gesellschaftsordnung veränderte sich in Russland trotz Industrialisierung und Wirtschaftsaufschwung nicht. Politische Parteien blieben verboten und existierten nur im Untergrund oder im Ausland. Alle Zeitungen unterlagen einer strengen Zensur. Im Vielvölkerstaat Russland mit über 100 Sprachen und Nationalitäten war nur der Gebrauch der russischen Sprache in Verwaltung und Schulen erlaubt. Nennenswerter Widerstand kam immer wieder aus den Reihen von Studenten, Professoren und Schriftstellern, die gegen die selbstherrliche und rückschrittliche Politik der Zaren protestierten.

M1 Ein russisches Dorf vor der Revolution.
Bauern flechten Körbe, deren Verkauf auf dem Markt das Elend mildern soll (Regierungsfotografie, um 1910).

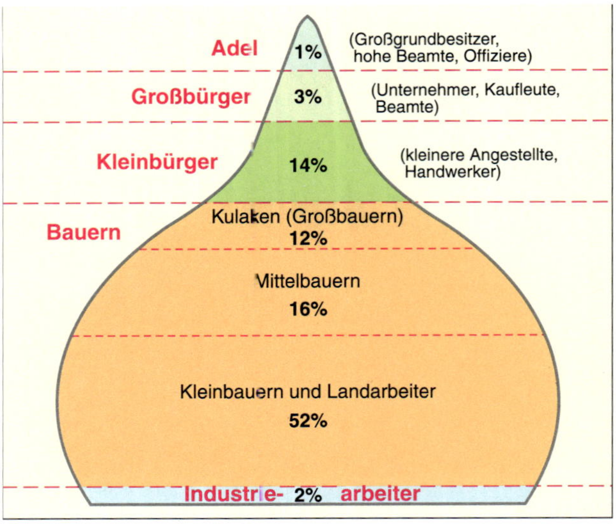

M2 Der Aufbau der russischen Gesellschaft 1905

Die Revolution von 1905. Im Zeitalter des Imperialismus versuchte Russland, seinen Einfluss nach China und Korea auszudehnen. Dabei geriet es in Konflikt mit Japan, das ebenfalls koloniale Interessen verfolgte. Im Russisch-Japanischen Krieg 1904/05 erlitten die Russen eine unerwartete Niederlage. Dadurch verschärfte sich die angespannte Lage im Innern des Landes zusehends. Eine Demonstration von 200 000 Arbeitern, die dem Zaren eine Bittschrift mit der Forderung nach politischen Reformen und Verbesserung ihrer Lebensbedingungen übergeben wollten, endete unter den Schüssen der kaiserlichen Soldaten. Nach diesem „Petersburger Blutsonntag" überzogen Aufstände und Streiks das Land. Der Zar versprach am 17. Oktober 1905 (alte russische Zählung, nach der Kalenderreform 1918: 30. Oktober) eine Verfassung und ein Parlament. Dieses neue Parlament, die Duma, blieb aber der Willkür des Zaren unterworfen. Es gab kein allgemeines Wahlrecht und Arbeiterparteien wurden unterdrückt.

M3 Die Entwicklung Russlands bis 1917

M4 Der Weg Russlands zur Großmacht:

Mitte 9. Jh. bis Mitte 13. Jh.: Großfürstentum Kiew, Annahme des orthodoxen Christentums ab 988

Mitte 13. Jh.: Mongolen („Tataren") überrennen ab 1223 die russischen Fürstentümer.

15. Jh.: Zurückdrängen der Tatarenherrschaft und Expansionspolitik unter den Zaren Iwan II. und Iwan IV. („Sammeln russischer Erde"). Nach dem Fall Konstantinopels wird Moskau Zentrum der Orthodoxie als „Drittes Rom".

18. Jh.: Unter Peter dem Großen wird Russland eine Großmacht mit Ausrichtung nach Westeuropa; Fortsetzung der Großmachtpolitik unter Katharina der Großen.

19. Jh.: Zar Nikolaus I. (1825-1855) lässt 1825 einen Aufstand von westlich orientierten jungen Adligen niederschlagen. Strenge Überwachung des öffentlichen Lebens durch die Geheimpolizei und Niederschlagung der polnischen Revolution 1830/31. Unter Zar Alexander II. (1855-1881) Niederlage Russlands im Krimkrieg (1853-1856), danach Ansätze von politischen Reformen. Zar Alexander III. (1881-1894) verschärft die Polizeikontrollen gegen Schulen, Universitäten, Presse und Justiz. Pogrome gegen Juden erschüttern das Land. Gegen die Russifizierungspolitik von Zar Nikolaus II. (1894-1917) kommt es in Polen, dem Baltikum und der Ukraine zu Aufständen.

M5 Der Historiker Michail Pogodin schrieb 1838:

Russland - ein Gebiet von Persien bis zu den Grenzen der bewohnten Welt, bis zum Nordpol! Eine Bevölkerung von 60 Millionen Menschen, die jährlich um eine Million wächst ... Wo gibt es so ein großes Volk? Russland ist ein Reich, das alle Arten Boden und Klimate in sich begreift, ein Reich, das an allen Erzeugnissen Überfluss hat ... eine Welt für sich, selbstgenügsam und unabhängig. Wir besitzen Berge von Gold und Silber, die es in Europa nicht mehr gibt. Mit unserem Getreide ernähren wir in Hungerjahren ganz Europa. Mit unserem Holz könnten wir alle Städte Europas neu aufbauen, wenn eine Feuersbrunst sie in Asche legte ... Alle Kräfte bilden in Russland ein ungeheures Maschinenwerk, das auf zweckmäßigste Art konstruiert und von der Hand eines einzigen Menschen, des Zaren, gelenkt wird. Wer kann sich uns gleichstellen? Liegt nicht das politische Schicksal Europas und also das Schicksal der Welt in unserer Hand?

Zitiert nach: Valentin Gitermann: Geschichte Russlands, Bd. 3, Frankfurt (Europäische Verlags-Anstalt) 1987, S. 576 f.

1 Zähle Hindernisse auf, die einer Modernisierung Russlands entgegenstanden (M1–M2 und Autorentext).

2 Beschreibe anhand der Karte M3 die Etappen der Ausdehnung Russlands. Nenne die Hauptstadt und beschreibe ihre geografische Lage im Land.

3 Suche die Bedeutung des Begriffs „Russifizierung" heraus. Was bedeutete er für die Zaren, was für die Betroffenen?

4 Erläutere Russlands Weg zur Großmacht. Stütze dich auf die Daten in M4 und deute die Position des Historikers in M5. Vertiefe deine Ergebnisse durch weitere Recherchen, wo es dir nötig scheint.

Februar 1917: Die bürgerliche Revolution

Revolution während des Weltkriegs. Nach anfänglichen Erfolgen häuften sich im dritten Kriegswinter 1917 Russlands Niederlagen. Bauern und Arbeiter wurden ohne militärische Ausbildung an die Front geschickt, um die hohen Verluste bei der Truppe auszugleichen. Die gewaltigen Kriegskosten entwerteten für alle spürbar das Geld. Die Preise stiegen. Da die Produktion und die Verteilung von Lebensmitteln stockten, hungerten immer mehr Menschen. In dieser Situation kam es zu Streiks und Demonstrationen. Vor dem Sitz der Petrograder Stadtverwaltung forderten demonstrierende Frauen und Männer Brot, mehr Lohn und einen sofortigen Friedensschluss. Doch anders als 1905 weigerten sich die Soldaten, auf Befehl des Zaren die Demonstranten niederzuschießen. Zehntausende Soldaten und Arbeiter schlossen sich den roten Fahnen der Demonstranten an, bewaffneten sich, befreiten die politischen Gefangenen und stürmten den Sitz der verhassten Geheimpolizei.

Russland wird Republik. Am 1. März (14. März) 1917 zwangen die liberalen Abgeordneten der Duma den Zaren zum Rücktritt und setzten die kaiserliche Familie unter Hausarrest. Eine „Provisorische Regierung“ aus Abgeordneten der Duma übernahm die Amtsgeschäfte und führte die bürgerlichen Grundrechte ein. So wurde Russland noch während des Ersten Weltkriegs zu einer Republik. Doch die „Provisorische Regierung“ war nicht das alleinige Machtzentrum. Während der Aufstände gegen den Zaren hatten sich in vielen Städten sogenannte Räte (▸ Sowjets, russisch: sowjety) gebildet. In diesen Räten saßen Soldaten, Arbeiter und Bauern. Die Vertreter der Bauernpartei („Sozialrevolutionäre“) waren in der Mehrheit. Auch sozialistische Abgeordnete der Duma taten sich hervor.

Die Zeit der „Doppelherrschaft“. Die russischen Militärs erkannten die „Provisorische Regierung“ nur unter der Bedingung an, dass sie einer Fortsetzung des Kriegs gegen das Deutsche Reich und Österreich-Ungarn zustimmte. Dem setzte der Petrograder Sowjet seinen „Aufruf an die Völker der Welt“ gegenüber, in dem er einen sofortigen Frieden ohne Gebietsabtretungen und Kriegsentschädigungen forderte. Die Räte hatten mit ihrer Parole „Frieden, Land und Brot“ größeren Rückhalt in der Bevölkerung. Mitten in diese explosive Lage kehrte der Revolutionär und Anführer der bis dahin unbekannten Partei der ▸ Bolschewiki, Wladimir I. Uljanow, genannt Lenin, aus dem Exil in der Schweiz nach Petrograd zurück. Diese Rückkehr erfolgte auf Initiative der deutschen Regierung, die einen Eisenbahnwaggon für Lenin und seine Anhänger bereitstellte, mit dem die Revolutionäre über Skandinavien nach Petrograd reisten. Von einer Revolution in Russland erhofften sich die Deutschen im noch andauernden Weltkrieg eine Schwächung ihres Gegners im Osten. Lenin machte sich sofort daran, aus den zerstrittenen Bolschewiki eine schlagkräftige Partei zu formen.

Partei	Konstitutionelle Demokraten („Kadetten“)	Sozialrevolutionäre	Russische Sozialdemokratische Arbeiterpartei	
Gründung	1905	1902	1898, 1903 Spaltung in	
			Menschewiki	Bolschewiki
Parteiführer	P. N. Miljukow	A. F. Kerenski	J. O. Martow	W. I. Lenin
Programm	Partei des russischen Liberalismus; für eine Demokratie	will eine Bodenreform; Großgrundbesitzer sollen gegen Entschädigung Land an arme Bauern verteilen	fordert die Enteignung der Großgrundbesitzer ohne Entschädigung; Verteilung des Landes an arme Bauern; Verstaatlichung aller Fabriken	
Wähler	Bürgertum	Bauern	Arbeiter	
Strategie	politische Arbeit im Parlament	Unruhen und Demonstrationen der Bauern; vereinzelt Terroranschläge	in einzelnen Fragen Zusammenarbeit mit „Kadetten“ und Sozialrevolutionären	sozialistische Revolution; Diktatur des Proletariats

M1 Parteien in Russland *(1917)*

M2 Lenin spricht im Mai 1917 vor den Arbeitern der Putilow-Werke in Petrograd *(Gemälde von Isaak Brodski, um 1930).*

M3 Die „Provisorische Regierung“ über ihre Aufgaben

1. Vollständige und sofortige Aufhebung aller Gerichtsurteile aus politischen und religiösen Gründen, darunter auch die wegen terroristischer Attentate und militärischer Aufstände ...
2. Freiheit der Rede, der Presse, der Versammlungen und Streiks. Dies gilt mit Einschränkungen auch für Angehörige des Militärs ...
3. Abschaffung aller Beschränkungen aufgrund des Standes, der Konfession oder der Nationalität eines Menschen.
4. Sofortige Vorbereitung zur Einberufung der Verfassunggebenden Versammlung auf der Grundlage allgemeiner, freier und geheimer Wahlen ...
5. Ersetzung der Polizei durch eine Volksmiliz mit gewählter Führung, die den Gemeinde- und Stadtverwaltungen unterstellt ist.
6. Allgemeine, direkte und geheime Wahlen zu den Gemeinde- und Stadtverwaltungen ...
7. Die militärischen Einheiten, die an der revolutionären Bewegung teilgenommen haben, werden nicht entwaffnet und bleiben in Petrograd ...

Zitiert nach: Hans-Joachim Lieber und Karl-Heinz Ruffmann (Hrsg.): Der Sowjetkommunismus. Dokumente Band 1, Köln/Berlin (Kiepenheuer & Witsch) 1963, S. 121.

M4 Lenins Vorstellungen über die Zukunft Russlands

Auszüge aus Lenins „Aprilthesen“:

1. a) Übergang der Macht in die Hände des Proletariats und der sich ihm anschließenden ärmsten Teile der Bauernschaft; b) Verzicht auf Gebietsforderungen; c) tatsächlicher und völliger Bruch mit den Interessen des Kapitals ...
3. Keinerlei Unterstützung der „Provisorischen Regierung“ und Aufdeckung ihrer Verlogenheit ...
4. Die Tatsache anerkennen, dass unsere Partei in der Mehrzahl der Räte in der Minderheit ist ...
5. Keine parlamentarische Republik, sondern eine Republik der Räte. Abschaffung von Polizei, Armee und Beamten. Künftige Beamte werden gewählt, sind jederzeit absetzbar und erhalten nicht mehr Lohn als ein qualifizierter Arbeiter.
6. Beschlagnahmung des Landes der Großgrundbesitzer; die örtlichen Bauernräte verfügen über den Boden ...
8. Nicht die sofortige „Einführung“ des Sozialismus, sondern zuerst nur die Erlangung der Kontrolle über die Produktion und die Verteilung der Erzeugnisse durch unsere Räte.

Zitiert nach: Lieber/Ruffmann: a. a. O., S. 130 ff.

1 Fasse den Verlauf der Februarrevolution zusammen.

2 Erläutere die Maßnahmen der „Provisorischen Regierung“ (M3). Wo musste es zum Konflikt mit den Auffassungen Lenins kommen (M1 und M4)?

3 Beschreibe das Bild M2. Wann entstand es? Wie stellt der Maler Lenin und die Situation 1917 dar?

Oktober 1917: Die sozialistische Revolution

Das Ende der Doppelherrschaft. Im Sommer 1917 schien die „Provisorische Regierung“ unter Ministerpräsident Kerenski die innenpolitische Lage unter Kontrolle zu haben. In den Kreisen der Bolschewiki glaubte niemand mehr an das Gelingen einer sozialistischen Revolution. Die Regierung verlor jedoch stetig an Vertrauen in der Bevölkerung, da sie den Krieg fortsetzte, die Verteilung von Land an arme Bauern stockte und die katastrophale Versorgungslage sich nicht verbesserte. Für die Parolen der Bolschewiki von „Frieden, Land und Brot“ begeisterten sich immer mehr Menschen. Anfang Oktober 1917 musste Kerenski die inhaftierten Bolschewiki freilassen. Lenin kehrte heimlich aus seinem Unterschlupf in Finnland zurück und setzte sich intensiv für den Zusammenhalt innerhalb der Partei ein. Bei den Wahlen zu den Arbeiter- und Soldatenräten errangen die Bolschewiki in Moskau und Petrograd, den beiden größten Städten Russlands, die Mehrheit. Am 25. Oktober (7. November) 1917 gelang der von Lenin und Leo Trotzki genauestens geplante Aufstand gegen die „Provisorische Regierung“. Es gab keine Unruhen und keine Massendemonstrationen; das öffentliche Leben nahm seinen gewohnten Verlauf.

Die erste Sowjetregierung. Am Abend des 7. (20.) November trat die Rätevertretung ganz Russlands zusammen. Dort war man fast zu einer Einigung über eine neue demokratische Regierung aus allen Parteien gelangt, als die Nachricht vom eigenmächtigen Vorgehen der Bolschewiki eintraf. Sämtliche Parteien verurteilten das in ihren Augen „kriminelle Unternehmen“. Trotzki als Hauptredner der Bolschewiki lehnte jede Zusammenarbeit mit den gemäßigten Sozialisten und Sozialrevolutionären ab und griff sie mit den Worten an: „Ihr seid elende Bankrotteure! Ihr habt ausgespielt; schert euch hin, wo ihr von nun an hingehört: auf den Kehrichthaufen der Geschichte!“ Die Mehrheit der gemäßigten sozialistischen Abgeordneten verließ daraufhin den Saal. Die erste Sowjetregierung unter Lenins Vorsitz nannte sich „Rat der Volkskommissare“. Kommissar für auswärtige Angelegenheiten wurde Leo Trotzki, Kommissar für Nationalitätenfragen Josef Stalin. Unverzüglich bot der Rat den Kriegsgegnern Deutschland und Österreich-Ungarn Verhandlungen zum sofortigen Friedensschluss an. Der Privatbesitz an Grund und Boden und die Pressefreiheit wurden abgeschafft. Die neue Geheimpolizei Tscheka sollte alle Gegner der Bolschewiki einschüchtern und jeglichen Protest gegen diese Maßnahmen verhindern. Noch vor der ▸ Oktoberrevolution waren von der „Provisorischen Regierung“ allgemeine Wahlen in ganz Russland zu einer Verfassunggebenden Versammlung angesetzt worden. Dabei erhielten die Bolschewiki trotz massiver Beeinflussung der Wähler nur 25 % der abgegebenen Stimmen. Als die Abgeordneten dieser Versammlung am 5. (18.) Januar 1919 in Petrograd zusammentraten, wurde der Sitzungsort auf Anordnung Lenins abgeriegelt und die Versammlung gewaltsam aufgelöst.

M1 „Sturm auf den Winterpalast“
(zeitgenössisches Gemälde aus dem Zentralen Revolutionsmuseum der ehemaligen UdSSR)

M2 „Genosse Lenin reinigt die Erde vom Müll“
(zeitgenössisches Plakat)

M3 Putsch oder Revolution?

Der britische Historiker Orlando Figes, 2007:

Die Große Sozialistische Oktoberrevolution, wie sie später in der Mythologie der Sowjetunion hieß, war in Wirklichkeit ein militärischer ▸ Putsch – kaum wahrgenommen von der Mehrheit der Einwohner Petrograds und durchgeführt von kaum mehr als ein paar tausend Aufständischen. Theater, Restaurants und Straßenbahnen funktionierten weitgehend normal, während die Bolschewiki die Macht ergriffen. Der legendäre „Sturm“ auf den Winterpalast, wo Kerenskis Kabinett seine letzte Sitzung abhielt, wirkte eher wie ein routinemäßiger Hausarrest. Die zusammengewürfelten Palastverteidiger waren überwiegend schon vor dem Angriff hungrig und mutlos nach Hause gegangen; Kerenski bereits am Morgen geflohen.

Zitiert nach: Orlando Figes: Krise und Umsturz. In: Spiegel spezial Geschichte: Experiment Kommunismus. Die Russische Revolution und ihre Erben, 4/2007, S. 20 und 28.

M4 Geschichte erzählt

Die rote Revolution

Der Schuss des Panzerkreuzers „Aurora“, der um 21.40 Uhr im Petrograder Hafen durch die Dunkelheit hallte, war ein Signal, das die Welt radikal verändern sollte. Das wollten auch die Stoßtrupps der Bolschewiki, die am Ufer der Newa bereit standen. Ihr Ziel war die Eroberung des Winterpalasts, der ehemaligen Residenz des Zaren, nun Sitz jener Regierung, die es endgültig zu beseitigen galt. Der Palast war an diesem 25. Oktober 1917 russischer Zeitrechnung nahezu unbewacht. Im Laufe des Nachmittags hatten die meisten regierungstreuen Soldaten das Gebäude verlassen. Sie waren hungrig – die Regierung, zu deren Schutz sie bereit standen, hatte nicht einmal mehr die Mittel, sie angemessen zu verpflegen. So konnten die Angreifer fast ohne Gegenwehr durch ein Seitentor eindringen und sich den Weg zum Kabinettszimmer bahnen. Die Minister hatten gerade gespeist; resigniert warteten sie auf das Ende. „Sie alle sind verhaftet“, verkündete der Anführer der Bolschewiki-Trupps. Nur einer konnte der Verhaftung entgehen: Alexander Kerenski, Premierminister der „Provisorischen Regierung“ Russlands, hatte das Palais bereits verlassen. Der „Sturm auf den Winterpalast“ – eher ein revolutionärer Spaziergang – fegte Kerenskis Regierung hinweg und brachte einen Mann an die Macht, der in Russland mit aller Gewalt die „Diktatur des Proletariats“ festschreiben wollte: Wladimir Iljitsch Lenin. Um demokratische Mehrheiten hatte sich der Führer der Bolschewiki-Partei nie geschert. „Es wäre naiv, eine formelle Mehrheit der Bolschewiki abzuwarten: Keine Revolution wartet darauf. Die Geschichte wird uns nicht verzeihen, wenn wir jetzt nicht die Macht ergreifen“, hatte er verkündet. Sein Machtwille setzte sich durch – auch gegen Widerstände innerhalb der Partei …

Zitiert nach: Alexander Berkel: 1917: Die rote Revolution. In: Guido Knopp: Die Bilder des Jahrhunderts, München (Ullstein) 1999, S. 58.

1 Fasse zusammen, wie die „Provisorische Regierung“ 1917 die Macht verlor (Autorentext).

2 Erläutere, wie die Bolschewiki die Rechtmäßigkeit ihrer Herrschaft sahen (M2 und Autorentext). Urteile aus heutiger Sicht.

3 Welcher Eindruck soll den Betrachtern von Bild M1 vermittelt werden? Vergleiche die bildliche Darstellung der Ereignisse mit den Aussagen der Materialien M3 und M4. Wo werden unterschiedliche Ansichten deutlich?

Vom Bürgerkrieg zur Gründung der Sowjetunion

Ein radikaler Umbau des Staates. Unter Lenins Führung errichteten die Bolschewiki einen völlig neuartigen Staat ohne Privateigentum als Grundlage für die Gleichheit aller Menschen. Volksgerichte ersetzten das bisherige Rechtswesen. Verdiente Arbeiter aus den Reihen der Bolschewiki übernahmen die Funktion der Polizei. Der gesamte Kirchen- und Klosterbesitz wurde enteignet, damit fielen Millionen von Hektar Land dem Staat zu. Kirche und Staat wurden getrennt, der Unterhalt der Geistlichen war nun Privatsache der Gläubigen. Die Kirche verlor das Erziehungsrecht in den Schulen. Das Eisenbahnwesen und die Handelsflotte wurden in Staatsbesitz überführt. Sämtliche Beteiligungen ausländischer Investoren in Russland, darunter viele Bergwerke und Fabriken, wurden ohne Entschädigung enteignet. Alle Privatbanken verschmolz man zu einer Staatsbank. Zugleich stellte Russland die Rückzahlung aller Kredite ein, die es im Ausland aufgenommen hatte; dadurch verloren viele Anleger ihr investiertes Geld.

Der Frieden von Brest-Litowsk 1918. Zur Festigung der Macht musste die neue Regierung schnellstens den Krieg beenden. Sie akzeptierte daher die vom Deutschen Reich und Österreich-Ungarn diktierten harten Friedensbedingungen. Russland verlor im Frieden von Brest-Litowsk die Kontrolle über Finnland und die baltischen Staaten sowie durch Gebietsabtretungen ein Viertel seiner landwirtschaftlichen Anbauflächen und seiner Bevölkerung, dazu drei Viertel der Eisenindustrie und der Kohlebergwerke. Die deutsche Kriegsniederlage ermöglichte Russland die Kündigung des Vertrags und die Rückgewinnung eines Großteils der verlorenen Gebiete.

Gegenrevolution und Kriegskommunismus. Die drastischen innenpolitischen Maßnahmen Lenins forderten zahlreiche Gegner zum Widerstand heraus: Adlige, Großgrundbesitzer, Geistliche, Bankiers, Kaufleute, zaristische Generäle und Beamte schlossen sich den „Weißen" an, wie man die Gegner der „roten" Bolschewiki nannte. Große Teile des Landes entglitten der Kontrolle der Bolschewiki. Zwei Jahre standen sich die vom Ausland („Allierten") unterstützten „Weißen" und „Roten" in einem erbitterten Bürgerkrieg gegenüber. Die „Rote Armee" unter Führung Trotzkis errang schließlich den Sieg.

Der Bürgerkrieg ruinierte die russische Wirtschaft. Zur Versorgung der hungernden Bevölkerung zogen bewaffnete Arbeiter und Soldaten der Roten Armee durch die Dörfer, wo den Bauern die noch vorhandenen Getreide- und andere Lebensmittel gewaltsam abgenommen wurden („Kriegskommunismus"). Als die Versorgungslage ausweglos schien, machte Lenin eine Kehrtwende seiner Wirtschaftspolitik und ließ private Kleinbetriebe und freie Bauernmärkte wieder zu. Für viele Menschen kam diese Kehrtwende jedoch zu spät: 1920/21 raffte eine beispiellose Hungersnot Millionen Menschen hinweg. Heute schätzt man die Zahl der Opfer von Bürgerkrieg und Hungersnot auf 15 Millionen Menschen.

Im Jahre 1922 schlossen sich Russland, Weißrussland, die Ukraine und die Gebiete des Kaukasus zur „Union der Sozialistischen Sowjetrepubliken" (UdSSR), der ▸ Sowjetunion, zusammen.

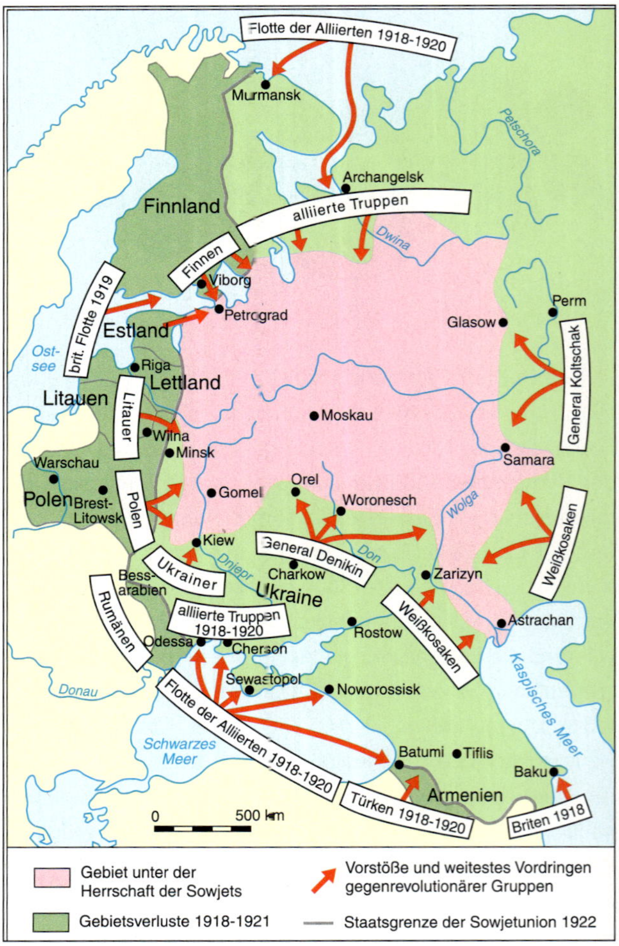

M1 Bürgerkrieg in Russland

M2 „Der Bolschewik" *(Gemälde von Boris M. Kustodijew, 1920)*

M3 Der „rote Dämon" Trotzki *(antibolschewistisches Plakat aus der Ukraine, 1918). Der Text auf dem Plakat lautet: „Frieden und Freiheit allen Sowjetmenschen."*

M4 Kinder während der Hungersnot *(1921 – 1923)*

1 Zeige anhand der Karte die Zusammensetzung der „Weißen". Welche Unterschiede in ihren Zielen lassen sich vermuten (M1 und Autorentext)?

2 Welches Selbstverständnis kommt in dem Gemälde „Der Bolschewik" (M2) zum Ausdruck? Vergleiche mit dem Plakat M3. Mit welchen Mitteln der Darstellung sollen die Betrachter überzeugt werden?

3 Beurteile Lenins Wirtschaftspolitik während des Bürgerkriegs (M4 und Autorentext). Setze Lenins Maßnahmen in Bezug zu seinem Programm (M5).

M5 Lenins Sicht der Zukunft *(August 1917)*

Die Diktatur des Proletariats bringt zunächst eine Reihe von Freiheitsbeschränkungen für die Unterdrücker, die Ausbeuter, die Kapitalisten. Diese müssen wir niederhalten, um die Menschheit von der Lohnsklaverei zu befreien, ihr Widerstand muss mit Gewalt gebrochen werden. Es ist klar, dass es dort, wo es Gewalt gibt, es keine Freiheit, keine Demokratie gibt ... Erst in der kommunistischen Gesellschaft, wenn der Widerstand der Kapitalisten endgültig gebrochen ist, wenn es keine Klassen mehr gibt, erst dann hört der Staat auf zu bestehen und kann von Freiheit die Rede sein. Erst dann ist eine vollkommene Demokratie ... möglich.

Zitiert nach: Oskar Anweiler (Hrsg.): Die Russische Revolution (= Quellen- und Arbeitshefte zur Geschichte und Politik, Nr. 4223), Stuttgart (Klett) [3]1980, S. 39 f.

Die Neuordnung Europas nach dem „Großen Krieg"

Wie werden neue Staaten „gebaut"? Am 4. Dezember 1918 lief der Passagierdampfer „George Washington" aus dem Hafen von New York aus. An Bord befand sich der amerikanische Präsident Woodrow Wilson, begleitet von Fachleuten aus Ministerien und Universitäten. Kaum zwei Jahre zuvor waren die Amerikaner aufseiten der Engländer und Franzosen in den Ersten Weltkrieg eingetreten. Nun wollten die Amerikaner auch bei den Friedensverhandlungen in Paris ein entscheidendes Wort mitreden. Nach amerikanischer Auffassung sollten die europäischen Staaten „reif für die Demokratie" gemacht werden. Das konnte nach amerikanischer Auffassung nur durch die Einführung der Demokratie, eine liberalkapitalistische Wirtschaftsordnung und Freihandel geschehen. Nur so sei der Frieden langfristig zu sichern und der Wohlstand der Bevölkerung möglich. Richtschnur der Amerikaner war das ▸ Selbstbestimmungsrecht der Völker und das „Nationalitätenprinzip", mit dem in Ost- und Südosteuropa neue Staaten entstehen sollten. Eine neue Schiedsstelle, der ▸ Völkerbund mit Sitz in Genf, sollte künftige Konflikte regeln und lösen.

Die Bilanz des Weltkrieges. Über 60 Millionen Soldaten waren 1914–1918 weltweit in den Krieg gezogen. 20 Millionen von ihnen wurden verwundet und 8,5 Millionen getötet, darunter 2 Millionen Deutsche. Die Propaganda hatte den Menschen aller beteiligten Länder bessere Zeiten nach einem gewonnenen Krieg versprochen. Doch Unsummen waren in die Kriegsführung geflossen und nun standen alle Europäer ärmer da als vor dem Krieg. Entbehrungen, Elend und Trauer kennzeichneten den Alltag der meisten Menschen. So begann das 20. Jahrhundert nach einem Wort des britischen Historikers George F. Kennan mit der „Urkatastrophe" des Ersten Weltkriegs. Vor dem Krieg hatten die fünf europäischen Großmächte politisch, wirtschaftlich und militärisch die Weltpolitik bestimmt. Nach 1918 lösten die Vereinigten Staaten von Amerika Großbritannien als führende Finanzmacht und „Weltbankier" ab. Alle Siegernationen des Ersten Weltkriegs waren bei den USA hoch verschuldet. In der Innenpolitik der europäischen Länder lieferten sich inmitten des wirtschaftlichen und politischen Chaos nach dem Krieg demokratische, sozialistische, kommunistische und konservative Kräfte erbitterte Gefechte um die neue politische Ordnung der jeweiligen Staaten. Dabei hatten Bewegungen wie der Kommunismus und der ▸ Faschismus in vielen Ländern großen Zulauf. Konnten so stabile Staaten entstehen?

Die Neuordnung Europas im Überblick

Die Delegationen der einzelnen Länder berieten in unterschiedlichen Vororten von Paris. Der Name dieser Orte wurde dann zum Namen des jeweiligen Vertrags, z. B. ▸ Versailler Vertrag für alle Deutschland betreffenden Fragen.

Polen entsteht als Staat wieder neu (Forderung der Siegerstaaten (M3 / Nr. 13)

Versailles: Vertrag zu Deutschland (s. S. 38 f.)

Saint-Germain-en-Laye: Auflösung Österreichs, auf dessen Boden fünf neue Staaten entstehen (M2)

Neuilly: Bulgarien verliert Zugang zum Meer, Gebietsgewinne für Griechenland (M2)

Sèvres: Osmanisches Reich wird aufgelöst, Nachfolgestaat wird die Türkei, Meerengen unter internationaler Kontrolle (M1)

Trianon: Ungarn verliert Territorien und sehr große Bevölkerungsteile an die neuen Staaten Tschechoslowakei, Rumänien, Jugoslawien (M2)

M1 Die Türkei nach dem Ersten Weltkrieg

M2 Südost- und Ostmitteleuropa vor Kriegsbeginn 1914 und nach den Pariser Vorortverträgen 1919 / 1920

M3 Ein Programm der Völkerverständigung: Wilsons „Vierzehn Punkte"

1. Öffentliche Friedensverträge und Abschaffung der Geheimdiplomatie
2. Freiheit der Seeschifffahrt
3. Aufhebung sämtlicher wirtschaftlicher Schranken
4. Garantierte Rüstungsbegrenzung
5. Unparteiische Ordnung aller Kolonialfragen
6. Räumung des ganzen russischen Gebiets
7. Wiederherstellung der belgischen Souveränität
8. Räumung Frankreichs, Rückgabe von Elsass-Lothringen und Wiederherstellung der zerstörten Teile
9. Grenzziehung Italiens nach Nationalitätenprinzip
10. Autonomie (Selbstständigkeit) der Völker Österreich-Ungarns
11. Wiederherstellung Serbiens, Rumäniens und Montenegros
12. Autonomie der Völker des Osmanischen Reichs; ungehinderte Durchfahrt durch Dardanellen und Bosporus
13. Errichtung eines unabhängigen polnischen Staates
14. Gründung eines Völkerbundes zur Garantie der Unversehrtheit aller Staaten

Zitiert nach: Bruno Gebhard: Handbuch der deutschen Geschichte, Bd. 4, hrsg. von Herbert Grundmann, Stuttgart (Klett-Cotta) [9]1978, S. 137.

1 Nenne die Staaten, die nach dem Ersten Weltkrieg entstanden (M2). Zähle Gebietsabtretungen auf.

2 Erkläre und begründe anhand der Karten, welche Staaten zu den Verlierern der Pariser Vorortverträge gehörten und wo neue Krisenherde entstehen konnten (M2).

3 Ziehe eine aktuelle Landkarte heran und vergleiche die politischen Verhältnisse um 1920 mit heute. Was ist gleich geblieben, wo stellst du Veränderungen fest (M2)?

4 Lege anhand der Karten dar, aus welchen Gebieten sich das neue Polen zusammensetzte.

5 Stelle gegenüber, welche Forderungen des amerikanischen Präsidenten durch den Versailler Vertrag und die Pariser Vorortverträge erfüllt bzw. nicht umgesetzt wurden.

6 Beschreibe die Grenzziehung des neuen Staates Türkei (M1). Den Armeniern wurde in den Verhandlungen zunächst ein eigener Staat zugebilligt, den Kurden jedoch nicht. Finde die Gründe heraus.

7 Vergleiche die Ergebnisse der Friedensverträge mit den 1914 beschworenen Kriegszielen einzelner Länder (s. S. 19/M3).

Der Versailler Vertrag

Milder Friede oder harte Bestrafung? Als im Januar 1919 Vertreter von insgesamt 27 Staaten in Paris Friedensverhandlungen aufnahmen, war sich der „Rat der Vier“ (England, Frankreich, USA und Italien), die eigentliche Entscheidungsinstanz, über die Behandlung Deutschlands keineswegs einig. England wollte das europäische Gleichgewicht aufrechterhalten und eine französische Vormachtstellung verhindern. Deutschland sollte ein Partner im europäischen Staatensystem bleiben und lediglich auf seine Flotte und seine Kolonien verzichten. Frankreich sprach sich jedoch für eine harte Bestrafung aus und verwies dabei auf den Friedensvertrag von Brest-Litowsk, den das Deutsche Reich dem geschlagenen Russland diktiert hatte. Der amerikanische Präsident Wilson wollte einen Frieden ohne Sieger und Besiegte, um keinen Anlass für zukünftige kriegerische Auseinandersetzungen zu schaffen. Sein Streben nach einer friedlichen Weltordnung wirkte sich zwar nur unwesentlich auf die Bestimmungen des Friedensvertrags aus, führte jedoch zur Gründung des Völkerbundes, einer internationalen Organisation mit Sitz in Genf, die Konflikte von nun an auf diplomatischem Wege lösen sollte.

Empörung in Deutschland. Der Entwurf des Friedensvertrags sah umfangreiche Gebietsabtretungen, den Verlust der Kolonien, Reparationszahlungen und Sachlieferungen sowie einschneidende Reduzierungen im Heer und bei der Flotte vor. Der Artikel 231 stellte die alleinige Kriegsschuld Deutschlands fest und begründete so den Anspruch auf eine uneingeschränkte Wiedergutmachung aller Schäden und Verluste der Alliierten.

Deutschland hatte als Verlierer nicht an den Verhandlungen teilnehmen dürfen. Die harten Friedensbedingungen des Versailler Vertrags riefen große Entrüstung und Verbitterung in der Bevölkerung wie in der Regierung hervor. Erst als die Alliierten mit dem Einmarsch und der Besetzung Deutschlands drohten, falls der Vertrag nicht binnen sieben Tagen angenommen würde, gab die deutsche Regierung nach.

Das Ende des Ersten Weltkriegs markierte gleichzeitig das Ende des deutschen Kaiserreichs. Am 9. November 1918 war in Berlin die Republik ausgerufen worden; der Kaiser musste abdanken. Für die junge Republik sollte die Erfüllung des Versailler Vertrags zu einer der schwersten Belastungen werden.

M1 Die Bestimmungen des Versailler Vertrags

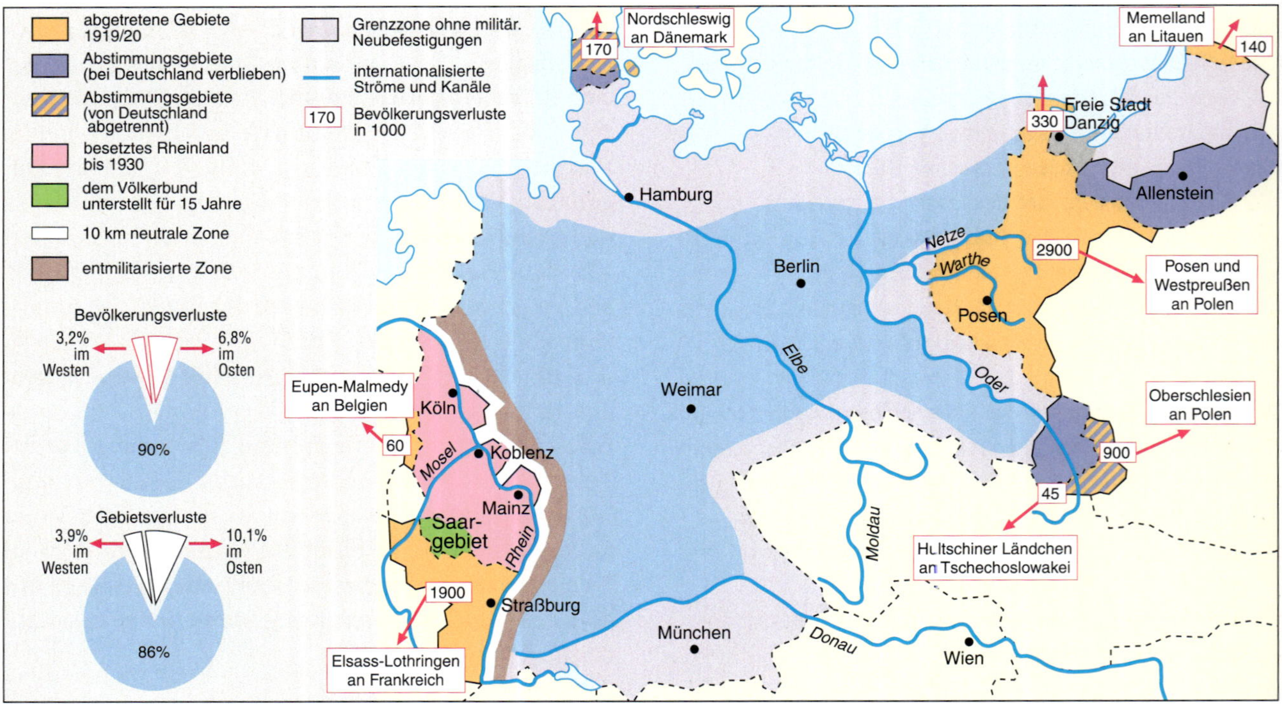

M2 „Der Friedenskuss"

Karikatur aus dem „Simplicissimus" von Th. Th. Heine, Juli 1919

M3 Diskussionen um die Annahme des „Diktatfriedens"

Am 22. Juni 1919 setzten sich die Abgeordneten der Nationalversammlung in einer heftigen Debatte mit dem Friedensvertrag von Versailles auseinander:

Abgeordneter Bauer (SPD): „... Die auferlegten Bedingungen übersteigen das Maß dessen, was Deutschland leisten kann. Wir legen den größten Nachdruck auf die Erklärung, dass wir den Artikel 231 des Friedensvertrags ... nicht annehmen können und durch die Unterschrift nicht decken."

Abgeordneter Wilhelm Kahl (DVP): „Wir lehnen ab, weil bei Annahme des Friedens der deutsche Staat als solcher vernichtet ist ... Wir lehnen ab, weil wir nicht unser eigenes falsches Schuldbekenntnis unterschreiben können ... Wir lehnen endlich ab, weil wir uns sonst ehrlos machen würden."

Abgeordneter Dr. Graf von Posadowsky-Wehner (DNVP): „Wir haben in unserer Partei die schweren Folgen, welche eine Ablehnung des Friedensvertrags für unser Land herbeiführen, vollkommen klargemacht. Aber die Übel, die daraus entstehen können, können nur vorübergehend sein, während, wenn wir diesen Vertrag annehmen, wir für ungezählte Geschlechter unser Volk dem Elend preisgeben ..."

Zitiert nach: Deutsche Parlamentsdebatten, Bd. II, hrsg. und eingeleitet von Eberhard Jäckel, Frankfurt/Main (S. Fischer) 1971, S. 67 ff.

M4 Versailles – eine Schmach für Deutschland?

Der Historiker Michael Salewski über den Versailler Vertrag:

Das Reich und damit die deutsche Einheit blieben bestehen, das war tatsächlich fast ein „Wunder". Die territorialen Abtretungen waren gewiss schmerzlich, sie gingen aber nicht an die Substanz des Deutschen Reichs. Bei der Gestaltung ihrer inneren Angelegenheiten blieben die Deutschen – anders als 1945 – souverän. Es blieben die Reparationen. Dass die Siegermächte die Endsumme offen ließen und dann später mit untauglichen Mitteln versuchten, Deutschland wie eine Zitrone auszupressen, hat das Verhältnis zwischen Siegern und Besiegten von Anfang an vergiftet – aber inzwischen weiß man, dass selbst dieses Problem eher nebensächlicher Natur hätte sein können. Deutschland hielt eine Reparationssumme von 100 Milliarden Goldmark für denkbar – eben diese Ziffer kam schon ganz nahe an die alliierten Vorstellungen heran.

Der Vertrag war also objektiv betrachtet besser als sein Ruf. Er war – verglichen mit Brest-Litowsk – kein ungewöhnlich harter Vertrag, vor allem, wenn man den Hintergrund des Kriegs in Betracht zog. Ostfrankreich war zur Mondlandschaft geworden, die Blüte der französischen Jugend deckte die Erde Lothringens und Flanderns. Deutschland war zwar momentan geschlagen und geschwächt, potenziell aber immer noch mächtiger als Frankreich.

Zitiert nach: Michael Salewski: Das Trauma von Versailles. In: Heinrich August Winkler und Alexander Cammann (Hrsg.): Weimar. Ein Lesebuch zur deutschen Geschichte 1918–1933, München (C. H. Beck) 1997, S. 88 f.

1 Stelle die Verpflichtungen, die Deutschland nach dem Versailler Vertrag auferlegt wurden, zusammen (M1 und Autorentext).

2 In Frankreich beherrschte der Satz „L'Allemagne paiera!" („Deutschland muss bezahlen!") die innenpolitische Debatte. Wurde Frankreichs Wunsch nach Sicherheit und Wiedergutmachung ausreichend erfüllt? Begründe deine Meinung (M1).

3 Beschreibe, wie die Karikatur M2 den Friedensvertrag von Versailles beurteilt.

4 Zähle die von den Rednern genannten Gründe auf, die gegen eine Annahme des Versailler Vertrags sprachen (M3).

5 Beurteile, was der Versailler Vertrag für die Zukunft Deutschlands bedeutete (M3–M4).

Europa und die Welt 1914 – 1918

Wichtige Daten und Ereignisse

28. Juni. 1914	*Attentat von Sarajewo*
Juli 1914	*Diplomatische Bemühungen zur Kriegsvermeidung scheitern*
1. Aug. 1914	*Ausbruch des Ersten Weltkriegs*
1917	*Eintritt der USA in den Krieg* *Februarrevolution in Russland und Sturz des Zaren* *Oktoberrevolution der Bolschewiki*
März 1918	*Frieden von Brest-Litowsk*
11. Nov. 1918	*Waffenstillstand*
1918-1921	*Bürgerkrieg in Russland*
1919-1923	*Versailler Vertrag/Vorortverträge*
1920	*Gründung des Völkerbundes*
Ende 1922	*Gründung der Sowjetunion*

Der österreichische Thronfolger und seine Gattin in Sarajewo ermordet!

Der Zar ist gestürzt!!

Millionen Russen vor dem Hungertod! Nur sofortige Hilfe kann die Katastrophe eindämmen!

Sicherung wichtiger Kompetenzen und Grundbegriffe

- **Eigene Dateien**
  - **Geschichte**
    - **Der Erste Weltkrieg Russische Revolution**
      - **Fachbegriffe**
        - Bolschewiki
        - Sowjetunion
        - Oktoberrevolution
        - Versailler Vertrag
        - Selbstbestimmungsrecht der Völker
        - Völkerbund
        - Sowjet

Fällt die Westfront?

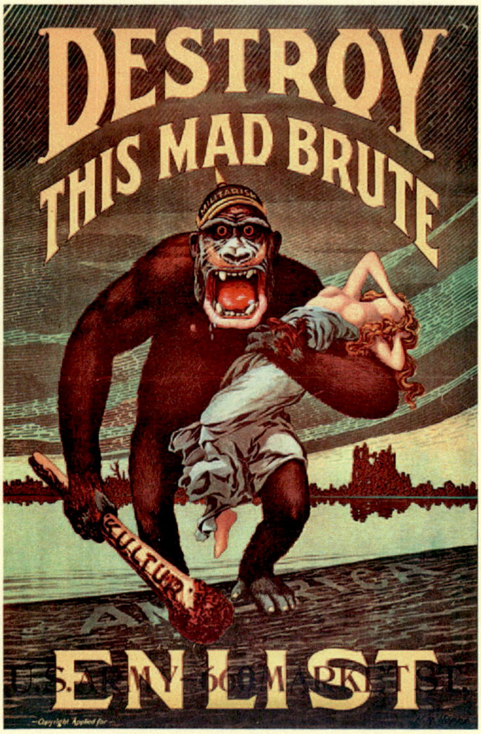

Gefallen!

Der Erste Weltkrieg in Zahlen

	Soldaten	Gefallene
Deutschland	13 250 000	2 000 000
Österreich-Ungarn	7 800 000	1 500 000
Osmanisches Reich	3 000 000	600 000
Russland	12 000 000	1 850 000
Frankreich	8 100 000	1 300 000
Großbritannien	7 000 000	850 000
Italien	5 000 000	680 000
USA	4 740 000	210 000

Opfer unter der Zivilbevölkerung: ca. sieben Millionen

1 Schreibt zu jeder Überschrift und dem passenden Bild einen kurzen Zeitungsbericht. OK UK

2 Klebt eure Berichte auf eine Tapetenrolle und vergleicht Unterschiede und Gemeinsamkeiten. AK UK

3 Verfasst nun eigene Überschriften zu weiteren wichtigen Ereignissen des Ersten Weltkriegs und der Russischen Revolution und tragt diese in die Wandzeitung ein. Nehmt die Zeitleiste auf der linken Seite zu Hilfe. WK UK

Wo sind die Männer? Der Krieg bestimmt auch den Alltag in der Heimat.

ARBEITER BÚRGER BAUERN SOLDATEN
ALLER STÄMME DEUTSCHLANDS
VEREINIGT EUCH
ZUR
NATIONALVERSAMMLUNG

Die Weimarer Republik

Die ungeliebte Republik

Eine improvisierte Demokratie. Mit dieser Formulierung beurteilte der Tübinger Politikwissenschaftler Theodor Eschenburg (1904–1999) die ▸ Weimarer Republik. Damit wollte er verdeutlichen, dass die Einführung der Demokratie in Deutschland nicht das Ergebnis einer längeren Entwicklung gewesen war, sondern plötzlich und unvorbereitet kam. Zwar hatte es schon im Kaiserreich Wahlen gegeben; was demokratisches Handeln aber bedeutet, hatten viele Bürger vor und während des Ersten Weltkriegs kaum lernen können. Im Gegenteil: Während es heute beispielsweise für Schüler eine Selbstverständlichkeit ist, einen Klassensprecher zu wählen oder gewählte Vertreter in die Schulkonferenz zu entsenden, lernten Schüler im Kaiserreich vor allem zu gehorchen. In der vom Militarismus geprägten Gesellschaft des Kaiserreichs hatte man den Anweisungen von Autoritäten wie dem Lehrer, dem Polizisten oder dem Offizier unwidersprochen zu folgen, anstatt sie zu hinterfragen oder gar in Zweifel zu ziehen. Nach dem Ersten Weltkrieg erhielten die Bürger weniger Vorgaben von oben, sahen sich dafür einem liberalen Staat gegenüber, der in ganz anderer Weise als das Kaiserreich auf die Selbstständigkeit und Eigenverantwortlichkeit der Menschen setzte.

Die Republik in Bedrängnis. Die Weimarer Republik belastete der Umstand, dass sie mit der Niederlage im Weltkrieg verbunden war. Auch wenn die militärische Führung diese Niederlage zu verantworten hatte, lasteten viele Bürger sie doch der Reichsregierung an. Darüber hinaus verübelte man den Demokraten vor allem die Unterzeichnung des Versailler Friedensvertrags. Ihretwegen wurden von rechts und von links die Anhänger von Republik und Demokratie angegriffen und beschimpft, wurden Aufstände angezettelt und Putschversuche unternommen. Demgegenüber war die Bevölkerungsgruppe, die sich aktiv für Demokratie, bürgerliche Freiheiten und Mitbestimmungsrechte einsetzte, letztlich zu klein und zu schwach, um langfristig die Republik bewahren zu können. Vielmehr gewannen die Anhänger antidemokratischer Parteien die Oberhand und verwandelten die Republik in eine Diktatur.
Dabei wäre es lohnend gewesen, sich für die Republik einzusetzen. In den 1920er Jahren blühten Kunst und Kultur, verzeichnete die Technik bedeutsame Fortschritte und entfaltete, zum Beispiel in Form von Radio und Kino, breite Wirksamkeit. Und nicht zuletzt war die Weimarer Republik ein Staat, dessen Verfassung freiheitlicher war als jede andere in der deutschen Geschichte. Dennoch blieb die Republik ungeliebt.

Was lernst du in diesem Kapitel? Am Ende dieser Einheit wirst du folgende Fragen beantworten können:
- Wie kam es zum Ende der Monarchie und wie entstand die Weimarer Republik? WK AK
- Warum war die Republik in ihrem Bestand gefährdet? AK UK
- Wie kam es 1923 zur ▸ Inflation? WK AK
- Auf welche Weise versuchte die deutsche Außenpolitik, die Bedingungen des Versailler Vertrags zu mildern? AK UK
- Welche wirtschaftlichen, sozialen und politischen Wirkungen hatte die Weltwirtschaftskrise? WK AK

M1 Verfassungsfeier 1920
Reichskanzler Joseph Wirth (links) und Reichspräsident Friedrich Ebert (rechts) schreiten die Front der Ehrenkompanie ab.

M3 Erinnerungen an eine Jugend in der Weimarer Republik

a) Der Politikwissenschaftler Theodor Eschenburg kam 1904 als Sohn einer begüterten Familie in Kiel auf die Welt. Er wurde nach dem Zweiten Weltkrieg zu einem bedeutenden Politikwissenschaftler in der Bundesrepublik, lehrte an der Universität Tübingen und starb 1999:

Mein Vater war dreiundvierzig Jahre alt, als das Kaiserreich zusammenbrach, und verzweifelt fragte er sich, was aus ihm werden solle ... Schließlich fand er doch wieder einen Platz in seinem Beruf: Er wurde Chef des Stabes des Inspekteurs des Torpedowesens ... Ich erinnere mich, dass er zuerst in Zivil in sein Amt ging, aber eines Tages trug er wieder Uniform – und zwar die alte kaiserliche, denn es dauerte einige Zeit, bis über die neuen Uniformen der nun republikanischen Marine entschieden worden war.

Meinem Vater missfiel es, unter einem sozialdemokratischen Reichspräsidenten und einem Wehrminister der gleichen Partei zu dienen. Was verstanden die schon vom Militär! Und waren sie letzten Endes nicht doch allesamt Vaterlandsverräter? ... (Und) er fand, ein Sattlergeselle[1] gehöre nicht an die Spitze des Staates. Das sei der Platz der preußischen Könige ... Ich selbst habe noch beim ersten Wahlkampf für die Deutschnationalen, deren Mitglied mein Vater geworden war, Wahlzettel ausgeteilt ... Und auch beim Kapp-Putsch hatte ich zu meinem Vater gehalten. Aber die Ermordung Erzbergers und später dann Rathenaus[2] hatte mich doch sehr erschüttert. Außerdem hat mir auch der Umstand, dass die Teilnahme meines Vaters am Kapp-Putsch für ihn ganz ohne Folgen blieb, sehr zu denken gegeben. Ich fragte mich, wie wohl zu Kaisers Zeiten ein hoher Seeoffizier nach einem gescheiterten Staatsstreich behandelt worden wäre. Meinen Vater hat meine Empörung über den Erzberger-Mord sehr erregt, denn er war der Ansicht, dem Mann sei ganz recht geschehen.

Zitiert nach: Theodor Eschenburg: Also hören Sie mal zu. Geschichte und Geschichten 1904 – 1933, Berlin (BTV) 2001, S. 117 f. und 128 f. © Siedler Verlag, Berlin

b) Über seine Schulzeit schreibt Eschenburg:

Am zwiespältigsten erscheint mir im Rückblick die Haltung der Schule gegenüber ihrer Zeit, vor allem in der Republik ... Mit ganz wenigen Ausnahmen taten alle Lehrer so, als ob es die Republik gar nicht gäbe, die Geschichtslehrer vorneweg ... Noch in der (8. Klasse) feierte unser Geschichtslehrer den Sedanstag, der im Kaiserreich ein Festtag gewesen war, durch eine Ansprache und das Absingen von „Es braust ein Ruf wie Donnerhall“[3] ...

Was meine Mitschüler betrifft, so waren auch sie keineswegs demokratisch gestimmt. Ein Exempel dafür hat sich mir eingeprägt, weil es schmerzhaft meine schulische Existenz berührte: Mein Banknachbar hatte mir geholfen, indem er mir das Abschreiben in Mathematik erleichterte. Als wir jedoch im Pausengespräch auf Erzberger zu sprechen kamen und ich Empörung über dessen Ermordung äußerte, war damit gleich Schluss: Einem Erzberger-Freund, so erklärte er mir, helfe er nicht mehr.

Zitiert nach: Ebenda, S. 128 und 140 f.

[1] Gemeint ist Reichspräsident Friedrich Ebert (SPD).
[2] Der Zentrumspolitiker Matthias Erzberger hatte am 11. November 1918 den Waffenstillstand mit den Alliierten unterzeichnet, nachdem sich die führenden deutschen Militärs, Erich Ludendorff und Paul von Hindenburg, dieser Aufgabe entzogen hatten. 1921 wurde Erzberger von rechtsradikalen Tätern ermordet, wie auch ein Jahr später Außenminister Walther Rathenau.
[3] Erste Zeile des 1840 entstandenen Liedes „Die Wacht am Rhein“, in dem der deutsche Nationalismus gegen Frankreich besungen wird. Das Lied hatte im Kaiserreich (1871 – 1918) den Status einer inoffiziellen Nationalhymne und wurde bei vielen Gelegenheiten angestimmt.

1 Gib die Einstellungen zur Republik wieder, die in M3a deutlich werden, und erkläre, wie es zu ihnen gekommen sein könnte (Autorentext).
2 Erkläre das Verhältnis von Theodor Eschenburgs Vater zum Reichspräsidenten Friedrich Ebert (M3a).
3 Erläutere das von Eschenburg beschriebene Verhalten von Lehrern und Schülern (M3b).
4 Beschreibe das Bild auf dieser sowie die Abbildungen auf der vorhergehenden Doppelseite (s. S. 42–44). Versuche, sie mithilfe des Autorentextes bestimmten Ereignissen und Entwicklungen zuzuordnen.

Die deutsche Novemberrevolution von 1918

Das Ende der Monarchie. Trotz der fortgeschrittenen Waffenstillstandsverhandlungen bereitete die Leitung der Marine im Oktober 1918 einen letzten Angriff auf die britische Flotte im Ärmelkanal vor. Ein „ehrenvoller Tod“ auf See schien den Verantwortlichen erstrebenswerter als eine drohende Kriegsniederlage. Die Matrosen auf den Kriegsschiffen weigerten sich jedoch, den Befehlen der Marineleitung zu folgen. In Wilhelmshaven und Kiel verbündeten sie sich mit streikenden Werftarbeitern. Rasch griff der Matrosenaufstand auf andere Hafen- und Industriestädte über. Anfang November bildeten sich überall im Reich nach sowjetischem Vorbild Arbeiter- und Soldatenräte, die ein sofortiges Kriegsende und die Abdankung Wilhelms II. forderten. In der Person des Kaisers und in der Monarchie sah man das Haupthindernis auf dem Weg zum Waffenstillstand und Frieden. Als Wilhelm II. zögerte abzudanken, veröffentlichte Reichskanzler Max von Baden am 9. November eigenmächtig den Thronverzicht und übergab sein Amt an Friedrich Ebert, den Vorsitzenden der SPD, der stärksten Partei im Reichstag. Daraufhin dankte der Kaiser ab und begab sich ins Exil in die Niederlande.

2. Extraausgabe. Sonnabend, den 9. November 1918.

Vorwärts

Berliner Volksblatt.

Zentralorgan der sozialdemokratischen Partei Deutschlands.

Der Kaiser hat abgedankt!

Der Reichskanzler hat folgenden Erlaß herausgegeben:

Seine Majestät der Kaiser und König haben sich entschlossen, dem Throne zu entsagen.

Der Reichskanzler bleibt noch so lange im Amte, bis die mit der Abdankung Seiner Majestät, dem Thronverzichte Seiner Kaiserlichen und Königlichen Hoheit des Kronprinzen des Deutschen Reichs und von Preußen und der Einsetzung der Regentschaft verbundenen Fragen geregelt sind. Er beabsichtigt, dem Regenten die Ernennung des Abgeordneten Ebert zum Reichskanzler und die Vorlage eines Gesetzentwurfs wegen der Ausschreibung allgemeiner Wahlen für eine verfassunggebende deutsche Nationalversammlung vorzuschlagen, der es obliegen würde, die künftige Staatsform des deutschen Volks einschließlich der Volksteile, die ihren Eintritt in die Reichsgrenzen wünschen sollten, endgültig festzustellen.

Berlin, den 9. November 1918. **Der Reichskanzler.**
Prinz Max von Baden.

Es wird nicht geschossen!

Der Reichskanzler hat angeordnet, daß seitens des Militärs von der Waffe kein Gebrauch gemacht werde.

M1 Titelseite des SPD-Parteiblatts „Vorwärts“ *(9. November 1918)*

Deutschland wird eine Republik. In zahlreichen deutschen Städten übernahmen nun die Arbeiter- und Soldatenräte die Macht. In Berlin belagerten meuternde Soldaten und Demonstranten das Regierungsviertel. Am 9. November rief der SPD-Abgeordnete Philipp Scheidemann von einem Fenster des Reichstagsgebäudes die „Deutsche Republik“ aus.

M2 Vor dem Reichstagsgebäude am 9. November 1918

Damit kam er Karl Liebknecht zuvor, der rund zwei Stunden später von einem Balkon des Berliner Schlosses aus die „Freie sozialistische Republik Deutschland“ verkündete. Liebknecht gehörte dem Spartakusbund innerhalb der Unabhängigen Sozialdemokraten (USPD) an; diese hatten sich während des Kriegs von der Mehrheit der SPD (MSPD) abgespalten. Das Ziel der Spartakisten war eine Räterepublik nach russischem Muster. Somit gab es zwei Vorstellungen von der deutschen Republik, die sich wechselseitig ausschlossen. In dieser schwierigen Situation handelte Friedrich Ebert. Er bildete am 10. November eine vorläufige Regierung, den „Rat der Volksbeauftragen“, der zu gleichen Teilen aus MSPD- und USPD-Mitgliedern bestand.

M3 Scheidemann erinnert sich

Am 9. November 1918 glich der Reichstag schon in den Morgenstunden einem großen Heerlager. Arbeiter und Soldaten gingen ein und aus. Viele trugen Waffen. Mit Ebert und anderen Freunden saß ich hungrig im Speisesaal. Es gab wieder nur eine dünne Wassersuppe. Da stürmte ein Haufen von Arbeitern und Soldaten in den Saal. Gerade auf unseren Tisch zu. Fünfzig Menschen schrien zugleich „Scheidemann, kommen Sie mit uns! Philipp, du musst hier raus und reden!" Ich wehrte ab. Ach wie viel hatte ich schon reden müssen. „Du musst, du musst, wenn Unheil verhütet werden soll! Draußen stehen Tausende, die verlangen, dass Sie reden. Scheidemann, komm schnell, vom Schlossbalkon aus redet Liebknecht!" – „Na wenn schon." „Nein, nein kommen Sie mit, du musst reden!" Dutzende redeten auf mich ein, bis ich mit ihnen ging ... In der Halle schienen Tausende gleichzeitig zu reden und zu schreien. Wir gingen eiligen Schrittes dem Lesesaal zu. Links und rechts von mir redeten meine Begleiter auf mich ein. Zwischen dem Schloss und dem Reichstag – so wurde versichert – bewegten sich ungeheure Menschenmassen hin und her. „Liebknecht will die Sowjetrepublik ausrufen." Was, nun sah ich die Situation klar vor Augen. Deutschland eine russische Provinz? Eine Sowjetfiliale? Nein! Tausendmal nein! Kein Zweifel, wer jetzt die Massen vom Schloss her bolschewistisch oder vom Reichstag zum Schloss hin sozialdemokratisch in Bewegung bringt, der hat gesiegt. Ich sah den russischen Wahnsinn vor mir, die Ablösung der zaristischen Schreckensherrschaft durch die bolschewistische. Nein, nein! Nur nicht auch das noch in Deutschland nach all dem anderen Elend. Schon stand ich im Fenster. Viele Tausende von Armen reckten sich, um die Hüte und Mützen zu schwenken. Dann wurde es still. Ich sprach nur wenige Sätze: „Arbeiter und Soldaten! Furchtbar waren die vier Kriegsjahre, grauenhaft waren die Opfer, die das Volk an Gut und Blut hat bringen müssen, der unglückselige Krieg ist zu Ende. Das Morden ist vorbei. Die Folgen des Kriegs, Not und Elend, werden noch viele Jahre lang auf uns lasten. Die Niederlage, die wir unter allen Umständen verhüten wollten, ist uns nicht erspart geblieben. Unsere Verständigungsvorschläge wurden sabotiert, wir selbst wurden verhöhnt und verleugnet. Die Feinde des werktätigen Volkes, die wirklichen inneren Feinde, die Deutschlands Zusammenbruch verschuldet haben, sind still und unsichtbar geworden. Das waren die Daheimkrieger, die ihre Eroberungsforderungen bis zum gestrigen Tage ebenso aufrechterhielten, wie sie den verbissensten Kampf gegen jede Reform der Verfassung und besonders des schändlichen preußischen Wahlsystems geführt haben. Diese Volksfeinde sind hoffentlich für immer erledigt. Der Kaiser hat abgedankt. Er und seine Freunde sind verschwunden, über sie alle hat das Volk auf der ganzen Linie gesiegt. Prinz Max von Baden hat sein Reichskanzleramt dem Abgeordneten Ebert übergeben. Unser Freund wird eine Arbeiterregierung bilden, der alle sozialistischen Parteien angehören werden. Die neue Regierung darf nicht gestört werden in ihrer Arbeit für den Frieden und der Sorge um Arbeit und Brot. Arbeiter und Soldaten, seid euch der geschichtlichen Bedeutung dieses Tages bewusst: Unerhörtes ist geschehen. Große und unübersehbare Arbeit steht uns bevor. Alles für das Volk. Alles durch das Volk. Nichts darf geschehen, was der Arbeiterbewegung zur Unehre gereicht. Seid einig, treu und pflichtbewusst. Das Alte und Morsche, die Monarchie, ist zusammengebrochen. Es lebe das Neue! Es lebe die deutsche Republik!"

Zitiert nach: http://www.dhm.de/lemo/html/dokumente/scheidemann/index.html (Stand: 03/2012)

1 Beurteile die Abdankungserklärung des deutschen Kaisers durch Reichskanzler Max von Baden (M1).

2 Hört euch Scheidemanns Bericht M3 an: http://www.dhm.de/lemo/html/dokumente/scheidemann/index.html.
Wie schildert er die Stimmung? Beziehe auch M2 ein.

3 Fasst die wichtigsten Punkte der Rede zusammen. Versetzt euch in die Lage eines Sozialdemokraten und eines kaisertreuen Beamten. Wie werden sie Scheidemanns Worte jeweils aufgenommen haben? Ziehe hierzu auch M3 auf Seite 45 heran.

4 Vergleiche Scheidemanns Ausrufung der Republik mit der zwei Stunden später erfolgten Ausrufung der „Freien sozialistischen deutschen Republik" durch Liebknecht am Berliner Schloss (http://www.dhm.de/lemo/html/dokumente/liebknecht/index.html).

Die Weimarer Republik entsteht

Der „Rat der Volksbeauftragten". Die vorläufige Regierung hatte bis zu den ersten allgemeinen Wahlen eine Vielzahl schwieriger Aufgaben zu lösen, von denen die vordringlichsten waren:

- Friedensverhandlungen zu führen (s. S. 38f),
- Sorge zu tragen für die Rückführung und Wiedereingliederung von über acht Millionen Soldaten,
- die Wirtschaft von Kriegs- auf Friedensproduktion umzustellen, insbesondere, um einer drohenden Hungersnot vorzubeugen und
- eine verfassunggebende Nationalversammlung vorzubereiten.

Der schwierige Weg zur Nationalversammlung. Um diese Aufgaben zu bewältigen, verbündete sich die Regierung mit den Eliten des Kaiserreichs in Militär, Verwaltung und Wirtschaft. Schon am 10. November 1918 traf Friedrich Ebert mit Wilhelm Groener, dem neuen Chef der OHL, folgende Vereinbarung: Die Militärs sollten helfen, die Truppen geordnet nach Hause zurückzuführen und die innere Ordnung aufrechtzuerhalten. Am 15. November schlossen der Gewerkschafter Carl Legien und der Großindustrielle Hugo Stinnes ein Abkommen. Demnach sollte die Eigentumsordnung nicht angetastet werden. Zugleich wurden jetzt die Gewerkschaften als Vertreter der Arbeiterschaft anerkannt. Der Bildung von Arbeiterausschüssen in Betrieben mit mehr als 50 Beschäftigten wurde ebenso zugestimmt wie der Einführung des Achtstundentages. Alle aus dem Heeresdienst zurückkehrenden Arbeitnehmer hatten Anspruch auf ihren früheren Arbeitsplatz.

Die extreme Linke wollte und konnte die Kompromisse der neuen Machthaber mit den Kräften der alten Ordnung nicht mittragen. Am 5. Januar 1919 erhoben sich Spartakisten und USPD-Mitglieder, um die „Volksbeauftragten" zu stürzen und die „Diktatur des Proletariats" zu errichten. Im Auftrag der Regierung schlugen Freikorps, d. h. aus ehemaligen Frontsoldaten gebildete Freiwilligenverbände, den Aufstand blutig nieder. Karl Liebknecht und Rosa Luxemburg, die Anführer der Erhebung, wurden ermordet. Nachdem sich die gemäßigten politischen Kräfte Mitte Januar durchgesetzt hatten, wurde die Wahl zu einer verfassunggebenden Nationalversammlung durchgeführt. Keine der Parteien hatte 50 % der abgegebenen Stimmen erhalten. Immerhin erreichten aber die Parteien, die eine ▸ parlamentarische Demokratie als Ziel anstrebten – SPD, Zentrum und die Deutsche Demokratische Partei – zusammen eine deutliche Mehrheit. Die erste Reichsregierung stand unter der Leitung von Philipp Scheidemann (SPD).

M 1 Friedrich Ebert *(1871 – 1925)*

Die ▸ Weimarer Reichsverfassung. Im Februar 1919 trat die Nationalversammlung in Weimar zusammen. Fern der politischen Wirren in Berlin konnte hier die künftige Verfassung in Ruhe beraten werden. Zum ersten Mal entstand nun in Deutschland eine Demokratie. Artikel 1 besagte: „Das Deutsche Reich ist eine Republik. Die Staatsgewalt geht vom Volke aus." Die wichtigsten Staatsorgane waren der Reichstag und der Reichspräsident. Gemäß dem Verhältniswahlrecht entsprach die Zahl der Abgeordneten einer Partei im Reichstag dem Prozentanteil der Stimmen, die sie erzielt hatte. Daher waren auch viele kleine Parteien im Parlament vertreten, was die Mehrheitsbildung erschwerte und zu Koalitionen zwang. Der Reichspräsident konnte unter bestimmten Bedingungen das Parlament auflösen und die Regierung entlassen. Mit dem Artikel 48 erhielt der Präsident das Recht, bei Gefährdung der öffentlichen Sicherheit, Notverordnungen zu erlassen. In Anlehnung an die Paulskirchenverfassung von 1849 hatte man die Grundrechte in die Verfassung aufgenommen. Außerdem wurde das bereits 1918 eingeführte Wahlrecht für Frauen gesetzlich verankert.

Im August 1919 trat mit der Unterschrift des inzwischen zum Reichspräsidenten gewählten Friedrich Ebert die neue Verfassung in Kraft. Sie knüpfte bewusst an die Revolution von 1848/49 an, weshalb man als Reichsfarben Schwarz-Rot-Gold wählte.

M2 Ergebnis der Wahlen zur Nationalversammlung *(19. Januar 1919)* und Parteien der Weimarer Republik

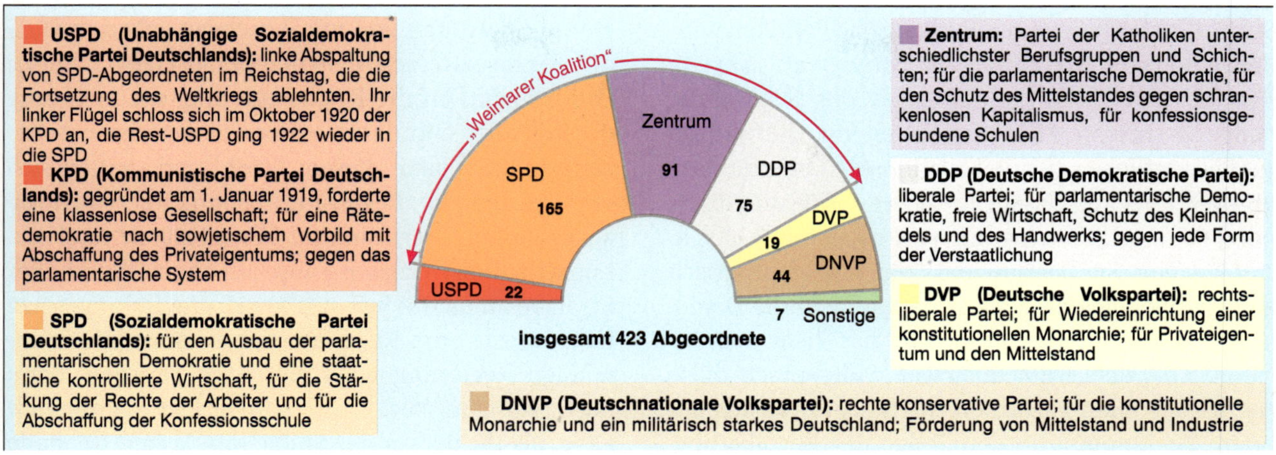

Der Nationalversammlung (1919) gehörten 41 Frauen an, das waren 9,7 % aller Abgeordneten – ein Anteil, der in der Bundesrepublik erst wieder 1983 erreicht wurde.

M3 Die Verfassung der Weimarer Republik

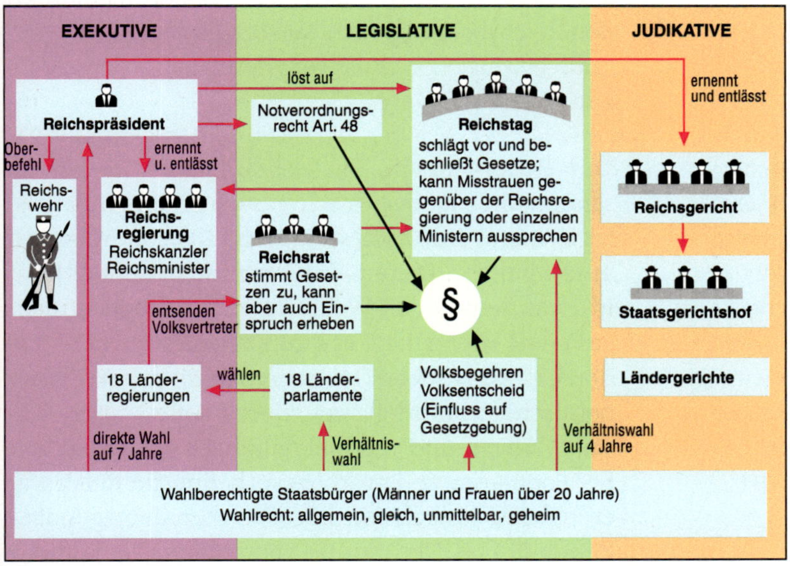

Art. 48 (▸ Notverordnungsrecht):

... Der Reichspräsident kann, wenn im Deutschen Reich die öffentliche Sicherheit und Ordnung erheblich gefährdet wird, die zur Wiederherstellung der öffentlichen Sicherheit und Ordnung nötigen Maßnahmen treffen, erforderlichenfalls mithilfe der bewaffneten Macht einschreiten. Zu diesem Zweck darf er vorübergehend die Grundrechte ganz oder zum Teil außer Kraft setzen. Von allen getroffenen ... Maßnahmen hat der Reichspräsident unverzüglich dem Reichstag Kenntnis zu geben. Die Maßnahmen sind auf Verlangen des Reichstags außer Kraft zu setzen ...

1 Gib kurz wieder, welche Schwierigkeiten der „Rat der Volksbeauftragten" bewältigen musste, bevor die Wahlen zu einer Nationalversammlung stattfinden konnten (Autorentext).

2 Stelle die Biografie des ersten Reichspräsidenten Friedrich Ebert (M1) vor.

3 Erläutere die Bedeutung des Abkommens zwischen Arbeitgebern und Gewerkschaften.

4 Die Demokratie stützte sich auf die Parteien der „Weimarer Koalition". Zeige mittels M2 die Gemeinsamkeiten und möglichen Konfliktthemen der Koalitionsparteien auf. Wie veränderte sich das Gewicht der „Weimarer Koalition" in den Wahlen bis 1928? Ziehe dazu M4 auf Seite 63 heran.

5 Beschreibe anhand der Grafik (M3) die wichtigsten Staatsorgane der Weimarer Verfassung und ihr Zusammenwirken. Beziehe Artikel 1 mit ein. Schlage unbekannte Begriffe nach.

Gefährdung der Republik durch politischen Extremismus

Gewalt von rechts. Große Teile der Bevölkerung akzeptierten die Republik nicht. Anhänger des neuen Staates, insbesondere republikanische Politiker, wurden von Vertretern der rechten Parteien als „Novemberverbrecher" oder „Handlanger des Schandfriedens" beschimpft. Man warf ihnen vor, die wahren Verantwortlichen für den Waffenstillstand und den Versailler Vertrag zu sein. Geschürt wurde die Ablehnung des neuen Staates durch die sogenannte Dolchstoßlegende. Sie besagte, dass der Krieg militärisch zu gewinnen gewesen wäre, hätten nicht die Demokraten durch Friedensgespräche das Heer aus der Heimat heraus „erdolcht". Zwar widersprach diese Auffassung allen Tatsachen, stieß aber dennoch auf breite Zustimmung in den Teilen der Bevölkerung, die sich in ihrem Nationalstolz und ihrer Ehre gekränkt fühlten.

M1 „Ihr sucht die Wahrheit? Wenn sie aber erscheint, wünscht ihr sie zu allen Teufeln."

Rechts – vor dem Vorhang – steht Hindenburg (Karikatur von Werner Hahmann, Januar 1919)

Gewalt von links. Auch das linksextreme Lager kämpfte gegen den Staat von Weimar, wenngleich andere Motive dafür der Grund waren: Aus Enttäuschung über die gescheiterte Revolution von 1918/19 organisierten USPD und KPD wiederholt Aufstände, die jedoch von Reichswehr und Freikorps (s. S. 48) mit großer Härte niedergeschlagen wurden. Viele Teilnehmer an den Aufständen erhielten lange Gefängnisstrafen.

Der Kapp-Putsch. Auch der Terror von rechts nahm an Intensität zu. Mit Attentaten, insbesondere auf Regierungsvertreter, und mit Putschversuchen wollten die Rechtsextremen den demokratischen Staat zu Fall bringen. Als die Reichsregierung die Auflösung der Freikorps anordnete, widersetzten sich viele Offiziere und Soldaten diesem Befehl und stellten sich offen gegen die Regierung: Unterstützt von Freikorpssoldaten, erklärten im März 1920 General von Lüttwitz und Wolfgang Kapp, ein ehemaliger hoher Staatsbeamter, die Berliner Regierung für abgesetzt. Kapp wurde zum Reichskanzler ernannt; die rechtmäßige Regierung wich erst nach Dresden, dann nach Stuttgart aus. Noch schwieriger wurde ihre Lage, als ihr der an der Spitze der Armee stehende General von Seeckt seine Unterstützung entzog. Mit der Begründung „Reichswehr schießt nicht auf Reichswehr" weigerte er sich, gegen die Putschisten vorzugehen. Erst ein Generalstreik der Gewerkschaften und der Umstand, dass auch höhere Beamte in den Reichsbehörden den Aufständischen den Gehorsam verweigerten, zwangen diese nach wenigen Tagen zur Aufgabe.

Der Hitler-Putsch. Ein weiterer, rasch in sich zusammenbrechender Putschversuch gegen die Reichsregierung wurde 1923 von Adolf Hitler in München unternommen. Der aus Österreich stammende Hitler war vor dem Ersten Weltkrieg nach München übergesiedelt. Hier gelang es ihm, seiner Partei, der ▸ Nationalsozialistischen Deutschen Arbeiterpartei, einer politischen Splittergruppe, durch Aufmärsche, Versammlungen und republikfeindliche Reden zu großer Popularität in Bayern zu verhelfen; im Reich war er nahezu unbekannt. Die Feindschaft gegenüber Republik und Demokratie veranlasste ihn, gemeinsam mit dem ehemaligen Weltkriegsgeneral Erich Ludendorff, am 8. November 1923 zum Putsch gegen die Reichsregierung. Doch schon am nächsten Tag wurde dieser Aufstandsversuch von der Polizei niedergeschlagen. Es gab Tote und Verletzte auf beiden Seiten. Wegen Hochverrats wurde Hitler zu fünf Jahren Festungshaft verurteilt, aber schon nach neun Monaten wieder entlassen. Die meisten seiner Mitverschwörer erhielten weit geringere Haftstrafen; Ludendorff wurde freigesprochen.

M2 Kapp-Putschisten mit der kaiserlichen Reichskriegsflagge *(März 1920)*

M3 Politische Morde und die Justiz *(1918 – 1922)*

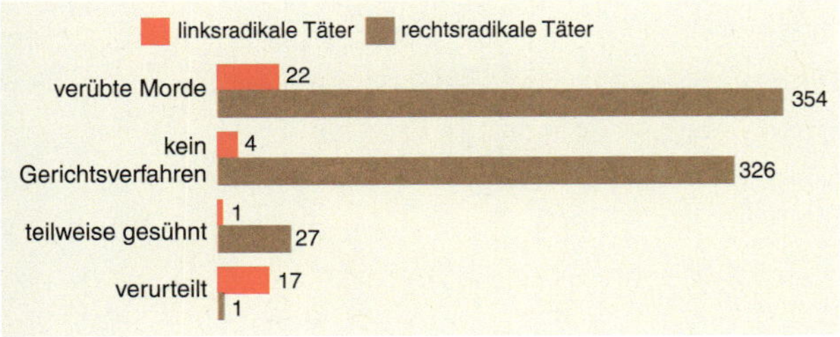

1 Interpretiere das Geschehnis hinter dem Vorhang und das Verhalten der rechts stehenden Gestalt, die Hindenburg darstellen soll (M1; siehe auch Seite 27/ M4b).

2 „Die Menschen in der Weimarer Republik waren noch nicht bereit für die Demokratie." Erkläre diese Aussage anhand von M2 und M4.

3 Erläutere die Einstellung der Armee zur Weimarer Republik (Autorentext).

4 Erläutere die Grafik M3 im Hinblick auf die verübten Taten und die Konsequenzen der Justiz in der Weimarer Republik.

M4 Der Hitlerprozess

Auszug aus der Urteilsbegründung, 1924:

Auch das Gericht ist zu der Überzeugung gelangt, dass die Angeklagten bei ihrem Tun von rein vaterländischem Geist und dem edelsten selbstlosen Willen geleitet waren. Alle Angeklagten, die in die Verhältnisse genauen Einblick hatten – und die übrigen ließen sich von den Mitangeklagten als ihren Führern und völkischen Vertrauensmännern leiten –, glaubten nach bestem Wissen und Gewissen, dass sie zur Rettung des Vaterlandes handeln müssten und dass sie dasselbe täten, was kurz zuvor noch die Absicht der leitenden bayerischen Männer gewesen war. Das rechtfertigt ihr Vorhaben nicht, aber es gibt den Schlüssel zum Verständnis ihres Tuns.

Zitiert nach: Otto Gritschneder: Bewährungsfrist für den Terroristen Adolf H.: Der Hitler-Putsch und die bayerische Justiz, München (C. H. Beck) 1990, S. 69 f.

5 Bewerte die Strafen, die über die Putschisten verhängt wurden (Autorentext). Die Begründung (M4) wird durch die Wahl bestimmter Wörter unterstrichen. Welche Einstellung zu Hitler und seinem Verhalten lässt sich aus ihnen ablesen?

Das Krisenjahr 1923: Hyperinflation und Ruhrkrise

Jonglieren mit Billionen. Auf den Straßen deutscher Städte und Gemeinden sahen die Menschen 1923, wie Geldbündel in Wäschekörben und Schubkarren transportiert wurden und Hausfrauen in Geschäften Milliarden für ein paar Lebensmittel ausgaben. Eine seit dem Kriegsende unablässig steigende Geldentwertung (▸ Inflation) erreichte in jenem Jahr ein dramatisches Ausmaß. Die Regierung konnte ihre Ausgaben nur noch finanzieren, indem sie immer mehr Geld drucken ließ. Der vermehrten Geldmenge stand aber kein entsprechendes Warenangebot gegenüber. Im Herbst 1923 reichte der Wochenlohn eines Arbeiters noch für einen Zentner Kartoffeln – für ein Pfund Margarine musste er neun Stunden arbeiten.

M1 Wert eines Guthabens

1914	100 000,00 Mark	Wertverlust
1919	47 190,00 Mark	52,8 %
Januar 1920	6 480,00 Mark	93,5 %
Januar 1921	6 468,00 Mark	93,5 %
Januar 1922	2 189,00 Mark	97,8 %
Frühjahr 1923	23,46 Mark	100 %
Sommer 1923	1,19 Mark	100 %
November 1923	0,00 Mark	100 %

M2 Entwicklung des Brotpreises *(1 kg Roggenbrot)*

Dezember 1914	0,32 Mark
Dezember 1920	2,37 Mark
Dezember 1922	163,15 Mark
Juli 1923	3 465,– Mark
September 1923	1 512 000,– Mark
Oktober 1923	201 000 000 000,– Mark

Die Ruhrkrise. Die Reparationen mussten in Goldmark bezahlt werden, deren Bestände aber aufgebraucht waren. Als Deutschland mit den Lieferungen an Holz und Kohle in Rückstand geriet, marschierten französische und belgische Truppen ins Rheinland und ins Ruhrgebiet ein. Die Reichsregierung in Berlin rief die Bevölkerung zum passiven Widerstand in Form von Streiks auf: Bergwerke standen still, Züge fuhren nicht mehr.

Für den Staat fielen damit alle Einnahmen aus dem wichtigsten deutschen Industriegebiet weg. Doch die Streikenden mussten mit 40 Millionen Goldmark täglich unterstützt werden. Dies konnte nur durch das weitere Drucken neuen Geldes finanziert werden – die Inflation wurde zur Hyperinflation. Angesichts einer drohenden Hungerkatastrophe beendete der neue Reichskanzler Gustav Stresemann im September 1923 den passiven Widerstand. Im November wurde eine neue Währung eingeführt, die „Rentenmark". Die Gewinner der Hyperinflation waren Haus- und Grundbesitzer, die ihre Kredite mit wertlosem Geld abbezahlen konnten. Die Sparguthaben dagegen hatten sich in nichts aufgelöst; ein großer Teil des Mittelstandes war verarmt. Die Angst vor einer erneuten Hyperinflation prägte noch jahrzehntelang die Menschen in Deutschland.

M3 Franzosen an der Ruhr *(Titelblatt der Beilage des „Petit Journal", 28. Januar 1923)*
„Damit Deutschland zahlt ... An den Türen aller öffentlichen Gebäude und Fabriken erinnern die blauen Mäntel unserer Soldaten die vergesslichen Deutschen an die rechtmäßigen Forderungen und den entschlossenen Willen Frankreichs."

Methode: Plakate analysieren

M4 „Mich zwingt ihr nicht!“ *(Wahlplakat zur Ruhrkrise, 1923)*

M5 Wahlplakat DDP *(1924)*

Werbung ist vielfältig und dir heute u. a. aus dem Internet bekannt. In Wahlkämpfen werben Parteien oft mit Plakaten. Ihre Botschaften beeinflussen unsere Meinung. Ein Grund, sich näher mit Plakaten und ihrer „Machart“ zu befassen.

1. Schritt: Beschreibung

Beschreibe zunächst das Plakat. Beachte dabei Darstellung und Anordnung von Personen oder Dingen ebenso wie die Farbgebung: Feindbilder werden z. B. gerne in dunklen Farben gezeichnet. Mimik und Gestik vermitteln die Einstellung einer abgebildeten Person zu einem Sachverhalt. Überlege dir zudem, mit welcher Absicht Symbole und Texte in das Bild integriert werden.

2. Schritt: Inhalt des Plakats zeitlich zuordnen

Hierzu musst du wissen, in welchem geschichtlichen Zusammenhang das Plakat entstanden ist. Symbole oder der Text eines Plakats bieten dabei Orientierung. Gemeinsam mit den Bildelementen informieren sie über den Urheber des Plakats, seine Absichten und seine Adressaten. Überlege anschließend, was du über die Partei oder das dargestellte Ereignis weißt.

3. Schritt: Aussage und Beurteilung des Plakats

Füge nun alle Einzelbeobachtungen zusammen und nenne die Zielsetzung des Plakats. Bleibe dabei kritisch und überprüfe, ob sie die Wirklichkeit verzerrt.

1 Analysiere die oben abgebildeten Plakate (M4 und M5) mithilfe der angegebenen Schritte.
2 Beschreibe, in welchen Punkten sich die Plakate gleichen bzw. voneinander unterscheiden.
3 Erläutere die Ursachen der Inflation (M1, M2 und Autorentext).
4 Begründe, wer deiner Meinung nach zu den Gewinnern, wer zu den Verlierern der Inflation zählte (M1, M2 und Autorentext).
5 Diskutiert in der Klasse die Reaktion der Reichsregierung auf die Besetzung des Ruhrgebiets (M3).

Deutschlands Rückkehr in die internationale Politik

Ziele deutscher Außenpolitik. Nach dem Ersten Weltkrieg lag Deutschland von aller Welt geächtet militärisch und wirtschaftlich am Boden. Der Versailler Vertrag und die Besetzung des Ruhrgebiets zeigten, dass Frankreich mit allen Mitteln Deutschland schwächen und für die Verwüstung Nordostfrankreichs zur Verantwortung ziehen wollte. In Deutschland war die öffentliche Meinung einhellig für einen Abzug der Besatzungstruppen und eine Verminderung der als zu hoch betrachteten Reparationszahlungen. Mit Polen schloss die deutsche Reichsregierung keinen Vertrag zur Anerkennung des Grenzverlaufs ab, weil sie die Grenzen noch für veränderbar hielt.

Neue Beziehungen. In dem italienischen Seebad Rapallo unterzeichnete Deutschland 1922 überraschend einen Vertrag mit der international geächteten Sowjetunion. Darin verzichtete das Deutsche Reich auf die Rückzahlung der bis 1914 gewährten Kredite und beide Staaten räumten sich gegenseitig Vorteile im Handel ein. Dass die Weimarer Republik sich mit dem Kernland der kommunistischen Weltrevolution gegen die Ordnung von Versailles verband, löste im Westen große Verärgerung aus und war ein wichtiger Grund dafür, dass Frankreich 1923 das Ruhrgebiet besetzte. Großbritannien wünschte auf dem europäischen Kontinent ausgeglichene Kräfteverhältnisse; das Reich sollte nicht einseitig an die Sowjetunion gebunden sein, sondern näher an die Westmächte herangeführt werden. Nach Beendigung der Ruhrkrise machte sich der deutsche Außenminister Gustav Stresemann (1923–1929) in realistischer Einschätzung der Verhältnisse diese Sicht zu eigen. Deutschland musste Frankreichs Sicherheitsinteressen anerkennen, wenn es die eigene internationale Stellung verbessern wollte. Großbritannien trat als Vermittler auf. Im französischen Außenminister Aristide Briand (1925–1929) fand Stresemann einen verständigungsbereiten Partner. 1925 schloss Deutschland in dem schweizerischen Kurort Locarno einen Vertrag mit den Westmächten ab. Darin anerkannte es seine Grenzen gegenüber Frankreich und Belgien, wie sie in Versailles gezogen worden waren. Die französische Forderung nach einer gleichwertigen Anerkennung der deutschen Ostgrenzen lehnte Stresemann ab; hier wollte er die Möglichkeit einer friedlichen Revision offen halten. 1926 wurde Deutschland in den Völkerbund aufgenommen und erhielt einen ständigen Sitz im Sicherheitsrat. Vor aller Welt war es als bedeutende Macht in die Gemeinschaft der Völker zurückgekehrt. Im gleichen Jahr wurde Briand und Stresemann in Oslo der Friedensnobelpreis verliehen.

Die Verständigung bleibt stecken. In Deutschland war der Vertrag von Locarno heftig umstritten. Die Gegner warfen Stresemann vor, er habe sich den französischen Forderungen unterworfen und Deutschlands Handlungsfreiheit an den Völkerbund verschenkt. Die deutschen Hoffnungen auf eine vorzeitige Räumung der besetzten Gebiete am Rhein erfüllten sich nicht; in Frankreich war wieder eine Regierung am Ruder, die auf genauer Erfüllung des Versailler Vertrags bestand. Gegen Ende der 1920er Jahre wurde immer deutlicher, dass der „Geist von Locarno“ die alte nationalistische Machtpolitik nicht überwunden hatte.

M 1 Wahlplakat der DNVP *(1928)*

Der Vertrag von Locarno spaltete die deutsche Öffentlichkeit zutiefst: Für die Konservativen und Nationalisten war er eine „Unterwerfung unter Frankreich“ und ein „Ausverkauf deutscher Handelsfreiheit an den Völkerbund“. Das Plakat spielt auf die Tatsache an, dass in der französischen Armee viele Soldaten aus den afrikanischen Kolonien Dienst taten.

M2 Außenpolitische Ziele Stresemanns *(1925)*

Kurz vor Beginn der Verhandlungen in Locarno formulierte Gustav Stresemann die Zielsetzungen seiner Politik:

Die deutsche Außenpolitik hat nach meiner Auffassung für die nächste absehbare Zeit drei große Aufgaben: Einmal die Lösung der Reparationsfrage in einem für Deutschland erträglichen Sinne und die Sicherung des Friedens, die die Voraussetzung für eine Wiedererstarkung Deutschlands ist. Zweitens rechne ich dazu den Schutz der Auslandsdeutschen, jener 10–12 Millionen Stammesgenossen, die jetzt unter fremdem Joch in fremden Ländern leben. Die dritte große Aufgabe ist die Korrektur der Ostgrenzen: die Wiedergewinnung von Danzig, vom polnischen Korridor und eine Korrektur der Grenze Oberschlesiens ... Wollen wir diese Ziele erreichen, so müssen wir uns auch auf diese Aufgaben konzentrieren. Daher der Sicherheitspakt, der uns einmal den Frieden garantieren und England sowie Italien als Garanten der deutschen Westgrenze festlegen soll. Der Sicherheitspakt birgt andererseits in sich den Verzicht auf eine kriegerische Auseinandersetzung mit Frankreich wegen der Rückgewinnung Elsass-Lothringens, ein deutscher Verzicht, der aber insoweit nur theoretischen Charakter hat, als keine Möglichkeit eines Krieges gegen Frankreich besteht.

Zitiert nach: Gustav Stresemann: Schriften. Ausgewählt aus dem gesamten Nachlass im Auswärtigen Amt von Arnold Harttung (= Schriften großer Berliner), Berlin (Berlin Verlag) 1976, S. 336 ff.

M3 Deutschland und Polen

Der Historiker August Heinrich Winkler (2003):

Polen war für Deutschland zwischen 1918 und 1933 ein Staat, der nicht sein durfte ... Auf der Ebene der populären Klischees blieb für die Polen „der Deutsche" in der Zwischenkriegszeit ein kriegerisches Wesen, das entweder eine preußische Pickelhaube oder den Mantel der Kreuzritter trug. Umgekehrt wurden die Polen in deutschen bildlichen Darstellungen oft als heruntergekommenes Diebesgesindel gekennzeichnet und mit Schweinen und Läusen, Ratten und Wölfen verglichen ... Der polnische „Saison- und Räuberstaat" wurde nicht als ebenbürtiger Kontrahent (Gegner) anerkannt, geschweige denn als möglicher Partner. Dass sich ausgerechnet Polen ehemals preußische Territorien einverleibt hatte und sich zu den Siegermächten zählen durfte, wurde in Deutschland als besondere Demütigung empfunden.

Zitiert nach: Heinrich August Winkler: Im Schatten von Versailles. In: Deutsche und Polen, hrsg. von Andreas Lawaty und Hubert Orlowski, München (Beck) 2003, S. 60 ff.

M4 Briand und Stresemann

1926 in Oslo ...

... und wie der englische Karikaturist David Low ihre Rolle in Locarno sah. In der Mitte der britische Außenminister Austin Chamberlain.

1 Nenne die einzelnen Zielsetzungen Stresemanns und formuliere sein übergeordnetes Ziel (M2 und Autorentext).

2 Erläutere, welche Bedeutung die deutsch-französische Verständigung in Stresemanns Konzept hatte (M2-M4). Wie sieht der Karikaturist (M4) die daran beteiligten Politiker?

3 In den 1950er Jahren wurde Stresemann als Vordenker der europäischen Einigung gesehen. Prüfe, inwieweit diese Sicht gerechtfertigt ist (M2–M4).

4 Informiere dich über Stresemanns politischen Werdegang und stelle ihn der Klasse vor.

5 Beschreibe, deute und bewerte Bildelemente und Aussage von M1.

Wirtschaftliche Stabilisierung der Republik

Wirtschaftsaufschwung – auf Kredit. Durch die Einführung der Rentenmark 1923 und mithilfe von ausländischen Krediten besserte sich die wirtschaftliche Lage des Deutschen Reichs zusehends. Die Siegermächte wollten die Wirtschaft auch deshalb ankurbeln, weil sie sich dadurch erhofften, rascher Reparationszahlungen zu erhalten. Verbesserte Produktionsverfahren und eine höhere Produktion ermöglichten es der deutschen Industrie, wieder eine weltweite Spitzenposition zu erringen. Der Staat investierte verstärkt in die Forschung, den Wohnungsbau und in die Modernisierung des Verkehrswesens. In Teilen der Bevölkerung machte sich Optimismus breit, schien doch die neue Republik die gewaltigen Schwierigkeiten der ersten Jahre zu meistern. Zum Teil blieb aber auch das Misstrauen gegenüber der wirtschaftlichen Stärke der jungen Republik bestehen.

Letzteres schien gerechtfertigt, denn die Basis des Aufschwungs beruhte auf der Finanzierung durch ausländische Kredite, vor allem aus den USA. Damit diese Kredite gewährt werden konnten, musste es dem Kreditgeber bzw. der Wirtschaft des Geberlandes gut gehen. Zudem belasteten die hohen Zinsen den Reichshaushalt zusätzlich. Die Unternehmer wiederum investierten in den sogenannten „Goldenen Zwanzigerjahren“ nur in relativ geringem Umfang. Sie versuchten, die zum Teil tief greifenden sozialpolitischen Regelungen aus der Anfangszeit der Republik, zum Beispiel den Achtstundentag, rückgängig zu machen.

Soziale Errungenschaften. Die Weimarer Republik hatte sich in ihrer Verfassung als sozialer Staat beschrieben. Die Leistungen der von Bismarck geschaffenen Sozialversicherungen wurden verbessert unter anderem durch Erhöhung der Rentensätze. Ab 1926 sorgten Arbeitsgerichte für den Schutz der Arbeitnehmer; seit 1928 mussten die Unternehmer Zuschläge für Überstunden zahlen. Von besonderer Bedeutung war die Einrichtung der Arbeitslosenversicherung 1927. Sie wurde durch Beiträge der versicherten Arbeitnehmer und der Arbeitgeber finanziert und von der neu eingerichteten „Reichsanstalt für Arbeit“ verwaltet. Der Staat verpflichtete sich, die Zahlungsfähigkeit der Versicherung zu garantieren. Dieses neue Gesetz erwies sich als richtungsweisend: Denn nun besaßen Arbeitslose nicht nur einen Anspruch auf Unterstützung, sondern erhielten die Chance, sich durch Berufsberatung, Fortbildung und Umschulung für neue Arbeitsplätze zu qualifizieren.

M2 Die Siedlung „Rundling“ in Leipzig
In der Weimarer Republik ließ man Millionen neuer Wohnungen bauen; etwa die Hälfte davon finanzierte der Staat.

M1 Beleg für den Aufschwung: Deutsche Automobil- und Motorradausstellung in Berlin *(1926)*
Mit der Motorisierung in der Weimarer Republik nahmen sowohl der Bestand als auch das Angebot an Fahrzeugen kontinuierlich zu. Die neuesten Modelle konnten auf dieser jährlich stattfindenden Ausstellung bewundert werden. 1924 hatte Opel als erster deutscher Hersteller das Fließbandsystem eingeführt.

M3 Berlin im Aufschwung

Den Wandel in Berlin hin zu den „Goldenen Zwanzigerjahren" erlebte der junge Schriftsteller Carl Zuckmayer:

1920: Berlin trug damals noch den Stempel des verlorenen Krieges. Die Menschen waren nervös und schlecht gelaunt, die Straßen schmutzig und von verkrüppelten Bettlern bevölkert, Blindgeschossenen und Beinlosen ...

1924: Berlin hatte seine Fassade aufgeputzt und frisch gestrichen. Das Angefressene und Abbröckelnde, das viele Häuserfronten in der Nachkriegszeit noch an sich hatten, war verschwunden. Alles wirkte ganz neu – ein wenig zu neu vielleicht, wie just von der Stange gekauft, aber flott und schnieke ... Alle Läden waren blitz und blank, Silber, Porzellan, Glaswaren, Pelze, die Delikatessengeschäfte zum Bersten voll. Auch die Lokale der kleinen Leute florierten wieder, ... Krieg und Nachkrieg waren vergessen. Man lebte und fürchtete sich nicht.

Darüber hinaus war das geistige, künstlerische, kulturelle, gesellschaftliche Berlin jetzt in einem Aufschwung begriffen, der es in kurzer Zeit vor allen anderen europäischen Hauptstädten auszeichnete und die bedeutendsten Persönlichkeiten der ganzen Welt dorthin lockte ... Das Fundament war die wirklich vornehme ... Berliner Gesellschaft,... ebenso das Volk, die jungen Menschen aller Stände, und die – für ein paar Jahre – durch die erstarkende Großindustrie gesicherte Arbeiterschaft.

Zitiert nach: Carl Zuckmayer: Als wär's ein Stück von mir. Erinnerungen. Frankfurt/M. (= Fischer-TB 1049) [13]1980, S. 264 und 328 f.

M4 Daten zur Entwicklung der deutschen Wirtschaft

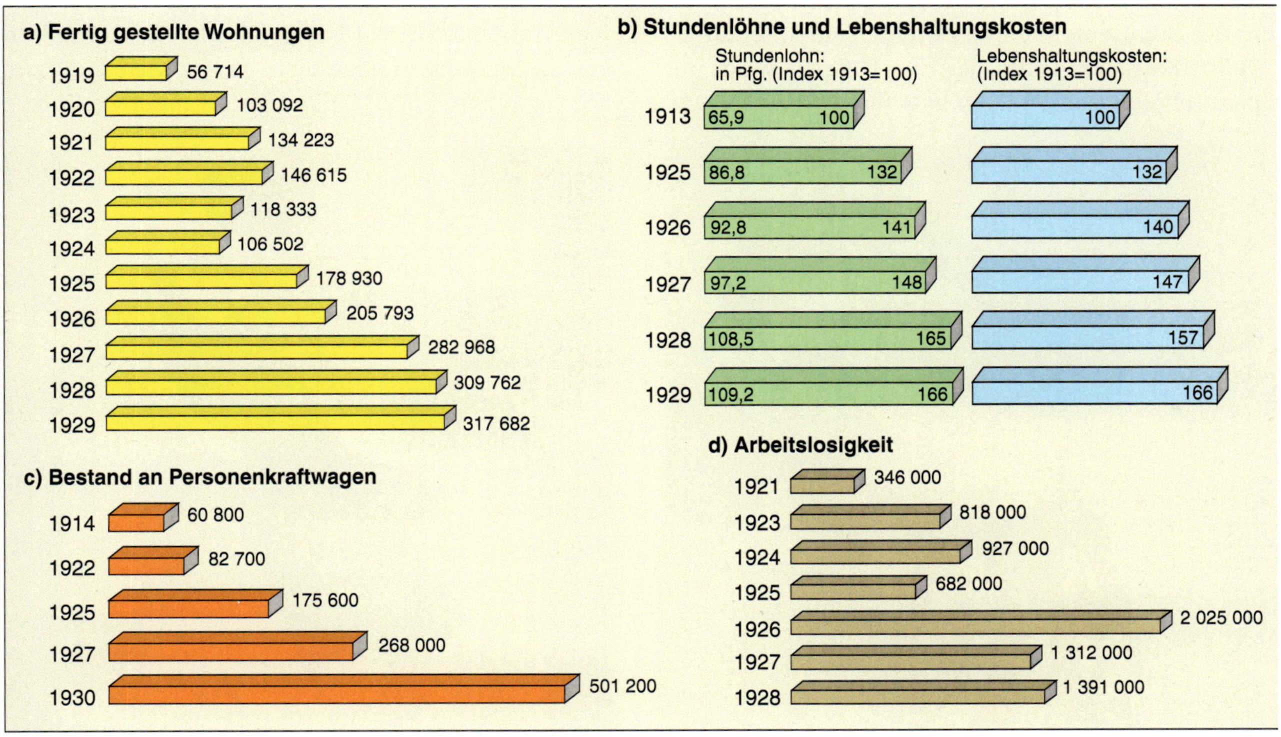

1 Betrachte die wirtschaftliche Entwicklung in Deutschland anhand der statistischen Angaben (M4).

2 Fasse die Beobachtungen von Carl Zuckmayer (M3) sowie die Angaben von M1 und M2 zusammen. Gib an, wie sich das Leben vieler Menschen in Berlin zwischen 1920 und 1924/25 veränderte.

3 Beschreibe sozialpolitische Maßnahmen des Staates (M2 und M4).

4 Diskutiert darüber, ob der Begriff der „Goldenen Zwanzigerjahre" für die Zeit von 1924–1927/28 zu Recht geprägt wurde.

Vorbild Amerika? Die „wilden“ 1920er Jahre

Amerikanische Populärkultur. Der im weltweiten Vergleich einzigartige Wohlstand der USA veränderte auch den Kulturbereich. Bis ins 20. Jh. hinein hatte in den USA wie in Europa eine bürgerliche Elite bestimmt, was Kultur war: Konzerte, Ballett und Opern, Theater, Literatur und Malerei. In dem Maße aber, in dem auch die Mittelschichten und die Arbeiter über mehr Geld und mehr Freizeit verfügten, entstand ein erhöhtes Bedürfnis nach bezahlbarem und weniger anspruchsvollem Vergnügen. Eine neue typisch amerikanische „Kulturindustrie“ entstand: Die Bereiche Musik, Tanz, Film, Mode und Sport arbeiteten zusammen und produzierten „am laufenden Band“ Standardstücke in Serie wie in der industriellen Massenproduktion. So trat neben das Kunstlied der Song, neben die Oper das Musical, neben das Theater die Revue oder Show, neben das Gemälde der Comic, neben die klassische Musik der Jazz, neben das Museum der „amusement park“. Den Konsumenten dieser „Kulturindustrie“ sollte leichte Unterhaltung mit Spannung und Zerstreuung geboten werden.

Hollywood. In den 1920er Jahren wurde der Kinobesuch zum wichtigsten Freizeitvergnügen der Amerikaner und bald auch in Europa und der Sowjetunion. Gezeigt wurden zunächst Stummfilme, die meist in Hollywood, einem Vorort von Los Angeles, hergestellt worden waren. Die Studios – Warner Brothers, Paramount, Metro-Goldwyn-Meyer, United Artists – waren überwiegend von osteuropäischen jüdischen Emigranten aufgebaut und den führenden Banken der Wall Street in New York finanziert worden. Zu den Stars gehörten Charlie Chaplin als kleiner leidender wie listiger Tramp und Rudolph Valentino als „Latin lover“. Als Valentino 1926 im Alter von 31 Jahren starb, löste dies landes-, ja weltweit eine Welle der Trauer aus. 1927 kam mit „Jazz Singer“ der erste Tonfilm heraus und ließ die Gewinne von Warner Bros. in schwindelnde Höhen schnellen. 1929 waren bereits drei Viertel aller Filme „talkies“. Hollywood, die „Traumfabrik“, bot Vorbilder oder Trost und Vergessen, wenn das Leben nicht so lief wie erhofft. Im Film stand am Ende fast immer das „happy ending“.

M1 Mickey Mouse wurde 1928 von Walt Disney erfunden.

M2 „Das Fräulein von Kasse 12“ *(Filmplakat, 1927)*

M3 Die Comedian Harmonists
Die erste „Boygroup“ Deutschlands. Um die Jahreswende 1927/28 gründete der Sänger und Schauspieler Harry Frommermann in Berlin das Vokalensemble „Comedian Harmonists“ nach dem Vorbild des amerikanischen Gesangsquartetts „The Revelers“ (= Die Ausgelassenen).

M4 Amerikanische Massenkultur erobert Europa

... Sportarten wie American Football, Baseball und Boxen erschienen als Ausdruck amerikanischer Kraft und Dynamik. Im Boxring ergaben sich zudem die ersten großen sportlichen Duelle zwischen den Vereinigten Staaten und Europa ... „Amerikanisch“ erschien auch das mit den Sportveranstaltungen verbundene öffentliche Spektakel ...
Von hoher Bedeutung ... war auch die für europäische Verhältnisse ungewohnt emanzipierte Rolle der Frauen ... Sichtbarer Ausdruck der „neuen Frau“ war Mitte der 1920er Jahre die plötzlich verbreitete Kurzhaarfrisur, die schon bald auch nach Europa übergriff und dort vielfach für Erstaunen sorgte ...
Zitiert nach: Thomas Raithel: „Amerika“ als Herausforderung in Deutschland und Frankreich in den 1920er Jahren. In: Deutschland - Frankreich - Nordamerika: Transfers, Imaginationen, Beziehungen, hrsg. von Chantal Metzger, Stuttgart (Steiner) 2006, S. 91.

M5 Deutsche Stimmen zum „Amerikanismus“

a) Herbert Ihering, einer der bekanntesten deutschen Theater- und Filmkritiker seiner Zeit (1928):
Die Zahl der Menschen, die Filme sieht und keine Bücher liest, geht in die Millionen. Sie alle werden dem amerikanischen Geschmack unterworfen, werden gleichgemacht, uniformiert. Es handelt sich nicht um Chaplin, Keaton, Harald Lloyd, sondern um die platten Durchschnittsfilme, die von Amerika in Überzahl importiert oder gleich hier hergestellt werden. Der amerikanische Film ist der neue Weltmilitarismus. Er rückt an. Er ist gefährlicher als der preußische. Er verschlingt nicht Einzelindividuen. Er verschlingt Völkerindividuen.

b) Der Pädagoge und Geistliche Günter Dehn über die Arbeiterjugend der deutschen Großstädte (1927):
Verdienen und Vergnügen, das sind die beiden Angelpunkte des Daseins, wobei unter Vergnügen beides, das Edle und das Unedle, von primitiver Sexualität und Jazzmusik bis zu künstlerisch einwandfreier Wohnkultur und rational durchgeführter Körperpflege zu verstehen ist ... Deutschland ist wirklich amerikanisiert bis in die Wurzeln seines Denkens ... Immer wieder muss man denken: nicht der Sozialismus, der Amerikanismus wird das Ende aller Dinge sein. Wenn fast kaum noch ein Arbeitermädchen die alte Haartracht trägt, sondern selbstverständlich den Bubikopf, so sollte man anerkennen, dass dies ein sinnvoller Ausdruck der ganzen hier vorliegenden Lebenshaltung ist.
Zitiert nach: Detlev J. K. Peukert (Hrsg.): Die Weimarer Republik, Frankfurt am Main (Suhrkamp Verlag) 1987, S. 178 und 181.

c) Der Dichter Gottfried Benn (1928):
Die ganze deutsche Literatur seit 1918 arbeitet mit dem Schlagwort Tempo, Jazz, Kino, Übersee, technische Aktivität, bei betonter Ablehnung aller seelischen Probleme ...
Ich persönlich bin gegen Amerikanismus. Ich bin der Meinung, daß die Philosophie des rein auf den Nutzen gerichteten Denkens, des Optimismus um jeden Preis, des „keep smiling“, des dauerhaften Grinsens auf den Zähnen, dem abendländischen (= europäischen) Menschen und seiner Geschichte nicht entspricht.
Das Original von Gottfried Benn ist verschollen. Vom Autor aus dem Amerikanischen übersetzt.

1 Stelle die wichtigen Charaktereigenschaften von Mickey Mouse (M1) vor und überlege, warum diese Figur sich bis heute so großer Beliebtheit erfreut.
2 Schreibe die kulturellen Veränderungen, die in den USA erstmals massenhafte Verbreitung fanden, aus dem Autorentext heraus.
3 Erörtert den Einfluss der amerikanischen „Kulturindustrie“ auf Europa in den 1920er Jahren und diskutiert die Argumente und Motive, mit denen Kritiker in Deutschland den amerikanischen Kultureinfluss ablehnten (M2–M5).

Der Zusammenbruch der Weltwirtschaft

Bankencrash im reichsten Land der Welt. Im Ersten Weltkrieg hatten amerikanische Industrie und Landwirtschaft davon profitiert, dass Europa weitaus mehr Waffen, Waren und Nahrungsmittel als üblich aus den USA importierte. Der Frieden bedeutete für die US-Wirtschaft zunächst eine schwierige Umstellung: Statt Waffen waren jetzt Konsumartikel gefragt. Als erste Nation der Erde erreichten die Amerikaner das Zeitalter des Massenkonsums. Die neuen Wolkenkratzer der amerikanischen Metropolen waren eindrucksvolle Symbole für Wohlstand und Zukunftsoptimismus.

Die Schattenseiten des Booms. Die positive Sichtweise übersah allerdings die Schattenseiten, die sich schon früh abzeichneten. Die amerikanischen Farmer litten darunter, dass sie für ihre Produkte immer weniger Geld bekamen, obgleich sie mehr erzeugten. Neue Maschinen hatten sie auf Kredit gekauft, konnten nun aber ihre Schulden bei den Banken nicht zurückzahlen. Doch zunächst schaute alles auf den wachsenden Wohlstand in den Städten. Da liefen die Geschäfte großartig, die Gewinne waren beträchtlich und die Aktienkurse der New Yorker Börse stiegen scheinbar unaufhaltsam weiter in die Höhe. Genügte das eigene Einkommen nicht, kauften viele auf Raten. Viele wollten von den steigenden Kursen der Börse profitieren und Gewinne machen, dazu nahmen sie einen Kredit bei der Bank auf, um Aktien zu kaufen. Da diese Papiere scheinbar immer weiter im Wert stiegen, glaubte man, nach einiger Zeit seine Aktien verkaufen, seine Schulden bei Banken und Geschäften bezahlen und dabei noch reich werden zu können.

Am 24. Oktober 1929, dem „Schwarzen Donnerstag", begannen die Aktienkurse an der New Yorker Börse abzustürzen. Der Markt war überschwemmt mit Waren, welche die Konsumenten nicht mehr kaufen konnten oder schon hatten. Die Preise fielen und die Hoffnung auf große Gewinne schwand. Innerhalb von Wochen verloren Aktienbesitzer den Großteil ihres Vermögens. Wer Wertpapiere auf Kredit gekauft hatte, konnte ihn seiner Bank nicht zurückzahlen. Dadurch brachen auch die Banken zusammen. Sie hatten zu viel Geld ausgeliehen und bekamen es nun nicht mehr zurück.

Die „Große Depression" und der Staat. Der Zusammenbruch der Aktienkurse stürzte die moderne Industriewirtschaft in die größte Krise seit ihrem Bestehen. In den USA machten Firmen reihenweise bankrott, Banken wurden zahlungsunfähig. Millionen Menschen verloren ihre Arbeit und fielen in ein Elend, das an die Frühzeit der Industrialisierung erinnerte.

Der amtierende republikanische Präsident Herbert Hoover (1929–1933) hielt auch jetzt noch an dem alten amerikanischen Grundsatz fest, dass die Wirtschaft die Krise aus eigener Kraft überwinden könne; der Staat müsse sich heraushalten. Bald wurde sein Name zum Inbegriff der Not seiner Landsleute: die neuen Elendsviertel am Rand der Vorstädte hießen „Hoovervilles"; die Zeitungen, mit denen sich obdachlos gewordene Amerikaner nachts zudecken mussten, nannten sie „Hoover-Bettdecken". In den Präsidentschaftswahlen Ende 1932 erhielt Hoover die Quittung; sein demokratischer Herausforderer Franklin D. Roosevelt gewann eine überwältigende Mehrheit. Er hatte im Wahlkampf versprochen, seine Regierung werde energisch handeln und zugunsten der Not leidenden Bürger die „Spielkarten neu verteilen" (New Deal).

Der Staat lenkt die Wirtschaft. Roosevelts Maßnahmen brachten kaum durchschlagenden Erfolg. Dennoch waren sie von großer psychologischer und politischer Bedeutung. Auch in Amerika gab es Menschen, die sich für die Ideen des Kommunismus oder den Faschismus begeistern ließen (s. S. 76f). Der großen Mehrheit aber konnte Roosevelt das Gefühl vermitteln, dass die Bundesregierung in Washington ihre Sorgen und Nöte ernst nahm und alles tat, um die Lage zu bessern. So schöpften die Menschen von neuem die Zuversicht, dass Demokratie und Kapitalismus, wie sie sich in Amerika entwickelt hatten, mit den Problemen fertig werden konnten. Neu war dabei, dass der Staat nun auch in die Wirtschaft eingriff und zum Sozialstaat geworden war. Insofern ging das amerikanische System verändert, aber auch gestärkt aus der Krise hervor.

M1 Roosevelt bei seinem ersten „Kamingespräch“
Um den Bürgern seine Politik zu erklären, nutzte der Präsident gezielt die Möglichkeiten des Radios.

M2 Rede von Franklin D. Roosevelt zum Verfassungstag am 17. September 1937:

Meine amerikanischen Mitbürger:

... In unserer Generation hat sich ein neuer Grundsatz über die Regierung durchgesetzt, der Grundsatz, dass man den Hilfsquellen der Nation einen weit höheren Lebensstandard für die breite Masse des Volkes abgewinnen kann, wenn die Regierung das Wirtschaftleben klug und energisch lenkt ... Jener Grundsatz macht die Forderungen der Arbeiterschaft nach kürzerer Arbeitszeit und höheren Löhnen, die Forderungen der Farmer nach einem beständigeren Einkommen, die Forderungen der Mehrheit der Geschäftsleute nach Entlastung von zerstörerischen Geschäftspraktiken verständlich ... Ich glaube, dass diese Dinge im Rahmen der Verfassung erreicht werden können, ohne eine einzige der bürgerlichen und religiösen Freiheiten preiszugeben, die sie sichern sollte ... Nichts würde so sicher den Kerngehalt dessen, was die Erklärung der Grundrechte („Bill of Rights“, 1791) schützt, zerstören wie ihr Missbrauch zur Verhinderung des sozialen Fortschritts ... Toleranz und Fairness würden wie in einigen anderen Ländern, verschwinden, wenn der Mehrheit der Menschen das Vertrauen in ihr Recht, ihre Sicherheit und ihre Selbstachtung verweigert würde. Verzweifelte Menschen in anderen Ländern haben ihre Freiheitsrechte aufgegeben, als Freiheit bloß noch Erniedrigung und Hunger bedeutete. Die Krise des Jahres 1933 (d. h. die Machtübernahme Hitlers in Deutschland) sollte uns das klar erkennen lassen ...

Zitiert nach: http://newdeal.feri.org/court/fdr03.htm (Stand: 02/2013). Vom Verfasser übersetzt.

M3 Roosevelt in den „Ersten 100 Tagen“ seiner Regierung *(Karikatur aus der „Rochester Times Union“, 1933. Im Hintergrund ist das Weiße Haus zu sehen.)*

1 Arbeite heraus, worin Roosevelt die neue Aufgabe der Regierung sah (M2 und M3).

2 Erläutere den Begriff „Sozialstaat“ (Autorentext, Lexikon). Nenne sozialpolitische Ziele und Maßnahmen Roosevelts (M2 und M3).

3 Erkläre, warum der amerikanische Präsident das Vertrauen der Mehrheit der Amerikaner gewann (M2 und Autorentext).

4 Erörtere, warum Roosevelt besonderen Wert darauf legt, dass seine Politik mit der Verfassung vereinbar sei (M2/Zeilen 11ff). Was hätten die Gegner ihm antworten können?

Die Weltwirtschaftskrise erreicht Deutschland

Die Krise schwappt über den Atlantik. Nach dem Absturz der New Yorker Börse (s. S. 60) benötigten die amerikanischen Banken dringend Geld. Daher kündigten sie die Kredite, die sie den europäischen Bankhäusern gegeben hatten. Damit gingen in Europa große Banken bankrott.

M1 Auch in Deutschland wird die Krise spürbar

Nach dem Zusammenbruch der Darmstädter und Nationalbank, der damals zweitgrößten Bank Deutschlands, drängen sich am 13. Juli 1931 vor der Sparkasse der Stadt Berlin Bürger, die ihr Geld abheben wollen.

Deutsche Unternehmen, die durch Krieg und Inflation schon einen schweren Stand hatten, verloren das Kapital, das ihnen die Amerikaner geliehen hatten. Eine Welle von Firmenpleiten in Deutschland und in Europa war die Folge, Millionen von Menschen verloren ihren Arbeitsplatz. Ersparnisse waren schnell verbraucht. Bald wussten viele nicht mehr, wie die Miete zu bezahlen sei, und woher das Geld kommen sollte, um die bescheidenen täglichen Einkäufe zu bestreiten. Die Unterstützung durch die öffentliche Fürsorge oder durch die Arbeitslosenversicherung war viel zu gering, um sich selbst und die Familie zu ernähren. Viele Menschen hungerten, einige saßen buchstäblich „auf der Straße". Wer das Glück hatte, unter Hunderten von Bewerbern eine Stelle zu ergattern, musste zu einem Hungerlohn arbeiten; es gab ja genug Ersatz. Die seit 1928 regierende große Koalition unter Hermann Müller (SPD, Zentrum/Bayerische Volkspartei, DDP und DVP) zerbrach im März 1930 an der Frage, ob und wie die Beiträge zur Arbeitslosenversicherung erhöht werden sollten. Die Skepsis der Menschen gegen die Demokratie und ihre Politiker nahm zu. Die Neuwahlen im September 1930 zeigten, dass die Zahl derer, die einen radikalen Ausweg aus der Krise forderten, sich ständig erhöhte. In ihrer Not hofften viele auf einen „starken Mann" als Retter.

M2 Arbeitslose in Deutschland und in den USA

	Deutschland		USA	
Jahr	in Mio.	in %*	in Mio.	in %*
1929	1,892	9,6	1,550	3,2
1930	3,076	15,7	4,340	8,7
1931	4,520	23,9	8,020	15,9
1932	5,575	30,8	12,060	23,6
1933	4,804	26,3	12,830	24,9
1934	2,718	14,9	11,340	21,7
1935	2,151	11,6	10,610	20,1
1936	1,600	8,3	9,030	16,9

* in % der Arbeitnehmer

M3 Massenelend 1931: Suppenküche der Heilsarmee in Berlin

In einem Bericht vom August 1931 heißt es: „Die Arbeitslosigkeit bei den Eltern verursacht bei den Kindern Unterernährung, Häufung von Krankheiten, Gleichgültigkeit gegenüber hygienischen Anforderungen. Die Kinderkrankheiten häufen sich, weil für den Arztschein und Medizin die notwendigen Gebühren nicht aufzubringen sind oder kein Fahrgeld vorhanden ist." (Zitiert nach einem Augenzeugenbericht)

M4 Reichstags-Wahlergebnisse *(in Prozent der abgegebenen Stimmen)*

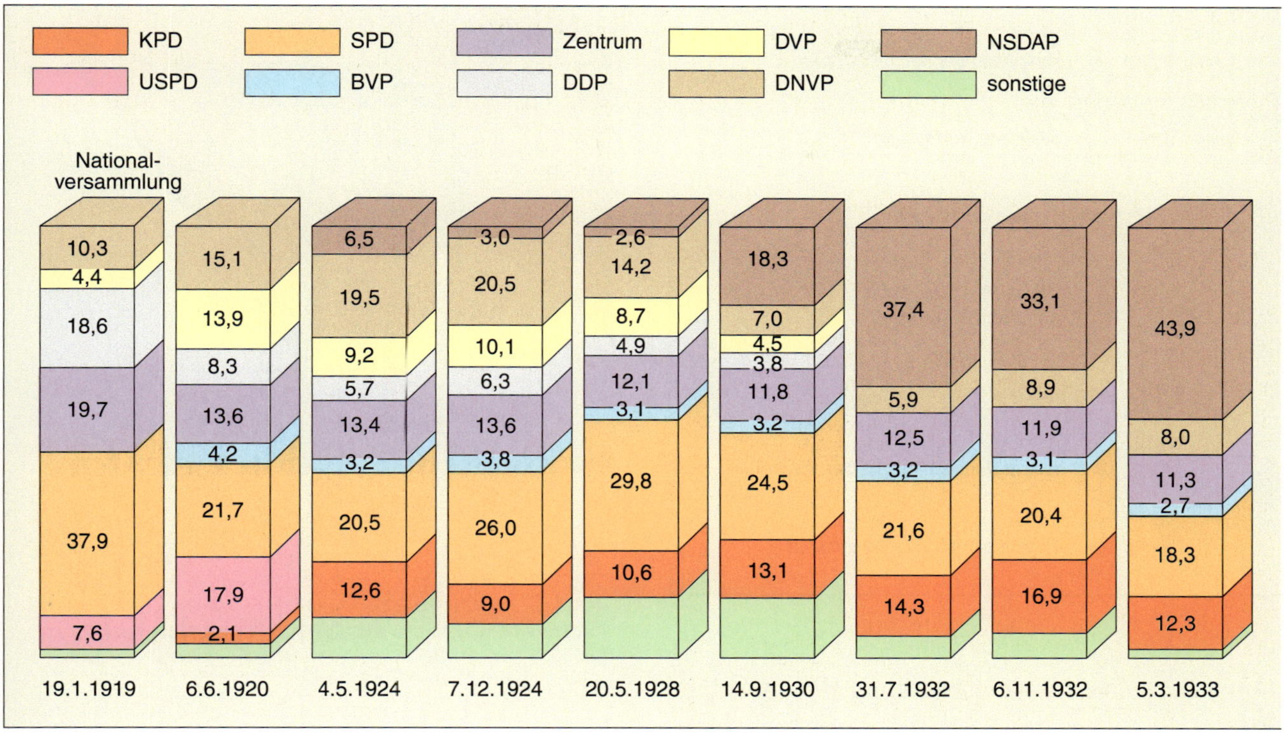

M5 „Sie tragen den Buchstaben der Firma – aber wer trägt den Geist?"

(Karikatur von Th. Th. Heine, 1927)

1 Zähle die sozialen und politischen Folgen der ▸ Weltwirtschaftskrise auf (M1–M3).

2 Vergleiche die Entwicklung der Arbeitslosigkeit in den USA und Deutschland, indem du die Zahlenangaben von M2 in ein Diagramm umwandelst.

3 Untersuche die Wahlergebnisse (M4): Wie hat sich der Zulauf zu den Parteien, welche die Demokratie ablehnten, entwickelt? Welche drei Phasen sind erkennbar? Begründe für diese Phasen, warum sich die Zustimmung der Wähler zur Weimarer Republik abgeschwächt bzw. stabilisiert hat.

4 Ordne die einzelnen Personen aus M5 den Weimarer Parteien zu. Wer wählte wohl welche Partei?

Die Weimarer Republik im Spiegel von Plakaten

Wichtige Daten und Ereignisse

9. Nov. 1918	*Ausrufung der Republik (Berlin)*
1919	*Weimarer Verfassung*
1922	*Vertrag von Rapallo*
1923	*Krisenjahr in Deutschland (Ruhrkrise, Inflation, Hitlerputsch)*
1925	*Vertrag von Locarno*
1926	*Eintritt Deutschlands in den Völkerbund*
1929	*Beginn der Weltwirtschaftskrise*

SPD (1919)

1 Bildet zu jedem Plakat eine Gruppe in eurer Klasse. Sprecht über das Thema des Plakats, seine Zielrichtung (Wählerschaft) und ordnet es in seinen historischen Zusammenhang. Lest die jeweiligen Seiten im Geschichtsbuch nach. Berücksichtigt auch die Hinweise zur Interpretation von Plakaten auf Seite 53. **WK AK UK**

2 Stellt euer Plakat mit den gefundenen Informationen in der Klasse vor.

KPD (1919)

Sicherung wichtiger Kompetenzen und Grundbegriffe

- **Eigene Dateien**
  - **Geschichte**
    - **Die Weimarer Republik**
      - **Methoden** **AK**
        - Plakate analysieren
      - **Fachbegriffe**
        - Inflation
        - Rätesystem
        - Notverordnungen
        - Weimarer Verfassung
        - Putsch
        - Weltwirtschaftkrise

DDP (1920)

DNVP (1920)

Plakat (1923)

NSDAP (1923)

SPARKARTE
KdF-WAGEN
IA 1250
Dein
KdF-Wagen

Totalitäre Herrschaft – Zweiter Weltkrieg – Völkermord

Gegenwärtige Vergangenheit

Diktatur in Deutschland – ein abgeschlossenes Kapitel? Die Gewaltherrschaft der Nationalsozialisten dauerte nur 12 Jahre und liegt über 60 Jahre zurück. Zudem kann die wiedervereinigte Bundesrepublik Deutschland auf eine unbestreitbare demokratische Tradition zurückblicken. Ist es da nicht an der Zeit, einen „Schlussstrich" zu ziehen? Hitler ist tot, seine Weltanschauung gescheitert! – Aber immer noch und immer wieder befürworten einige selbst ernannte „Nachfolger" und ihre Anhänger Hitlers Gedankengut, feiern die Erfolge, verharmlosen und leugnen Terror und Völkermord. Andere knüpfen mehr oder weniger verhüllt an nationalsozialistische Ideen an. Die Folge sind antisemitische Parolen, Fremdenfeindlichkeit und rassistische Gewalttaten. Darüber hinaus existierte bis 1989 eine kommunistische Diktatur auf deutschem Boden; deren Geschichte und Folgen ebenfalls noch aufgearbeitet werden. Drohen nicht auch Gefahren von anderer extremistischer Seite?

Vergangenheit, die nicht vergeht. Stärker noch als andere Kapitel der deutschen Geschichte prägen die grausamen Erfahrungen, die sich mit Zwangsherrschaft, Krieg und organisiertem Völkermord in der NS-Zeit verbinden, die aktuelle deutsche Politik. Sie betreffen die Deutschen selbst, aber auch viele andere Völker Europas und der ganzen Welt. So ist vor allem das Verhältnis Deutschlands zum Staat Israel ohne die Erinnerung an den Nationalsozialismus, an seine Ursachen und Folgen nicht zu verstehen.
Das Interesse der Medien ist nach wie vor sehr groß: Kaum ein Tag vergeht ohne einen Film über die NS-Zeit in einem der vielen Fernsehkanäle. Kein anderer so kurzer Zeitraum ist von der Geschichtswissenschaft besser erforscht. Und immer noch wird in den Archiven neues Material entdeckt. Die „Bewältigung" der nationalsozialistischen Vergangenheit ist somit ein Prozess, der nicht abgeschlossen ist.

M1 Europa und Nordafrika *(1933–1939)*

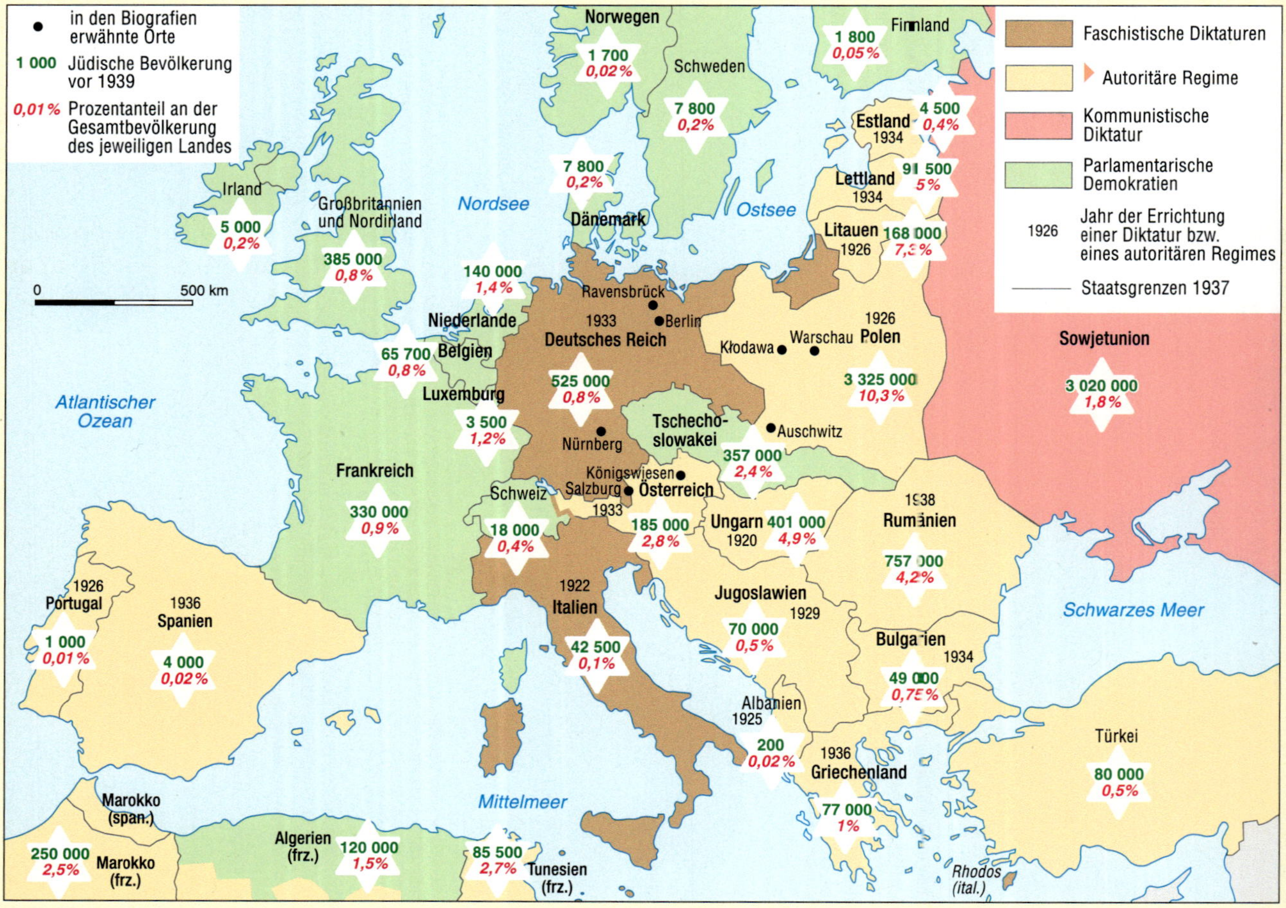

M2 Schicksale während der NS-Zeit

Eugenia Tabaczynska (mit ihrer Mutter und den älteren Brüdern Mietek und Pavel auf einem Urlaubsfoto) wurde 1925 in Kłodawa in Polen geboren. Ihr Vater arbeitete als Getreidehändler. Von 1936 bis 1939 lebte sie bei einem Onkel in Warschau und besuchte ein Gymnasium. Mit ihrer Familie kam sie ins Warschauer Getto und arbeitete dort für die Firma Schulz & Co ...	**Rosa Winter,** in Königswiesen/Österreich 1923 geboren, zog mit Eltern und elf Geschwistern im Wohnwagen durch Österreich. Im Herbst 1939 hielt die Polizei die Sinti-Familie in Salzburg fest, beraubte sie ihres Hab und Guts und brachte sie in verschiedene Lager. Nach einem Fluchtversuch wurde Rosa ins Konzentrationslager Ravensbrück deportiert ...	**Alfred Silberstein** (rechts im Bild mit Eltern und einer älteren Schwester) wurde 1927 geboren. Das Wäsche- und Modegeschäft der Eltern in Berlin-Steglitz ging nach 1938 in den Besitz von Nicht-Juden über ... Die Familie musste in ein Judenhaus umziehen und wurde am 27. Februar 1943 deportiert. Alfred kam nach Auschwitz ...	**Paul Bayer** (* 1926 in Nürnberg) war Sohn des Direktors der Nürnberger Verkehrsbetriebe Paul Bayer und dessen Frau Lydia. Er ging nach der Volksschule ab 1936 auf ein Gymnasium und trat dem Jungvolk sowie vier Jahre später der Hitlerjugend (HJ) bei. Hier brachte er es bis zum Hauptscharführer. Während des Kriegs wurde er als Helfer beim Rotkreuz und an Flugabwehrgeschützen eingesetzt ...

Was lernst du in diesem Kapitel? Am Ende dieser Einheit wirst du die Gefahren für Demokratie, Freiheit und Menschenrechte besser einschätzen und folgende Fragen beantworten können:

- Inwieweit ähneln sich Diktaturen trotz verschiedener Ideologie? OK
- Wie sah Hitlers Ideologie aus? Wie kamen die Nationalsozialisten an die Macht und wie sicherten sie ihre Herrschaft? Was war daran so anziehend für einen Großteil des Volkes? WK UK
- Welche Mittel und Methoden wurden zur Beeinflussung der Bevölkerung eingesetzt? WK AK
- Inwieweit war der Zweite Weltkrieg eine Folge des NS-Systems? Was kennzeichnete die Art der deutschen Kriegsführung? WK UK
- Wodurch unterscheidet sich der nationalsozialistische Terror und Völkermord von anderen historischen Beispielen? WK UK
- Welche Möglichkeiten der Reaktion auf die Diktatur gab es? OK

1 Führt zu zweit oder dritt ein stilles Schreibgespräch. Schaut euch dazu die Bilder auf den Seiten 66–67 an. Entscheidet euch für ein Bild, schreibt auf, was euch dazu einfällt. Nach ein bis zwei Sätzen wechselt jeweils der Schreiber. Bezieht euch auf das vorher Notierte und setzt es mit euren Gedanken fort. Nach 5–6 Runden könnt ihr euer Schreibgespräch anderen Gruppen vorstellen.

2 Betrachte die Karte M1 genau. Was fällt dir an der Entwicklung der Herrschaftsformen in Europa auf? Vergleiche die Zahlenangaben über die jüdische Bevölkerung in den einzelnen Ländern.

3 Lies die vier Kurzbiografien (M2). Wie alt waren diese Menschen 1933? Stelle Vermutungen an, wie ihr Leben weitergegangen sein könnte.

4 Während der Zeit des Nationalsozialismus sprach man auch vom „Dritten Reich". Finde heraus, welche zwei deutschen Reiche es davor gab und wie lange sie dauerten.

Die Sowjetunion unter Stalin – Fortschritt durch Staatssklaverei?

Industrialisierung um jeden Preis. Nach dem Tod Lenins im Januar 1924 wurde Georgier Josef Stalin (s. S. 32) zum neuen starken Mann. Die wirtschaftlich rückständige Sowjetunion hatte bis dahin vergeblich versucht, Anschluss an den industriellen und technischen Stand des Westens zu finden. Eine neue Initiative Stalins war die „wissenschaftliche und sowjetische Planung“. Das bedeutete, dass für einen Zeitraum von fünf Jahren die industrielle und landwirtschaftliche Produktion aller Güter und deren Verteilung im Voraus geplant wurden. Auch Löhne und Preise wurden für jeweils fünf Jahre festgesetzt. Ein riesiges Planungsministerium war dafür verantwortlich. Stalin war überzeugt, dass diese ▸ Planwirtschaft auf Dauer der kapitalistischen Marktwirtschaft überlegen sein müsse. Die Planziele in der Produktion waren ehrgeizig und in vielen Bereichen gar nicht zu schaffen. In der Schwerindustrie, Kohleförderung, Stahlgewinnung und der Rüstungsindustrie gelang der Sowjetunion ein gewaltiger Sprung nach vorne. Überall im Land entstanden neue Industrieanlagen abseits der traditionellen Industriegebiete, damit die Vorteile der Modernisierung in allen Provinzen spürbar wurden. Zugleich vernachlässigte man die Produktion von Konsumgütern für den täglichen Bedarf der Menschen. Nur Grundnahrungsmittel waren billig und meist in ausreichender Menge zu haben.

Die Kollektivierung der Landwirtschaft. Ab 1929 wurden alle privaten Bauern enteignet. Jeweils zehn Dörfer sollten sich zu Genossenschaften (Kolchosen) oder Staatsgütern (Sowchosen) zusammenschließen und nach Plan produzieren. Die Parteipropaganda richtete sich insbesondere gegen die Höfe der Kulaken (s. S. 28). Nach westeuropäischen Maßstäben waren die Kulaken keinesfalls reich. Beschäftigte ein Kulak einen Landarbeiter, wurde er bereits als „Ausbeuter“ und „Klassenfeind“ verfolgt. Mit grausamsten Methoden wurden die freien Bauern ihres Landes und ihres Besitzes beraubt und in den hohen Norden oder nach Sibirien deportiert. Die Betroffenen reagierten auf die anrückenden Parteifunktionäre mit Massenschlachtungen ihres Viehs und dem Verzehr aller ihrer Vorräte. Stalin sah sich gezwungen, die übereifrigen Parteifunktionäre zurückzurufen. Als unmittelbare Folge der Zwangskollektivierung sank der sowjetische Viehbestand 1928–1933 um die Hälfte; eine gewaltige Hungersnot brach aus. Diese Katastrophe, der zwischen sechs bis zehn Millionen Menschen zum Opfer fielen, wurde vor der Weltöffentlichkeit verheimlicht.

M1 „Der Sieg des Sozialismus ist unserem Land garantiert“ *(Plakat, 1932, Lithografie von Gustav Klucis)*

Die Diktatur Stalins. Ab 1927 baute Stalin ein bürokratisches Regime ohne jedes Kontrollorgan auf. Sein Polizeistaat verfolgte mit systematischem Terror alle Menschen, die sich angeblich gegen den Diktator verschworen hatten, darunter führende Revolutionäre von 1917, der überwiegende Teil der Generäle und der Offiziere sowie ausländische Kommunisten, die vor Verfolgung in die Sowjetunion geflohen waren (▸ Stalinismus). Den Höhepunkt der „Säuberungen“ bildete das Jahr 1937 mit Schauprozessen und Massenhinrichtungen. Die Zahl der Toten des roten Terrors ist schwer zu ermitteln; die Historiker sprechen von 800 000 Ermordeten durch die „Säuberungen“ und von sieben bis vierzehn Millionen Toten in den staatlichen Arbeitslagern (GULAG, s. S. 73).

M2 Geschichte erzählt

Eine Bäuerin erinnert sich an die Zwangskollektivierung

Ein Journalist der „Süddeutschen Zeitung" schrieb 1988 die Erinnerungen einer Bäuerin aus der Ukraine auf:

Wir wurden im Winter 1929 „entkulakisiert"... Vater arbeitete damals in Mittelasien und war nicht bei uns. Man nahm uns alles weg: Geschirr, Möbel, Kleider. Der Großmutter wurden die Filzstiefel von den Füßen gezogen; sogar Mutters Schal, den sie dem kleinen Frossja in die Wiege gelegt hatte, wurde mitsamt der Decke beschlagnahmt. Kurze Zeit wohnten wir in der Küche fremder Leute, dann deportierte man uns. Bis heute steht dieser Tag vor meinen Augen: Winter, Kälte, ich bin sieben Jahre alt, wir sind sechs Kinder, Brüder und Schwestern, teils älter, teils jünger als ich. Die 15 Kilometer bis zur nächsten Bahnstation gingen wir zu Fuß. Großmutter und Frossja waren bereits in der Küche der fremden Leute gestorben. An der Bahnstation angekommen, kampierten wir mit anderen Enteigneten ein paar Tage unter freiem Himmel. Ärzte gab es nicht, auch keine Feldküchen oder andere Einrichtungen. Dann wurden wir in Viehwagen verladen und am Ziel in einer Kaserne untergebracht. Mutter arbeitete rund um die Uhr in einer Fabrik. Das war zu viel für sie, sie wurde krank und kam ins Krankenhaus, wo sie drei Tage später starb. Manja starb zwei Wochen später; uns brachte man in einem Kinderheim unter. Es herrschte Hunger. Wir bettelten die Köchin um Brotkrusten an ... So kam auch ich ins Krankenhaus, wo ich bis zum Frühjahr blieb. In der Zwischenzeit starb unser Bruder Lonja ...

Zitiert nach: Süddeutsche Zeitung vom 14./15. Mai 1988, Wochenendbeilage.

M3 Die Versorgungslage der Bevölkerung

Tagebucheintrag des Studenten Stepan Podlubny, 17. April 1938:

Wann werden die Russen endlich beginnen, ein menschliches Leben zu führen? Die ältere Generation, sagt man, konnte vor 20 Jahren ganz normal in einen Laden gehen und innerhalb einer Viertelstunde kaufen, was das Herz begehrte, wenn man Geld hatte. Ich und meine Generation haben solche Zeiten noch nicht erlebt. Um 10 Meter Stoff zu bekommen – gewöhnlichen Stoff für einen Kittel oder Rock – stand ich heute von 9 Uhr bis 18 Uhr an. Und das in Moskau, dem Herzen des Landes. In der Provinz könnte man eine Woche anstehen, ohne zu essen oder zu trinken und würde den Stoff trotzdem nicht bekommen. Aus über 5 000 Kilometer Entfernung kommen die Menschen nach Moskau gefahren, um 20 bis 30 Meter Stoff zu kaufen. Wie es heute ein alter Mann aus der Provinz Kursk ausdrückte: Ich kann hungrig durchs Dorf laufen, aber nicht nackt! Das Wort „kaufen" scheint im russischen Wortschatz nicht einmal mehr zu existieren. Alle fragen nur „Was wird gegeben?" Jemand, der die Leute in der Schlange fragte „Was wird verkauft?", würde als Ausländer verdächtigt und wahrscheinlich würden sich Leute finden, diesen Menschen den entsprechenden politischen Organen zu melden ... Wann endlich beginnen wir mit dem Leben, das unsere Führer versprechen?

Zitiert nach: Carsten Goehrke: Russischer Alltag. Eine Geschichte in neun Zeitbildern, Bd. 3, Zürich (Chronos) 2005, S. 297 f.

M4 Veränderungen in der Bevölkerungsstruktur Russlands und der Sowjetunion 1914 – 1970

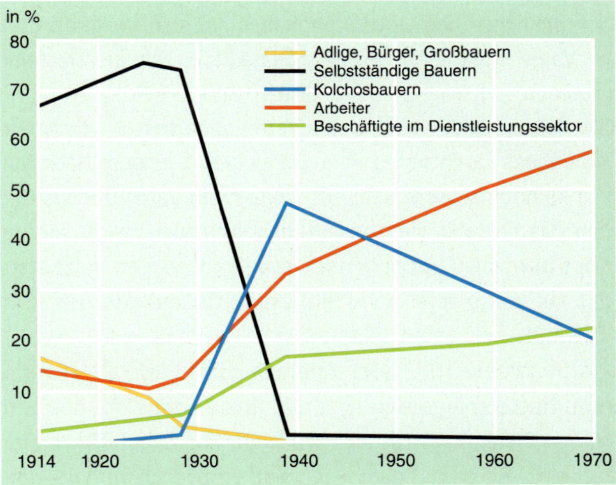

1 Schildere die Kollektivierung der Landwirtschaft aus der Sicht der Betroffenen (M2).

2 Erläutere die Idee einer Planwirtschaft. Welche Vorteile sahen deren Erfinder? Was bedeutete das für die Konsumgüterindustrie (M3)?

3 Beschreibe den Personenkult um die Person Stalins anhand von M1. Diskutiere Anspruch und Wirklichkeit.

4 Deute mithilfe der Grafik M4 die Folgen von Revolution und Stalinzeit für die Bevölkerungsstruktur der Sowjetunion.

5 Die Fünfjahrespläne brachten neue „Heldinnen und Helden der Arbeit" hervor. Stelle Nachforschungen unter den Suchbegriffen „Stachanow" und „Stoßarbeiter/innen" an.

Erlebter Stalinismus

M1 Aus dem Tagebuch der 15-jährigen Schülerin Nina Koste Rina

Nina Koste Rina (1921 – 1941) war die Tochter von Alexej Küsterin, eines Weggefährten Lenins. Küsterin war leitender Funktionär der KP im asiatischen Teil Russlands:

25. März 1937 Etwas Sonderbares und Unbegreifliches hat sich ereignet. Onkel Mischa, Papas Bruder, ist verhaftet worden, ebenso seine Frau, Tante Anja. Irma, unsere kleine Cousine, musste in ein Kinderheim gebracht werden. Es heißt, Onkel Mischa sei an einer konterrevolutionären Verschwörung beteiligt gewesen. Wie soll so etwas möglich sein – Onkel Mischa gehört der Partei seit den ersten Tagen der Revolution an – und nun ein Volksfeind?

16. April 1937 Mein Geburtstag ist unbemerkt vorübergegangen. Nur Tonja schenkte mir ein rotes Handtäschchen. Alle anderen nahmen keinerlei Notiz. Und noch etwas Schreckliches und Unverständliches hat sich ereignet. Stellas Vater ist verhaftet worden. Es heißt, er sei ein Volksfeind gewesen ...

22. August 1937 Auch Irmas Vater ist verhaftet worden. Irgendetwas Furchtbares ist im Gange. Nach langem Nachdenken kam ich zu dem Schluss: Wenn mein Vater Trotzkist ist, und das heißt so viel wie Vaterlandsverräter, werde ich ihn nicht beweinen, sondern mich von ihm lossagen. Jetzt steht das auf dem Papier und ich muss gestehen, dass ich mich schäme.

20. Dezember 1937 (der Vater hat seine Parteiämter verloren). Heute spielte sich eine furchtbare Szene ab. Aus dem Fernen Osten kam Esther Pawlowna, Papas gute Bekannte, zurück ... Sie sagte, dass Papa sich vorbildlich verhalte. Obgleich er entlassen ist, bekommt er immer noch sein Gehalt ausbezahlt, anscheinend ist man in Moskau an seinem Fall interessiert... Ich verstehe natürlich, dass alle Angst haben. Papa, komm doch bald zurück!

7. September 1938 Papas Verhaftung ist ein solcher Schlag, dass ich mich wohl nie davon erholen werde. Bis jetzt hielt ich noch immer den Kopf hoch. Jetzt kann Achmetow zu mir sagen: „Wir sind Kameraden im Unglück!" Wenn ich daran zurückdenke, wie ich ihn verachtet habe, weil sein Vater als Trotzkist entlarvt worden war. Jetzt quält mich Tag und Nacht die Frage: Ist mein Vater ein Volksfeind?

Nina Kosterina meldete sich nach dem deutschen Überfall auf die Sowjetunion trotz starker Kurzsichtigkeit im Dezember 1941 als Partisanin; sie wurde beim ersten Kampfeinsatz getötet. Ihr Vater kehrte 1954 aus den stalinschen Lagern in Sibirien zurück und wurde einer der ersten Systemkritiker nach Stalins Tod.

M2 Der Volksschullehrer Wassili Uljanowitsch Astafjew

Astafjew (1908 – 1994) war Sohn eines „Mittelbauern" (s. S. 28) mit 10 Hektar Land und 4 Milchkühen im Kreis Kurgan (Transural). Als junger Mann begeisterte er sich für den Kommunismus und gehörte zu den Trupps der Partei, die nicht gemeldetes Saatgut und Ackerland aufspüren mussten. Während seines Studiums erfuhr er 1930, dass seine Familie als „Kulaken" verhaftet wurde und auch nach ihm gesucht würde. Er konnte mehrere Jahre in der Millionenstadt Leningrad untertauchen, ehe auch er verhaftet und deportiert wurde. Sein Bericht über das Zwangslager wurde während der Zeit der „Glasnost" (s. S. 252 f.) unter Gorbatschow aufgezeichnet und 1998 im sibirischen Omsk veröffentlicht:

Wir wurden in hermetisch abgeschlossenen Wagen transportiert. Den Namen der Station, wo der Zug hielt, um uns auszuladen, weiß ich nicht. Lange trieben uns die Begleitsoldaten mit Schäferhunden durch die Taiga ... Frost bei minus 60 Grad. Am Morgen holten sie von den Pritschen ein Dutzend Leichen. Morgens früh – zur Waldarbeit. Wer beim Holzfällen die Norm nicht erfüllt, dem geben sie kein Brot... Ich war im Todeslager gelandet: Chancen zu überleben gab es nicht. Vertierte Menschen, Hunger, Kälte. Der Plan für den Holzeinschlag – unerfüllbar. Die Unmenschen von Wachsoldaten sind Meister der Grausamkeit, vertilgen Alkohol und verlieren den Verstand. Sie stellen lebende Menschen auf Baumstümpfe, begießen sie mit Eiswasser und verwandeln sie in Statuen ... Fliehen konnte man nirgendwohin, wir wussten nicht einmal, wo wir uns befanden. Ringsherum Schneewüste, wilde Taiga, du bist schlecht gekleidet und ohne Essen ... Ich überlebte knapp, weil ich mich mit zwei Gefährten im Unglück zusammentat. Einer versuchte dem anderen beim Holzschlagen immer wieder einzuhämmern: Wir schaffen die Norm. Nachts schlafen zwei Stunden lang zwei von uns immer Rücken an Rücken, während der dritte die Schlafenden warm reibt, damit sie nicht erfroren, dann wechselten wir. Meine Frist war nach fünf Jahren zu Ende. Fast niemand hat den Ablauf seiner Strafe lebend erreicht. Sie erklären, du seist frei, reißen dir aber Jacke, Mütze und Filzstiefel herunter und jagen dich mit Fußtritten fort. Ich verschwand während der Wachablösung. Hungrig schleppte ich mich dahin bis zu einer Siedlung. Die Bewohner machten mir im Pferdestall einen Platz bereit, gaben mir Brot und zeigten mir den Weg. Nach neun Monaten kam ich aus der Taiga heraus.

Beide Texte zitiert nach: Carsten Goehrke, a. a. O., S. 290 – 295.

M3 Arbeit der Zwangsarbeiter: Bau des Weißmeer-Ostsee-Kanals *(1936)*

Jeder Sträfling musste pro Tag drei Kubikmeter Erde und Geröll mit primitiven Werkzeugen ausheben, sonst wurde die Essensration gekürzt. GULAG (Hauptverwaltung der Lager) hießen Tausende von Straflagern, die über die gesamte Sowjetunion verteilt waren und einen festen Platz in der Wirtschaftspolitik des Landes hatten. Über 20 Millionen Menschen wurden zwischen 1936 und 1953 in diesen Lagern festgehalten, neben den politischen Häftlingen auch gewöhnliche Kriminelle, dazu Gegner der Zwangskollektivierung oder Menschen, die Ihren Arbeitsplatz ohne Genehmigung verlassen hatten.
Dazu ein Historiker:
Beim Weißmeer-Ostsee-Kanal ging es nicht nur um das Bauwerk, sondern um die „Umwandlung“ des Menschen durch Arbeit ... Bei diesem Kanalbau wurden Organisationsformen, Arbeitsweisen und Ausbeutungspraktiken erprobt, die den Tod Zehntausender von Menschen wie selbstverständlich einkalkuliert hatten ... Sklavenarbeit wurde hier als Form der „Resozialisierung“, als „Weg ins Leben“ gefeiert.
Zitiert nach: Karl Schlögel: Terror und Traum, Moskau 1937, München (Hanser) 2008, S. 364 f.

M4 Verteilung der Stalinschen Straflager in der Sowjetunion

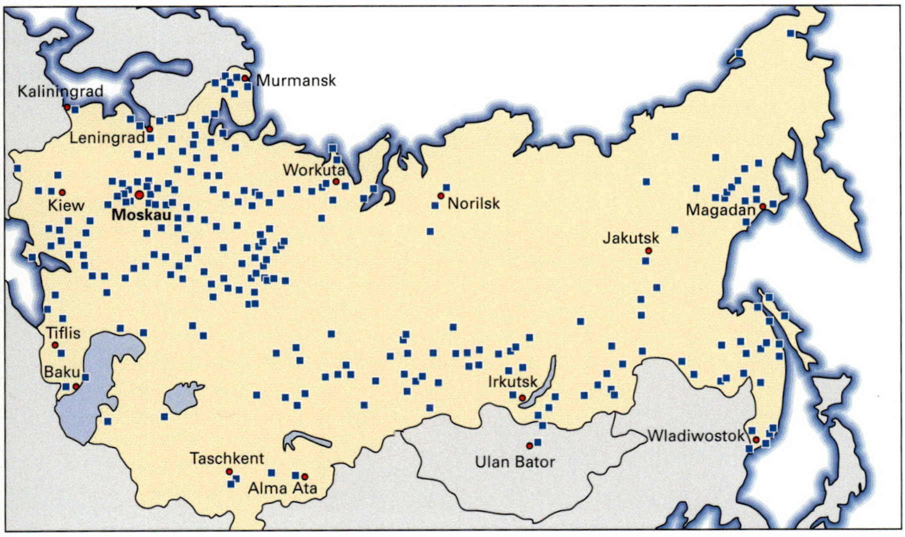

1 Versetze dich in die Lage der Schülerin Nina (M1). Was ist das „Sonderbare und Unbegreifliche“? Wie reagierte sie darauf?
2 Unter welchen Bedingungen mussten die Deportierten arbeiten (M2 und M3)? Stelle Vermutungen an, warum Augenzeugenberichte wie M2 erst Jahrzehnte später veröffentlicht werden konnten. **3** Heutige Historiker sprechen in Bezug auf die GULAGs (M4) von „Staatssklaverei“. Nimm zu dieser These Stellung.

Experiment Kommunismus – Erfolgsgeschichte oder Massenterror?

Methode: Analyse fachwissenschaftlicher Texte

Die darstellenden Texte in Schulbüchern sind in der Regel für den Gebrauch im Unterricht geschrieben. Wer mehr wissen oder wer prüfen möchte, ob die Darstellung im Schulbuch dem Stand der Geschichtswissenschaften entspricht, kann zur Fachliteratur greifen, die für das Studium und für das interessierte Fachpublikum geschrieben wurden. Es ist nicht immer leicht, einen fachwissenschaftlichen Text zu verstehen. Folgende methodische Schritte sind hilfreich:

1. Schritt: Inhalte und Begriffe klären
Stelle zunächst fest, zu welcher Thematik der Text verfasst wurde. Manche unbekannten Wörter werden im Text erläutert oder aus dem Zusammenhang verständlich, manche musst du nachschlagen.

2. Schritt: Thesen herausarbeiten
Notiere drei bis vier zentrale Behauptungen des Autors; möglichst mit eigenen Worten.

3. Schritt: Thesen verstehen und begründen
Erarbeite am Text, welche Erläuterungen der Verfasser gibt und wie er sie begründet.

4. Schritt: Aussagen kritisch prüfen
Was kannst du aus eigenem Wissen bestätigen oder ergänzen? Wozu kannst du gegenteilige Fakten und Argumente vorbringen?

5. Schritt: Wertungen im Text erkennen
Prüfe, was der Verfasser positiv bzw. negativ sieht. Gibt es eine bestimmte Tendenz in seinem Text?

6. Schritt: Ergebnis der Analyse festhalten
Fasse deinen Erkenntnisgewinn aus der Arbeit an diesem Text mit wenigen Sätzen zusammen.

7. Schritt: Weitere Fragen stellen
Notiere Fragen, die nach deiner Textanalyse offen bleiben. Hier kann die Untersuchung weitergehen.

M1 Die „offizielle" Bewertung bis 1990

Mit der Großen Sozialistischen Oktoberrevolution ist eine grundlegende Wende der Geschichte der Menschheit für immer verbunden – die Wende vom Kapitalismus zum Sozialismus. Die Oktoberrevolution bereicherte die Welt durch praktische Erfahrungen, die zur Lösung der wichtigsten sozialen Probleme notwendig sind: zum Sturz der Ausbeutermacht und zur Errichtung der proletarischen Diktatur, zur Umwandlung des bürgerlich-gutsherrlichen Privateigentums in gesellschaftliches, sozialistisches Eigentum, zur gerechten Lösung der Agrarfrage zugunsten der Bauern, zur Befreiung der abhängigen Völker von kolonialer und nationaler Unterdrückung sowie zur Schaffung politischer und wirtschaftlicher Voraussetzungen für den Aufbau des Sozialismus. Die Oktoberrevolution war der erste siegreiche Akt der sozialistischen Weltrevolution.

Zitiert nach: Istorija SSSR, Bd. 2, Moskau 1977, S. 71. Vom Verfasser übers.

M2 Parade zum Jahrestag der Oktoberrevolution auf dem Roten Platz
(7. November 1987)

M3 Spiegel-Streitgespräch über die Erinnerungskultur und die Bewertung der Oktoberrevolution *(2007)*

Wladimir Buldakow, russischer Fachhistoriker für die Oktoberrevolution, Professor für Geschichte in Moskau; Michail Gorinow, russischer Historiker, langjähriger Sekretär des kommunistischen Chefhistorikers Isaak Minz:

Spiegel: Eine Gruppe von Professoren hat sich jüngst in einem offenen Brief beschwert, dass es den Feiertag der Oktoberrevolution nicht mehr gibt. Ist der 25.Oktober (7. November) für Sie Anlass zum Feiern oder eher nicht?

Buldakow: Das ist ein bolschewistischer Standpunkt, eine Fortsetzung des Mythos vom Großen Oktober. Auch wenn ich mit den Professoren nicht einverstanden bin, möchte ich aber nicht, dass die Feiern abgeschafft werden. Das historische Gedächtnis des Volkes sollte man nicht vergewaltigen. Das haben schon die Bolschewiki versucht: Statt des orthodoxen Ostern wollten sie ein „Rotes Ostern“. Ein banaler Betrug, mehr nicht. Die heutigen Eliten machen sich nichts aus Revolutionen, sie haben Angst vor ihnen.

Gorinow: Für mich gab es in der Jugend zwei ganz große Feiertage, den 1. Mai und den 7. November. Der 1. Mai war mit Frühling und Fröhlichkeit verbunden, auf allen Plätzen wurde getanzt. Den 7. November brachte ich wohl wie die meisten Sowjetmenschen mit der Macht unseres Vaterlandes in Verbindung, und die Militärparade auf dem Roten Platz gehörte unbedingt dazu. Man hatte das Gefühl, Teil eines großen und mächtigen Staates zu sein. Für mich war das ein wichtiger Tag im Kalender. Wenn die Franzosen ihre Revolution noch immer feiern, obwohl nicht alle von ihr begeistert sind – warum sollte das in Russland nicht gehen?

Buldakow: Am 7. November wollten die Machthaber der Sowjetunion etwas vortäuschen, was es so nicht gab. Am Mausoleum (von Lenin) fuhren Raketen vorbei, die nur Attrappen waren, das Volk aber wurde zur Teilnahme an der Demonstration gezwungen – auch bei Kälte und Regen. Man bekam blöde Plakate und musste sie den ganzen Weg schleppen – um sie nachher gegen Quittung wieder abzugeben ...

Spiegel: War Ihre Revolution im Rückblick eine Sackgasse der Geschichte?

Buldakow: Aus meiner Sicht ist der November 1917 keine Sackgasse gewesen, sondern ein große Lehre. Eine Utopie kann Menschen begeistern, doch man kann auf ihr nichts Festes aufbauen. Die Vorahnung, alles würde mit einem Riesenzusammenbruch enden, hatte man schon immer. *Gorinow:* Die Französische Revolution bescherte der Welt die Idee von politischer Freiheit. Die Russische Revolution ging weiter, sie hat die politische durch die soziale zu ergänzen versucht. Die Idee, dass der Staat die Wirtschaft lenken solle, hing mit der Vorstellung zusammen, nur so Wohlstand erreichen zu können. Die Große Russische Revolution wollte denjenigen Hoffnung schenken, die in der kapitalistischen Welt nicht zur Elite gehörten. Dazu brachte sie eine neue Elite hervor, die an die Stelle der alten Zaren-Bürokraten trat.

Spiegel: Lenin und Stalin – wer war für Sie der Gute, wer der Böse?

Buldakow: Die Gegenüberstellung hat eine lange Tradition. Im Moment (2007) ist bei uns mal wieder Stalin der gute Onkel. Lenin funktionierte in jener Phase, in der es um die Zerstörung der Macht ging.

Gorinow: Lenin war ein genialer Politiker in Krisenzeiten!

Buldakow: Lenin war eine große Persönlichkeit, daran führt kein Weg vorbei. Genauso offensichtlich ist, dass Stalin ein erbärmlicher Typ war, freilich mit einem geradezu animalischen Machtinstinkt ... Geistig war er eine Null ... Stalin hat nie an die sozialistischen Ideale geglaubt, er verkörperte den traditionellen Typ des Gutsherrn, der sich Leibeigene hält.

Gorinow: Wäre Lenin Parteiführer geblieben, hätte es keine Säuberungen gegeben. Stalin war keine schäbige Figur, er war durchaus Marxist. Kein großes Licht in der Theorie, aber er blickte durch.

Spiegel: Eine breite Auseinandersetzung mit dem kommunistischen Erbe hat in Russland nie stattgefunden, obwohl fast jede Familie vom Terror betroffen war. Warum dieses Schweigen?

Buldakow: Die Geschichte wird immer wieder umgeschrieben. In Russland sind es die Machthaber, die die Geschichtsauffassungen erstellen, nicht die Experten. Die Geschichtsinterpretation in den Schulbüchern ist ein besonderes Problem. Neuerdings gibt es die Prüfungen in Geschichte nur zum Ankreuzen per Computer. Das heißt, Schüler müssen die Antworten kennen, die als richtig gelten. Das Volk wird wieder einmal mehr für dumm verkauft.

Gorinow: Eine wirkliche Diskussion über unsere Vergangenheit fand nie statt.

Das Gespräch führten die Redakteure Christian Neef und Rainer Traub. Zitiert nach: Spiegel spezial Geschichte: Experiment Kommunismus, a. a. O., S. 138 ff. Übers. von Andrej Batrak.

1 Beschreibe die offizielle Sicht der Oktoberrevolution in M1 und M2.

2 Analysiere die Aussagen der beiden Historiker (M3), indem du dich an den links vorgegebenen Schritten orientierst. Beziehe auch die Seiten 32 – 33 mit ein.

Europa – reif für die Demokratie?

Die amerikanischen Ideen zerplatzen. Bei der Abfahrt zu den Friedenskonferenzen in Paris waren der amerikanische Präsident und seine Mitarbeiter der festen Überzeugung, dass die liberale Demokratie amerikanischer Prägung auch in Europa ihren Siegeszug antreten würde. Künftige Kriege sollten durch einen Völkerbund verhindert werden. Die Initiative dazu hatte Wilson in seinen „14 Punkten" (s. S. 37) ergriffen. Tatsächlich gelang im Rahmen der Friedenskonferenzen die Gründung eines überstaatlichen Bundes. Die 26 Artikel der Satzung wurden in den Versailler Vertrag aufgenommen. Der Bund tagte einmal jährlich in Genf in der neutralen Schweiz, wo auch ein ständiges Sekretariat eingerichtet wurde. Alle Mitgliedsstaaten besaßen eine Stimme. Völkerrechtliche Konflikte wurden dem neu geschaffenen Internationalen Gerichtshof in Den Haag zur Schlichtung vorgelegt. Hauptaufgabe des Bundes war es, die Bestimmungen der Friedensverträge und die neu geschaffenen Grenzen zu garantieren. Daher standen ihm Staaten, die in den Pariser Konferenzen Gebietsverluste hatten hinnehmen müssen, von Beginn an ablehnend gegenüber. Der Völkerbund besaß keine militärischen Mittel und konnte nur wirtschaftliche Sanktionen verhängen. Er führte die Verwaltung des Saarlandes, der internationalisierten Stadt Danzig und die Aufsicht über Gebiete wie das ehemalige Deutsch-Südwestafrika. Zudem vermittelte der Völkerbund erfolgreich bei Krisen in Polen und im Nahen Osten.

Doch in den Vereinigten Staaten gewannen Politiker die Oberhand, die aus Enttäuschung über die nationalistische Haltung der meisten Europäer die USA aus den Belangen Europas heraushalten wollten. So blieben die USA dem Völkerbund fern. Zwei Nationen wurden erst viel später Mitglied des Völkerbundes: der Kriegsverlierer Deutschland 1926 und die international isolierte Sowjetunion erst 1934.

M1 Britische Karikatur zu Amerikas Haltung zum Völkerbund *(Punch, 10. Dezember 1919)*

Faschismus – der Ruf nach dem „starken Mann". In den Jahren nach dem Krieg sehnten sich die Menschen in Europa nach einem wirtschaftlich gesicherten Leben. Doch von welcher Staatsform und welcher politischen Ideenwelt (Ideologie) konnte der Einzelne sich eine bessere Zukunft erhoffen? Im Wettstreit standen das amerikanische Modell der liberalen parlamentarischen Demokratie und das kommunistische Modell in der Sowjetunion.

Ein drittes Modell übte bald eine hohe Anziehungskraft aus: der Faschismus. Italien war das erste Land, in dem nach dem Ersten Weltkrieg eine rechtsgerichtete Diktatur entstand. Für die Italiener hatten sich die Hoffnungen auf große Gebietsgewinne an der Adria durch den „Frontenwechsel" des Landes auf die Seite der Entente im Mai 1915 nicht erfüllt. Vielen Bürgern galt dieser „verstümmelte Sieg" als Beweis für die Schwäche der liberalen Regierung. Ungelöste soziale Probleme führten zu bürgerkriegsartigen Unruhen. Der vormalige Sozialist Benito Mussolini gründete als Sammelbecken für alle politisch Enttäuschten die faschistischen Kampfbünde (fasci di combattimento), wegen ihrer Einheitskleidung auch „Schwarzhemden" genannt. Markenzeichen dieser neuen Bewegung waren ein radikaler Antikommunismus, Antiliberalismus und eine ablehnende Haltung gegenüber der Kirche (Antiklerikalismus). Im „Marsch auf Rom" von 40 000 Schwarzhemden im Herbst 1922 unterstrich Mussolini seinen Regierungsanspruch. Von König Viktor Emanuel III. mit der Regierungsbildung beauftragt, wandelte Mussolini nun Schritt für Schritt Italien in eine Diktatur um, in der die Pressefreiheit abgeschafft und Parteien verboten wurden. Dennoch behielten die Kirche, das Militär, das Königshaus und einflussreiche Unternehmer gewisse Mitspracherechte. Im faschistischen Italien gab es keinen offenen Rassismus wie im deutschen Nationalsozialismus. Zudem war der italienische Faschismus aufgeschlossener gegenüber moderner Kunst und Literatur.

M2 Mussolini mit Parteigenossen („Schwarzhemden") 1935 vor einer Statue des römischen Kaisers Nerva *(30 – 98 n. Chr.)*

Mussolini wollte nach römischem Vorbild ein Mittelmeerreich errichten und betrieb eine aggressive Außenpolitik. 1935 besetzten italienische Truppen Abessinien (das heutige Äthiopien); die Sanktionen des Völkerbundes blieben wirkungslos.

M3 Die zehn Gebote des italienischen Faschisten *(1927)*

1. Der Faschist, besonders der Milizsoldat, darf nicht an einen ewigen Frieden glauben.
2. Strafen sind immer verdient.
3. Auch der Wachtposten vor einem Benzinfass dient dem Vaterland.
4. Der Kamerad ist dein Bruder: 1. weil er mit dir lebt, 2. weil er denkt und fühlt wie du.
5. Gewehr und Patronentasche sollen nicht während der Ruhezeit vernachlässigt, sondern für den Krieg bereit gehalten werden.
6. Sage niemals: die Regierung zahlt's; denn du selbst bist es, der zahlt, und die Regierung hast du selbst gewollt und du trägst ihre Uniform.
7. Gehorsam ist der Gott der Heere; ohne ihn ist kein Soldat denkbar, wohl aber Unordnung und Niederlagen.
8. Mussolini hat immer Recht.
9. Der Freiwillige hat keine Vorrechte, wenn er nicht gehorcht.
10. Eines muss dir über allem stehen: das Leben des Duce[1].

Zitiert nach: Italo Balbo: Der Marsch auf Rom. Tagebuch der Revolution 1922, Leipzig (Kittler) 1933, S. 45.

[1]Duce = Führer, gemeint ist Mussolini

M4 Plakat zum Treffen der faschistischen Studenten in Rom *(1929)*

adunata = Zusammenkunft / Versammlung

1 Erkläre die Karikatur M1. Wie sieht der Karikaturist die Zukunft des Völkerbundes?

2 Erläutere die Merkmale des Faschismus (Autorentext). Ziehe auch M2-M4 heran.

3 Wie will der italienische Diktator Mussolini in M2 gesehen werden?

4 Finde eine Antwort auf die Frage der Überschrift dieser Doppelseite (Autorentext).

Totalitäre Staaten" – Diktaturen statt Demokratien

Der Faschismus in Europa. Nach dem Beispiel Mussolinis entstanden in zahlreichen Ländern Europas faschistische Parteien und Bewegungen. In Deutschland kamen 1933 Hitler und die NSDAP an die Macht (s. S. 80 ff.). Mit deutscher Unterstützung regierten später auch in Ungarn („Pfeilkreuzler"), Rumänien und Jugoslawien faschistische Parteien.

In Spanien kam es 1936 zu einem Staatsstreich rechter Militärs unter Führung von Francisco Franco gegen die gewählte linksliberale Regierung. In den folgenden Jahren entbrannte ein blutiger Bürgerkrieg zwischen Verteidigern der Demokratie und den Putschisten, bei dem nahezu eine Million Menschen ums Leben kamen – nur ein Teil davon in direkten Kampfhandlungen. Die Verteidiger der Republik fanden Unterstützung durch die Sowjetunion und die „Internationalen Brigaden", in denen linke Intellektuelle aus aller Welt kämpften. Die „Nationalisten" unter Franco erhielten massive Hilfe von Mussolini- und Hitler-Anhängern.

▸ **Autoritäre Nationalstaaten.** Ein Kennzeichen der „Zwischenkriegszeit" war das Scheitern der amerikanischen Vorstellungen von der Entstehung vieler neuer Demokratien in Europa. Denn in vielen europäischen Ländern wurde die Demokratie gewaltsam abgeschafft oder konnte sich gar nicht erst entwickeln. In Europa hielten neben Frankreich, Großbritannien und der Schweiz Staaten wie die nordeuropäischen Monarchien als auch Belgien und die Niederlande an der demokratischen Staatsform fest. Als Ausnahme in Mittelosteuropa blieb allein die neu gegründete Tschechoslowakei ebenfalls bei der Demokratie (siehe Karte S. 68).

Fachleute haben die Zwischenkriegszeit als Entstehungszeit von ▸ totalitären Staaten bezeichnet. Darunter verstehen sie, dass sowohl faschistische Diktaturen wie auch die kommunistische Sowjetunion unter Stalin einen völligen Machtanspruch des Staates über seine Bürger erlangten. Der Begriff des „totalitären Staates" stammt aus dem italienischen Faschismus. Die Forscher haben dafür folgende Merkmale herausgearbeitet:

- die Verheißung einer besseren Zukunft durch die neue Herrschaftsideologie
- der Führungsanspruch eines einzigen „starken Mannes", um den ein „Führerkult" entsteht
- eine Massenpartei, die mehr zu sagen hat als die staatliche Bürokratie
- eine Geheimpolizei, die alle abweichenden Meinungen verfolgt
- die Abschaffung der bürgerlichen Grundrechte
- eine zentrale Lenkung der öffentlichen Meinung durch zensierte Zeitungen und den Rundfunk
- eine zentrale Wirtschaftslenkung.

Kritiker dieses Modells verweisen stets darauf, dass kommunistische und faschistische Staaten nicht nach den gleichen Kriterien beurteilt werden dürfen.

M 1 Generalissimus Franco als Kreuzritter
Ausschnitt aus einem Fresko des bolivianischen Malers Arturo Reque Meruvia im Historischen Militärarchiv in Madrid aus den Jahren 1948/49. Im Jahre 2007 beschloss das spanische Parlament eine Aufarbeitung der Verbrechen der Franco-Diktatur. In der Folge verschwanden die letzten Statuen Francos und Straßenbezeichnungen mit seinem Namen aus den spanischen Gemeinden. Das Fresko wurde eingelagert.

M2 „Der Griff nach der Jugend“

Mitglieder der „Mocidade portuguesa“ (= portugiesische Jugend) entrichten unter Diktator Antonio de Oliveira Salazar den „römischen Gruß“ (portugiesisches Schulbuch, 1936)
Alle totalitären Staaten bemühten sich, die Jugend im Sinne ihrer „Bewegung“ zu erziehen.

M3 Faschistische Bewegungen in Europa

Die faschistischen Parteien wiesen ein vergleichbares Erscheinungsbild auf. Sie waren hierarchisch nach dem Führerprinzip gegliedert, verfügten über uniformierte und bewaffnete Abteilungen und wandten einen damals neuartigen und spezifischen politischen Stil an.
Dies gilt für die Massenkundgebungen, die Massenaufmärsche ... Fahnenweihen, Totenehrungen ... und dies gilt schließlich und nicht zuletzt für die kompromisslose Bejahung und Praktizierung der Gewalt in der politischen Auseinandersetzung ...
Alle faschistischen Parteien weisen ferner einen kompromisslosen Vernichtungswillen gegenüber politischen Gegner und – teilweise willkürlich ausgewählten – Minderheiten auf ... Fast alle faschistischen Parteien haben sich besonders Intensiv gegen die jeweilige jüdische Minderheit gewandt. Dieser Antisemitismus wurde mit religiösen, sozialen und vor allem mit rassischen Momenten „begründet“.
Zitiert nach: Wolfgang Wippermann: Europäischer Faschismus im Vergleich 1922 – 1982, Frankfurt (Suhrkamp) 1983, S. 197 f.

GESCHICHTE AKTIV/KREATIV

Projektidee: „Eine Fotomontage interpretieren und eine Bildcollage anfertigen.“

John Heartfield: Die Freiheit selbst kämpft in ihren Reihen (Fotomontage 1936).

Fotomontagen waren beliebte Ausdrucksformen im Wettstreit der Meinungen. Stelle die Biografie des Künstlers John Heartfield vor. Deute die beiden wichtigsten Bildelemente: jubelnde spanische Republikaner verabschieden ihre Truppen; Zitat eines Gemäldes von Eugène Delacroix „Die Freiheit führt das Volk“. Äußere dich auch zu Aufmachung, Wirkung und Intention. Fertige nach dem Vorbild Heartfield eine eigene Bildcollage zu aktuellen politischen Ereignissen an.

1 Weise die im Autorentext genannten Merkmale eines totalitären Staates am Beispiel der Sowjetunion (Seite 30 ff. und 70 ff.) und des faschistischen Italiens (Seite 76 f.) nach. Beziehe auch M3 mit ein.
2 Worauf spielt die Darstellung Francos als Kreuzritter an (M1)?
3 Erläutere den „Führerkult“ anhand von M1. Vergleiche mit der Darstellung Stalins (Seite 70) und Mussolinis (Seite 77).
4 Finde heraus, mit welchen Mitteln totalitäre Staaten Jugendliche zu beeinflussen versuchten (M2).

Hitler wird an die Macht gebracht

Präsident statt Parlament. Mit dem Ergebnis der Reichstagswahlen von September 1930 (s. S. 63) konnte keine mehrheitsfähige Regierung gebildet werden. Nun bestand nach der Verfassung die Alternative, neu wählen zu lassen oder eine Regierung zu bilden, die nur vom Vertrauen des Reichspräsidenten und nicht vom Parlament abhängig war. Die Parteien der Mitte wollten keine Neuwahlen, da sie einen weiteren Stimmenzuwachs der NSDAP befürchteten. Daher kam es nun zur Bildung einer Regierung durch den Reichspräsidenten. Dieses Amt hatte seit dem Tod Friedrich Eberts (1925) der betagte Feldmarschall des Ersten Weltkriegs, Paul von Hindenburg, inne. Die Macht der in der Folgezeit regierenden Reichskanzler und Minister beruhte auf dem Vertrauen Hindenburgs; man nannte sie daher ▸ Präsidialkabinette. Der Beraterstab des erzkonservativen Hindenburg bestand aus Männern, die eine Rückkehr zum autoritären System des Kaiserreichs befürworteten und um jeden Preis die organisierte Arbeiterschaft und deren Parteien, KPD und SPD, von allen politischen Entscheidungen fernhalten wollten.

Brüning als Reichskanzler. Der von Hindenburg im September 1930 zum zweiten Mal zum Reichskanzler ernannte Finanzexperte Heinrich Brüning (Zentrum) wollte dem Reichshaushalt auf keinen Fall neue Schulden aufladen. Damit begegnete er den Ängsten der Bürger vor einer neuen Inflation. Anders als die amerikanische Politik der Konjunkturprogramme (s. S. 60) setzte Brüning auf eine rigorose Sparpolitik: Die Gehälter im öffentlichen Dienst wurden gekürzt, die Steuern für alle mit mehr als 8000 Reichsmark Jahresverdienst um 5 % erhöht, Unverheiratete mit einer Zusatzsteuer von 10 % belegt. Die Beiträge zur Arbeitslosenversicherung stiegen von 3,5 % auf 4,5 % bei gleichzeitiger Kürzung der Leistungen. Lohnsenkungen in Handel und Industrie, aber auch die massenhaften Entlassungen führten zu einem Verlust der Kaufkraft, was die Krise noch verschärfte. Nach knapp zwei Jahren im Amt wurde Brüning entlassen. Zur Wahl des Reichspräsidenten 1932 standen der rechtskonservative Hindenburg und der rechtsradikale Adolf Hitler. Mit den Stimmen der SPD setzte sich Hindenburg durch. Zugleich unterstützten immer mehr Industrielle, Banker, Unternehmer und Großgrundbesitzer die Partei Hitlers.

M 1 Wahlplakat für Hindenburg *(DNVP, 1928)*

Drei Kanzler in acht Monaten. Auch die folgenden Kanzler, Franz von Papen und General von Schleicher, regierten weiterhin mit Notverordnungen (siehe S. 49/M2). Bei den Neuwahlen zum Parlament am 31. Juli 1932 erlangte die NSDAP 37 % der Stimmen und 230 Sitze im Reichstag. Die Berater des Reichspräsidenten überzeugten Hindenburg davon, Hitler zum Kanzler zu ernennen, da er ein Drittel der Wählerschaft hinter sich habe. Den Führer der NSDAP sollten von Papen, dazu Männer aus der Wirtschaft, dem Militär und dem Adel sowie andere Konservative im Kabinett „einrahmen“ und damit Hitlers extreme Ansichten und Pläne unter Kontrolle halten. Die Männer aus den alten Führungsschichten des Kaiserreichs glaubten, sie könnten mit Hitlers Anhang und Hindenburgs Autorität regieren und dabei den Staat in ihrem Sinne umbauen. „Wir haben uns Herrn Hitler engagiert“ formulierte von Papen nach Hitlers Ernennung zum Reichskanzler am 30. Januar 1933.

M2 Die Regierung Hitler am 30. Januar 1933

Sitzend (vorne links nach rechts): Hermann Göring, NSDAP (ohne Geschäftsbereich); Adolf Hitler, NSDAP (Reichskanzler); Franz von Papen, parteilos (Vizekanzler); dritter von rechts stehend: Wilhelm Frick, NSDAP (Reichsinnenminister)

M3 So funktionierten die Präsidialkabinette 1930 – 1933

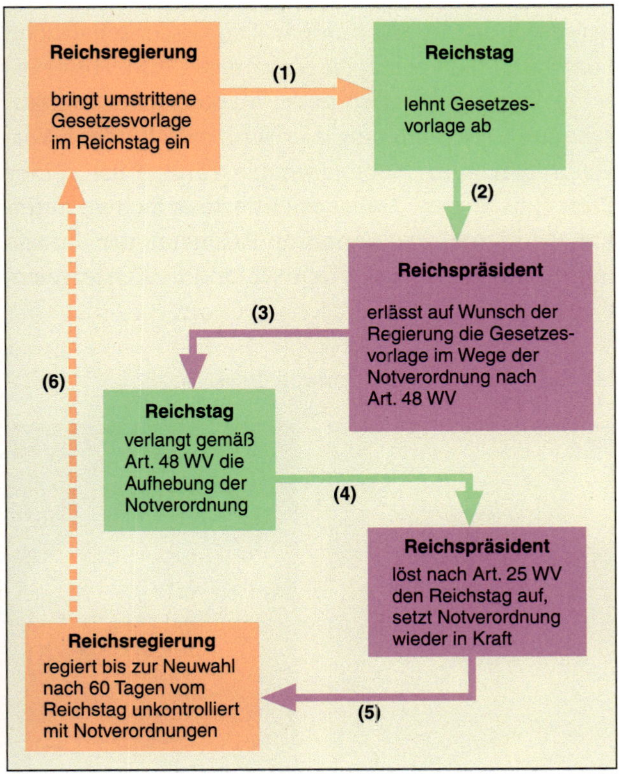

M4 Warum scheiterte die Weimarer Republik?

Der Historiker Eberhard Kolb (2009):

In ihrer 1919 geschaffenen konkreten Gestalt wurde die parlamentarische Demokratie nur von einer Minderheit der Bevölkerung wirklich akzeptiert und mit kämpferischem Elan verteidigt. Breite Bevölkerungsschichten verharrten in Distanz, Skepsis und offener Ablehnung ... Mit dem Übergang zum Präsidialsystem wurde eine Abwendung von der parlamentarischen Regierungsweise vollzogen und die Position der republiktreuen und staatsbejahenden Kräfte empfindlich geschwächt, noch ehe die Auswirkungen der Weltwirtschaftskrise die sozialen Ängste ins Unermessliche steigerten, sodass die extrem nationalistische und demokratiefeindliche NSDAP jenen Auftrieb erhielt, der sie zur Massenbewegung machte ... Die NSDAP war nur siegreich, weil die alten Eliten in Großlandwirtschaft und Industrie, Militäraristokratie und Großbürgertum zur autoritären Abkehr von Weimar entschlossen waren und glaubten, die nationalsozialistische Bewegung für sich benutzen zu können. Zwar erstrebten sie nicht eine totalitäre Diktatur, wie sie seit dem 30. Januar 1933 Wirklichkeit wurde, aber im Kampf gegen Demokratie, Parlamentarismus und organisierte Arbeiterschaft war die NSDAP für sie ein akzeptabler Bundesgenosse ...
Nicht der Arbeiterschaft und ihren Organisationen, der immer stärker schrumpfenden Gruppe der republiktreuen bürgerlichen Demokraten und dem Lager des politischen Katholizismus ist der Untergang der Republik anzulasten, sondern den nationalistischen und autoritären Gegnern der Weimarer Demokratie, die – skrupellos in der Wahl ihrer Mittel – den Staat von Weimar in einer groß angelegten Offensive zertrümmerten.

Zitiert nach: Eberhard Kolb: Die Weimarer Republik, München (Oldenbourg) [7]2009, S. 152 ff.

1 Erkläre den Begriff „Präsidialkabinett“ (M3).
2 Diskutiert, wer die meiste Verantwortung dafür trug, dass Hitler die Macht übertragen wurde.
3 Stelle die Gründe zusammen, die das Kabinett Hitler vom 30. Januar 1933 als „Zähmungskabinett“ erscheinen lassen sollte (M2 und Autorentext).
4 Schreibe alle Argumente des Historikers Kolb aus M4 heraus, die zum Scheitern der ersten deutschen Republik führten. Wiederhole die methodischen Schritte von Seite 74 und beziehe Stellung zu seinen Argumenten.

Was dachten die Nationalsozialisten?

M1 Das Firmenschild *(Karikatur von Jacobus Belsen aus „Der Wahre Jakob", 1931)*

Hitlers Gedankenwelt. „Rasse" war der zentrale Begriff der nationalsozialistischen Ideologie. Nicht der vom Marxismus verbreitete „Klassenkampf" wurde als Motor der Geschichte gesehen, sondern der „Rassenkampf" (▸ Rassenlehre): Jede Rasse kämpfe um ihr Überleben. Dies sei als Naturgesetz im Tierreich zu beobachten, wo der Stärkere den Schwächeren fresse. Die Übertragung tierischen Verhaltens auf den Menschen (Sozialdarwinismus) verfälschte die Theorie des Naturforschers Charles Darwin. Die Nationalsozialisten teilten die Menschheit in höchst ungleiche Rassen ein. Sich selbst zählten sie, wie Engländer oder Skandinavier, zur „wertvollsten" Rasse der Arier. In den Augen der Nationalsozialisten waren diese meist groß gewachsen, blond, blauäugig sowie tapfer und heldenhaft. Franzosen und Italiener galten wegen ihres Anteils an „germanischem Blut" als „kulturfähige Mischvölker". Die Juden wurden als „wertlos" eingestuft und als „Schmarotzer" beschimpft. In den Vorstellungen Hitlers vereinten sich jüdische Kapitalisten in den USA und kommunistische Juden in der Sowjetunion zur „Weltverschwörung", die plante, die Arier zu vernichten. Zum erfolgreichen Kampf gegen diese Feinde müsse das Volk unter einem starken Führer geeint werden. Das ▸ Führerprinzip erforderte die unbedingte Unterordnung des Einzelnen und die Abschaffung der Demokratie. Eine Opposition wurde nicht zugelassen, um alle Kräfte auf den Rassenkampf zu konzentrieren. Zur Existenzsicherung der Rasse gehörte auch ein genügend großer ▸ „Lebensraum". Dieser sollte im Osten erobert werden. Die dort lebenden slawischen Völker galten als minderwertig und sollten der deutschen „Herrenrasse" untertan sein.

Revolutionäre Ideen und Ziele? Im Parteiprogramm sowie in seinem Buch „Mein Kampf" schrieb Hitler zwischen 1920 und 1924 seine Anschauungen nieder. Sie erhielten mit dem Aufbau der NSDAP seit Mitte der 1920er Jahre zunehmend politisches Gewicht. In der Krise am Ende der Weimarer Republik (s. S. 62 f.) faszinierten diese Ideen große Teile der deutschen Gesellschaft. Aus Sicht der Nationalsozialisten waren sie revolutionär. Die wissenschaftliche Forschung dagegen zeigt ein anderes Bild: Hitler erschuf keineswegs eine neue, revolutionäre Weltanschauung. Vielmehr fügte er sehr verschiedene Vorstellungen zum ideologischen Grundgerüst seiner Partei zusammen. Dabei orientierte er sich an national- und sozialrevolutionären Ansätzen, die damals in Europa, vor allem in Deutschland und Österreich, verbreitet waren.

M2 Parteitagsrede in Nürnberg 1934

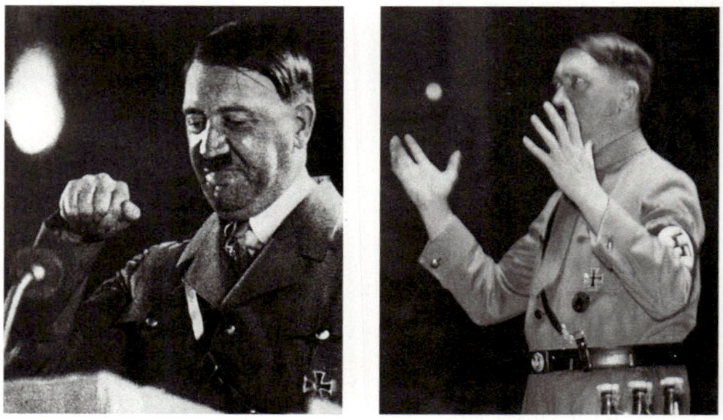

Hitler hatte vor 1933 seine Redeposen mithilfe seines Leibfotografen einstudiert.

M3 Aus einer Rede Hitlers vom 13. April 1923

... Stets hat vor Gott und der Welt der Stärkere das Recht, seinen Willen durchzusetzen. Die Geschichte beweist: Wer nicht die Kraft hat, dem nutzt das „Recht an sich" gar nichts! ... Die ganze Natur ist ein gewaltiges Ringen zwischen Kraft und Schwäche, ein ewiger Sieg des Starken über den Schwachen. Nichts als Fäulnis wäre in der ganzen Natur, wenn es anders wäre.

Zitiert nach: Ernst Boepple (Hrsg.): Adolf Hitlers Reden, München (Deutscher Volksverlag) 1933, S. 44.

M4 „Das Vorgehen des Juden ist Folgendes ..."

Er macht sich an den Arbeiter heran, heuchelt Mitleid mit dessen Schicksal oder gar Empörung über dessen Los, dessen Elend und Armut, um auf diesem Wege das Vertrauen zu gewinnen. Er bemüht sich, alle die tatsächlichen oder auch eingebildeten Härten seines Lebens zu studieren und die Sehnsucht nach Änderung eines solchen Daseins zu erwecken ... Er begründet die marxistische Lehre ... Das Finanzjudentum wünscht ... nicht nur die restlose wirtschaftliche Vernichtung Deutschlands, sondern auch die vollkommene politische Versklavung. Die Internationalisierung unserer deutschen Wirtschaft, d.h. die Übernahme der deutschen Arbeitskraft in den Besitz der jüdischen Weltfinanz, lässt sich restlos nur durchführen in einem politisch bolschewistischen Staat ... Im russischen Bolschewismus haben wir den im zwanzigsten Jahrhundert unternommenen Versuch des Judentums zu erblicken, sich die Weltherrschaft anzueignen ... Sein Streben liegt zutiefst begründet in der Art seines Wesens.

Zitiert nach: Adolf Hitler: Mein Kampf, München (Ausgabe 1934), S. 350 f., S. 702 und S. 751.

M5 NS-Ideologie auch in der Schule

Aus Schulbüchern:

Große Aufgaben warteten des Führers bei der Machtübernahme. Das Volk war zerrissen in Parteien, Wirtschaftsgruppen, Klassen. Alle standen gegen alle. Jede Aufbauarbeit musste sinnlos bleiben, wenn es nicht gelang, die Klüfte im deutschen Volk zu schließen ... (Es) galt, eine wahrhaft innere Volksgemeinschaft zu schaffen. Getragen von dem obersten Grundsatz des Nationalsozialismus „Gemeinnutz geht vor Eigennutz", muss einer für den anderen einstehen.

Unsere bisherigen Untersuchungen haben gezeigt, dass all das, was wir in der Wissenschaft der Geschichte zusammenfassen, letzthin eine Geschichte der Rassen ist. Ebenso ist erwiesen, dass geistiges Schaffen und kulturelles Gestalten einen Ausdruck der rassischen Kräfte darstellt. Das trifft schon für die Verschiedenheit der Zahlensysteme zu. Ferner verdankt die Menschheit die Leistungen der Mathematik und die gewaltigen Errungenschaften der Technik nur wenigen Rassen.

Zitiert nach: Walther Gehl: Lehrbuch für Geschichte, 5. Klasse Oberschule, Breslau (Hirt) 1940, S. 14.
O. Steche/E. Stengel/M. Wagner: Lehrbuch der Biologie für Oberschulen und Gymnasien, Bd. 4, Leipzig (Quelle & Meyer) 1942, S. 370.

M6 Altersangaben zu NSDAP-Führungspersonen

1933	Joseph Goebbels, Propagandaminister	35 Jahre
	Heinrich Himmler, Reichsführer SS[1]	32 Jahre
	Martin Bormann, Stabsleiter Stellvertreter	32 Jahre
	Reinhard Heydrich, Chef des SD[2]	28 Jahre
	Albert Speer, Architekt	27 Jahre
	Baldur von Schirach, Reichsjugendführer	25 Jahre
Im	Durchschnitt in der Partei	34 Jahre
Krieg	Durchschnitt im Staat	44 Jahre

[1] ▸ SS = Schutzstaffel; NS-Elitetruppe
[2] SD = Sicherheitsdienst Reichsführer SS; parteiinterner Nachrichtendienst; später Überwachung von politischen Gegnern und Parteimitgliedern

1 Benenne stichwortartig die im Autorentext dargestellten Elemente des Nationalsozialismus. Ordne diesen Grundsätzen die Quellenauszüge M3-M5 zu und erläutere sie. Lege dar, was du für unmoralisch oder politisch fragwürdig hältst.
2 Analysiere M4: Zeige auf, wie Hitler versuchte, den Hass gegen die Juden zu schüren.
3 Zähle Gründe dafür auf, warum die nationalsozialistische Ideologie während der Krise der Weimarer Republik propagandistisch so wirksam war. Beschreibe und interpretiere dazu auch die Karikatur M1.
4 Beurteile, ob der Nationalsozialismus revolutionär war. Beziehe den Autorentext und die Statistik M6 mit ein. Recherchiere, welche Karriere die in M6 genannten Nationalsozialisten gemacht haben.
5 Betrachte M2: Wie wirkt Hitlers Gestik und Mimik auf dich? Berichte.

Der Aufbau der Diktatur

Hitler als Reichskanzler. Reichspräsident Hindenburg übertrug am 30. Januar 1933 dem Führer der NSDAP die Macht. Im Kabinett saßen nur drei Nationalsozialisten unter mehrheitlich national-konservativ eingestellten Ministern (s. S. 81). Nach den Propagandafeiern über die „nationale Erhebung“ erwirkte Hitler von Hindenburg am 1. Februar die Auflösung des Reichstags. Damit brach er seine früheren Zusagen an die Konservativen, die fürchteten, bei Neuwahlen viele Stimmen an die NSDAP zu verlieren. Drei Tage später wurde per Notverordnung unter Rückgriff auf den Artikel 48 der Weimarer Verfassung die Pressefreiheit aufgehoben. Am 27. Februar 1933 brannte der Reichstag; der holländische Kommunist Marinus van der Lübbe wurde als Brandstifter festgenommen. Der Anschlag bot für Hitler einen willkommenen Anlass, bereits vorbereitete Gesetze gegen einen behaupteten „kommunistischen Umsturz“ durch den Reichspräsidenten sofort in Kraft setzen zu lassen. Die Notverordnung „Zum Schutz von Volk und Staat“ („Reichstagsbrandverordnung“) hob demokratische Grundrechte, wie die Meinungs- und Versammlungsfreiheit, auf und schaffte das Postgeheimnis ab. Damit war der Rechtsstaat zerstört. Bis Mitte März 1933 wurden 10 000 Gewerkschafter, Kommunisten und Sozialdemokraten verhaftet. Der seit Anfang Februar durchgeführte Wahlkampf war geprägt von einer Atmosphäre der Einschüchterung und des Terrors der nationalsozialistischen Schlägertrupps, die vor allem aus Angehörigen der SA (= Sturmabteilung) bestanden. Das Wahlergebnis des 5. März 1933 war für die Hitler-Partei enttäuschend, denn der erzielte Stimmenanteil von 43,9 % reichte nicht zur erwarteten Zweidrittelmehrheit. Mit dieser Mehrheit wollte Hitler die Verfassung nach seinen Vorstellungen ändern und das Recht der Gesetzgebung auf seine Regierung übertragen.

Das „Ermächtigungsgesetz“. Um sein Ziel dennoch zu erreichen, änderte Hitler seine Taktik. Mit Versprechungen und Drohungen verlangte er von den Reichstagsabgeordneten, ihn für die Dauer von vier Jahren zu ermächtigen, unabhängig vom Parlament Gesetze zu erlassen; nur die SPD stimmte dagegen. Zum Zeitpunkt der Verabschiedung des „Ermächtigungsgesetzes“ waren die kommunistischen Abgeordneten des Reichstags bereits verhaftet worden. In der Folgezeit begann eine Politik der „Gleichschaltung“, eine Unterordnung aller gesellschaftlichen, kulturellen und politischen Bereiche unter die nationalsozialistische Herrschaft.
In jenen Monaten stieg die Mitgliederzahl der NSDAP an, weil sich viele Menschen persönliche Vorteile durch die Parteizugehörigkeit erhofften. Nur wenige wagten es, Kritik zu üben.

M1 Abstimmung zum „Ermächtigungsgesetz“

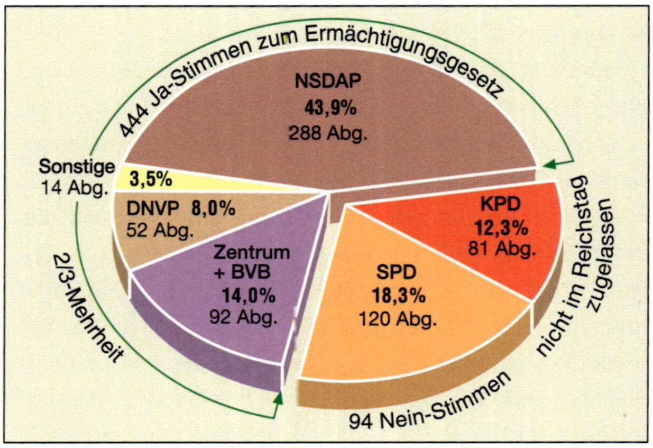

Die Aufteilung der Parteien und die Prozentzahlen basieren auf der Reichstagswahl vom 5. März 1933.

Die Vollendung der „Machtergreifung“. Der einzige ernste Widerstand auf dem Weg zur Diktatur kam aus den Reihen seiner eigenen Partei. Die rund drei Millionen Mitglieder umfassende SA sollte, nach den Vorstellungen ihres Anführers Ernst Röhm, mehr Einfluss erhalten und mit der gerade 100 000 Mann starken Reichswehr zu einem „revolutionären Volksheer“ verschmolzen werden. So wollte Röhm nach der „nationalen“ nun auch eine „soziale“ Revolution. Gegen eine solche Vereinigung sträubte sich die Reichswehr. Hitler benötigte aber das Fachwissen der Reichswehr für seine Kriegspläne. Daher beschloss er die Ausschaltung Röhms und seiner Getreuen, die am 30. Juni 1934 angeblich aus „Staatsnotwehr“ erschossen wurden.
Nach dem Tod Hindenburgs am 2. August 1934 machte sich Hitler auch zum Staatsoberhaupt und ließ sich durch Volksentscheid in diesem Amt bestätigen. Damit war Hitler zugleich Oberbefehlshaber des Heeres, das auf seinen Namen vereidigt wurde, und hatte eine uneingeschränkte Herrschaft erlangt.

M2 Der britische Botschafter über den 30. Januar 1933

Überall im Lande nahm die Bevölkerung die Nachricht gleichgültig auf. In der Hauptstadt selbst konnte man ein gewisses Maß an öffentlichem Interesse feststellen, da die Naziführer ihr Talent für Propaganda und theatralische Auftritte bei einem improvisierten Fackelzug entfalteten ... Die Nazipresse behauptet, dass an die 500 000 Menschen an dem Fackelzug teilnahmen ... Mein Militärattaché, der an dem Zug teilnahm, schätzt die Zahl der Leute auf 15 000. Während der Demonstration nahm Herr Göring das Mikrofon und nach einer der üblichen geschwollenen Reden gab er an seinen Nachredner weiter. Die Hörer von Radio Berlin wurden so um ihre normale Abendunterhaltung gebracht ...

Zitiert nach: Documents on British Foreign Policy 1919 - 1939, Second series, Bd. IV, London 1950, S. 401 f. Übers. vom Verfasser.

M3 Otto Wels zum „Ermächtigungsgesetz“

Der SPD-Vorsitzende Otto Wels hielt die letzte freie Rede im Reichstag am 23. März 1933:

Freiheit und Leben kann man uns nehmen, die Ehre nicht ... Nach den Verfolgungen, die die Sozialdemokratische Partei in der letzten Zeit erfahren hat, wird billigerweise niemand von ihr verlangen oder erwarten können, dass sie für das hiereingebrachte „Ermächtigungsgesetz“ stimmt. Die Wahlen vom 5. März 1933 haben den Regierungsparteien die Mehrheit gebracht und damit die Möglichkeit gegeben, streng nach Wortlaut und Sinn der Verfassung zu regieren. Wo diese Möglichkeit besteht, besteht auch die Pflicht. Noch niemals, seit es einen Deutschen Reichstag gibt, ist die Kontrolle der öffentlichen Angelegenheit durch die gewählten Vertreter in solchem Maß ausgeschaltet worden, wie es jetzt geschieht, und wie es durch das neue „Ermächtigungsgesetz“ noch mehr geschehen soll. Eine solche Allmacht der Regierung muss sich umso schwerer auswirken, als auch die Presse jeder Bewegungsfreiheit entbehrt.

Zitiert nach: Herbert Michaelis und Ernst Schraepler: Ursachen und Folgen, Bd. 9: Das Dritte Reich, Berlin (Dokumentenverlag) 1964, S. 146 f.

M4 Das Presseorgan der Nationalsozialisten, der „Völkische Beobachter“, am 24. März 1933

Berliner Ausgabe
83. Ausg. • 46. Jahrg. • Einzelpreis 15 Pf.
Berliner Ausgabe
Berlin, Freitag, 24. März 1933
VÖLKISCHER BEOBACHTER
Herausgeber Adolf Hitler
Kampfblatt der national-sozialistischen Bewegung Großdeutschlands
Der Wille des deutschen Volkes erfüllt:
Der Reichstag übergibt Adolf Hitler die Herrschaft
Annahme des Ermächtigungsgesetzes mit der überwältigenden Mehrheit von 441 gegen 94 Stimmen der S.P.D. / Einstimmige Annahme auch im Reichsrat / Hitlers historische Abrechnung mit den Novembermännern
Die Regierungserklärung:
Für Freiheit und Ehre der deutschen Nation! Gegen die Scheidung der Völker in „Sieger und Besiegte“!
Ein stolzes Programm des Wiederaufbaues
Der Führer gibt die Regierungserklärung bekannt
Freie Bahn für die Regierung der nationalen Revolution!

M5 „Einer nach dem anderen musste sich ... beugen“

Der französische Botschafter am 4. September:

In der Tat konnte sich Hitler zum Zeitpunkt seiner Rede (am 1. September 1933) rühmen, alles, was in Deutschland außerhalb der Nationalsozialistischen Partei existiert, zerstört, zerstreut, aufgelöst, angegliedert oder aufgesaugt zu haben. Einer nach dem anderen mussten sich die Kommunisten, die Juden, die Sozialisten, die Gewerkschaften ... unter sein Gesetz beugen. Er hat alle Polizeikräfte in seiner Hand ... Eine unerbittliche Zensur hat die Presse vollständig gezähmt ... Hitler beherrscht die einzelnen deutschen Länder durch die Statthalter, die er an ihre Spitze gestellt hat. Die Städte werden jetzt verwaltet durch Bürgermeister und Stadträte aus seiner Anhängerschaft. Alle öffentlichen Verwaltungen wurden gesäubert. Die politischen Parteien sind verschwunden. Der Reichstag setzt sich nurmehr aus einer einzigen riesigen Partei zusammen, die mehr als zwei Drittel des Plenums ausmacht und die Verfassungsänderungen vornehmen kann, die ihr gefallen ...

Zitiert nach: Documents diplomatiques français 1932 - 1939, 1ère série, III, Paris o. J., S. 825. Übers. vom Verfasser.

1 Die neue Regierung setzte die Politik der Notverordnungen fort. Erläutere, was sich unter Hitler änderte. Beziehe das Abstimmungsergebnis (M1) und Seite 82 mit ein.

2 Gib den Stimmungsbericht des britischen Botschafters (M2) wieder. Welchen Eindruck mögen die Leser über die Situation in Deutschland gewonnen haben?

3 Nenne Grundrechte, die von den Nationalsozialisten abgeschafft wurden. Wie gingen sie dabei vor (M5 und Autorentext)? Bis zu welchem Zeitpunkt versuchte Hitler, den Anschein der Legalität (Gesetzestreue) zu bewahren?

4 Vergleiche die Aussagen von M3, M4 und M5.

Gleichschaltung und Propaganda

Die Grundlagen des totalitären Staates. Die nationalsozialistische Politik der ▸ Gleichschaltung veränderte den Staat und die Gesellschaft völlig. Länder und Parlamente wurden aufgelöst, Parteien und Gewerkschaften abgeschafft. Alle Arbeitnehmer und Arbeitgeber fasste man in der „Deutschen Arbeitsfront“ (DAF) mit 23 Millionen Mitgliedern (1938) zusammen (s. S. 96 f.). Für Literatur und Kunst war das „Reichsministerium für Volksaufklärung und Propaganda“ unter Joseph Goebbels zuständig. Kunst und Literatur sollten sich fortan am „gesunden Volksempfinden“ orientieren – sehr viele Künstler und Schriftsteller verließen Deutschland, um Berufsverboten und Verfolgung zu entgehen. Gemälde der künstlerischen Moderne verschwanden aus den Museen oder wurden gegen Dollar oder Schweizer Franken ins Ausland verkauft.

„Führer befiehl, wir folgen!“ Die Propaganda baute die Person Hitlers zu einem genialen Führer auf, der immer die richtigen Entscheidungen traf. Der Führerkult machte Hitler zu einer übermenschlichen Persönlichkeit und die „nationalsozialistische Bewegung“ zur „Religion der neuen Zeit“. Tausende von Augenzeugenberichten bestätigen die gelungene Verführung der Massen, z. B. bei Hitlerreden, Fahnenweihen oder Parteitagen (s. S. 88 und S. 92). Aus heutiger Sicht wissen wir, dass Hitlers Art des Regierens viele widersprüchliche Entscheidungen aufwies. Denn einerseits bestand in Verwaltung und Justiz der traditionelle Staat mit den hergebrachten Regeln weiter. Das bestehende Recht wurde aber immer wieder von diktatorischen nationalsozialistischen Maßnahmen überlagert.

Ein neues Gesellschaftsmodell. In der nationalsozialistischen ▸ „Volksgemeinschaft“ sollten alle gesellschaftlichen Gruppen zusammengeführt werden. Wer aus politischen Gründen nicht dazugehören wollte oder aus rassistischen Gründen nicht dazugehören durfte, wurde verfolgt. Besondere Beachtung genossen die Jugendlichen als „Zukunftsgaranten“ und die Frauen als „Erhalterinnen des Volkes“. Nach dem Zusammenbruch der NS-Herrschaft wurde nach den Gründen geforscht, warum ein auf Einschüchterung, Verfolgung und Terror gebautes Regime so eine breite Zustimmung in der Bevölkerung gefunden hatte. Die Befragten lobten die positiven Erlebnisse des Gemeinschaftsgefühls, die vorbildlichen Freizeit- und Sportangebote und die ab 1933 massiv zurückgehende Arbeitslosigkeit (s. S. 98f). Wer nach Jahren der Not ein bescheidenes Auskommen gefunden hatte, stellte keine kritischen Fragen. Kritiker des Regimes riskierten die Einlieferung in ein Konzentrationslager. Dort waren Demütigung, Folter und Mord an der Tagesordnung.

M1 Der Aufbau des „Führerstaates“
SS und SD s. S. 83
Gestapo = Geheime Staatspolizei: politische Polizei, überwachte die Bevölkerung; konnte jeden ohne Gerichtsverfahren in „Schutzhaft“ nehmen.
HJ = Hitlerjugend

M2 Die „Volksgemeinschaft“

Adolf Hitler in einer Rede am 1. Mai 1936:

Es war notwendig, dem deutschen Volk jenes große Gefühl der Gemeinschaft zu geben, so wie der einzelne Soldat nichts ist, aber alles im Rahmen ... seiner Armee, so ist auch der einzelne Volksgenosse nichts, aber alles im Rahmen seiner Volksgemeinschaft. Hier wird persönlich aus dem schwachen Willen von 60 Millionen Einzelner ein gigantischer, gewaltiger, zusammengeballter Wille aller. Das muss jedem Volksgenossen sichtbar werden. Und deshalb hat auch unsere Bewegung dieses ganz besondere Gepräge bekommen, deshalb diese Massenkundgebungen, diese Massendemonstrationen, diese Generalappelle der Nation.

Zitiert nach: Rudolf Herz: Hoffmann & Hitler. Fotografie als Medium des Führer-Mythos, München (Klinkhardt & Biermann) 1994, S. 215.

M3 Plakat zur „Volksgemeinschaft“ *(ca. 1936)*

Frauen wurden nach Hitlers Machtübernahme massiv aus dem Berufsleben verdrängt und auf die Rolle als Frau und Mutter beschränkt. Ausnahmen waren Pflegeberufe und die Landwirtschaft.

M4 Gedenktafel auf dem Römerberg/Frankfurt zur Bücherverbrennung 1933

Bücher der vom Regime verbotenen und ausgegrenzten Autoren wurden in vielen deutschen Städten verbrannt. Auf der Umrandung steht ein Zitat von Heinrich Heine aus dem Jahr 1821: „Das war ein Vorspiel nur, dort wo man Bücher verbrennt, verbrennt man auch am Ende Menschen.“

1 Erläutere den Aufbau des „Führerstaates“ (M1). Welche Funktionen hatte Hitler inne? Zeige auf, an welchen Stellen ein Nebeneinander von staatlichen und von Parteistellen entstand. Welche Schwierigkeiten konnten daraus entstehen?

2 Gib die Bedeutung des Begriffs „Volksgemeinschaft“ wieder, wie ihn Hitler verstanden haben wollte (M2). Lege dar, wie diese Auffassung im Plakat M3 umgesetzt wurde.

3 Lies in einem Literaturlexikon nach. Suche unter dem Begriff „Bücherverbrennung“ nach Beispielen für Ausgrenzung und Verfolgung. Stelle zwei Autoren vor, deren Bücher verbrannt wurden (M4). Du kannst dir aber auch aus der Schul- oder Stadtbibliothek das Buch von Jürgen Serke „Die verbrannten Dichter“ ausleihen. Dort findest du viele Biografien von verfolgten Autoren mit zahlreichen Dokumenten.

4 Suche Material zu einem Kurzvortrag zum Thema: Die Rolle und Rechte der Frau in der Zeit des Nationalsozialismus. Beziehe M3 mit ein.

Massenmanipulation durch Propaganda

Alte und neue Massenmedien. An den Reichsparteitagen in Nürnberg wirkten über eine Million Menschen mit bzw. waren als Zuschauer beteiligt. Um möglichst die gesamte „Volksgemeinschaft" (s. S. 86) im Sinne des Nationalsozialismus zu beeinflussen, nutzte die NSDAP alle Medien, sei es die Presse oder – damals ganz modern – Rundfunk und Film. Zeitnah zu den Reichsparteitagen berichteten Zeitschriften in Sondernummern über die Vorbereitungen. In den Berichten vom Parteitag stand der „Führer" im Mittelpunkt; er wurde über Doppelseiten hinweg auf großformatigen Bildern gefeiert. Die Exklusivfotos lieferte Hitlers Leibfotograf Heinrich Hoffmann, das Textmaterial gab das Deutsche Nachrichtenbüro (DNB) oder die Reichspressestelle der NSDAP vor.

Der Rundfunk im Dienst der Partei. Bereits ab 1933 berichtete der Rundfunk von den Parteitagen. Es gab Live-Übertragungen von Reden oder Massenversammlungen mit den dazugehörenden Reportagen, dazu abendliche Zusammenfassungen und ein musikalisches Begleitprogramm. Der Programmablauf blieb in den ersten Jahren gleich, wurde aber 1937 propagandistisch intensiver gestaltet. Neue Sprecher brachten die Hörer durch ihre Erzählweise zu stärkerem Miterleben. Zugleich sollte das neue Medium faszinieren, auf die wesentlichen Botschaften konzentrieren und ein Zuviel vermeiden. Daher durften während der Parteitage keine anderen politischen Themen gesendet werden. Im täglichen Rahmenprogramm sollten sich weder Vorträge oder Hörspiele noch Opern- oder moderne Tanzmusik finden lassen.

M1 Propagandaplakat *(1936)*
Dieses vergleichsweise preiswerte Radiogerät stand 1938 in fast drei Millionen Haushalten.

Dokumentation, Information oder Propaganda? Unter dem Deckmantel der Dokumentation wurde das neue Medium des Tonfilms propagandistisch genutzt. Hitler beauftragte 1933 die junge Regisseurin Leni Riefenstahl, den Reichsparteitag filmisch festzuhalten. Ihr erster Film, „Sieg des Glaubens", gefiel Hitler so sehr, dass Riefenstahl weitere Aufträge erhielt. So verfilmte sie mit großem finanziellen Aufwand und riesigen Mitarbeiterteams in den Jahren 1934 bis 1936 zwei weitere Reichsparteitage sowie die Olympischen Spiele in Berlin.

M2 Premiere in Berlin *(1935)*
Die NSDAP finanzierte und förderte Riefenstahls zweistündiges Werk „Triumph des Willens". Bereits in der ersten Woche besuchten allein im westdeutschen Raum 180 000 erwachsene Zuschauer und 60 000 Schüler die Filmvorführung.

Unter dem Vorwand informierender Filmberichterstattung liefen in allen deutschen Kinos spätestens seit 1938 „Wochenschauen", die den Vorgaben des Propagandaministeriums entsprachen. Ging es 1939 z. B. noch darum, Hitlers 50. Geburtstag zu würdigen, kam es während des Zweiten Weltkriegs immer mehr darauf an, militärische Erfolge an der Front zu zeigen, um die Stimmung im Volk zu verbessern.

Methode: Analyse propagandistischer Mittel in modernen Bild- und Tonmedien

Moderne Medien sind schwieriger zu untersuchen als geschriebene Texte, weil sie Ohr oder Auge nur flüchtig berühren und über verschiedene Informationsebenen (Rundfunk: Musik, Geräusche, Sprache oder Film: zusätzlich Bild und Schrift) verfügen. Dennoch lassen sie sich wie ein Text lesen, analysieren und interpretieren. Folgende Schritte können dabei hilfreich sein:

1. Schritt: Historischen Zusammenhang erfassen
Notiere Titel, Thema und wichtige inhaltliche Aspekte: Was wird herausgestellt (Einzelheiten oder Personen)? Warum? Wann ist das Material entstanden? In welcher Beziehung stehen Entstehungszeit und Darstellung? Wer sind Autor bzw. Produzent?

2. Schritt: Art und Funktion feststellen
Stelle fest, ob es sich beispielsweise um Rundfunkansprachen oder -reportagen, Nachrichten, Dokumentar-, Werbe- oder Propagandafilme handelt. Kläre auch, welche Adressatengruppe(n) und welche Wirkungen) – z. B. Bericht, Anklage, Agitation – dabei erreicht werden sollen.

3. Schritt: Einen Ausschnitt analysieren
Untersuche eine Sequenz des Materials, indem du das Zusammenwirken von Inhalten, sprachlichen und akustischen – gegebenenfalls auch optischen – Mitteln überprüfst. Dabei kannst du auf Argumentation (Behauptung, Begründung, Beweis), auf Wortwahl und sprachliche Mittel (z.B. Schlagwörter, Superlative, Wiederholungen, Metaphern und Ironie), auf den Einsatz von Geräuschen und Musik sowie auf technische Mittel (Ton, Kommentierung, Kameraführung etc.) achten. Untersuche den Abschnitt mehrmals und konzentriere dich stets auf Teilaspekte.

4. Schritt: Gesamtbewertung durchführen
Werte die Teilergebnisse aus. Formuliere ein Gesamtresultat, bei dem Mittel, Adressaten, Funktion bzw. Wirkung des Materials sowie die Absicht des Produzenten zueinander in Bezug gesetzt werden.

M3 Der Zweck der Propaganda

Die Aufgabe der Propaganda liegt ... in einem Hinweisen der Masse auf bestimmte Tatsachen, Vorgänge usw., deren Bedeutung dadurch erst in den Gesichtskreis der Masse gerückt werden soll. Die Kunst liegt nun ausschließlich darin, dies in so vorzüglicher Weise zu tun, dass eine allgemeine Überzeugung ... entsteht ... Ihr Wirken (muss) auch immer auf das Gefühl gerichtet sein und nur sehr bedingt auf den Verstand.

Zitiert nach: Adolf Hitler: Mein Kampf, a. a. O., S. 157.

M4 Über den Film „Triumph des Willens“

a) In einem Buch von Leni Riefenstahl heißt es:

... sie habe sich nicht an die Chronologie und das Geschehen des Reichsparteitags gehalten. Es sei ihr vielmehr darauf angekommen, „... das Bild noch stärker wirken zu lassen, als es in Wirklichkeit schon war.“

b) Ein Historiker:

Die Reproduktion des Parteitags als authentisches Kinoerlebnis bedeutet die Überhöhung der bereits idealisierten Inszenierung der Parteitagswirklichkeit zum Idealparteitag.

Zitiert nach: Martin Loiperdinger: Rituale der Mobilmachung. Der Parteitagsfilm „Triumph des Willens“ von Leni Riefenstahl, Opladen (Leske & Budrich) 1987, S. 59 u. S. 53.

1 Sowohl die Bundeszentrale als auch die hessische Landeszentrale für politische Bildung bieten Bild- und Tondokumente zum Nationalsozialismus an. Entscheidet euch für ein Thema/Medium und bittet euren Lehrer/eure Lehrerin, dieses zu bestellen. Untersucht das Material, indem ihr in der Reihenfolge der vier methodischen Schritte vorgeht.
2 Was machte den Reichsparteitag in Rundfunk und Film zu einem „Erlebnis“? Beziehe bei der Beantwortung die Materialien dieser Doppelseite sowie den Autorentext mit ein.
3 Vergleiche M3 und M4. Inwieweit entspricht Riefenstahls Film Hitlers Auffassung von Propaganda?

„Du bist nichts, dein Volk ist alles!"

Die Jugend wird organisiert. Die NSDAP versuchte nach der Machtübernahme, die deutsche Jugend möglichst schnell für sich zu gewinnen. Sie warb daher für den Eintritt in die Hitlerjugend (HJ). Dort wurden Zehnjährige wie Soldaten gemustert, um als „Pimpf" zum Dienst im Jungvolk einberufen zu werden. Mit 14 Jahren kamen die Jungen in die eigentliche HJ. Die Aufnahme erfolgte in einer Feier jeweils am Vorabend des 20. April, dem Geburtstag Hitlers, und sie ähnelte im Ablauf einer Vereidigung von Soldaten. Mädchen traten mit zehn Jahren der NS-Jugend bei und gehörten zunächst dem „Jungmädelbund" und dann dem „Bund Deutscher Mädel" (BDM) an.

Fit für den Führer. Die Aufnahmeprüfung, nach der ein „Pimpf" seinen ersten Dolch erhielt, bestand in der Beantwortung von Fragen zur NS-Weltanschauung, vor allem in Rassenkunde und Geschichte der NSDAP. Weiterhin mussten bestimmte sportliche Leistungen erbracht werden wie ein 60-Meter-Lauf in 12 Sekunden, ein Weitsprung von 2,75 Metern, ein Schlagballweitwurf von 25 Metern und die Teilnahme an einem anderthalb Tage dauernden Geländemarsch. Wie die Jungen wurden auch die Mädchen durch lange Wanderungen und Sportwettkämpfe fit gemacht. Die körperliche Ertüchtigung stand im Vordergrund, da dies ihre spätere Aussicht auf gut verlaufende Schwangerschaften und die Geburt gesunden Nachwuchses steigern sollte. Das Ziel war es, die weibliche Jugend auf ein traditionelles Leben als Hausfrau und Mutter vorzubereiten.
Ein Gesetz vom 1. Dezember 1936 ordnete die Zusammenfassung aller deutschen Kinder und Jugendlichen in der Hitlerjugend an. Spätestens seit März 1939 bedeutete dies die Zwangsmitgliedschaft in den NS-Jugendorganisationen. Damit wurde die erzieherische Rolle der Schule und des Elternhauses immer weiter zurückgedrängt. Eltern, die sich weigerten, ihre Kinder zur Hitlerjugend zu lassen, wurden durch Geld- und Haftstrafen sowie berufliche Benachteiligungen unter Druck gesetzt.

Erziehung und Ausbildung. Ob an wöchentlichen „Heimabenden", auf Schulungslagern oder bei Wettbewerben, immer fand eine massive Beeinflussung der Jugendlichen im Sinne der nationalsozialistischen Anschauungen statt. Rassismus und Antikommunismus wurden nicht nur verstandesmäßig gelehrt. Zahlreiche Filme und Erzählungen, die bewusst die historische Wahrheit verzerrten, putschten die Jugendlichen regelrecht auf, immer und überall für die Ideen des Nationalsozialismus einzutreten – auch gegen die eigene Familie. So war das Leben in der Hitlerjugend durch eine sorgfältig geplante Kombination von Gemeinschaftserlebnis und politischer Beeinflussung, Begeisterung, Zwang und Disziplin geprägt, wobei von allen Aktivitäten der sportliche Wettkampf als der wichtigste angesehen wurde. Die Führung der HJ lag nach dem Grundsatz „Jugend muss von Jugend geführt werden" in den Händen der Jugendlichen selbst und war streng hierarchisch organisiert.
Auch das Bildungssystem wurde auf die NS-Ideologie ausgerichtet, was zur radikalen Änderung der Unterrichtsinhalte führte. Auf dem Plan standen nun Fächer wie Vererbungslehre, Rassenkunde, Rassenhygiene, Familienkunde und Bevölkerungspolitik. Auch im Biologieunterricht nahmen die Themen Vererbungslehre und Rassenkunde breiten Raum ein (s. S. 83/M5). Die Stundenzahl für Mathematik und Fremdsprachen hingegen wurde reduziert.

M1 Plakate für die Hitlerjugend *(links: 1938, rechts: 1940)*

M2 Die sieben Schwertworte *(aus einem Jugendbuch, 1936)*

M3 Kameradschaft

Aus einem Schullesebuch von 1938:

Der Tag war heiß und der Weg weit. Die Sonne glutete in der fast baumlosen Heide. Der Sand flimmerte. Ich war müde. Meine Füße brannten in den neuen Halbschuhen, jeder Tritt schmerzte, und ich dachte immer nur an Rast und Wasser und Schatten. Ich biss die Zähne zusammen, um nicht schlappzumachen. Ich war der Jüngste und zum ersten Male auf Fahrt. Vor mir ging Rudolf, der Führer. Er war groß und stark. Sein Tornister wuchtete schwer und drückend auf den Schultern. Rudolf trug das Brot für uns sechs Jungen, den Hordentopf und eine Reihe von Büchern, aus denen er uns des Abends in der Bleibe immer so feine und spannende Geschichten vorlas ... Die Kameraden waren alle etwas älter und schon viel gewandert ... Immer mehr blieb ich zurück. Dann wieder versuchte ich, durch Laufen den Abstand zu verringern. Auf einmal schaute Rudolf sich um. Er stutze, sah mich in der Ferne heranschleichen und wartete ... „Müde?", fragte Rudolf mich freundlich. Ich bejahte verschämt. Wir gingen langsam nebeneinander her. Ich humpelte. Aber ich wollte es Rudolf nicht wissen lassen. Als wir an eine „Wacholderstube" (kleine Gaststätte) kamen, setzte sich der Führer und sagte: „Etwas verschnaufen!" Erleichtert warf ich mich nieder. Ich wollte nicht sprechen. Ich hatte Scheu. Rudolf gab mir zu trinken. Ich dankte und lehnte mich behaglich nach hinten über, froh die wehen Füße ausstrecken zu können.

Zitiert nach: Michael H. Kater: Hitlerjugend, Darmstadt (Wissenschaftliche Buchgesellschaft) 2005, S. 17.

M4 Ein Hitlerjunge erinnert sich

Wir waren Hitler-Jungen, Kindersoldaten, längst ehe wir mit zehn Jahren für wert befunden wurden, das Braunhemd zu tragen. Schon vorher waren wir dauernd im „Einsatz". Wir sammelten Altpapier und Altmetalle, suchten Heilkräuter, schwangen fürs Winterhilfswerk die Sammelbüchse, bastelten Spielzeug für Babies, führten zur Erheiterung der Soldatenfrauen politische Spielchen auf ...

Wenn andere von der Pimpfzelt schwärmen (als sei das Ganze nur ein Pfadfinderklub mit anderem Vorzeichen gewesen), so kann ich diese Begeisterung nicht teilen. Ich habe beklemmende Erinnerungen. In unserem Fähnlein bestanden die Jungvolk-Stunden fast nur aus „Ordnungsdienst", das heißt aus sturem militärischen Drill. Auch wenn Sport oder Schießen oder Singen auf dem Plan stand, gab es erst immer „Ordnungsdienst": endloses Exerzieren mit „Stillgestanden", „Rührt euch", „Links um", „Ganze Abteilung – kehrt" – Kommandos, die ich heute noch im Schlaf beherrsche.

Zitiert nach: Karl-Heinz Jansen. In: Klaus-Jörg Ruhl: Brauner Alltag. 1933 – 1939 in Deutschland, Düsseldorf (Droste) 1990, S. 48.

1 Beschreibe die Gestaltung und Farbgebung der Plakate (M1). Wer sollte sich angesprochen fühlen und was wollten die Nationalsozialisten damit vermitteln?

2 Welche „Schwertworte" (M2) lassen sich sinngemäß in dem Auszug aus dem Schullesebuch (M3) wiederfinden? Welches Ziel verfolgten die Nationalsozialisten mit dieser Geschichte bei den Lesern? Welche Werte würden wir heute für wichtig halten? Nimm Stellung zu den „Schwertworten".

3 Wie bewertet Karl-Heinz Jansen (M4) seine Zeit als Mitglied der HJ?

4 Nimm Stellung zu der Kapitelüberschrift „Du bist nichts, dein Volk ist alles!".

Alltag in der NS-Diktatur: zwischen Zustimmung und Ablehnung

Zustimmung und Begeisterung. Die großen Inszenierungen der NS-Propaganda bei Gedenktagen oder anlässlich der Nürnberger Reichsparteitage (s. S. 88 und S. 96) waren wichtig, um die Zustimmung zur Diktatur aufrechtzuerhalten und die Begeisterung der Massen für die nationalsozialistische „Volksgemeinschaft" immer wieder neu anzufachen.

M1 Begeisterte Anhänger jubeln dem „Führer" zu *(1938). Solche Propagandafotos wurden ständig verbreitet, um die Beliebtheit des Führers zu zeigen.*

Wie weit geht die Anpassung? Die Partei war der Karriere förderlich. Ihre Mitgliederzahl explodierte 1933 in nur fünf Monaten auf 2,5 Millionen und stieg später auf 8,5 Millionen. Publikumsliebling wurde nur, wer sich den Vorstellungen des Regimes anpasste. Das galt für Sänger und Schauspieler wie Zarah Leander, Marika Rökk, Hans Albers oder Johannes Heesters. Sie alle trugen dazu bei, mit Operetten, Schlagern und harmlosen Filmkomödien das Volk bei Laune zu halten. In den damaligen Medien der Massenunterhaltung, Reichsrundfunk und Filmindustrie, lenkten sie von der nationalsozialistischen Politik ab. Der hoch bezahlte Filmstar Heinz Rühmann beispielsweise wirkte zwischen 1933 und 1945 in über 30 Filmen als Schauspieler und Regisseur. Er trennte sich von seiner jüdischen Frau und hatte beste Beziehungen zu nationalsozialistischen Politikern wie Goebbels.

Denunzianten – Helfer der Gestapo. Offene Kritik an den zahllosen Unrechtstaten der nationalsozialistischen Machthaber war selten; Denunziantentum wurde dagegen alltäglich. So leitete die Düsseldorfer Gestapo-Dienststelle jede vierte geheimpolizeiliche Ermittlung nach einer Anzeige aus der Bevölkerung ein. Doch nicht nur Parteigänger der NSDAP, sondern viele Bürger ohne Parteizugehörigkeit nutzten dieses wirksame Mittel, um Menschen, die ihnen im Wege standen, mithilfe und auf Kosten des Staates „beiseitezuschaffen". Keiner durfte sich sicher fühlen, selbst innerhalb von Familien fanden sich zahlreiche Helfer für die Gestapo.

Zwischen Distanz und Ablehnung. Trotz der augenfälligen Begeisterung oder des passiven Akzeptierens der NS-Herrschaft gab es immer wieder Einzelne oder Gruppen, die sich nicht anpassen wollten. Für die Überwachung Verdächtiger sorgte die Gestapo. Für die Kontrolle junger Leute wurde 1938 sogar ein besonderer Streifendienst der HJ eingerichtet. Seine Mitglieder hielten Ausschau nach Vergehen wie Trinken, Rauchen, Singen verbotener Lieder, Hören verbotener Musik, nachlässigem Grüßen, Übertreten der Polizeistunde oder Unruhestiftung in Tanzhallen. Mit „Swing-Heil" begrüßten sich die Mitglieder der sogenannten „Swing-Jugend". Sie galten durch ihre lässige Haltung und Kleidung sowie durch ihre Vorliebe für amerikanische Wörter und Musik, wie den Swing, als „Volksschädlinge". Für kriminelle bzw. nicht anpassungswillige Jugendliche gab es eigene Konzentrationslager; im niedersächsischen Moringen für Jungen und in der Uckermark für Mädchen.

M2 „Ich habe in der Schule nur gesagt, dass ihr immer über den Führer schimpft." *(Karikatur von Kurt Halbritter)*

M3 Flüsterwitz

„Mein Vater ist SA-Mann, mein älterer Bruder in der SS, mein kleiner Bruder in der HJ, die Mutter in der NS-Frauenschaft und ich im BDM." „Ja, seht ihr euch denn bei dem vielen Dienst auch einmal?" „0 ja, wir treffen uns jedes Jahr auf dem Parteitag In Nürnberg!"

Zitiert nach: http://www.g-geschichte.de/pdf/plus/der_fluesterwitz_im_dritten_reich (Stand: 01/2013)

M4 Aussagen einer Zeitzeugin *(1980):*

Dem Blockwart ging man am besten aus dem Weg. Zum Beispiel waren ab und zu Büchersammlungen neben all den anderen Sammlungen. Diese Bücher mussten beim Blockwart abgegeben werden ... Dabei war genau aufzupassen, dass man nicht aus Versehen ein falsches Buch abgab. Viele Bücher standen auf dem Index (Verzeichnis von verbotenen Büchern), die hätte man schon 1933 zur Verbrennung abgeben müssen ... Der Blockwart sah sich die Bücher an und prüfte damit auch die Gesinnung der Volksgenossen ... Aber kein Buch abzugeben war genauso verräterisch, denn dann fragte der Blockwart, ob man sich denn gar nicht der Volksgemeinschaft zugehörig fühle ... In manchen Läden stand: „Hier grüßt man mit dem Deutschen Gruß". Meine Mutter ist lieber vier Straßen weitergegangen als in diesem Eckladen zu kaufen, der bei uns gegenüber lag. Wenn sie einmal reingegangen ist, dann hat sie „Guten Tag" gesagt. Dann hat die Besitzerin laut und deutlich „Heil Hitler" geantwortet. Ich habe meine Mutter immer sehr bewundert ...

Wenn Adolf Hitler oder Goebbels gesprochen haben, wenn diese Reden durch den Rundfunk gingen, dann waren die Straßen leer, und im Sommer waren die Fenster offen, damit auch jeder hörte, dass man den Volksempfänger anhatte ...

Geflaggt haben wir nie. Meine Mutter hat sich immer herausgeredet, dass der Hauswirt schon so eine große Fahne aufziehen würde. Damals wurden wir Mädchen von unseren BDM-Führerinnen gefragt, ob die Eltern Feindsender hören oder Kontakte zu Kriegsgefangenen hätten. (Die Eltern haben natürlich Feindsender gehört.) Ich war zwölf ... und damals hatte man in diesem Alter schon so wichtige Entscheidungen zu treffen. Man musste gewitzt sein, man durfte sich nicht anmerken lassen, wie die Eltern dachten ... Und man musste seine Freunde kennen, mit denen man sich unterhalten wollte ...

Anne Betz im Gespräch 1980. Zitiert nach: Reinhard Bein: „Wer nicht für uns ist, ist gegen uns". Mitmachen, ertragen, verweigern in den Jahren 1939 - 1945 (= Praxis Geschichte 5/1990), Seite 24.

M5 Wilhelm Furtwängler begrüßt bei einem seiner Konzerte Adolf Hitler *(1936).*

Der berühmteste Dirigent seiner Zeit war Chef der Berliner Philharmoniker und 1928 - 1930 sowie 1930 - 1940 auch der Wiener Philharmoniker. Er entsprach mit seiner Musik dem nationalsozialistischen Zeitgeist. 1933 hatte er sich noch für jüdische Kollegen stark gemacht. Nach dem Aufführungsverbot einer Oper von Paul Hindemith war er von seinen Ämtern zurückgetreten. Doch später passte er sich dem Regime an.

1 Stelle dar, wie das ideale „Leben im Zeichen des Nationalsozialismus" aussehen sollte (Autorentext).
2 Nenne Beispiele für die unterschiedlichen Haltungen der deutschen Bevölkerung gegenüber dem NS-Regime (M1–M5 und Autorentext).
3 Bewerte die Rolle der Denunzianten für die Aufrechterhaltung des NS-Systems (M4 und Autorentext).
4 Recherchiere unter dem Begriff „Jugendschutzlager", welche Jugendliche für welche „Vergehen" nach Moringen oder in die Uckermark gebracht wurden.

Wer gehört nicht zur nationalsozialistischen „Volksgemeinschaft“?

Juden in Deutschland. Mit den preußischen Reformen erhielten die Juden 1812 erstmals die rechtliche Gleichstellung („Judenemanzipation“). Lange vor dem Machtantritt der Nationalsozialisten formulierten in der 2. Hälfte des 19. Jh. europäische Rassefanatiker Thesen zum Judenhass. Dieser moderne ▸ Antisemitismus war unter Konservativen und Nationalisten im Kaiserreich sehr verbreitet; das Adjektiv „jüdisch“ wurde aber auch sinngleich für „demokratisch“, „liberal“ oder „sozialistisch“ verwendet. Heutige Historiker sehen daher in diesem Antisemitismus eine Auflehnung gegen die Veränderungen der Moderne.
Die rund 500 000 deutschen Juden gehörten allen Schichten der Bevölkerung an; jeder achte von ihnen war entgegen allgemeiner Vorurteile mittellos.

Rassengesetze und Pogrome. Kaum jemand ahnte 1933, mit welcher Schnelligkeit und Unmenschlichkeit ab 1935 Hitler und sein ▸ SS-Staat den Judenhass in Gesetze und Verfolgung umsetzen würde. Aufrufe zum Boykott jüdischer Geschäfte, die Entlassung jüdischer Beamter und die schrittweise Entziehung der Berufserlaubnis für jüdische Anwälte, Ärzte und Apotheker standen am Anfang einer Kette von immer brutaleren staatlich befohlenen Maßnahmen, mit denen versucht wurde, Juden aus der deutschen Gesellschaft zu drängen (▸ „Arisierung“). Wer Jude war, bestimmten die Nationalsozialisten. Mit den ▸ „Nürnberger Gesetzen“ verloren Juden 1935 die deutsche Staatsbürgerschaft; Ehen zwischen Juden und Nichtjuden wurden verboten oder für ungültig erklärt.
In der Nacht vom 9. zum 10. November 1938 brannten überall in Deutschland Synagogen sowie jüdische Geschäfte und Betriebe. In Paris hatte ein 17-jähriger Jude aus Verzweiflung über die Ausweisung seiner Eltern aus Deutschland nach Polen einen Diplomaten der deutschen Botschaft erschossen. Die SA organisierte eine „Nacht der Vergeltung“: Jüdische Bürger wurden durch die Straßen gehetzt, etwa einhundert ermordet und über 25 000 in Konzentrationslager gesperrt. Die Propaganda sprach von einem „Akt des Volkszorns“, doch das Volk reagierte widersprüchlich auf die Ereignisse des Novemberpogroms. Viele schauten ängstlich oder verlegen weg, wenn der ihnen bekannte jüdische Nachbar, Arzt oder Handwerker verhaftet wurde. Einige halfen den Verfolgten, andere beteiligten sich aktiv an den Brandschatzungen und Plünderungen. Nach dem Pogrom wurde den Juden eine „Sühneleistung“ als Sondersteuer von 20–25 % des Vermögens abverlangt. Wer ein Aufnahmeland fand, wanderte aus.

M1 Textilgeschäft der Familie Silberstein am Botanischen Garten in Berlin *(ca. 1938)*

Interview mit Alfred Silberstein (September 1996):
„Ich erinnere mich sehr genau an die Nacht des 9. November 1938. Sie zertrümmerten unseren Laden und nahmen meinen Vater in Haft. Als mein Vater sechs Wochen später zurückkam, erkannten wir ihn kaum wieder. Sein Geist war gebrochen. Äußerlich war er völlig heruntergekommen.“
Zitiert nach: Katalog der Ständigen Ausstellung – Haus der Wannsee-Konferenz, Berlin 2006, S. 51.

Terror gegen Mitbürger. Das nicht sesshafte Volk der Sinti und Roma bildete eine weitere Zielscheibe nationalsozialistischer Rassenpolitik: Die Männer wurden in Arbeitslager gebracht, viele Frauen und Kinder zwangssterilisiert, die Jugendlichen durften keine öffentlichen Schulen besuchen. Während des Zweiten Weltkriegs wurden die Angehörigen dieser Volksgruppen wie die europäischen Juden Opfer des geplanten Völkermords (s. S. 112 ff). Aus der NS-„Volksgemeinschaft“ ausgeschlossen waren auch alle diejenigen, die durch ihren Glauben (z. B. Zeugen Jehovas), ihre politischen Überzeugungen (z. B. Pazifisten, Kommunisten, Sozialdemokraten) oder ihre Lebensführung (z. B. Homosexuelle) als Außenseiter galten. Ein Programm zur „Vernichtung unwerten Lebens“ sah die staatlich angeordnete Tötung von Menschen mit geistigen und körperlichen Behinderungen vor; in speziellen Anstalten ermordeten die Nationalsozialisten ohne Wissen der Angehörigen über 100 000 dieser Menschen (s. S. 116 f.).

M2 Ausgrenzung aus der Gesellschaft: Auszug aus den Tagebüchern Victor Klemperers

Victor Klemperer war bis zu seiner Entlassung durch die Nationalsozialisten 1935 Professor für romanische Sprachen in Dresden. Er überlebte dank der Hilfe seiner nichtjüdischen Frau Eva:

Dienstag, 2. Juni (1942): Neue Verordnungen in judaeos (= gegen die Juden). Der Würger wird immer enger angezogen, die Zermürbung mit immer neuen Schikanen betrieben. Was ist in diesen letzten Jahren alles an Großem und Kleinem zusammengekommen! Und der kleine Nadelstich ist manchmal quälender als der Keulenschlag. Ich stelle einmal die Verordnungen zusammen: 1) Nach acht oder neun Uhr abends zu Hause sein. Kontrolle! 2) Aus dem eigenen Haus vertrieben. 3) Radioverbot, Telefonverbot. 4) Theater-, Kino-, Konzert-, Museumsverbot. 5) Verbot, Zeitschriften zu abonnieren oder zu kaufen. 6) Verbot zu fahren ...: a) Autobusse verboten, nur Vorderperron (= offener Teil) der Tram erlaubt, b) alles Fahren verboten, außer zur Arbeit, c) auch zur Arbeit zu Fuß, sofern man nicht 7 km entfernt wohnt oder krank ist ... Natürlich auch Verbot der Autodroschke (=Taxi). 7) Verbot, „Mangelware“ zu kaufen. 8) Verbot, Zigarren zu kaufen oder irgendwelche Rauchstoffe. 9) Verbot, Blumen zu kaufen. 10) Entziehung der Milchkarte. 11) Verbot, zum Barbier zu gehen. 12) Jede Art Handwerker nur nach Antrag bei der Gemeinde bestellbar. 13) Zwangsablieferung von Schreibmaschinen, 14) von Pelzen und Wolldecken, 15) von Fahrrädern – zur Arbeit darf geradelt werden (Sonntagsausflug und Besuch zu Rad verboten), 16) von Liegestühlen, 17) von Hunden, Katzen, Vögeln. 18) Verbot, die Bannmeile Dresdens zu verlassen, 19) den Bahnhof zu betreten ...

22) Seit dem 19. September (1941) der *Judenstern.* 23) Verbot, Vorräte an Esswaren im Hause zu haben ... 24) Verbot der Leihbibliotheken ... 26) Keine Kleiderkarte. 27) Keine Fischkarte. 28) Keine Sonderzuteilung wie Ersatzkaffe, Schokolade, Obst, Kondensmilch ... 31) Einkaufsbeschränkung auf *eine* Stunde (drei bis vier, Sonnabend zwölf bis eins).

Ich glaube, diese 31 Punkte sind alles. Sie sind aber alle zusammen gar nichts gegen die ständige Gefahr der Hausdurchsuchung, der Misshandlung, des Gefängnisses, Konzentrationslagers und gewaltsamen Todes ...

Zitiert nach: Victor Klemperer: Ich will Zeugnis ablegen bis zum letzten. Tagebücher 1942–1945, hrsg. von Walter Nowojski, Berlin (Aufbau-Taschenbuch-Verlag) 1995, S. 107 f.

M3 Brennende Synagoge in Frankfurt
(10. November 1938)

Der Historiker Wolfgang Benz schrieb 1988: „Der Novemberpogrom, als ‚Reichskristallnacht‘ im Umgangston verniedlicht, bedeutete einen Rückfall in die Barbarei; in einer Nacht wurden die Errungenschaften der Aufklärung, der Emanzipation, der Gedanke des Rechtsstaats und die Idee von der Freiheit des Individuums zuschanden.“

1 M1 schildert ein jüdisches Schicksal von vielen. Lies auch auf Seite 69 nach und berichte.

2 Zeige an M2 den wachsenden Druck auf die jüdische Bevölkerung. Stelle die einzelnen Maßnahmen dar und bewerte die persönlichen, wirtschaftlichen und politischen Konsequenzen für den Einzelnen. Nenne Menschenrechte, die verletzt wurden.

3 Bis Anfang November 1938 betrachteten viele Menschen die judenfeindlichen Maßnahmen noch als eine vorübergehende Erscheinung. Deute vor diesem Hintergrund die Aussage des Historikers Benz (M3).

4 Stelle Nachforschungen zur Pogromnacht in deiner Stadt bzw. Gegend an.

5 Welche Fluchtmöglichkeiten boten sich 1938 für Juden aus Deutschland? Suche unter dem Begriff „Reichsfluchtsteuer“.

6 Referiere über das Schicksal einer der Opfergruppen, die im Autorentext nur gestreift werden (z. B. unter www.sintiundroma.de). Recherchiere im Internet das Schicksal von Rosa Winter (s. S. 69). Suchworte: „Rosa Winter + Sinti“.

Wohltaten für die „Volksgemeinschaft“

Feiern rund ums Jahr. Feiern waren Teil des Alltags im nationalsozialistischen Staat. Dazu gehörte der regelmäßig wiederholte Fackelzug vom 30. Januar 1933, das Gedenken an die NSDAP-Gründung am 24. Februar in München, der „Heldengedenktag“ mit Wehrmachtsparaden im März in Berlin sowie der meist mit viel Pomp zelebrierte „Führers Geburtstag“ am 20. April. Im Mai folgte auf den „Tag der Arbeit“, am zweiten Maisonntag der Muttertag, an dem seit 1939 an Millionen Frauen das „Mutterkreuz“ verliehen wurde. Beide Tage waren keine nationalsozialistische Erfindung. Die Sommersonnenwende im Juni, der Reichsparteitag im September in Nürnberg (s. S. 88 f.) und kurz darauf das Erntedankfest auf dem Bückeberg wurden als Massenspektakel inszeniert. Am Abend des 8. und 9. November gedachte man des Putschversuchs von 1923 (s. S. 50). Zum gleichen Termin wurden die Herangewachsenen der HJ in die NSDAP übernommen, nächtliche Treueschwüre des SS-Nachwuchses beschlossen den Tag. Die letzten feierlichen Ereignisse im Dezember – die Wintersonnenwende und das „Julfest“, eine germanische Art, Weihnachten zu begehen, – setzten sich nicht allgemein durch.

M1 Postkarte zum 1. Mai 1933

Die Arbeiter und ihr Feiertag. Seit langem hatten die Arbeiterparteien ohne Erfolg versucht, den 1. Mai als bezahlten Feiertag der internationalen Arbeitersolidarität durchzusetzen. Ausgerechnet die Nationalsozialisten erklärten nun 1933 den 1. Mai zum „Tag der nationalen Arbeit“. Damit wollten sie diesen Tag für ihre Ziele nutzen: Statt der Betonung des Klassengegensatzes zwischen Arbeitern und Kapitalisten sollte die Gemeinsamkeit der „deutschen Arbeiter der Stirn und der Faust“ beschworen und gefeiert werden. Einerseits überraschte dieses Geschenk viele Arbeiter. Sie genossen es, wie an einem normalen Arbeitstag entlohnt zu werden und die Feierlichkeiten gemeinsam mit ihrem Chef zu erleben. Andererseits gab es zahlreiche Arbeiter, die eher widerwillig teilnahmen, vor allem wenn es sich dabei um aktive Gewerkschafter oder Mitglieder von SPD und KPD handelte.

Die Deutsche Arbeitsfront. Am 2. Mai 1933, einen Tag nach der Einführung des geschenkten Feiertags, zeigten die Nationalsozialisten ihr wahres Gesicht. Die Büros und Räume der Gewerkschaften wurden besetzt, ihre Vermögen beschlagnahmt und die verbliebenen Gewerkschaftsführer verhaftet. An die Stelle der Gewerkschaften trat nun die Deutsche Arbeitsfront (DAF) – eine Einheitsorganisation für Arbeiter, Angestellte, Handwerker, Gewerbetreibende und Arbeitgeber. Eine Mitgliedspflicht bestand nicht, doch war die DAF mit 25 Millionen Mitgliedern (1942) der wichtigste Verband der NSDAP. Die DAF besaß keinerlei Mitwirkungsmöglichkeiten oder Rechte, wenn es um Arbeits- oder Urlaubszeiten oder die Entlohnung ihrer Mitglieder ging, verfügte aber durch deren Monatsbeiträge über ein erhebliches Vermögen. Eine Bürokratie von 40 000 Funktionären sollte mit diesem Geld die „wirkliche Volks- und Leistungsgemeinschaft aller Deutschen“ heranbilden. Dazu diente u. a. das Programm „Kraft durch Freude“ (KdF) mit vielfältigen Angeboten für Freizeit und Urlaub. Viele Arbeitnehmer konnten sich mit KdF Reisen leisten, die zuvor nur Reichen möglich waren. 1938 verbrachten zehn Millionen „Volksgenossen“ einen Urlaub in Deutschland. Seit Mitte der 1930er Jahre nahmen Hunderttausende an Kreuzfahrten mit den luxuriösen KdF-Schiffen teil, auf denen es keine Klassenteilung gab.

M2 KdF-Schiff „Sierra Córdoba“ *(1938)*

Tagesgestaltung
Montag, den 1. Mai 1938

7.00 Uhr	Abfahrt von Bremerhaven
8.00 Uhr	Begrüßung der Urlauber durch den Bordreiseleiter der NS-Gemeinschaft „Kraft durch Freude“ Pg.[1] W. Teuscher und den Verbindungsoffizier zwischen Kommando und Reiseleitung des Schiffes 1. Offizier des Norddeutschen Llyod J. Breckwoldt auf dem Hinterschiff.
Anschließend:	Schwimmwesten-Appell (Hinterschiff)
10.00–11.00 Uhr:	Promenadendeck-Konzert
11.00 Uhr:	Feierstunde zum Tage der nationalen Arbeit auf dem Hinterschiff Ansprache des Kapitäns Pg. K. Strauch und des Ortsgruppenleiters Pg. E. Stricker
15.00–16.00 Uhr:	Schallplatten-Übertragung Fröhliches Durcheinander
17.00–18.00 Uhr:	Promenadendeck-Konzert
19.00–20.00 Uhr:	Rundfunk-Übertragung
Anschließend:	Nachrichten-Übertragung Deckslautsprecher
20.30–0.30 Uhr:	**Große Maifeier** in allen Räumen
0:30 Uhr:	Barschluss
0:45 Uhr:	Zapfenstreich
1:00 Uhr:	Ruhe im Schiff
	Änderungen vorbehalten!

M3 Tagesprogramm vom KdF-Schiff „Sierra Córdoba“

[1] Pg. = Parteigenosse

M4 Aus einem Bericht an den Exilvorstand der SPD über „Kraft durch Freude“ (KdF), 1936

Die KdF-Angebote im Gau München-Oberbayern bestanden im Mai 1936 neben Urlaubs- und Wanderfahrten zum Beispiel aus Theateraufführungen, Frauennachmittagen, Kinderfesten, Gymnastikkursen, Vorträgen, Museumsführungen und Kochkursen:

Die KdF wird bei fast allen Volksgenossen als eine wirklich anerkennenswerte Leistung des Nationalsozialismus gewertet. ... Über „Kraft durch Freude“ geht hier das geflügelte Wort um: „Die Bonzen fahren nach Madeira. Die Kleinen erhalten eine Straßenbahnrundfahrt in Dresden.“ In Sachsen haben mehrere Korruptionsfälle bei der KdF viel Gemecker hervorgerufen ...

Auf einem Schwimmkursus der „Kraft durch Freude“, an dem über 50 Frauen teilnahmen, habe ich die Erfahrung machen müssen, dass es dort sehr wenig parteimäßig zugeht. Es handelt sich bei den Teilnehmerinnen durchweg um einfache Leute. Man hörte kaum ein „Heil der NSDAP!“ und wir, die wir früher bei den Arbeitersportlern waren, fühlten uns sozusagen zu Hause. Ich hatte zunächst Bedenken, an einer KdF-Veranstaltung teilzunehmen, aber es bleibt einem ja nichts anderes mehr übrig. Umso mehr war ich angenehm überrascht, bei der Zusammensetzung und der Handhabung dieses Kurses gar nichts Nationalistisches zu finden. Die Tatsache, dass man um KdF kaum noch herum kommt, wenn man Sport treiben oder Reisen machen will, ist ziemlich allgemein. So nehmen z. B. viele unserer Genossen, die früher bei den Naturfreunden waren, heute die Gelegenheit wahr, die Reisen mit KdF zu machen. Es bleibt einfach keine andere Möglichkeit ...

„Kraft durch Freude“ hat viel Zuspruch. Man kann doch für billiges Geld allerhand haben. Im Centrai-Theater In Dresden erhält man einen Platz im I. Rang, Tribüne, für 1,25 Mk., regulär kostet er 2,50 Mk., im III. Rang einen Platz für 40 Pf. Auch die Ferienreisen sind preiswert ...

Zitiert nach: Deutschlandberichte der Sozialdemokratischen Partei Deutschlands 3/1936, Frankfurt am Main (Verlag Zweitausendeins) 1980, S. 880 f.

1 Beschreibe und deute M1 mithilfe des Autorentextes .

2 Welche Ziele verfolgte das nationalsozialistische Regime mit der Organisation „Kraft durch Freude“ (M2–M4 und Autorentext)?

3 Gib den Eindruck wieder, den du beim Lesen des Tagesprogramms (M3) hast.

4 Recherchiere, was aus den KdF-Kreuzfahrtschiffen im Zweiten Weltkrieg wurde.

5 Werte M4 aus. Wie werden die Angebote des „KdF“ von der Bevölkerung gesehen?

Die nationalsozialistische Wirtschaftspolitik – eine Erfolgsgeschichte?

Der Staat schafft Arbeit für alle. Nach 1933 wuchs die deutsche Wirtschaft in jedem Jahr im Schnitt um mehr als 10%. Zugleich nahm die Zahl der Arbeitslosen von sechs Millionen im Januar 1933 rapide ab. Bereits 1936 bestand ein Mangel an Facharbeitern und 1938 wurde die Vollbeschäftigung erreicht. Diese Entwicklung kam nach den verheerenden Auswirkungen der Weltwirtschaftskrise vielen Deutschen wie ein Wunder vor und wurde als Erfolg der NS-Wirtschaftspolitik angesehen.

Das Arbeitsordnungsgesetz von 1934 bedeutete allerdings meist niedrigere Löhne und einen Anstieg der Arbeitszeit von durchschnittlich 40 auf 44 Wochenstunden. Damit sanken die Lohnkosten für die Industrie. Trotz der niedrigen Kaufkraft gab es bei Arbeitern und Angestellten keine nennenswerten Proteste gegen die Lohneinbußen, denn sie waren froh, überhaupt wieder Arbeit gefunden zu haben.

Die Einführung der allgemeinen Wehrpflicht 1935 trug ebenso zur Verringerung der Arbeitslosigkeit bei wie der sechsmonatige Arbeitsdienst, den junge Menschen zwischen 18 und 25 Jahren leisten mussten. Dieser gegen geringe Entlohnung geleistete „Ehrendienst am deutschen Volk“ bestand zumeist aus Arbeit in der Forstwirtschaft oder im Straßenbau und sollte helfen, Standesunterschiede einzuebnen.

Wirtschaft im Dienste der Kriegsvorbereitung. Hitler ordnete die gesamte Wirtschaftspolitik dem Ziel unter, aus Deutschland eine bedeutende Militärmacht zu machen, die 1940 „kriegsfähig“ sein sollte. Das meiste Geld floss daher in Aufrüstungsprogramme. Dazu gehörten der Bau militärisch wichtiger Anlagen wie Kasernen, Flugplätze oder Befestigungen, z.B. der Westwall entlang der Grenze zu Frankreich. Die Industrie fertigte Flugzeuge, Panzer, Kriegsschiffe, Lastkraftwagen, Kanonen und Gewehre. Auch für den Ausbau des Straßennetzes wurden hohe Summen bereitgestellt. Die Ausgaben für zivile Zwecke, wie den Wohnungsbau, gingen hingegen zurück. Im Bau- und Verkehrswesen griff man auf Pläne aus der Weimarer Republik zurück.

Ein starkes Deutsches Reich sollte in möglichst vielen Bereichen wirtschaftlich autark (unabhängig von Importen) sein. So wurden die Preise für landwirtschaftliche Erzeugnisse durch staatliche Zuschüsse künstlich niedrig gehalten, um die Eigenversorgung mit Nahrungsmitteln zu sichern und zu verbessern. Zur Vermeidung von Rohstoffankäufen im Ausland wurden mit der Gründung der „Reichswerke AG für Erzbergbau und Eisenhütten Hermann Göring“ in Salzgitter unter sehr hohen Kosten in Deutschland Eisenerze abgebaut, die z.B. in Schweden für einen Bruchteil des Geldes zu bekommen waren. Die Forschung arbeitete an der Entwicklung künstlicher Ersatzstoffe. So gelang es, Benzin synthetisch aus Kohle herzustellen und aus Braunkohle Buna zu fertigen, einen Ersatz für Naturkautschuk. Militärische Erwägungen begünstigten wohl auch die Entstehung des Volkswagenwerkes in der 1938 neu gegründeten „Stadt des KdF-Wagens“, 1945 in Wolfsburg umbenannt. Statt Autos wurden hier Ersatzteile für Panzer und militärische Geländewagen gebaut. Die Ausrichtung der Wirtschaft auf die Rüstungsindustrie begünstigte v.a. die chemische, die Elektro- und die Schwerindustrie. Das Angebot an Konsumgütern blieb dagegen knapp und die Qualität verschlechterte sich: Textilien waren überwiegend aus Synthetikgewebe und Schuhe hielten selten länger als eine Saison. Das Privateigentum blieb trotz der staatlichen Eingriffe in die Wirtschaft unangetastet. Zu keinem Zeitpunkt konnte Deutschland die angestrebte Unabhängigkeit von Einfuhren erreichen; es blieb auf Importe von Erdöl, Gummi und Buntmetallen angewiesen.

Hohe Staatsverschuldung und Finanztricks. Die immensen Ausgaben für Arbeitsbeschaffung und Rüstung wurden auf Kosten einer hohen Staatsverschuldung von der Reichsbank finanziert. Deren Präsident Hjalmar Schacht entwickelte ein ausgeklügeltes Geldbeschaffungssystem, indem er auf eine Scheinfirma Wechsel ausstellen ließ. Fünf Industrieunternehmen, darunter Siemens und Krupp, gaben 1933 der „Metallurgischen Forschungsgesellschaft mbH“ den Anschein eines erstklassigen Schuldners. Außerdem wurden die „MEFO“-Wechsel von der Reichsbank garantiert Als 1938 nach fünfjähriger Laufzeit keine Einlösung erfolgen konnte, weil der Staat zahlungsunfähig war, trat Schacht als Reichsbankpräsident zurück, blieb aber Minister ohne Geschäftsbereich. Von da an wurden zur Finanzierung der weiteren Aufrüstung Staatsschuldpapiere ausgegeben, die Notenpresse und damit eine zunehmende Inflation in Gang gesetzt.

M1 Statistiken zur NS-Wirtschaft

a) Öffentliche Investitionen in Milliarden Reichsmark:

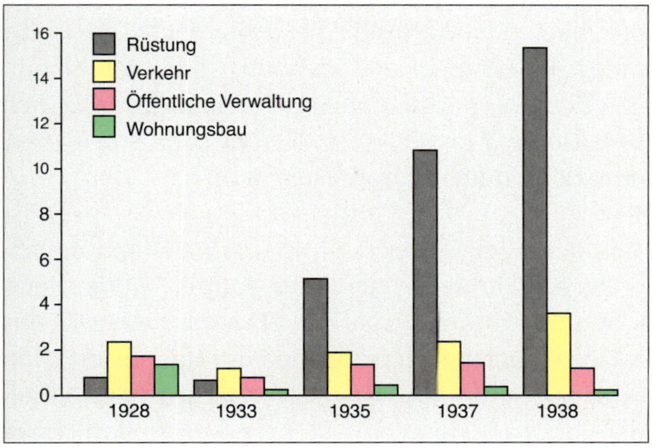

b) Staatsverschuldung des Deutschen Reichs in Milliarden:

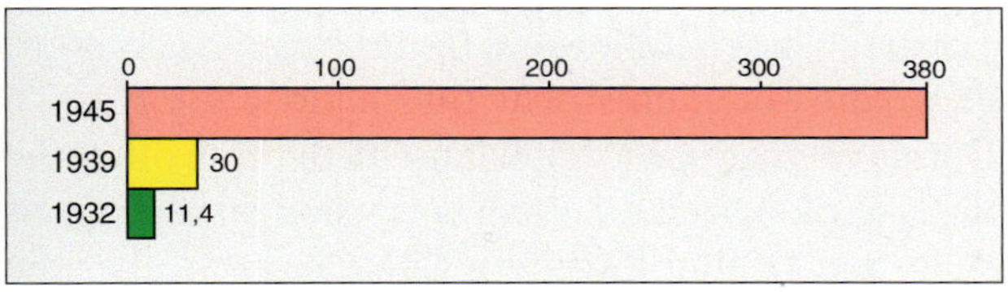

M2 Wirtschaft und Kriegsvorbereitung

Aus einer geheimen Niederschrift Hitlers, August 1936:

Wir sind überbevölkert und können uns auf der eigenen Grundlage nicht ernähren ... Die endgültige Lösung liegt in einer Erweiterung des Lebensraumes bzw. der Rohstoff- und Ernährungsbasis unseres Volkes. Es ist die Aufgabe der politischen Führung, diese Frage dereinst zu lösen. Ähnlich der militärischen und politischen Aufrüstung bzw. Mobilmachung unseres Volkes hat auch eine wirtschaftliche zu folgen, und zwar im selben Tempo, mit der gleichen Entschlossenheit und wenn nötig auch mit der gleichen Rücksichtslosigkeit. Zu diesem Zweck sind auf allen Gebieten ... Devisen einzusparen, um sie jenen Erfordernissen zuzulenken, die unter allen Umständen Ihre Deckung nur durch Import erfahren können. In diesem Sinne Ist die deutsche Brennstofferzeugung in schnellem Tempo vorwärts zu treiben und binnen 18 Monaten zum restlosen Abschluss zu bringen. Es ist ebenso die Massenfabrikation von synthetischem Gummi zu organisieren und sicherzustellen ... Die Frage des Kostenpreises dieser Rohstoffe ist gänzlich belanglos ... Es Ist weiter notwendig, ohne Rücksicht auf die Kosten die deutsche Erzförderung zu steigern ...

Kurz zusammengefasst: Ich halte es für notwendig, dass nunmehr mit eiserner Entschlossenheit auf allen Gebieten eine 100 %ige Selbstversorgung eintritt ... Ich stelle damit folgende Aufgabe: 1. Die deutsche Armee muss in vier Jahren einsatzfähig sein. 2. Die deutsche Wirtschaft muss in vier Jahren kriegsfähig sein.

Zitiert nach: Wilhelm Treue: Hitlers Denkschrift zum Vierjahresplan. In: Vierteljahreshefte für Zeitgeschichte, Jg. 3 / 1955, S. 184 ff.

M3 Propagandaplakat *(1933 / 34)*

1 Nenne Bereiche, in die der Staat nach 1933 besonders stark investierte (M2 und Autorentext). Stelle dar, inwieweit die Statistiken in M1 erkennen lassen, dass die Wirtschaftspolitik auf einen künftigen Krieg ausgerichtet war.

2 Noch viele Jahre nach dem Zweiten Weltkrieg hielt sich ein positives Bild der NS-Wirtschaftspolitik. Der Kernsatz lautete: „Aber Hitler hat doch die Arbeitslosigkeit beseitigt!" Nimm dazu Stellung, inwieweit dieser Satz richtig ist.

3 Interpretiere das Plakat M3, und erkläre dabei die Parole unten mithilfe des Autorentexts.

Außenpolitik: Der Weg in den Krieg 1933–1939

Was will Hitler: Kanonen oder Friedenstauben? Nach Stabilisierung der nationalsozialistischen Herrschaft (s. S. 84 f.) meldete sich Hitler auf internationalem Parkett. Bereits im Sommer 1933 hatte er mit dem Vatikan ein Konkordat (Staatsabkommen) geschlossen. Im Oktober 1933 ließ er die Welt durch den plötzlichen Austritt Deutschlands aus dem Völkerbund aufhorchen, denn damit entzog er Deutschland der Rüstungskontrolle. Überraschend schloss er im Januar 1934 einen Neutralitätspakt mit Polen auf zehn Jahre. Nur wenige erkannten Hitlers Taktik der verschleierten Kriegsvorbereitung.

M1 Amerikanische Karikatur zur Friedensrede Hitlers am 17. Mai 1933 vor dem Reichstag

Erfolgreiche Revisionspolitik? Als ein wichtiges Ziel deutscher Außenpolitik galt seit 1919 die Rücknahme (Revision) des Versailler Vertrags. Im Gegensatz zu Frankreich war Großbritannien bereit, dies zum Teil zuzulassen, gleichzeitig aber hofften die Briten, Hitler kontrollieren zu können. Hitler wollte ein gutes Verhältnis zu den Briten haben, denn sie waren in seinen Augen als „überlegene Rasse“ (s. S. 82) der ideale Partner bei der geplanten Eroberung und Aufteilung der Welt. Im Juni 1935 schloss London ein Flottenabkommen mit Berlin und ließ eine begrenzte Flottenrüstung zu. Die scheinbar erfolgreiche Revisionspolitik bis 1938 brachte Hitler den Jubel des Volkes und den Beifall der Militärs. Dabei profitierte er von der Uneinigkeit des westlichen Auslands. Die Franzosen waren innenpolitisch abgelenkt, die Engländer wollten einen Krieg vermeiden (▸ Appeasementpolitik, to appease = beschwichtigen), indem sie Zugeständnisse machten. Die Amerikaner hatten 1935 per Gesetz festgelegt, sich nicht in Europa einzumischen. Die Welt schaute zu, als Hitler 1935 die allgemeine Wehrpflicht einführen, 1936 die Wehrdienstzeit erhöhen und die Aufrüstung beschleunigen ließ. Die meisten Menschen glaubten anlässlich berauschend inszenierter Olympischer Spiele 1936 eher den Friedensparolen aus Berlin.

Von der Aggression zur Expansion. Hitler brauchte Partner für seine aggressive Politik. Seit der deutschen Unterstützung bei der Eroberung Abessiniens 1935/36 kamen sich Hitler und der italienische Diktator Mussolini näher. Letzterer sprach 1936 von einer „Achse Berlin–Rom“. Während eines Besuchs in Berlin wurden beider Interessen abgegrenzt: Das Mittelmeergebiet sollte italienischem, Osteuropa deutschem Einfluss unterstehen. Mit der Großmacht Japan schlossen Italien und Deutschland ein Bündnis gegen die Kommunistische Internationale.
Durch Verträge gestärkt, konnte Hitler nun offen Gewaltpolitik betreiben. Er sicherte sich durch Erpressung und Drohung weitere Gebiete, auch über die Revision des Versailler Vertrags hinaus. Nach dem „Anschluss“ Österreichs 1938 wurde Hitler in Wien von 250 000 Menschen bejubelt. Das westliche Ausland begann verstärkt zu rüsten, blieb aber bei der Appeasementpolitik. Hitler machte sich danach zum Anwalt der deutschen Minderheit in der Tschechoslowakei, denen 1919 das Selbstbestimmungsrecht vorenthalten wurde. Um einen Krieg zu vermeiden, trafen sich am 29. September 1938 der britische Premier Chamberlain, der französische Ministerpräsident Daladier, Hitler und Mussolini in München. Ohne die Regierung in Prag handelten sie im Münchner Abkommen die Angliederung des Sudetenlandes an das Deutsche Reich aus. Der Frieden schien nochmals gerettet: Europa atmete auf. Doch Hitler bereitete schon die völlige Zerschlagung des Nachbarstaates vor. Unter erheblichem Druck erklärte sich die Slowakei für souverän und stellte sich unter den Schutz des Deutschen Reichs. Die „Rest-Tschechei“ wurde von der deutschen Wehrmacht kampflos besetzt und Hitler verkündete in Prag die Errichtung des „Reichsprotektorats Böhmen und Mähren“. Zielsicher steuerten die Nationalsozialisten auf einen europäischen Krieg zu.

M2 Erweiterung des deutschen Machtbereichs bis 1939

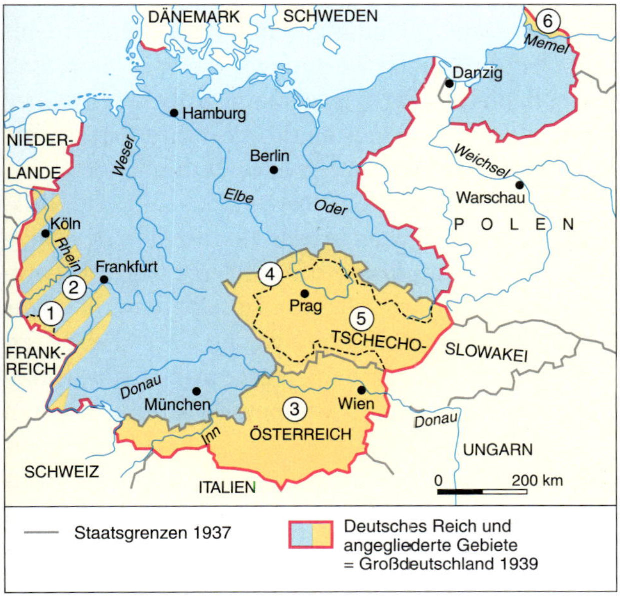

① Januar 1935 Saarland: fünfzehn Jahre unter Verwaltung durch den Völkerbund; überwältigende Mehrheit der Bevölkerung stimmt für die Eingliederung ins Deutsche Reich

② März 1936 Rheinland: Einmarsch ins entmilitarisierte Rheinland (Bruch des Versailler Vertrags)

③ März 1938 Einmarsch deutscher Truppen in Österreich

④ Oktober 1938 deutschsprachiges Sudentenland an das Deutsche Reich abgetreten

⑤ März 1939 „Rest-Tschechei" ohne Widerstand besetzt („Reichsprotektorat Böhmen und Mähren")

⑥ März 1939 Memelgebiet: seit 1919 unter der Verwaltung des Völkerbundes; durch Verhandlungen wieder Teil des Deutschen Reichs

M3 Hitler im Reichstag am 17. Mai 1933

Wir aber haben keinen sehnlicheren Wunsch, als dazu beizutragen, dass die Wunden des Kriegs und des Versailler Vertrags endgültig geheilt werden. Deutschland will keinen anderen Weg dabei gehen als den, der durch die Verträge selbst als berechtigt anerkannt Ist. Die deutsche Regierung wünscht, sich über alle schwierigen Fragen mit den Nationen friedlich auseinanderzusetzen.

Zitiert nach: Max Domarus: Hitler. Reden und Proklamationen, Bd. 1, Würzburg (Domarus) 1962, S. 277.

M4 Auszug aus dem Hoßbach-Protokoll

Am 5. November 1937 erläuterte Hitler über vier Stunden lang seinen militärischen Oberbefehlshabern sowie dem Außen- und dem Kriegsminister unter strenger Geheimhaltung seine Kriegspläne. Eine Zusammenfassung der wichtigsten Punkte erstellte wenige Tage danach der damals anwesende Oberst Hoßbach:

Das Ziel der deutschen Politik sei die Sicherung und Erhaltung der Volksmasse und deren Vermehrung. Somit handele es sich um das Problem des Raumes ... Stelle man an die Spitze der nachfolgenden Ausführungen den Entschluss zur Anwendung von Gewalt unter Risiko, dann bleibe noch die Beantwortung der Fragen „wann" und „wie". Hierbei seien drei Fälle zu entscheiden:

Fall 1: Zeitpunkt 1943–1945. Nach dieser Zeit sei nur noch eine Veränderung zu unseren Ungunsten zu erwarten. Die Aufrüstung der Armee, Kriegsmarine, Luftwaffe sowie die Bildung des Offizierskorps seien annähernd beendet ... Sollte der Führer noch am Leben sein, so sei es sein unabänderlicher Entschluss, spätestens 1943/45 die deutsche Raumfrage zu lösen. Die Notwendigkeit zum Handeln vor 1943/45 käme im Fall 2 und 3 in Betracht.

Fall 2: Wenn die sozialen Spannungen in Frankreich sich zu einer derartigen innenpolitischen Krise auswachsen sollten, dass durch letztere die französische Armee absorbiert (abgelenkt) und für eine Kriegsverwendung gegen Deutschland ausgeschaltet würde, sei der Zeitpunkt zum Handeln gegen die Tschechei gekommen ...

Fall 3: Wenn Frankreich durch einen Krieg mit einem anderen Staat so gefesselt ist, dass es gegen Deutschland nicht „vorgehen" kann ...

Zitiert nach: Walther Hofer (Hrsg.): Der Nationalsozialismus. Dokumente 1933–1945, Frankfurt/M. (S. Fischer) 1960, S. 193 ff.

1 Beschreibe die Karikatur M1 und deute die Aussageabsicht. Vergleiche M3 und M4 und setze die beiden Texte in Bezug zu M1.

2 Erarbeite aufgrund des Autorentextes und der Karte M2 eine Chronologie der Ereignisse, kennzeichne darin verschiedenfarbig Hitlers scheinbar friedliche Revision und sein expansives Vorgehen.

3 Erläutere den Begriff „Appeasement" (siehe auch S. 244). Nimm Stellung zur These, diese Art der Politik habe Hitlers außenpolitische Erfolge sowie die deutschen Kriegsvorbereitungen ermöglicht anhand des Autorentextes.

Vom Blitzkrieg zum Vernichtungskrieg

Blitzkriege und deutsche Siege. In der Besetzung der „Rest-Tschechei" sah Hitler nur eine Durchgangsstation bei der Eroberung von „Lebensraum" – die nächsten Aktionen galten Polen. Der Nichtangriffspakt von 1934 wurde vorzeitig gekündigt und Polen mit unannehmbaren Forderungen bedrängt. Da änderte sich unerwartet die machtpolitische Ausgangslage. Der sowjetische Diktator Stalin ließ seinen Außenminister Molotow im Sommer 1939 mit dem Deutschen Reich und den Westmächten parallel Geheimverhandlungen führen. Hitlers Angebot einer Aufteilung Polens war für Stalin verlockender. So bekam Hitler freie Hand und konnte am 1. September 1939 den Angriff gegen Polen wagen. Langwierige Stellungskriege wie im Ersten Weltkrieg wollte die militärische Führung vermeiden. Motorisierte Verbände der Wehrmacht sollten schnell vorrücken und den Gegner schlagen. Der erste Blitzkrieg dieser Art führte nach drei Wochen zur Niederlage Polens. Es folgte im Frühjahr 1940 ein Wettlauf zwischen der deutschen Marine und der britischen Navy um die Besetzung Dänemarks und Norwegens, den die Deutschen für sich entschieden. Auch Frankreich kapitulierte nach nur sechs Wochen. Dazu ließ Hitler den Eisenbahnwaggon, in dem der Waffenstillstand 1918 unterschrieben worden war, aus dem Museum holen und zwang die französischen Generäle darin, seine Bedingungen zu unterzeichnen. Auch Mussolini hoffte auf Blitzkriege, doch seine Truppen gerieten nach ersten Siegen in Albanien bzw. Griechenland und Nordafrika in Bedrängnis. Die Unterstützung durch deutsche Truppen war aber anfangs sehr erfolgreich.

Russlandfeldzug und Kriegswende. Überfallartig, den Nichtangriffspakt missachtend und ohne Kriegserklärung, begann Hitlers „Weltanschauungs- und Vernichtungskrieg" (s. S. 104 f.) gegen die Sowjetunion. In zehn Wochen sollte auch Russland bezwungen werden. Zwar war die deutsche Wehrmacht der Roten Armee zunächst überlegen; doch zeigte sich, dass in der Sowjetunion ein Blitzkrieg wegen der gewaltigen Entfernungen und der Witterungsbedingungen nicht möglich war. Kälte, Eis und Schnee sowie nach Tauwetter aufgeweichter Boden stoppten die deutschen Truppen. Indessen war der europäische Krieg zum Weltkrieg geworden, denn unmittelbar nach dem japanischen Angriff auf Pearl Harbor, den Heimathafen der amerikanischen Pazifikflotte auf Hawaii, erklärte Hitler den USA den Krieg.

Mit dem Ende des Jahres 1942 zeigte sich, dass dieser Krieg für Deutschland nicht mehr zu gewinnen war. Auch der japanische Verbündete verlor im Juni 1942 in der Schlacht bei Midway einen großen Teil seiner Flotte. Zugleich steigerten die USA ihre Kriegslieferungen an Großbritannien und an die Sowjetunion (▸ Anti-Hitler-Koalition). Gegen das alliierte Rüstungspotenzial erwies sich die Produktion der deutschen Rüstungsindustrie trotz aller Propaganda langfristig als unzureichend. Im Luftkampf war Deutschland bald so geschwächt, dass die Briten mehr und mehr zu Angriffen gegen die Zivilbevölkerung und Flächenbombardements (s. S. 106 f.) übergehen konnten. Ab 1943 blieb Deutschland und seinen Verbündeten – Italien hatte 1943 die Seiten gewechselt – immer weniger Hoffnung.

M1 Sowjetische Soldaten beim Häuserkampf in Stalingrad *(Januar 1943)*

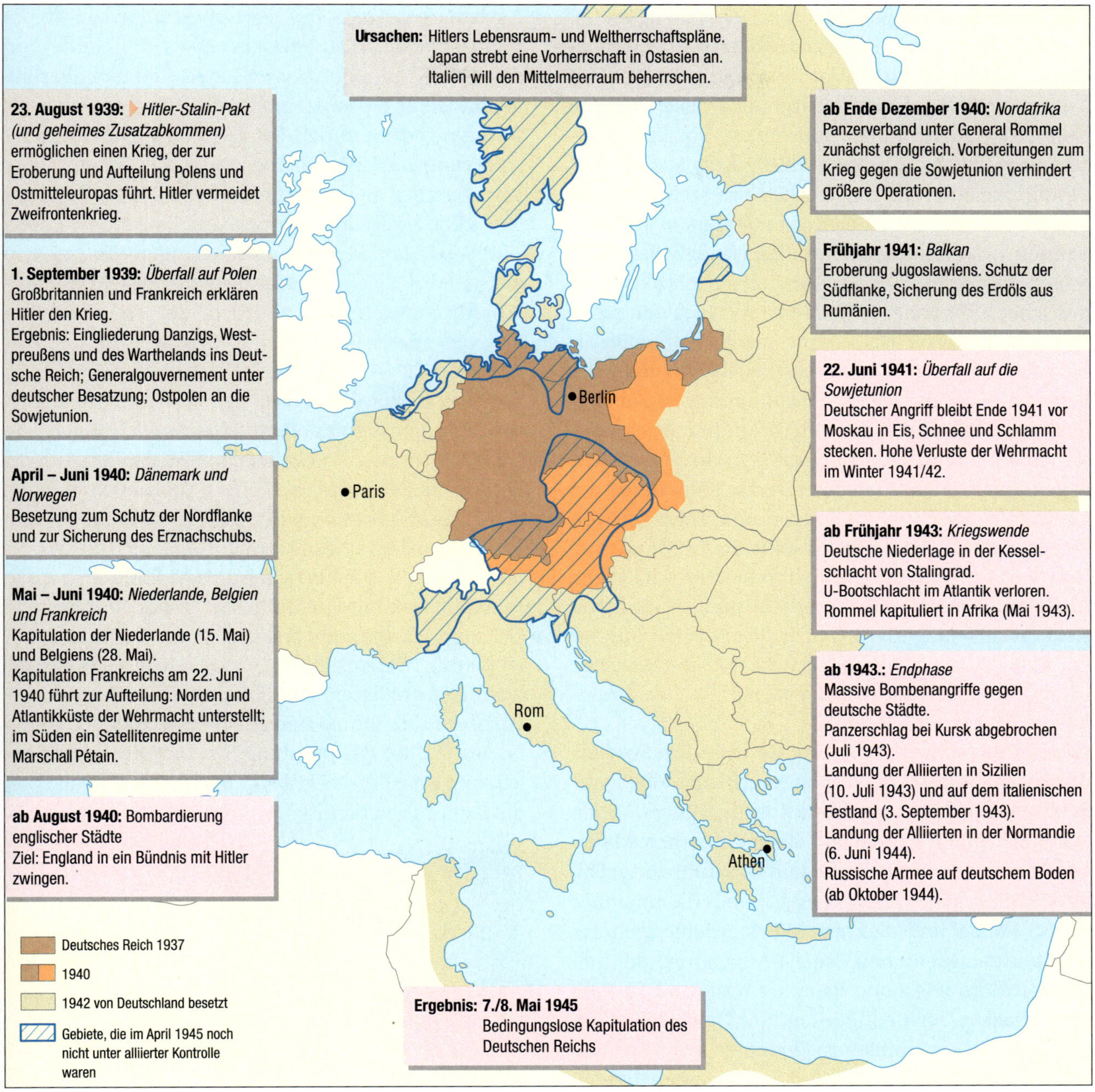

M2 Stationen des Zweiten Weltkriegs

1 Der französische Botschafter in Moskau bescheinigte Hitlers Politik 1939 „Zynismus, Hinterhältigkeit der Planung und Geheimhaltung der Vorbereitung". Nimm dazu Stellung und beziehe die Texte auf den Seiten 100–103 mit ein.

2 Entwickelt anhand des Schaubildes M2 Vorträge zum Verlauf des Kriegs. Veranschaulicht eure Präsentation mit Bildern und Kartenmaterial.

3 Polens Aufteilung zwischen Stalin und Hitler wird auch als vierte polnische Teilung bezeichnet. Informiere dich über Zeit und geschichtliche Hintergründe der früher erfolgten polnischen Gebietsveränderungen.

4 Stalingrad als Wendepunkt des Kriegs: Recherchiere und berichte darüber vor der Klasse (M1 und M2).

Der Krieg im Osten

Die Brutalisierung des Kriegs. Der Feldzug im Osten war nicht nur ein Krieg zur Eroberung neuen „Lebensraumes“ und um die Vorherrschaft in Europa; die Nationalsozialisten führten ihn auch als ▸ Vernichtungskrieg gegen Juden und andere von ihnen als „minderwertig“ erachtete Bevölkerungsgruppen. Moralische und völkerrechtliche Normen wurden dabei missachtet. So ließ sich jener Rahmen schaffen, der den Völkermord an den Juden ermöglichte, denn mit den eroberten Gebieten gerieten auch Millionen jüdischer Einwohner in den Machtbereich deutscher Herrschaft. Dieser Hauptfeind aus Sicht des Besatzungsregimes sollte gesellschaftlich isoliert und möglichst bald entfernt werden. Demütigungen, Aussonderungen und willkürliche Morde an Juden gehörten sehr bald ebenso zum Kriegsalltag wie Verbrechen gegenüber der Zivilbevölkerung in den besetzten Ländern sowie Misshandlungen und Tötungen von Kriegsgefangenen. Vor allem sollte die Lebensgrundlage der Einwohner durch Terror und wirtschaftliche Ausbeutung zerstört, die staatliche und soziale Infrastruktur zerschlagen – langfristig die Bevölkerung auf ein Sklavendasein herabgedrückt und für deutsche Kriegszwecke ausgebeutet werden.

Gewaltherrschaft in Polen und in der Sowjetunion. Schon beim deutschen Angriff auf Polen wurde die brutale Art der Kriegsführung gegen einen angeblich „minderwertigen“ Gegner deutlich. Massive Luftangriffe gegen Städte und Orte führten zu Opfern unter der Zivilbevölkerung. Sonderkommandos der SS, Polizei und Wehrmacht ermordeten mehrere zehntausend Menschen – meist Angehörige der polnischen Elite wie hohe Beamte, Ärzte und katholische Priester. Um Siedlungsland für Deutsche in den polnischen Westgebieten zu gewinnen, wurden Hunderttausende in das Generalgouvernement (besetztes polnisches Gebiet, das nicht ins Deutsche Reich eingegliedert wurde) oder in das von der UdSSR besetzte Gebiet abgeschoben. Die Gewaltanwendung deutscher Soldaten geschah oft ohne ausdrücklichen Befehl, aber von den Vorgesetzten geduldet. Die Wehrmachtsführung akzeptierte Hitlers Vorgaben weitgehend. Verbrechen von Deutschen an der Zivilbevölkerung wurden selten abgeurteilt, ein „Gnadenerlass“ am 4. Oktober 1939 sicherte den Tätern völlige Straffreiheit zu.

Auch im besetzten Teil der Sowjetunion wurde die Führungsschicht ausgelöscht. Etwa die Hälfte von den über 6 Millionen sowjetischen Soldaten überlebten die Gefangenschaft nicht – viele davon starben als Zwangsarbeiter in den KZ. Die sowjetische Zivilbevölkerung hatte am stärksten unter dieser menschenverachtenden Behandlung zu leiden. Weit mehr als 50 % aller Kriegsopfer in der UdSSR waren Frauen, Kinder und alte Menschen. Sie verhungerten massenweise, weil die besetzten Gebiete mitleidlos wirtschaftlich ausgebeutet wurden, um die deutschen Truppen zu versorgen.

Weitere Radikalisierung. Beim Völkermord an den sowjetischen Juden unterstützte die Wehrmacht die „Einsatzgruppen“ von Polizei und SS, die den Auftrag hatten, die Besatzungsgebiete zu „befrieden“ (s. auch S. 112). Im Wechsel zwischen lokaler Aktivität und Anweisungen der Führung radikalisierte sich das Vorgehen sehr bald. Die Verfolgung von kommunistischen Funktionären und männlichen Juden entwickelte sich zum Massenmord an der gesamten jüdischen Bevölkerung. Dienststellen der zivilen Besatzungsverwaltung beteiligten sich dabei in allen Bereichen – von der Entrechtung und Ausplünderung der Juden bis hin zu ihrer Ermordung. Im Dezember 1941 begann im Konzentrationslager bei Chelmno (Kulmhof) die Ermordung polnischer Juden durch die SS.

M1 Deutsches Propagandaplakat im besetzten Polen *(1943)*

„Europas Schicksal? Arbeite unverdrossen, höre nicht auf Gerüchte, bewahre die Ruhe – der deutsche Soldat erspart dir dieses Schicksal.“

M2 Als „Partisanen" gehängte russische Zivilisten in Charkow *(heute Charkiw/Ukraine; Foto November 1941)*

M3 Die Einstellung der Nationalsozialisten gegenüber den osteuropäischen Völkern

Aus der Rede Heinrich Himmlers, Reichsführer SS und Chef der deutschen Polizei, vor den SS-Gruppenführern in Posen am 4. Oktober 1943:

... Wie es den Russen geht, wie es den Tschechen geht, ist mir total gleichgültig. Das, was in den Völkern an gutem Blut unserer Art vorhanden Ist, werden wir uns holen, indem wir ihnen, wenn notwendig die Kinder rauben und sie bei uns großziehen. Ob die anderen Völker in Wohlstand leben oder ob sie verrecken, das interessiert mich nur so weit, als wir sie als Sklaven für unsere Kultur brauchen ... Ob bei dem Bau eines Panzergrabens 10 000 russische Weiber an Entkräftung umfallen oder nicht, interessiert mich nur insoweit, als der Panzergraben für Deutschland fertig wird ... Wir Deutsche, die wir als Einzige auf der Welt eine anständige Einstellung zum Tier haben, werden ja auch zu diesen Menschentieren eine anständige Einstellung einnehmen.

Zitiert nach: Der Prozess gegen die Hauptkriegsverbrecher vor dem Internationalen Militärgerichtshof, Bd. 29, Nürnberg 1949, S. 122 ff.

M4 „Nacht und Nebel"-Erlass

Geheimbefehl Wilhelm Keitels, Chef des Oberkommandos der Wehrmacht, am 7. Dezember 1941:

In den besetzten Gebieten haben mit Beginn des russischen Feldzuges kommunistische und andere deutschfeindliche Kreise ihre Angriffe gegen das Reich und die Besatzungsmacht verstärkt. Der Umfang und die Gefährlichkeit dieser Umtriebe zwingen aus Abschreckungsgründen zu schärfsten Maßnahmen gegen die Täter... In den besetzten Gebieten ist bei Straftaten von nichtdeutschen Zivilpersonen, die sich gegen das Reich oder die Besatzungsmacht richten, und deren Sicherheit oder Schlagfertigkeit gefährden, grundsätzlich die Todesstrafe angebracht.[1]

Zitiert nach: Auschwitz. Nationalsozialistisches Vernichtungslager. Staatliches Museum Auschwitz-Birkenau 1997, S. 82.

M5 Aus einem Feldpostbrief von Ende Juni 1941 von Bruno Schneider, 8. Kompanie Infanterie Regiment 106 (15. Infanteriedivision):

Kurz vor unserem Abmarsch wurden wir von unserem Kompaniechef, dem Oberleutnant Prinz, in einer Scheune versammelt. Hier erhielten wir folgenden Geheimbefehl: „Kriegsgefangene sind von der Roten Armee nur in Ausnahmefällen, d. h. wenn es unvermeidlich ist, zu machen.[1] Im Übrigen sind gefangene Sowjetsoldaten zu erschießen. Stets zu erschießen sind Frauen, die in den Einheiten der Roten Armee dienen."

Ich kann nun noch sagen, dass sich der große Teil der Soldaten meiner Einheit nicht so verhielt, wie es der obige Blutbefehl von ihnen forderte. Ich sah aber auch, wie sich die deutsche Armee ein grauenhaftes Ansehen erwarb.

Zitiert nach: Hannes Heer (Hrsg.): Stets zu erschießen sind Frauen, die in der Roten Armee dienen, Hamburg (Hamburger Edition) 1995, S. 10.

[1] Stalin hatte ebenfalls zu Kriegsbeginn den Befehl ausgegeben, gefangen genommene deutsche Soldaten sofort zu töten.

1 Stellt dem Propagandaplakat M1 die tatsächliche Kriegsführung des Deutschen Reichs gegenüber. Nutzt dazu den Autorentext und die Materialien der Doppelseite.

2 Bezieht M2, M3 und M4 aufeinander. Diskutiert die Abfolge von Ursache und Wirkung im Hinblick auf die Eskalation von Widerstand und „Vergeltung".

3 Vergleicht M3–M5 in Hinblick auf Adressaten, Verfasser, deren Absicht und die Quellenart.

Menschen im „totalen Krieg“

Durchhalteparolen und „Wunderwaffen“. Zur Zeit der Kriegswende erörterten im Januar 1943 in Casablanca die Alliierten ihre Kriegsziele und forderten die bedingungslose Kapitulation Deutschlands – nur so sei der Krieg zu beenden. Dies nutzte Propagandaminister Joseph Goebbels, um das deutsche Volk zum „Entscheidungskampf“ zu mobilisieren. Nach der Niederlage von Stalingrad (Anfang 1943) schwor er Deutschland mit einer Rede im Berliner Sportpalast auf den ▸ „totalen Krieg“ ein. Alle verfügbaren Kräfte sollten mobilisiert werden. Als die Alliierten immer weiter vorrückten (s. S. 110 f.), wurde im September 1944 der „Volkssturm“ gebildet: Hitlers letztes Aufgebot. Kaum ausgebildet und schlecht bewaffnet, sollten ältere Männer, die nicht mehr zur Wehrmacht eingezogen worden waren, und Hitlerjungen die bedrohte Heimat verteidigen. Bereits zuvor hatten sie beim Luftschutz und bei der Feuerwehr geholfen sowie Schanzarbeiten geleistet oder als Flakhelfer, die Kanonen der Flugabwehr bedient – Zehntausende ließen dabei ihr Leben. Die von der Propaganda immer wieder angekündigten „Wunderwaffen“, neu entwickelte Raketen und Düsenflugzeuge, konnten – wenn sie überhaupt zum Einsatz kamen – die Niederlage nicht mehr abwenden.

M1 Plakat zur Mobilisierung der Heimatfront im „totalen Krieg“ *(1943)*

Solche Plakate waren z. B. in Rüstungsbetrieben zu sehen.

Bombenkrieg gegen die Zivilbevölkerung. Hitler drohte, die feindlichen Metropolen mithilfe der deutschen Luftwaffe „auszuradieren“. So richteten sich zwischen 1939 und 1941 schwere Luftangriffe auf Städte wie Warschau, Rotterdam, London, Coventry und Belgrad. Allein in Großbritannien starben dabei fast 50 000 Menschen. Ab Ende März 1942 flogen dann britische und amerikanische Bomberflotten Angriffe auf deutsche Großstädte. Das bedeutete erneut für Millionen von Menschen immer wieder Fliegeralarm, Angst um ihr Leben, zerstörte Wohnungen, Flächenbrände. Etwa 600 000 Menschen, vorwiegend Zivilisten, fanden den Tod – unter ihnen 80 000 Kinder. Die Flächenbombardierungen sollten nicht nur wichtige Industrien und Verkehrswege zerstören, sondern auch die Deutschen demoralisieren und die Arbeiterschaft zum Aufstand gegen Hitler bewegen. Doch wurde eher das Gegenteil erreicht: Der Zusammenhalt in der deutschen Bevölkerung und das nach den Niederlagen angeschlagene Ansehen der NSDAP wuchsen vorübergehend.

Bomben (in Tonnen)	1940	1941	1942	1943	1944	1945
auf Deutschland	10 000	30 000	40 000	120 000	650 000	500 000
auf Großbritannien	36 844	21 858	3 260	2 298	9 151	761

M2 Der Bombenkrieg 1940–1945

M3 Darmstadt 1944

M4 Todesanzeige

Unser einziger, geliebter Junge,
mein lieber Bruder, Schwager,
Großsohn und Neffe

Hans Joachim Weißpflog

starb im blühenden Alter von 19 Jahren am 10. Sept. bei den schweren Kämpfen im Osten den Heldentod für Führer und Volk. Er wurde auf einem Ehrenfriedhof beigesetzt.

In tiefem Schmerz:
Hans Weißpflog und Frau Helene, geb. Pape / Hannelore Blumenberg, geb. Weißpflog / Heinz Blumenberg, z. Z. im Osten
Br.-Oelper, Celler Heerstr. 172

M5 Im Luftschutzkeller *(Berlin)*

M6 Kinderlandverschickung *(Berlin 1940)*

Bis Kriegsende wurden über 2,5 Millionen Kinder und Jugendliche aus den Städten in ländliche Gebiete gebracht. Die Bombenangriffe und die schlechte Versorgungslage waren Grund für diese Aktionen, zugleich konnten die Nationalsozialisten fern der Eltern die Kinder in ihrem Sinn erziehen.

1 Wählt M5 oder M6 und schildert die Situation aus der Sicht einer der abgebildeten Personen. Tragt eure Ergebnisse zusammen und stellt sie vor.

2 Interpretiere das Schaubild M2, indem du die Bilder auf die genannten Daten und Zahlenwerte beziehst. Berücksichtige dabei auch den Autorentext sowie M1 und M3.

3 Nenne Funktion und Wirkung der Bombardierung deutscher Städte durch die Alliierten (M2, M3 und Autorentext).

4 Vier als Flakhelfer rekrutierte Schüler starben auf ihrer Flak am 8. März 1943 bei einem Bombennangriff. Der 17-jährige Paul Bayer (s. S. 69) war einer von ihnen. Ihre Stellung lag völlig ungeschützt auf einer Freifläche. Wie würdest du die Anzeige (M4) aus deiner heutigen Sicht für Paul formulieren?

5 Recherchiere und referiere zum Begriff „totaler Krieg“ sowie zur Rede von Goebbels im Berliner Sportpalast am 18. Februar 1943.

6 Erkundige dich, welche deutschen Städte von den alliierten Bombenangriffen besonders betroffen waren. Inwieweit wurde dein Heimatort bzw. die nächstgelegene Großstadt im Zweiten Weltkrieg zerstört?

Zwangsarbeiter – ausgebeutet für die Kriegswirtschaft

„Fremdarbeiter“ für Hitlers Deutschland. Weil im Zweiten Weltkrieg immer mehr Männer zur Wehrmacht einberufen wurden, fehlten Arbeitskräfte in Landwirtschaft, Versorgungsbetrieben und Rüstungsindustrie. Hinter der vorrückenden Front warben daher Vermittler deutscher Arbeitsämter ausländische Arbeitskräfte im besetzten Europa als Freiwillige an oder ließen sie gewaltsam nach Deutschland verschleppen. Nur so konnte die Versorgung der deutschen Bevölkerung einigermaßen sichergestellt werden. Anfangs sollten polnische Kriegsgefangene nur zeitlich begrenzt herangezogen werden. Spätestens Ende 1941 war aber der Einsatz von „Fremdarbeitern“ im großen Ausmaß für die deutsche Kriegswirtschaft notwendig. Der Versuch, aus der besetzten Sowjetunion freiwillige Arbeitskräfte anzuwerben, scheiterte, sodass auch hier Deportationen stattfanden. Ohne den Arbeitseinsatz von Millionen ▸ Zwangsarbeitern, Kriegsgefangenen und KZ-Häftlingen wäre die Weiterführung des Kriegs nicht möglich gewesen. Zwischen 1939 und 1945 arbeiteten mehr als 12 Millionen ausländische Arbeitskräfte aus allen Teilen Europas, ein Drittel davon Frauen, im Deutschen Reich. Die meisten von ihnen kamen aus Polen, Weißrussland, Russland oder aus der Ukraine.

M1 Sowjetische Kriegsgefangene in einem deutschen Sammellager *(1941, fotografiert vom „Sonderführer“ einer Propagandakompanie Artur Grimm)*

Trauriger Alltag der „Ostarbeiter“. Die Zwangsarbeiter wurden oft durch falsche Versprechungen getäuscht, an der Rückkehr in ihre Heimat gehindert und hatten kaum Rechte. Sie wohnten in einfachsten Baracken oder Lagern und arbeiteten ohne Lohn oder für geringste Bezahlung. Ihre Ernährung war unzureichend. Die Angehörigen von SS und NSDAP verachteten die „Fremdvölkischen“, denn ihre Beschäftigung widersprach der NS-Ideologie. Je tiefer in der NS-Rassenlehre „Fremdarbeiter“ standen, desto schlechter waren ihre Lebensbedingungen. Sie wurden streng überwacht. Ihren Einsatz regelten Verordnungen und Vertragsbedingungen sehr genau. Dies galt zwar auch für Zwangsarbeiter aus dem besetzten Westeuropa, wurde aber, was z. B. den Kontakt zur deutschen Bevölkerung anbelangte, freizügiger gehandhabt. Dagegen wurden die Arbeiter aus Polen und der Sowjetunion besonders gedemütigt. Sie mussten auf ihrer Kleidung spezielle Aufnäher tragen.

M2 Kennzeichen für „Ostarbeiter“
Links: Kennzeichen für polnische Arbeiter und Arbeiterinnen, rechts für sowjetische Arbeitskräfte

Öffentliche Einrichtungen wie Kinos oder Schwimmbäder durften sie nicht betreten. Vor allem sexuelle Kontakte mit Deutschen sollten verhindert werden. Ein bloßer Verdacht konnte die öffentlich vollzogene Hinrichtung bedeuten. Misshandlung durch deutsche Vorarbeiter gehörte ebenfalls zum Alltag. Viele Zwangsarbeiter gingen an den furchtbaren Arbeitsbedingungen zugrunde. Auf dem Lande war die Überwachung nicht ganz so streng. Aber auch hier wurden Deutsche bestraft, die sich ihnen gegenüber menschlich verhielten.

M3 Transport französischer Arbeiter *(Paris 1943)*

M4 Zug mit Zwangsarbeitern am Bahnhof Kowel in der Ukraine *(Mai 1942)*

1 Vergleiche die Bilder M3 und M4. Was fällt auf und wie lassen sich die Unterschiede erklären?

2 Werte die Materialien M1, M4 und M5 aus und verfasse den Bericht eines schwedischen Beobachters im Auftrag des Roten Kreuzes.

3 Informiere dich über die Gründung, Organisation und Leistung der Stiftung „Erinnerung, Verantwortung und Zukunft", kurz EVZ (http://www.stiftung-evz.de). Beurteile diese Art der Entschädigung von Zwangsarbeitern.

M5 Aus einer Anweisung an die Wachmänner vom 20. Februar 1942

§ 1 Die im Reichsgebiet eingesetzten Zivilarbeiter aus den besetzten sowjetischrussischen Gebieten (im folgenden kurz als russische Arbeiter bezeichnet) sind von der deutschen Bevölkerung, anderen ausländischen Zivilarbeitern und allen Kriegsgefangenen streng abzusondern. Sie werden in geschlossenen Lagern untergebracht, die sie nur zum Zwecke des Arbeitseinsatzes In Begleitung des Wachpersonals verlassen dürfen.

§ 2 Die russischen Arbeiter haben auf der rechten Brustseite ihrer jeweiligen Oberkleidung ... ein mit dem betreffenden Kleidungsstück fest verbundenes Kennzeichen stets sichtbar zu tragen ...

§ 3 Den russischen Arbeitern ist jeder nicht durch den Arbeitseinsatz bedingte Umgang mit

a) Personen deutscher Staatsangehörigkeit, insbesondere mit solchen anderen Geschlechts, und vor allem jeder Geschlechtsverkehr, bei Androhung der Todesstrafe zu verbieten;

b) anderen ausländischen Zivilarbeitern und Kriegsgefangenen zu untersagen.

§ 5 Das Bewachungs- und Betriebspersonal hat den Arbeitern gegenüber die gebotene Zurückhaltung zu üben und Ruhe, Ernst und Festigkeit zu bewahren ... Jeder Verkehr mit den Arbeitern, der über die Wahrnehmung dienstlicher Aufgaben hinausgeht, ist ihm untersagt. Dazu gehören insbesondere die Vermittlung von Aufträgen, die Annahme von Geschenken usw.

§ 6 (1) Bei den geringsten Anzeichen von Widersetzlichkeit und Ungehorsam ist rücksichtslos durchzugreifen und zur Brechung von Widerstand auch von der Waffe schonungslos Gebrauch zu machen.

Zitiert nach: Allgemeiner Erlass-Sammlung des Chefs der Sicherheitspolizei und des SD unter der Rubrik 2 A III f, S. 35 – Anlage 2 zu den „Allgemeinen Bestimmungen über Anwerbung und Einsatz von Arbeitskräften aus dem Osten".

4 Bewerte aus heutiger Sicht die Tatsache, dass nach Ende des Zweiten Weltkriegs kaum jemand an die Millionen Zwangsarbeiter erinnert werden wollte.

Kriegsende in Europa und Asien

Die militärische Lage in Europa. Bereits im Laufe des Jahres 1944 wurde immer offensichtlicher, dass Deutschland den Krieg verlieren musste: Die Alliierten rückten auf allen Fronten vor und standen um die Jahreswende an den Grenzen des Deutschen Reichs (s. S. 103). Seit Anfang 1945 fanden die Kämpfe auf deutschem Boden statt, am 25. April trafen sowjetische und amerikanische Verbände bei Strehla und Torgau erstmals zusammen. In dieser Schlussphase wurden noch viele Deutsche von Standgerichten zur Hinrichtung verurteilt, weil die zuständigen Offiziere trotz anrückender Gegner – im Gegensatz zur Bevölkerung – nicht zum Aufgeben bereit waren (s. S. 106).

M1 „Elbe-Day" – ein Foto geht um die Welt

Die Fotografie vom 26. April 1945 zeigt amerikanische und sowjetische Soldaten, die sich an einer zerstörten Elbbrücke bei Torgau die Hand reichen. Wie viele symbolträchtige Fotos jener Zeit war auch diese Begegnung gestellt: Das eigentliche Treffen hatte bereits einen Tag vorher stattgefunden.

Die Schlacht um Berlin. Adolf Hitler verschanzte sich im „Führerbunker" und wollte trotz der Umklammerung Berlins durch die Rote Armee noch immer nicht glauben, dass der Krieg verloren war. Er operierte mit längst nicht mehr existierenden Armeen, hoffte vergeblich auf „Wunderwaffen", verbot den deutschen Truppen jeglichen Rückzug und befahl, all jene Anlagen, die den Alliierten nützlich sein könnten, zu vernichten („Taktik der verbrannten Erde"). Am 16. April 1945 leitete die Rote Armee mit einem Zangenangriff auf Berlin das Ende ein: 2,5 Millionen gut ausgerüstete russische Soldaten mit über 6000 Panzern und 7500 Flugzeugen rückten nun gegen die noch verbliebenen deutschen Truppenteile und den eilig ausgehobenen „Volkssturm" (s. S. 106) an. Kaum 800 Panzer konnten die deutschen Verbände aufbieten, die zudem unter erheblichem Treibstoff- und Munitionsmangel litten. Erst als sich die russischen Truppen wenige hundert Meter an die Reichskanzlei herangekämpft hatten und auch Hitler die ausweglose Situation deutlich wurde, verübte er am 30. April 1945 Selbstmord.

Um eine möglichst große Zahl von Wehrmachtsangehörigen und flüchtenden Zivilisten in das westliche Reichsgebiet gelangen zu lassen, erklärte sich die noch von Hitler eingesetzte Regierung unter Großadmiral Karl Dönitz erst am 8./9. Mai 1945 zur bedingungslosen Kapitulation bereit – das faktische Ende des Deutschen Reichs.

Kriegsende in Ostasien. Im Pazifik waren die Amerikaner seit Mitte 1942 erfolgreich zum Gegenangriff übergegangen. Wegen des zähen und fanatischen Widerstands der japanischen Soldaten und der erwarteten hohen eigenen Verluste, entschloss sich US-Präsident Truman zum Einsatz einer neuen Waffe von ungeheurer Zerstörungskraft. Durch den Abwurf zweier Atombomben am 6. und am 9. August wurden die Städte Hiroshima und Nagasaki in Sekunden dem Erdboden gleichgemacht, hunderttausende Opfer waren die Folge. Unter dem Eindruck dieser Katastrophe kapitulierte Japan am 2. September 1945.

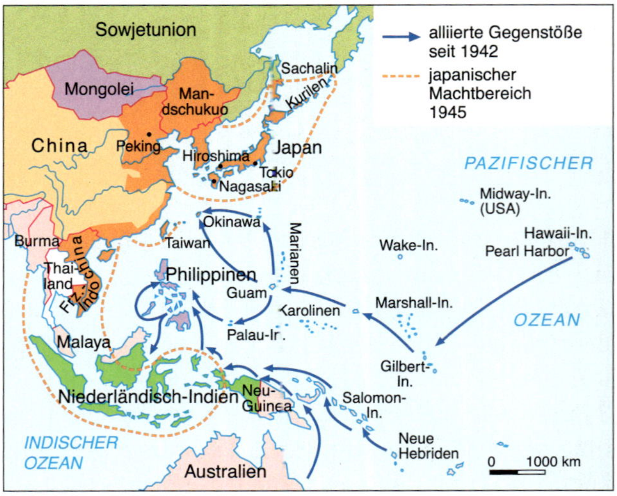

M2 Schauplatz Ostasien 1942–1945

M3 Alliiertes Vordringen 1944/1945

M4 „Endsieg"-Propaganda

Aus Hitlers letzter Rundfunkansprache am 30. Januar 1945:

Ich erwarte von jedem Deutschen, dass er ... seine Pflicht bis zum Äußersten erfüllt, dass er jedes Opfer, das von ihm gefordert wird und werden muss, auf sich nimmt ... Wie schwer auch die Krise im Augenblick sein mag, sie wird durch unseren unabänderlichen Willen, durch unsere Opferbereitschaft und durch unsere Fähigkeiten am Ende trotzdem gemeistert werden. Wir werden auch diese Not überstehen. Es wird auch in diesem Kampf nicht Innerasien siegen, sondern Europa – und an der Spitze jene Nation, die seit eineinhalbtausend Jahren Europa als Vormacht gegen den Osten vertreten hat und in alle Zukunft vertreten wird: Unser Großdeutsches Reich, die deutsche Nation!

Zitiert nach: Deutschland 1945 (= Geschichte betrifft uns, Heft 6/1994), S. 12.

1 Erkläre, weshalb solche Bilder (M1) gestellt und veröffentlicht wurden.

2 Verschafft euch einen Überblick über den Verlauf des amerikanisch-japanischen Kriegs im Pazifik (z. B. unter www.dhm.de/lemo/html/wk2/kriegsverlauf/pazifik/index.html) und erläutert die Karte M2.

M5 Hitler im März 1945 über das deutsche Volk

Wenn der Krieg verloren geht, wird auch das deutsche Volk verloren sein. Dieses Schicksal ist unabwendbar. Es ist nicht notwendig, auf die Grundlagen, die das Volk zu einem primitiven Weiterleben braucht, Rücksicht zu nehmen. Im Gegenteil ist es besser, selbst diese Dinge zu zerstören, denn das Volk hätte sich als das schwächere erwiesen und dem stärkeren Ostvolk gehöre dann ausschließlich die Zukunft. Was nach dem Kampf übrig bleibt, sind ohnehin nur die Minderwertigen, denn die Guten sind gefallen!

Zitiert nach: Walther Hofer (Hrsg.): Der Nationalsozialismus. Dokumente (= Fischer TB), Frankfurt a. M. 1974, S. 260.

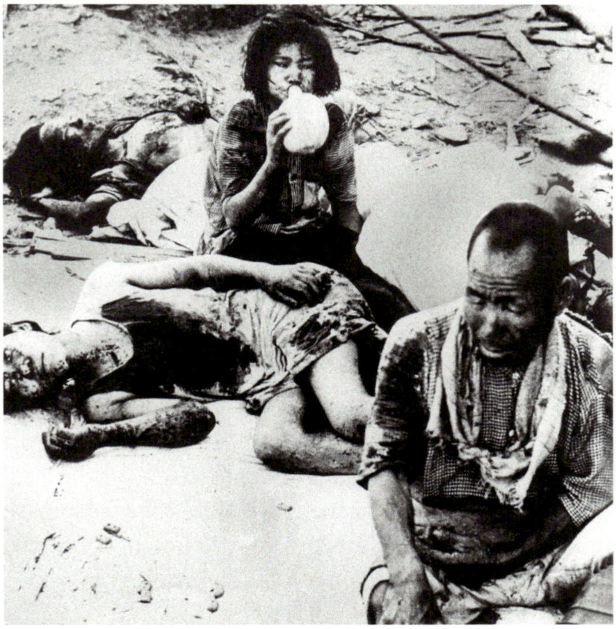

M6 Opfer des Atomangriffs auf Nagasaki

Die Ärzte standen den fürchterlichen Verbrennungen hilflos gegenüber. Von den anderen, oft erst viel später auftretenden Folgen (z. B. Leukämie) ahnt noch keiner der betroffenen Bewohner etwas.

3 Vergleiche die militärische Situation 1918 und 1945 (M3). Stelle die Verhaltensweise der obersten Militärs gegenüber.

4 Beurteile die Äußerungen Hitlers (M4 und M5) vor dem Hintergrund der militärischen Lage.

5 Erläutere, warum mit Hiroshima und Nagasaki ein neuer Abschnitt der Menschheitsgeschichte begann (M6).

Die Ermordung der europäischen Juden

Tag der Erinnerung. Am 27. Januar 1945 rückte die Rote Armee in die drei ▸ Konzentrationslager beim polnischen Ort Oświęcim (Auschwitz) ein. Ausgemergelte Gestalten, kaum 30 Kilo schwer, taumelten den Soldaten entgegen: Männer, Frauen und Kinder, die von Schwerstarbeit, Schikanen, Folter und medizinischen Versuchen gekennzeichnet waren, berichteten stockend über das Geschehene. Den Soldaten, die grausamste Szenen aus dem Kriegsalltag kannten, verschlug es die Sprache. In aller Eile hatten die geflohenen deutschen Bewacher versucht, die Spuren ihrer Massenmorde zu verwischen. Gaskammern und Todesöfen, in die man Hunderttausende von Juden aus ganz Europa in den Tod getrieben hatte, waren gesprengt worden. Nur wenige tausend kranke Menschen waren im Lager verblieben. Etwa 35 000 Häftlinge, die den Deutschen noch kräftig genug erschienen, wurden auf „Todesmärschen" in Richtung Westen getrieben. Durch die Befreiung der Konzentrationslager erfuhr die Weltöffentlichkeit das ganze Ausmaß der Vernichtungspolitik des Dritten Reichs, hörte von der Verfolgung und Ermordung von Juden, Sinti und Roma, von Homosexuellen sowie von vielen Gegnern der Nationalsozialisten aus Deutschland und anderen Ländern.

Den Völkermord an den Juden Europas benennen wir heute mit dem Wort Shoah oder dem Begriff ▸ Holocaust. Auschwitz steht symbolisch für die Bestialität dieser Vernichtungspolitik, der fast sechs Millionen Juden Europas zum Opfer fielen, darunter 1,5 Millionen Kinder und Jugendliche unter 16 Jahren.

Von der NS-Rassenpolitik zum Massenmord. Mit dem deutschen Angriffskrieg im Osten (s. S. 104 f.) begann eine regelrechte „Jagd" auf die jüdische Bevölkerung in allen von Deutschland besetzten Gebieten. Besondere SS-Einsatzgruppen führten die Massenerschießungen durch. Über das Vorgehen berichtet der Leiter einer solchen Einsatzgruppe am 28. September 1941 aus Kiew nach Berlin: „Angeblich 150 000 Juden (in Kiew) vorhanden. Maßnahmen eingeleitet zur Erfassung des gesamten Judentums. Exekution von mindestens 50 000 Juden vorgesehen. Wehrmacht begrüßt Vorgehen und erbittet radikales Vorgehen". Plakate forderten die Juden Kiews auf, sich zur Umsiedlung zu melden. Sie wurden nach Babi-Yar, einer Schlucht am Stadtrand Kiews, getrieben, wo die deutschen Einheiten in zwei Tagen über 33 000 Männer, Frauen und Kinder erschossen und die Leichen verscharrten.

In den besetzten Gebieten zwangen die Deutschen die jüdische Bevölkerung zum Umzug in spezielle Judenbezirke (Gettos); die größten entstanden in Warschau und Łódz. In das Warschauer Getto sperrten die deutschen Besatzer die 350 000 Juden Warschaus (von einer Gesamtzahl von 1,3 Mio. Einwohnern der Stadt) und weitere 150 000 aus anderen Städten. Eine meterhohe Mauer umgab das Getto. Jede Form von Privatleben und häuslicher Geborgenheit ging in der Enge der Gettos unter. Die Bewohner mussten für die Besatzer arbeiten und erhielten viel zu wenig Nahrung zum Überleben.

Die NS-Rassenfanatiker suchten während des Zweiten Weltkriegs nach immer „effektiveren" Mordverfahren. Auf einer Konferenz am Berliner Wannsee sprachen am 20. Januar 1942 hohe Beamte und die SS-Führung über die „Endlösung der Judenfrage". Darunter verstanden die Konferenzteilnehmer die Ermordung aller Juden Europas. Das Verbrechen wurde genauestens geplant: Ein technisch-fabrikmäßiger Mordapparat mit Fabriken, Vernichtungsöfen und Transportverbindungen wurde geschaffen. Den Transport in Viehwaggons mussten die Deportierten mit einem Fahrschein dritter Klasse selbst bezahlen.

M1 Juden aus Siedlce und Umgebung *(Polen)* **warten auf ihre Deportation nach Treblinka**

M2 Max Mannheimer: Ankunft und Selektion in Auschwitz

Max Mannheimer wurde 1920 in Böhmen geboren. Seine Ausbildung musste er abbrechen und wurde von den Nationalsozialisten zum Straßenbau gezwungen. Er überlebte Auschwitz und schrieb seine Erinnerungen 1956 für seine Tochter auf:

Arbeitseinsatz sagt man. In acht Tagen werde ich dreiundzwanzig. Es wird schon nicht so schlimm. Mein Vater meint es auch. Er zahlte pünktlich die Steuern. Für König und Kaiser im Ersten Weltkrieg drei Jahre an der Front. Transportnummern werden verteilt. Tausend Frauen, Männer, Kinder. Osten – Arbeitseinsatz. Einsatz? Warum nicht einfach Arbeit? ... Abfahrt Theresienstadt 9.00 Uhr, dann Dresden, Bautzen, Görlitz, Oppeln, Hindenburg. Dann nichts. Tag und Nacht ... Nochmals Tag und halbe Nacht. Der Zug hält kreischend an. Eintausend Männer, Frauen. Kinder. Die Begleitmannschaft umstellt den Zug ... Wir sind an der Todesrampe von Auschwitz-Birkenau. Mitternacht vom 1. zum 2. Februar 1943. Alles aussteigen! Alles liegenlassen! Eine Panik. Jeder versucht, so viel wie möglich in die Taschen zu stopfen. Die SS-Leute brüllen: Bewegung! Ein bisschen dalli! Noch ein Hemd wird angezogen. Noch ein Pullover. Zigaretten. Vielleicht als Tauschobjekt. Männer auf diese Seite, Frauen auf die andere, Frauen mit Kindern auf die LKWs ...

Ein SS-Offizier steht vor uns ... Einzeln treten wir vor. Seine Stimme ist ruhig. Fast zu ruhig. Fragt nach Alter, Beruf, ob gesund. Lässt sich die Hände vorzeigen. Einige Antworten höre ich. Schlosser – links. Verwalter – rechts. Arzt – links. Arbeiter – links. Magazineur (Lagerverwalter) der Firma Bata – rechts. Es ist unser Bekannter. Schreiner – links. Dann ist mein Vater an der Reihe. Hilfsarbeiter. Er geht den Weg des Verwalters und des Magazineurs. Er ist fünfundfünfzig. Dürfte der Grund sein. Dann komme ich. Dreiundzwanzig Jahre, gesund, Straßenbauarbeiter. Die Schwielen an den Händen. Wie gut sind die Schwielen – links. Mein Bruder Ernst: zwanzig, Installateur, links. Mein Bruder Edgar: siebzehn, Schuhmacher – links. Versuche meine Mutter, Frau, Schwester, Schwägerin zu entdecken. Es ist unmöglich. Wir marschieren. Wachtürme mit Maschinengewehren. Doppelter Stacheldraht, Scheinwerfer, Baracken. SS-Wachen öffnen ein Tor. Wir sind in Birkenau ... Dreistöckige Bettgestelle. Sechs Häftlinge eine Pritsche ... Pritschen ohne Stroh und ohne Decken. Schlafen können wir nicht.

Zitiert nach: Max Mannheimer: Spätes Tagebuch. Theresienstadt – Auschwitz – Warschau – Dachau. © 2010 Piper Verlag GmbH, München

M3 Aufruf an die Juden aus Wilna zum Widerstand gegen die Nationalsozialisten *(1. Januar 1942):*

Lasst uns nicht wie Schafe zur Schlachtbank gehen! Jüdische Jugend, glaube nicht den Betrügern. Von den 80000 Juden Wilnas sind nur noch 20000 übrig ... Wer aus dem Getto fortgeführt worden ist, wird niemals zurückkommen, denn alle Wege der Gestapo führen ins Lager Ponary. Und Ponary heißt Tod! Eure Kinder, eure Frauen, eure Männer gibt es nicht mehr! Ponary ist kein Lager. Man hat sie alle erschossen. Hitler hat ein System erfunden, um die Juden in Europa zu vernichten. Es war unser Schicksal, die Ersten dabei zu sein ... Brüder, es ist besser im Kampf zu sterben, aber frei zu sterben, als ein Leben von des Henkers Gnaden zu fristen. Widerstand bis zum letzten Atemzug!

Zitiert nach: Karl Schlögel: Promenade in Jalta und andere Städtebilder, München (Hanser) 2001, S. 58 f.

M4 Der Historiker Harold James *(2003):*

Auschwitz (steht) für das Böse schlechthin: das Böse der sofortigen Ermordung nach dem Selektionsprozess und das Böse der zunehmenden bewussten Entwürdigung und Entmenschlichung derer, die die Selektion überlebten. Erst in jüngster Zelt wurde deutlich, wie tief die deutsche Gesellschaft und Wirtschaft In den Völkermord verwickelt waren. Die Produktionsanlagen der LG. Farben ... sollten außerhalb der Reichweite der britischen Bomberflotte liegen. Darüber hinaus war jedoch klar, dass die SS und ihr Angebot an Sklavenarbeitern einen bedeutsamen Anreiz für die Wirtschaft darstellten, in der Arbeitskräfte immer knapper wurden. Zahlreiche andere Unternehmen haben in Auschwitz und Umgebung Fabriken gebaut. Die größte deutsche Versicherungsgesellschaft versicherte die SS-Baracken ... Ausgebombte Deutsche erhielten Kleidung, Schuhe und Uhren, die man den ankommenden Deportierten abgenommen hatte. Gold aus Auschwitz und den übrigen Todeslagern, darunter auch Zahngold, das man lebenden oder toten Häftlingen aus dem Mund gebrochen hatte, ... wurde eingeschmolzen und an die deutsche Reichsbank verkauft und von dieser wieder an die deutschen Geschäftsbanken und die Schweizer Nationalbank. Der Terror und der Raub hatten überall ihre Verbindungen.

Zitiert nach: Harold James: Geschichte Europas im 20. Jahrhundert, München (C. H. Beck) 2004, S. 199. Übers, von Udo Rennert u. a.

Arbeitsaufträge: siehe Seite 115.

Erinnern für die Zukunft?

Von allem nichts gewusst? Nach Kriegsende zwangen die Besatzungstruppen die deutsche Bevölkerung zu Besuchen in ehemaligen NS-Konzentrationslagern oder führten ihnen Dokumentarfilme des Grauens vor. Die gängige Reaktion vieler lautete, dies weder gewusst noch gewollt zu haben. Doch nur wenige Jahre zuvor waren Rassenideologie, Innen- und Außenpolitik der Nationalsozialisten noch auf breite Zustimmung gestoßen. Rund 500 Personen wurden in den Nürnberger Prozessen (s. S. 144 f.) schuldig gesprochen; nach heutigen Forschungsergebnissen waren aber fast 500 000 Personen am Völkermord beteiligt. Das Schicksal der Ermordeten, der wenigen Überlebenden und der vielen Millionen Zwangsarbeiter interessierte nach 1945 kaum jemanden. Die Deutschen fühlten sich selbst als Opfer von Kriegsniederlage, Bombenterror, Massenvergewaltigungen, Flucht und Vertreibung. Das große materielle Elend der Deutschen nach dem Krieg verhinderte über lange Zeit eine tiefere Auseinandersetzung mit den Gründen für die Entstehung einer menschenverachtenden Diktatur.

„Über Auschwitz wächst kein Gras". In den 1960er Jahren fanden Prozesse gegen weitere, später gefasste Täter statt, die in den Konzentrationslagern Auschwitz und Treblinka für unzählige Morde verantwortlich waren. Täglich berichteten die Nachrichten grausame Details. Die Angeklagten waren unauffällige Personen, die nach ihren Mordtaten problemlos als Angestellte, Kaufleute oder Krankenpfleger in ihre alten Berufe zurückgekehrt waren. Der Deutsche Bundestag verlängerte nach erbitterten Diskussionen mehrfach die Verjährungsfrist für nationalsozialistische Mordtaten. Zugleich stieg die Zahl derer an, die einen Schlussstrich unter die deutsche Verantwortlichkeit für die Verbrechen des Dritten Reichs ziehen wollten. Die eigentliche „Aufarbeitung der Vergangenheit" setzte in der breiten Öffentlichkeit erst in den 1970er und 1980er Jahren ein. Auslöser waren u. a. die Ausstrahlung der amerikanischen Serie „Holocaust" im deutschen Fernsehen 1979 und die Rede von Bundespräsident Richard von Weizsäcker zum 40. Jahrestag des Kriegsendes (1985). Verstärkt kam es in Westdeutschland zur Förderung von Geschichtswerkstätten und Projekten, die die lokale Beteiligung an der NS-Herrschaft kritisch hinterfragten und sich dem Gedenken an die Opfer widmeten.

Formen des Gedenkens. Die polnische Regierung erklärte Auschwitz 1947 per Gesetz und „für ewige Zeit" zum polnischen Nationaldenkmal, weil dort große Teile der polnischen Intelligenz und des polnischen Widerstandes ermordet worden waren. Israel baute allen Opfern in Yad Vashem bei Jerusalem eine Forschungs- und Gedenkstätte, die die Namen und Lebensläufe aller ermordeten Juden bewahrt. In der „Allee der Gerechten" wurden Bäume für alle Nichtjuden gepflanzt, die einen Juden vor den Nazis retteten. In der alten Bundesrepublik kam es aufgrund von internationalem Druck, insbesondere aber dank des langjährigen Engagements privater Institutionen zu Gedenkstättengründungen. In der DDR gab es die nationalen Mahn- und Gedenkstätten Ravensbrück, Sachsenhausen und Buchenwald.

M1 Denkmal in Berlin für die ermordeten Juden Europas von Peter Eisenman *(2005)*

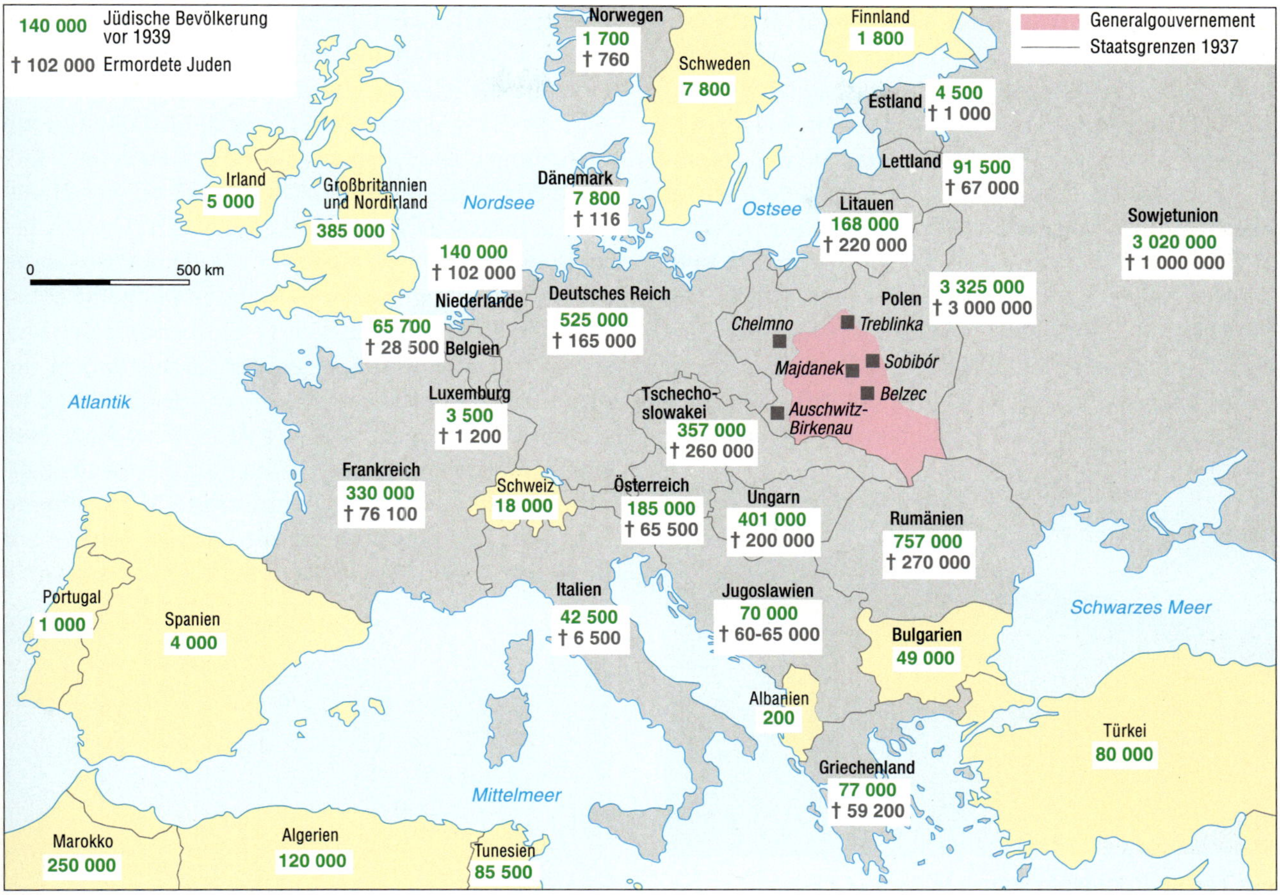

M2 Jüdische Bevölkerung in Europa vor und nach der Shoah

1 Die Texte auf Seite 112–113 behandeln alle dasselbe Thema. Zähle auf, welche unterschiedlichen Formen der Darstellung sie benutzen. Welche Aspekte werden jeweils betont?

2 Tragt Material zum Leben im Warschauer Getto zusammen (z. B. zu den Themen: Arbeit und Alltag, Ernährungslage und Widerstand) und präsentiert dies in der Klasse. Recherchiert das Schicksal von Eugenia Tabaczynska (s. S. 69), die auch im Warschauer Getto lebte (Internetsuchbegriff: Eugenia Tabaczynska).

3 Zu welchen auf den Seiten 112–115 erwähnten Inhalten des Geschichtsbuchs möchtest du mehr erfahren? Stellt euch die Fragen und die Ergebnisse eurer Nachforschungen gegenseitig vor.

4 Beschreibe den Anteil der jüdischen Bevölkerung in den einzelnen Ländern vor und nach der Shoah (M2). Finde heraus, welche Unterstützung die Deutschen bei den Verhaftungen von Juden durch die lokale Polizei und Teile der Bevölkerung erhielten (z. B. Niederlande, Frankreich, Stichwort „Kollaboration").

5 In Bulgarien und Dänemark wurde fast die gesamte jüdische Bevölkerung gerettet. Bringe in Erfahrung, wie und durch wen den Deutschen Widerstand geleistet wurde.

6 Informiere dich, wie der nichtjüdischen Opfer der nationalsozialistischen Verfolgung gedacht wird (z. B. Opfer der Euthanasie, Sinti und Roma, politisch und religiös Verfolgte, Homosexuelle).

Geschichte vor Ort: Spuren der Opfer, Spuren der Täter

Gedenkstätten in Hessen. Denkt man an Erinnerungsorte für Opfer des Nationalsozialismus, so werden zuerst die Massenvernichtungslager im Osten (s.S. 112 f.) oder die großen Konzentrationslager wie Dachau oder Bergen-Belsen genannt. Weitaus weniger bekannt erscheinen die Orte des Gedenkens in Hessen. Im Bundesland Hessen, in dessen Grenzen sich zwischen 1933 und 1945 keines der großen Konzentrationslager befand, gibt es heute zahlreiche Gedenkstätten. Sie umfassen Stätten des Gestapo-Terrors, Gefangenen- und Arbeitslager für Soldaten und Zwangsarbeiter, aber auch Orte des früheren jüdischen Lebens – darunter viele ehemalige Synagogen.

M1 Wiedererrichtete Garage der „grauen Busse", heute Teil der Gedenkstätte Hadamar *(Foto 2011).*

Hadamar – Massenmord an kranken Menschen. Mit dem Umbau der ehemaligen Landesheilanstalt Hadamar Ende 1940 wurden u.a. eine Gaskammer, zwei Verbrennungsöfen und eine Busgarage errichtet. Von Januar bis August 1941 starben in dieser Gaskammer über 10 000 Menschen. Wie an hunderttausenden anderen körperlich behinderten oder psychisch kranken Menschen vollstreckten auch hier deutsche Wissenschaftler, Ärzte und Pfleger den „Gnadentod". Angehörige der Justiz, der Polizei, der Gesundheitsbehörden halfen dabei. Mit dem Begriff „Euthanasie" (griech.: schöner Tod) tarnten die Täter zynisch beschönigend ihren Massenmord an den hilfsbedürftigen Menschen.
In Hadamar gab es stets den gleichen Ablauf: In grauen Bussen kamen die Patienten aus anderen Anstalten, mussten in der uneinsehbaren Busgarage aussteigen, wurden ins Hauptgebäude geführt. Dort hatten sie sich zu entkleiden und dem Arzt vorzustellen, der aufgrund der mitgelieferten Krankenakte eine „natürliche" Todesursache bestimmte. Dann führten Schwestern oder Pfleger die Kranken in die Gaskammer. Die Leichen wurden in den beiden Krematoriumsöfen verbrannt. Die Einwohner von Hadamar konnten die Rauchwolken und den Geruch bemerken. Das Sonderstandesamt Hadamar versandte an die Angehörigen Sterbeurkunden mit gefälschten Todesursachen der plötzlich Verstorbenen. Nach Protesten vor allem aus Kreisen der Kirche, endete die Aktion offiziell im Sommer 1941, wurde aber in anderer Form fortgesetzt. Von August 1942 bis März 1945 starben weitere 4 500 Menschen durch Nahrungsentzug, vorenthaltene oder überdosierte Medikamente sowie spezielle Injektionen. Die Leichen wurden auf dem Anstaltsfriedhof in Massengräbern verscharrt.

M2 Erinnerungstafel und das mobile Denkmal der „grauen Busse" *(hier in Köln, 2011).*

In allen Gaskammern der NS-„Euthanasie" erprobten die Täter ihre fabrikmäßige Tötungstechnologie, die sie bei der Auslöschung der Juden Europas (s. S. 112 f.), in noch schrecklich größerem Ausmaß anwandten. Angesichts des Holocaust wurden die über 200 000 wehrlosen „Euthanasie"-Opfer in Deutschland lange Zeit fast vergessen: Viel zu spät erhielten die noch lebenden Opfer eine geringe Entschädigung. Zwei der höchsten Vertreter der „NS-Euthanasie"-Aktion wurden im Nürnberger Ärzteprozess (s. S. 144) zum Tode verurteilt. Gegen die übrigen Täter verliefen die Ermittlungen deutscher Justizbehörden oft im Sande. In über 50 Prozessen wurden zwar 90 Verurteilungen, aber fast genauso viele Freisprüche verhängt.

■ GESCHICHTE AKTIV/KREATIV
Projektidee: „Wir besuchen eine Gedenkstätte für die Opfer des Nationalsozialismus."

Hessen besitzt über das gesamte Bundesland verteilt eine vielfältige Gedenkstättenlandschaft. Sie dient der Erinnerung an die nationalsozialistischen Gräueltaten und soll die Vergangenheit gerade durch die Begegnung mit sehr unterschiedlichen Schauplätzen lebendig halten. Auch z. B. Friedhöfe, Mahnmale oder Gedenktafeln bewahren die Erinnerung an das Leid von Millionen Menschen.

Planung:
Entscheidet euch für ein Ziel und holt darüber Informationen ein (Ausstellungskataloge, Bibliothek, Internet). Arbeitet auch mit Fachlehrern/innen aus anderen Fächern, z. B. Religion, zusammen. Meldet euch rechtzeitig für eine Führung (mit Zeitzeugen?) an. Organisiert die Fahrt von und zu dem Gedenkort.

M3 Karte von Gedenk- und Dokumentationsstätten in Hessen

Durchführung:
Die Erwartungen müssen klar sein: Es ist kein normaler Ausflug oder Wandertag. Nehmt euch Zeit und plant keine zusätzlichen Ziele außerhalb eurer Thematik ein. Haltet euren Besuch in Bild und Wort (Protokoll) fest. Jeder Schüler/jede Schülerin soll mit einem aus einer ihm/ihr wichtigen Perspektive gemachten Foto ein Detail festhalten. Verweilt, vielleicht zum Ende eures Besuches, an einer markanten Stelle, um euch – jeder für sich – abschließend nochmals das Erlebte vor Augen zu führen.

Auswertung und Präsentation:
Was haben wir Neues erfahren, was war bekannt? Wie wirkte die Darstellung im Ausstellungs- oder im Lagerbereich? In welcher Weise wird den Opfern gedacht? Welche Fragen sind geblieben? Wie können sie beantwortet werden? Sprecht über eure Gefühle nach diesem Besuch. Eine Präsentation sollte schriftliche Informationen und Bilder ausgewogen beinhalten. (Zu viel Text stößt ab!) Gibt es markante Aussagen von Zeitzeugen? Sammelt eure ausgewählten Einzelbilder (s. Durchführung) und fügt sie zusammen.

1 Nutze den Link http://www.ns-gedenkstaetten.de/gedenkstaetten-bundesweit.html. Zeichne die Karte M3 ab und markiere Orte der Täter und der Opfer verschiedenartig. Erläutere, warum diese Trennung manchmal schwierig ist.

2 Informiert euch mithilfe des Links über eure nächstgelegene Gedenkstätte und plant mit den Hinweisen oben einen Besuch.

3 „Wenn Menschen das Recht haben, unproduktive Mitmenschen zu töten, ... dann ist der Mord an uns allen, wenn wir alt und altersschwach und damit unproduktiv werden, freigegeben." (Bischof von Galen, Münster am 3. August 1941) – Bewerte das Zitat.

„Was aber tut das deutsche Volk?“

Was ist Widerstand? Mit dem Begriff Widerstand (frz. Résistance) bezeichnet die Geschichtswissenschaft die Opposition gegen den Nationalsozialismus im Deutschen Reich wie in den von Deutschen eroberten Ländern. Beispiele dafür sind der Generalstreik der Amsterdamer gegen die Deportation der Juden am 22/23. Februar 1941 oder die Untergrundaktionen der polnischen Armia Krajova (Heimatarmee). Allerdings lag es näher, sich dem feindlichen Aggressor zu widersetzen als das selbst verschuldete Übel zu beseitigen. Der Nationalsozialismus war so tief in das Denken und Handeln der deutschen Bevölkerung eingedrungen, dass nur wenige mutige Männer und Frauen Widerstand gegen die Willkürherrschaft leisteten. Diese Menschen gingen ein hohes Risiko ein, von Spitzeln oder Denunzianten verraten, danach zum Tode verurteilt und hingerichtet zu werden. Viele Widerstandshandlungen scheiterten, auch wenn einzelne immer wieder gelangen. Was aber zählt zum Widerstand? Ist jeder, der vom verordneten NS-Modell abwich, schon ein Widerstandskämpfer? Genügte jede Bekundung von Unzufriedenheit, jede spontane Ablehnung?

Die Verschiedenartigkeit des Widerstands. Während des Zweiten Weltkriegs existierten Widerstandskreise, die unterschiedliche Ziele verfolgten. Sozialdemokratische und kommunistische Gruppen unternahmen aus dem Untergrund Sabotageakte in Rüstungsbetrieben, um die Kriegsmaschinerie zu stoppen. Unerschrockene Geistliche beider Konfessionen kritisierten öffentlich das Regime und seine Politik. Der Münsteraner Bischof Graf von Galen prangerte in Predigten den Massenmord an behinderten Menschen an. Die evangelischen Landeskirchen wurden 1933 unter einem „Reichsbischof“ zu einer „Reichskirche“ vereinigt, die Hitlers Ideen folgen sollte. Gegen diese Art der Gleichschaltung wandten sich Theologen der „Bekennenden Kirche“, vor allem Pastor Martin Niemöller und Dietrich Bonhoeffer. Beide Kirchen vermieden aber den offenen Konflikt, der die nationalsozialistische Herrschaft in Frage gestellt hätte. Beispiele für den Protest junger Menschen sind die Aktionen der „Edelweißpiraten“ im Rheinland und die Münchner Studentengruppe „Weiße Rose“.

Das Attentat vom 20. Juli 1944. Trotz des Scheiterns kam bei diesem herausragenden Ereignis der Widerstand am nächsten an sein Ziel heran. Im Grunde war klar: Hitlers Herrschaft beenden konnte nur ein militärisch durchgeführter Staatsstreich. Doch lange Zeit fanden sich dazu keine mutigen Soldaten. Erst in der Endphase des Zweiten Weltkriegs bildete sich ein größerer Kreis, dem u. a. der ehemalige Leipziger Oberbürgermeister Goerdeler, der 1938 zurückgetretene Generalstabschef Beck sowie einige Offiziere der Wehrmacht angehörten. Sie planten einen Umsturz, um die absehbare deutsche Niederlage zu verhindern und einen Verständigungsfrieden zu erzielen. Mit der Operation „Walküre“ griffen sie bestehende Pläne einer militärischen Niederschlagung innerer Unruhen im NS-Staat auf. Diese wollten sie in abgewandelter Form durchführen, um das NS-Regime zu beseitigen. An der Planung beteiligte sich seit Herbst 1943 auch Claus Schenk Graf von Stauffenberg, der als Einziger aus der Gruppe unmittelbaren Zugang zu Hitler hatte. Bei einer Besprechung im „Führerhauptquartier“ in Ostpreußen am 20. Juli 1944 missglückte sein Sprengstoffanschlag, Hitler überlebte leicht verletzt. Stauffenberg wurde am gleichen Abend in Berlin, wo er die nächsten Schritte zum Sturz der Regierung einleiten wollte, standrechtlich erschossen. Etwa 200 direkt am Umsturzversuch beteiligte Personen sowie mehrere tausend indirekt Beteiligte oder willkürlich Verhaftete ließ Hitler bis Kriegsende durch den Volkgerichtshof zum Tode verurteilen.

M1 Das „Führerhauptquartier“ nach dem Anschlag

M2 Gesichter des Widerstands

Politischer Widerstand:
Wilhelm Leuschner

Militärischer Widerstand:
Claus Schenk
von Stauffenberg

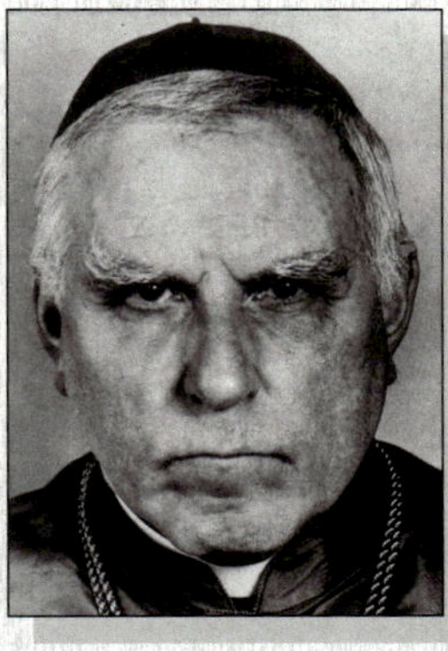

Kirchlicher Widerstand:
Bischof von Galen

Privater Widerstand:
Walter Klingenbeck

Demonstration
Leben in der Illegalität
Sabotage
Unterlassen der Anzeigepflicht
Befehlsverweigerung
Bewaffnete Aktion
Partisanenkrieg
Generalstreik
Staatsstreich
Predigt
Attentat
Protestkundgebungen
Unterwanderung
Flüsterwitze und Flüsterpropaganda
Nichtbeteiligung an Aktionen des Regimes
Plakatanschlag
Funkkontakte
Selbstmord
Feindliche Rundfunksender abhören
Spionage
Eidesverweigerung
Putsch
Verschwörung
Mitarbeit in einer Widerstandsgruppe
Aufklärung und Aufruf
Wandinschriften
Flugblattherstellung und Verteilung
Agitation
Demonstrativer Amtsrücktritt
Hilfe für Verfolgte
Verbergen
Gehorsamsverweigerung
Desertation
Kritische Denkschrift
Kurierdienst
Geheimnisverrat
Verbleiben im Amt oder Amtsübernahme
Boykott
Streik
Schmuggel
Emigration

Fallbeispiele und Formen des Widerstands

M1 Abweichendes Verhalten *(ein Schaubild nach dem Historiker Detlev Peukert)*

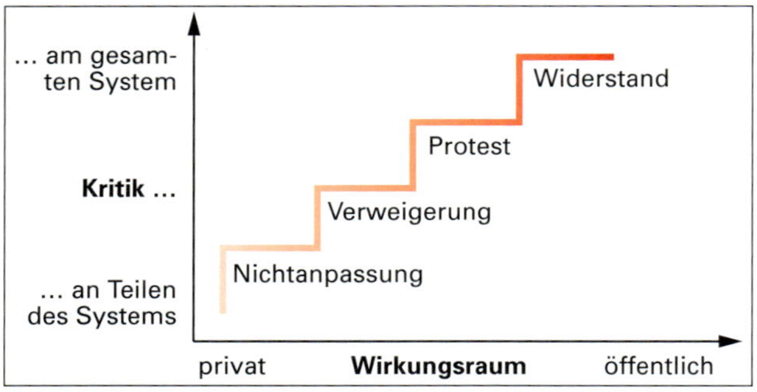

M2 Widerstandsrecht im Grundgesetz

Art. 20 (1) Die Bundesrepublik Deutschland ist ein demokratischer und sozialer Bundesstaat.

(2) Alle Staatsgewalt geht vom Volke aus. Sie wird vom Volke in Wahlen und Abstimmungen und durch besondere Organe der Gesetzgebung, der vollziehenden Gewalt und der Rechtsprechung ausgeübt …

(4) Gegen jeden, der es unternimmt, diese Ordnung zu beseitigen, haben alle Deutschen das Recht zum Widerstand, wenn andere Abhilfe nicht möglich ist.

Zitiert nach: www.documentarchiv.de/brd/1949/grundgesetz.html.

M3 Der Arbeiter August Landmesser mit seinen Kollegen beim Stapellauf eines Schiffes in einer Hamburger Werft *(1936)*

M4 Aus der Predigt des Münsteraner Bischofs von Galen *(3. August 1941):*

Deutsche Männer und Frauen! Noch hat Gesetzeskraft der § 211 des Reichsstrafgesetzbuches, der bestimmt: „Wer vorsätzlich einen Menschen tötet, wird, wenn er die Tötung mit Überlegung ausgeführt hat, wegen Mordes mit dem Tode bestraft.“ … Es ist mir aber versichert worden, dass man im Reichsministerium des Innern … gar kein Hehl daraus mache, dass tatsächlich schon eine große Zahl von Geisteskranken in Deutschland vorsätzlich getötet worden ist und in Zukunft getötet werden soll …

So müssen wir damit rechnen, dass die armen, wehrlosen Kranken über kurz oder lang umgebracht werden. Warum?… Weil sie nach dem Urteil irgendeines Amtes, nach dem Gutachten irgendeiner Kommission „lebensunwert“ geworden sind, weil sie nach diesem Gutachten zu den „unproduktiven“ Volksgenossen gehören. Man urteilt: Sie können nicht mehr Güter produzieren, sie sind wie eine alte Maschine, die nicht mehr läuft, sie sind wie ein altes Pferd, das unheilbar lahm geworden ist, sie sind wie eine Kuh, die nicht mehr Milch gibt. Was tut man mit solch einer Maschine? Sie wird verschrottet.

Zitiert nach: Clemens August von Galen: Akten, Briefe und Predigten, Bd. 2: 1939–1946, Mainz (Matthias Grünewald-Verlag) 1988, S. 874 f.

M5 Studentischer Widerstand: Hans und Sophie Scholl sowie Christoph Probst

M6 Aus dem vorletzten Flugblatt der „Weißen Rose“ *(Ende Januar 1943):*

Aufruf an alle Deutsche!

Mit mathematischer Sicherheit führt Hitler das deutsche Volk in den Abgrund. Hitler kann den Krieg nicht gewinnen, nur noch verlängern. Seine und seiner Helfer Schuld hat jedes Maß deutlich überschritten. Die gerechte Strafe rückt näher und näher.

Was aber tut das deutsche Volk? Es sieht nicht und es hört nicht. Blindlings folgt es seinen Verführern ins Verderben. Sieg um jeden Preis! haben sie auf Ihre Fahnen geschrieben ... Deutsche! Wollt ihr und eure Kinder dasselbe Schicksal erleiden, das den Juden widerfahren ist? Wollt Ihr mit dem gleichen Maß gemessen werden wie eure Verführer? Sollen wir auf ewig das von aller Welt gehasste und ausgestoßene Volk sein? Nein! Darum trennt Euch rechtzeitig von dem national-sozialistischen Untermenschentum! Beweist durch die Tat, dass Ihr anders denkt! Ein neuer Befreiungskrieg bricht an. Der bessere Teil des Volkes kämpft auf unserer Seite. Zerreißt den Mantel der Gleichgültigkeit, den ihr um euer Herz gelegt! Entscheidet euch, ehe es zu spät ist! ...

Freiheit der Rede, Freiheit des Bekenntnisses, Schutz des einzelnen Bürgers vor der Willkür verbrecherischer Gewaltstaaten, das sind die Grundlagen des neuen Europa.

Zitiert nach: Inge Scholl: Die weiße Rose, Erw. Neuausgabe, Frankfurt (Verlag der Frankfurter Hefte) 1982, S. 96 - 121. © S. Fischer Verlag, Frankfurt a. M.

M7 Erinnerungen des „Edelweißpiraten“ Jean Jülich aus Köln

... Ich aber entdeckte gegen Ende 1942 die „Edelweißpiraten“ und schloss mich ihnen an, weil die freiheitliche Auffassung dieser neuen Freunde mir imponierte und mir der militärische Drill und das Strammstehen und das Uniformiertsein der Hitlerjugend nicht gefielen und in meinen Augen die Kirchen zu duckmäuserisch den Nazis gegenüber waren ... Nach und nach wurden wir bei unseren Treffen von der HJ gestört, und so kam es immer häufiger zu Prügeleien, welche meist damit endeten, dass die HJ Verstärkung durch Polizei oder SS erhielt und wir dann den Kürzeren zogen ... Wir verübten Sabotage, soweit es unsere bescheidenen Möglichkeiten erlaubten, z.B. beschädigten wir im Schutz der Verdunkelung Eigentum von Nazi-Parteigenossen ... (oder) schrieben antifaschistische Parolen auf Naziplakate ... Die Öffentlichkeit war mehr und mehr auf uns aufmerksam geworden und ebenfalls in dem zermürbenden Krieg mehr und mehr gegen die Nazis eingestellt. Nicht selten erlebten wir Sympathiebezeugungen, und nie wurden wir von den normalen Bürgern angepöbelt ...

Zitiert nach: Hermann Wilmes: Kursunterricht Geschichte, Teil 3, Köln (Aulis/Deubner/CVK) 1994, S. 299. © Stadtarchiv Köln

1 Darf ein gewissenloser Diktator ermordet werden (M1/Seite 118)? Finde mögliche Argumente der Attentäter des 20. Juli 1944 heraus. Erkläre diesen Begriff der griechischen Antike (Suchbegriff „Tyrannenmord“).

2 Werte M2 auf Seite 119 aus. Formuliere Antworten auf die Fragen nach Motiven, Zielen und Vorgehen des Widerstands. Stelle die hier erwähnten Personen in einer Kurzbiografie vor und deute ihre Aussagen vor dem Hintergrund der jeweiligen Lebensgeschichte.

3 Ordne die Formen des Widerstands auf Seite 119 sowie die Fallbeispiele M3–M7 (Seite 120 f.) auf einem Plakat dem Modell Peukerts zu.

4 Inwiefern kann man Art. 20 (4) GG als historisches Vermächtnis der Widerstandskämpfer sehen (M2)?

5 Stelle die französische Résistance und die polnische Armia Krajova vor. Was war diesen Widerstandsorganisationen gemeinsam und worin unterschieden sie sich?

Hitler als „Held“ im Spielfilm?

Historische Filminhalte als Publikumserfolg. Ob Sandalenfilm (Antike), Ritterfilm (Mittelalter), Western oder zeitgeschichtliche Themen, wie die beiden Weltkriege und der Nationalsozialismus, im Film inszenierte Vergangenheit erfreut sich größter Beliebtheit. Kein anderes Medium kann Historie einem Massenpublikum so anschaulich und emotional vermitteln. Der Aufwand solch einer Produktion ist oft enorm. Wichtig ist zunächst die Glaubwürdigkeit des Films: Stimmen die historischen Fakten und die szenische Ausstattung (Bauten, Kostüme usw.)? Sind die Personen, ihre Handlungen und Beziehungen untereinander richtig getroffen? Doch auch ein detailgenauer Film ohne offensichtliche Fehler bleibt immer eine Konstruktion von Geschichte mit fiktiven und illusionären Elementen. Oft werden Teile erfunden. Das mag ein kurzer alltäglicher Dialog sein oder aber eine publikumswirksame Liebesgeschichte, die das eigentliche Thema des Films ausmacht.

M1 Auszeichnung eines Hitlerjungen *(Foto, April 1945)*

Der illusionäre Charakter solcher Filme lässt sich anhand von DVD-Zusatzmaterial erschließen, z. B. wenn Schauspieler über Probleme ihrer Darstellung erzählen oder Filmtricks erklärt werden.

„Der Untergang“. Der preisgekrönte Film von Bernd Eichinger (Drehbuch) und Oliver Hirschbiegel (Regie) schildert die letzten Tage im Führerbunker unter der Reichskanzlei. Hitler, seit Januar 1945 in Berlin, glaubte trotz der ausweglosen Lage an das Wunder eines Endsiegs (s. S. 110). Fünf Tage nachdem die Rote Armee den Ring um Berlin geschlossen hatte, beging Hitler Selbstmord – zuvor heiratete er noch Eva Braun, seine langjährige Geliebte. Der Film stützt sich bei den Ereignissen im Bunker auf das gleichnamige Buch des Publizisten und Historikers Joachim Fest sowie auf die Erinnerungen „Bis zur letzten Stunde“ von Hitlers Sekretärin Traudl Junge (beide 2002 erschienen). Dabei wird Adolf Hitler, der zwischen Größenwahn und tiefster Verzweiflung schwankt, zum ersten Mal in einem deutschen Film auch als Person mit menschlichen Zügen gezeigt. Er erscheint als fürsorglicher, fast väterlicher Dienstherr gegenüber seiner Sekretärin, aber ebenso als zynischer und eiskalt Vernichtungsbefehle erteilender Massenmörder.

Der Kampf um Berlin spiegelt sich hingegen in der fiktiven Geschichte um den Hitlerjungen Peter, der meint, den Einmarsch der Russen heldenhaft aufhalten zu müssen.

M2 Auszeichnung des Hitlerjungen Peter
(Filmbild aus „Der Untergang“)

M3 Filmplakat

Methode: Spielfilme historisch auswerten

1. Schritt: Thema und Inhaltsschwerpunkte erfassen

Schau dir den Film mindestens einmal aufmerksam an. Notiere das Thema und wesentliche inhaltliche Schwerpunkte: Welche Aspekte, Einzelheiten werden besonders herausgestellt, was wird nur am Rande gezeigt? Welche Personen stehen im Mittelpunkt? Warum? Erkundige dich, wann und von wem der Film produziert wurde.

2. Schritt: Glaubwürdigkeit überprüfen

Vergleiche deine Geschichtskenntnisse mit der Darstellung im Film. Was entspricht der historischen Wirklichkeit? Halte offensichtliche Fehler oder Widersprüche fest. Welche Ausstattungsdetails beeindrucken, welche stimmen nicht? Auf welche Quellen stützt sich der Film?

3. Schritt: Fiktive Anteile herausfinden

Welche Details sind von Filmemachern ausgedacht worden? Gibt es eine erfundene Geschichte? Wie wirkt diese auf den Zuschauer? Inwieweit spricht sie die Gefühle der Zuschauer an?

4. Schritt: Gesamtbewertung durchführen

Werte deine Notizen aus und formuliere ein Gesamtergebnis. Beurteile dabei den Stellenwert der erfundenen Geschichte und erörtere, inwieweit du den Film historisch überzeugend findest.

M4 Reaktionen auf den Film „Der Untergang"

a) aus der Sicht eines bekannten Filmregisseurs:

Wessen Sicht transportiert der Film? Warum dürfen wir Hitler und Goebbels nicht sterben sehen? ... Warum verdienen sie einen so würdigen Abgang, während alle anderen guten und schlechten Deutschen abgeknallt werden? Was für ein Verdrängungsvorgang entspinnt sich da vor unseren Augen? ... Der Film hat von allem keine Meinung, vor allem nicht vom Faschismus oder von Hitler. Er überlässt den Zuschauern die Haltung, die er selbst nicht hat oder höchstens vortäuscht.

Zitiert nach: Wim Wenders: Tja, dann wollen wir mal ... In: Die Zeit, Nr. 44 vom 21. Oktober 2004, S. 49 ff.

b) aus der Sicht eines Historikers (und Hitlerbiografen):

Trägt der Film nun dazu bei, Hitler besser zu verstehen? Ich glaube nicht, so hervorragend das Porträt auch ist. Das kann er auch gar nicht leisten – und ich wüsste auch nicht, welche Einsichten wir gewännen, wenn wir Hitler tatsächlich besser kennten ... Würden wir besser verstehen, warum er so viel Macht über die Deutschen besaß? Warum so viele kluge Menschen in einflussreicher Position bereit waren, seine Ideen zu verwirklichen? Nicht einmal der beste Schauspieler wird imstande sein, Hitler einem Publikum verständlicher zu machen, das dessen wirres Denken unmöglich nachvollziehen kann ... Man sollte nicht erwarten, Hitler nach solch einem Film besser zu „verstehen".

Zitiert nach: Ian Kershaw: Der Führer küsst, der Führer isst Schokolade. In: FAZ vom 17. September 2004, S. 37.

1 Informiere dich über die Eroberung Berlins 1945 und über das Ende des Deutschen Reichs. Für wen war dies ein „Untergang"? Und für wen war es eher eine Befreiung?

2 Untersuche den Film „Der Untergang" in der vorgegebenen Reihenfolge der vier Schritte. Zusätzlich kannst du dich auch im Internet, in einem Filmlexikon oder mithilfe eines DVD-Zusatzmaterials kundig machen. Beziehe auch M3 mit ein.

3 Vergleiche M1 und M2 miteinander. Zu welchen Schlüssen kommst du?

4 Lege dar, warum es wichtig ist zu wissen, auf welches Quellenmaterial sich der Film stützt.

5 Erkläre, inwieweit die Reaktionen von Wim Wenders und Ian Kershaw gerechtfertigt sind.

Flucht und Vertreibung

Flucht vor der Roten Armee. In den letzten Kriegsmonaten setzte eine große Fluchtbewegung der deutschen Bevölkerung vor der anrückenden sowjetischen Armee aus den deutschen Ostprovinzen und den deutschen Siedlungsgebieten in Ostmitteleuropa ein. Bis zuletzt hatten die nationalsozialistischen Befehlshaber der Bevölkerung verboten zu flüchten und Durchhalteparolen ausgegeben. Als die sowjetischen Soldaten die deutschen Ostgrenzen erreichten, kam es aus Angst vor Vergeltung der Roten Armee zum eiligen Aufbruch. In Trecks über Land und auf Schiffen über die Ostsee versuchten die Flüchtlingsgruppen, meist Frauen, Kinder und alte Menschen, nach Westen zu gelangen. Viele Frauen wurden Opfer von Vergewaltigungen, unzählige Menschen erfroren in der eisigen Kälte des Winters 1944/45 oder starben bei Luftangriffen. Andere wurden als Zwangsarbeiter in die Straflager der UdSSR verschleppt.

„Organisierte Umsiedlung" oder Vertreibung? Unmittelbar nach Kriegsende mussten die Deutschen östlich der Flüsse Oder und Neiße ihre Wohngebiete verlassen. Auch Siedlungen von Deutschen in verschiedenen Ländern Ostmittel- und Südosteuropas mussten aufgegeben werden. Der unmittelbare Anlass für die ▸ Vertreibung der Deutschen war, Vergeltung für die NS-Verbrechen zu üben, vor allem für den Rassen- und Vernichtungskrieg in Osteuropa. Auf der Konferenz in Potsdam (s. S. 142) beschlossen die Siegermächte 1945, die deutsche Bevölkerung „in ordnungsgemäßer und humaner Weise" umzusiedeln. Die Wirklichkeit sah jedoch ganz anders aus. Das Eigentum der Deutschen – Höfe, Wohnungen und Fabriken – wurde ohne Entschädigung enteignet.
Die Deutschen waren nicht allein unter chaotischen Bedingungen in überfüllten Zügen, zu Fuß oder mit Planwagen unterwegs: In der umgekehrten Richtung machten sich ca. 5 Millionen ehemaliger ins Deutsche Reich verschleppte Zwangsarbeiterinnen und -arbeiter aus dem Osten auf den Rückweg nach Polen, in die Sowjetunion und ins Baltikum. Die sowjetischen Zwangsarbeiter wurden in ihrer Heimat geächtet, weil sie dem Feind im Krieg geholfen hatten. Vertreibungsopfer waren auch die vielen polnischen Staatsbürger, die ihre Heimat in den sowjetisch besetzten Gebieten Ostpolens verlassen mussten.

M1 Leben in einem Flüchtlingslager *(1945)*

M2 Geschichte erzählt

Als die Rote Armee im Januar 1945 das Gebiet um Königsberg eingekesselt hatte, blieb den Flüchtenden nur der Weg über das zugefrorene Meer auf die Frische Nehrung, eine Landzunge, von der aus man nach Danzig und von dort auf Schiffen nach Westen gelangen konnte. Eine Frau schildert ihre Flucht:

Einige Frauen mussten Übermenschliches leisten. Als Treckführerinnen fanden sie nur mühevoll den sichersten Weg für die Wagen. Überall auf der Eisfläche lag verlorener Hausrat herum. Verwundete krochen mit bittenden Gebärden zu uns heran, schleppten sich an Stöcken dahin. Sechs Stunden dauerte unser Weg, dann hatten wir, zu Tode ermattet, die Nehrung erreicht ... Auf unserem Weg nach Danzig sahen wir grauenvolle Szenen: Mütter warfen im Wahnsinn ihre Kinder ins Meer, Menschen hängten sich auf. Andere stürzten sich auf verendende Pferde, schnitten sich Fleisch heraus, brieten die Stücke auf offenem Feuer. Frauen wurden in Wagen entbunden. Jeder dachte nur an sich, niemand konnte den Kranken und Schwachen helfen.

Zitiert nach: Christoph Beitz: Schicksale, Heft Nr. 4: 1945 – Ende und Anfang. Eine pädagogische Handreichung des Volksbundes Deutsche Kriegsgräberfürsorge, München 1995, S. 13.

M4 Geschichte erzählt

Bericht einer kurz nach Kriegsende aus dem Sudetenland vertriebenen deutschen Frau:

Ich wohnte mit meinen drei Kindern in Freiwaldau, Ostsudetenland (heute: Jesenik) ... Am 26. Juli 1945 kamen plötzlich drei bewaffnete tschechische Soldaten und ein Polizist in meine Wohnung und ich musste dieselbe binnen einer halben Stunde verlassen. Ich durfte gar nichts mitnehmen. Wir wurden auf einen Sammelplatz getrieben und mussten viele Stunden warten, gegen Abend wurden wir unter grässlichen Beschimpfungen und Peitschenschlägen aus dem Heimatort fortgeführt. Nach sechsstündigem Fußmarsch mussten wir im Freien übernachten und wurden dann eine Woche lang in einem primitiven Lager festgehalten. Verpflegung gab es keine, und wir mussten mit dem wenigen, was wir uns an Essen mitgenommen hatten, auskommen. Es wurde uns immer noch nicht gesagt, was mit uns geschehen soll, bis wir am 2. August 1945 zum Bahnhof mussten und auf offene Kohlewagen verladen wurden. Vor der Abfahrt des Transportes bekamen wir pro Eisenbahnwagen ein Brot. Während der Fahrt regnete es in Strömen, ... die Kinder wurden krank ... und ich wusste mir vor Verzweiflung bald keinen Rat mehr. Nach zwei Tagen wurden wir in Tetschen (heute: Dečin) ausgeladen. Wir waren hungrig und erschöpft und ... wurden mit Peitschenhieben und Schreckschüssen zur Reichsgrenze getrieben.

Zitiert nach Wolfgang Benz (Hrsg.): Die Vertreibung der Deutschen aus dem Osten. Ursachen, Ereignisse, Folgen (= Fischer TB), Frankfurt/M. 1985, S. 138 f.

1 Analysiere M2 und beschreibe die Umstände, unter denen die Menschen flohen.

2 Erläutere mithilfe der Karte M3 die Bevölkerungsbewegungen nach dem Zweiten Weltkrieg.

3 Vergleiche den Bericht M4 mit dem Beschluss der Potsdamer Konferenz, wonach die Deutschen in „humaner Weise“ umzusiedeln seien.

4 Versetze dich in die Lage einer Familie, die Flüchtlinge oder Vertriebene bei sich aufnehmen muss. Zeigt in einem Gespräch die Sorgen und Ängste auf beiden Seiten auf.

5 Beschreibe die Lebensverhältnisse in dem Notaufnahmelager (M1).

◄ **M3 Flucht, Vertreibung und Umsiedlung von Deutschen und Polen zwischen 1944 und 1948**

Der Zweite Weltkrieg – eine Bilanz?

Wichtige Daten und Ereignisse

1933	*23. März: Ermächtigungsgesetz*
1935	*„Nürnberger Gesetze"*
1938	*Ende September: „Münchner Abkommen"* *9. November: Pogromnacht*
1939	*1. September: Angriff auf Polen / Beginn des Zweiten Weltkriegs*
ab 1942	*Vernichtung der europäischen Juden*
1944	*20. Juli: Attentat auf Hitler scheitert*
1945	*7./8. Mai: bedingungslose Kapitulation der deutschen Wehrmacht* *6./9. August: Atombombenabwürfe auf Hiroshima und Nagasaki*

Deutschland	5 250 000	davon 600 000 Zivilisten
Sowjetunion	20 600 000	7 000 000 Zivilisten
Polen	4 250 000	4 200 000 Zivilisten
Osten Polens	1 500 000	Gebiet von der Sowjetunion 1939 annektiert
USA	259 000	
Großbritannien	386 000	62 000 Zivilisten
Frankreich	810 000	470 000 Zivilisten
Italien	330 000	
Rumänien	378 000	
Ungarn	420 000	280 000 Zivilisten
Jugoslawien	1 590 000	1 200 000 Zivilisten
Finnland	84 000	
Griechenland	160 000	140 000 Zivilisten
Belgien	88 000	76 000 Zivilisten
Niederlande	210 000	198 000 Zivilisten
Japan	1 800 000	600 000 Zivilisten
China	15 000 000	7 750 000 Zivilisten

Sicherung wichtiger Kompetenzen und Grundbegriffe

- **Eigene Dateien**
  - **Geschichte**
    - **Nationalsozialismus – Zweiter Weltkrieg**
      - **Methoden** AK
        - Bild- und Tonmedien analysieren
        - Spielfilme historisch auswerten
      - **Fachbegriffe**
        - Anti-Hitler-Koalition
        - Konzentrations- und Vernichtungslager
        - Antisemitismus
        - Lebensraumideologie
        - Appeasement
        - Nürnberger Gesetze
        - Arisierung
        - Präsidialkabinette
        - Flucht und Vertreibung
        - Rassenideologie
        - Führerprinzip
        - SS-Staat
        - Gleichschaltung
        - Totaler Krieg
        - Hitlerjugend
        - Vernichtungskrieg
        - Hitler-Stalin-Pakt
        - „Volksgemeinschaft"
        - Holocaust/Shoa
        - Zwangsarbeit

M2 Der Völkermord in Zahlen *(nach Schätzungen)*

Lager	Zeitraum	Ermordete
Chelmno	Dez. 1941–Juli 1944	ca. 150 000
Auschwitz	Jan. 1942–Nov. 1944	ca. 1 000 000
Belzec	März 1942–Dez. 1942	ca. 600 000
Sobibor	April 1942–Okt. 1943	200 000–250 000
Treblinka	Juli 1942–Okt. 1943	750 000–900 000
Majdanek	Sept. 1942–Nov. 1943	50 000–60 000
In Vernichtungslagern getötete Juden		fast 3 000 000
Gesamtzahl der Opfer des Holocaust		5 290 000

M3 „Stolpersteine"
Heute gibt es sie in vielen Städten; begonnen wurde das Projekt von Gunter Demnig 1992 in Köln. Kleine in den Bürgersteig eingelassene Steinblöcke erinnern an von den Nationalsozialisten vertriebene oder ermordete Menschen.

M4 Bevölkerungsverschiebungen: Umsiedlung und Vertreibung *(1938 – 1944)*

1 Bildet verschiedene Teams und wertet arbeitsteilig das Zahlen- und Kartenmaterial (M1–M2 und M4 sowie die Zeitleiste) im Einzelnen so aus, wie ihr es im bisherigen Geschichtsunterricht gelernt habt. Fasst eure Ergebnisse zusammen und stellt sie der Gesamtgruppe vor. **AK**

2 Beurteilt, ob die Zahlen aussagekräftig sind und als Bilanz von Krieg und Völkermord gelten können. Überlegt, was euch zusätzlich interessiert und welche Informationen ihr dazu noch benötigt. **UK** **WK**

3 Schreibe einen kurzen Essay über das Kriegsende 1945. Nimm Angaben dieser Seite sowie die Informationen des ganzen Kapitels zu Hilfe. **WK** **UK** **AK**

4 Das rechte Bild zeigt Bilder von Holocaustopfern in der „Hall of Names" (Yad Vashem). Hinter den Opferzahlen in den hier integrierten Tabellen stehen Millionen von Einzelschicksalen. Alle Biografien der ermordeten Juden werden in der Gedenkstätte Yad Vashem in Jerusalem aufbewahrt. Über www.yadvashem.org gelangst du auf die entsprechende Seite. Klicke „Shoah Victims' Database" an. Dann kannst du deinen Heimatort angeben oder den Namen von Einzelpersonen, über deren Schicksal die Forscher eine „Zeugenseite" (page of testimony) angelegt haben. **WK** **OK**

GESCHICHTE AKTIV/KREATIV

Projektidee: „An das Kriegsende und die Opfer von Krieg und Völkermord erinnern."

- Diskutiert den Wert der Aktion des Künstlers Gunter Demnig (M3). Lasst euch von den „Stolpersteinen" anregen.
- Skizziert zeichnerisch oder sprachlich Ideen für einen „Ort der Erinnerung", ein Mahn- oder Denkmal in eurem Ort/in eurer Stadt.

US ARMY CHECKPOINT
YOU ARE LEAVING
THE AMERICAN SECT
ВЫ ВЫЕЗЖАЕТЕ И
АМЕРИКАНСКОГО СЕКТО
VOUS SORTEZ
DU SECTEUR AMERICA
SIE VERLASSEN DEN AMERIKANISCHEN SE

Die Welt und Deutschland nach 1945

Vom Weltkrieg zum Kalten Krieg

Das Kriegsende im Westen. In vielen Ländern ist bis heute der Tag der bedingungslosen Kapitulation Deutschlands ein Gedenk- oder Feiertag. Am 8. Mai wird der Opfer des von den Deutschen aufgezwungenen Kriegs gedacht oder – wie in den Staaten der ehemaligen Sowjetunion – der „Sieg über den Faschismus" gefeiert. Bei Kriegsende trafen die Alliierten auf demoralisierte Menschen in den zerstörten deutschen Städten (s. S. 140 ff.). Zahlreiche Deutsche hatten bis zum Schluss den Durchhalteparolen der Nazipropaganda Folge geleistet und konnten die Niederlage nicht fassen. Andere sahen sich befreit von Verfolgung, staatlichem Terror und der Todesangst während der Bombennächte in Luftschutzkellern. Millionen von Zwangsarbeitern und Inhaftierten verdankten den alliierten Truppen ihre Befreiung und ihr Überleben. Diese „displaced persons" hofften nun auf eine schnelle Rückkehrmöglichkeit in ihre Heimat.

Der ▸ Kalte Krieg. Bald nach Kriegsende traten alte Gegensätze zwischen den kapitalistischen Vereinigten Staaten von Amerika und der kommunistischen Sowjetunion wieder deutlich hervor. Dieser Gegensatz bestimmte in unterschiedlicher Schärfe die Weltpolitik bis 1990. Die USA waren bei Kriegsende die größte Militärmacht der Welt. Sie hatten keinerlei Kriegszerstörungen im eigenen Land zu beklagen und waren für kurze Zeit alleinige Atommacht. Amerikanische Truppen standen in West-, Mittel- und Südeuropa sowie in weiten Teilen des pazifischen Raums und Südostasiens. Daher wollte der 1945 ins Amt gekommene Präsident Harry Truman die Chance nutzen, die Grundsätze der amerikanischen Demokratie und den freien Handel möglichst weltweit durchzusetzen. Die Sowjetunion als zweitgrößte Weltmacht war in einer deutlich schlechteren Lage: Sie hatte 20 Millionen Tote zu beklagen und weite Teile des Landes mit wichtigen Industriegebieten waren von deutschen Truppen zerstört worden. Die Sowjetunion versuchte ihrerseits, immer mehr Länder in Mittelosteuropa und Südosteuropa militärisch, politisch und wirtschaftlich unter ihre Kontrolle zu bringen. Bald standen sich Ost und West als zwei hochgerüstete militärische Blöcke gegenüber. Ab 1947 verfestigte sich das wachsende Misstrauen zwischen den USA und der UdSSR. Das Bild auf Seite 128 zeigt die Konfrontation sowjetischer und amerikanischer Panzer im Oktober 1961 in Berlin. Mehrfach bestand während des Kalten Kriegs das Risiko eines Atomkriegs.

Was lernst du in diesem Kapitel? Am Ende dieser Einheit wirst du folgende Fragen beantworten können:
- Wie kam es zur Teilung der Welt in einen Ost- und einen Westblock? Welche Überzeugungen und Feindbilder standen sich gegenüber? **UK** **OK**
- An welchen Konfliktpunkten verschärften sich die Spannungen zwischen ▸ NATO und ▸ Warschauer Pakt im Kalten Krieg? Wie versuchten die Politiker Wettrüsten und Kriegsgefahr zu vermindern? **WK**
- Welche Lebensbedingungen herrschten im Deutschland der Nachkriegszeit? Inwiefern bedingte die Teilung der Welt die Entstehung zweier deutscher Staaten? **AK**
- Worin lagen die wesentlichen politischen, gesellschaftlichen und wirtschaftlichen Unterschiede zwischen der Bundesrepublik und der DDR? Welche gemeinsamen Probleme mussten gelöst werden? **AK** **UK** **OK**

M1 Phasen den Kalten Kriegs

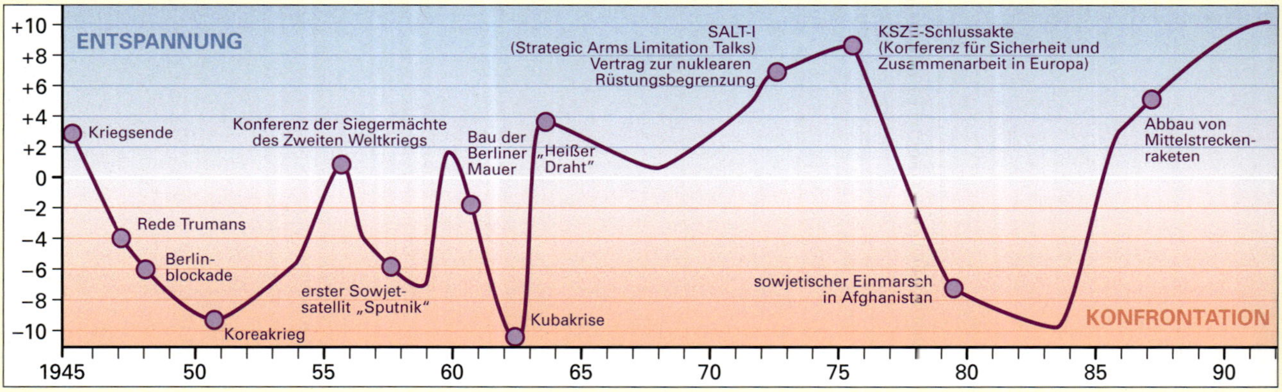

M2 Amerikanische Vorstellungen

Präsident Harry Truman am 12. März 1947:

Im gegenwärtigen Abschnitt der Weltgeschichte muss jede Nation ihre Wahl in Bezug auf ihre Lebensweise selber treffen. Nur allzu oft ist das keine freie Wahl. Die eine Lebensweise gründet sich auf den Willen der Mehrheit und zeichnet sich durch freie Einrichtungen, freie Wahlen, Garantie der individuellen Freiheit, Rede- und Religionsfreiheit sowie Freiheit vor politischer Unterdrückung aus.

Die zweite Lebensweise gründet sich auf den Willen einer Minderheit, der der Mehrheit aufgezwungen wird. Terror und Unterdrückung, kontrollierte Presse und Rundfunk, gefälschte Wahlen und die Unterdrückung der persönlichen Freiheit sind ihre Kennzeichen.

Ich bin der Ansicht, dass die Politik der USA die freien Völker unterstützen muss, die sich der Unterwerfung durch bewaffnete Minderheiten oder dem Druck von außen widersetzen.

Zitiert nach: Europa Archiv 1947, S. 820.

M3 Sowjetische Vorstellungen

Erklärung der Kominform (Verband der kommunistischen Parteien) in Moskau, September 1947:

Nach dem Weltkrieg sind zwei Lager entstanden: das imperialistische antidemokratische Lager mit dem Hauptziel, die Weltvormachtstellung des amerikanischen Imperialismus zu erreichen und die Demokratie zu zerstören. Wir dagegen bilden das antiimperialistische, demokratische Lager mit dem Hauptziel, die Demokratie zu festigen und den Faschismus zu beseitigen ...

Der Truman-Plan ist nur ein Teil für eine weltumfassende Eroberungspolitik, die von den USA in allen Teilen der Welt verfolgt wird. Die Aggressoren von gestern – die kapitalistischen Magnaten (Großkonzerne) in Deutschland und Japan, werden durch die USA auf ihre neue Rolle vorbereitet. Daher müssen wir uns gegen den amerikanischen Imperialismus und seine französischen und britischen Alliierten wenden.

Zitiert nach: Boris Meissner (Hrsg): Das Ostpakt-System, Frankfurt (Metzner) 1955, S. 97.

1 Schreibe in einer Tabelle die Vorstellungen Trumans (M2) neben die der kommunistischen Parteien (M3). Wie wird der Begriff „Demokratie" jeweils verwendet?

2 Zeige auf, wo in den beiden Texten das gegenseitige Misstrauen besonders deutlich wird.

M4 James Bond *(Filmplakat, 1963)*

Im Kalten Krieg spielten bei der Informationsbeschaffung über den Gegner Spione, Aufklärungsflüge, Abhörtechnik aller Art und (ab den 1960er Jahren) Satelliten eine entscheidende Rolle. Der britische Spion 007 wurde Held der erfolgreichsten Agentenfilmreihe aller Zeiten – nach dem Ende des Kommunismus musste James Bond sich ein neues Feindbild suchen.

3 Vergleiche die Situation der USA und der UdSSR im Jahre 1945 (Autorentext).

4 Was verbirgt sich hinter den Kürzeln CIA und KGB? Stelle eine Verbindung zum Plakat M4 her.

5 Wann standen während der Zeit des Kalten Kriegs die Zeichen eher auf Entspannung, wann auf Konfrontation? Entschlüssele M1 mithilfe einer Tabelle. Beziehe die Bilder der vorangehenden DS mit ein. Auf der letzten Seite im Buch findest du Hinweise zu den Bildern.

Eine Weltordnung nach Blöcken

Den Kommunismus eindämmen? Ab 1946 gelang es der Sowjetunion, in den von der Roten Armee befreiten und besetzten Ländern Ostmitteleuropas kommunistische Regierungen einzusetzen. Dabei wurden Ergebnisse freier Wahlen gefälscht oder nichtkommunistische Minister aus gewählten Regierungen herausgedrängt und willkürlich verhaftet. Zwar wurde auch Jugoslawien kommunistisch, konnte aber dennoch seine Unabhängigkeit gegenüber der UdSSR bewahren. Als die Sowjetunion Ansprüche auf türkische Grenzgebiete erhob und im griechischen Bürgerkrieg massiv die kommunistischen Aufständischen unterstützte, handelte die amerikanische Regierung: Mit einer Politik der Eindämmung (▸ Containment-Politik) sollte der kommunistische Einfluss im Osten Europas gestoppt und wenn möglich zurückgedrängt werden („roll back"). Schwerpunkt der Eindämmungspolitik war ein Programm der umfassenden Wirtschaftshilfe, das nach dem amerikanischen Außenminister ▸ „Marshallplan" benannt wurde. Diese Hilfe stand allen europäischen Staaten offen, die diese wünschten.

M1 „Früchte der Befreiung"
(Karikatur aus der „Herald Times" vom 2. Februar 1947 zu den Wahlen in Polen)

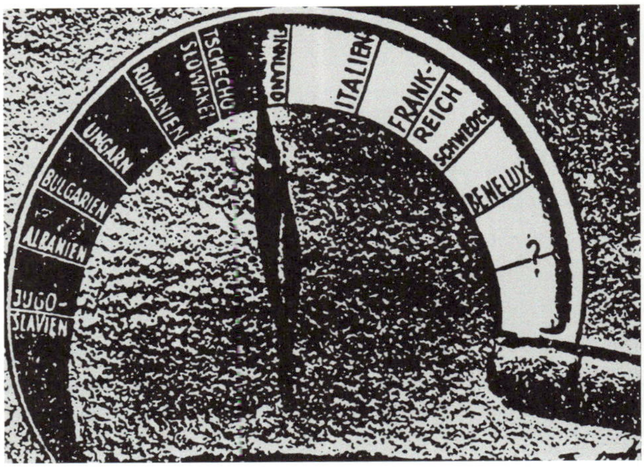

M2 „Die Uhr der sowjetischen Expansion läuft."
(deutsche Übernahme einer Karikatur aus der „New York Times", 1948)

Militärische ▸ Blockbildung. Die westlich orientierten Staaten schlossen sich 1949 unter der Führung der USA zu einem politischen und militärischen Verteidigungsbündnis zusammen: die NATO (North Atlantic Treaty Organization) entstand. Auf Initiative der USA verpflichteten sich die Teilnehmer, nur diejenigen Maßnahmen – unter Einschluss der Verwendung bewaffneter Kräfte – zu ergreifen, die sie „für erforderlich erachten, um die Sicherheit des nordatlantischen Gebiets wiederherzustellen und zu erhalten". Obwohl alle Partner formal gleichberechtigt waren, stellten die USA den Oberkommandierenden und bestimmten die Strategiekonzepte.

Die Sowjetunion schloss zwischen 1946 und 1949 mit den Ländern ihres Machtbereichs Freundschafts- und militärische Beistandsverträge ab, die die Stationierung sowjetischer Truppen vorsahen. Das östliche Gegenstück zur NATO war seit 1955 der Warschauer Pakt.

Die allmähliche Ausbildung zweier Militärbündnisse untermauerte die Trennung in Blöcke um die beiden Supermächte USA und UdSSR. Statt der 1945 erhofften einen gemeinsamen Welt hatte sich eine neue internationale Staatenordnung im Zeichen der Bipolarität (Zweipoligkeit) herausgebildet.

Die Trennlinie zwischen den westlich orientierten Staaten und dem ▸ Ostblock hatte der britische Premierminister Winston Churchill 1946 als ▸ „Eisernen Vorhang" bezeichnet. Dieser verlief mitten durch Deutschland und mitten durch Berlin.

M3 Blockbildung nach 1949

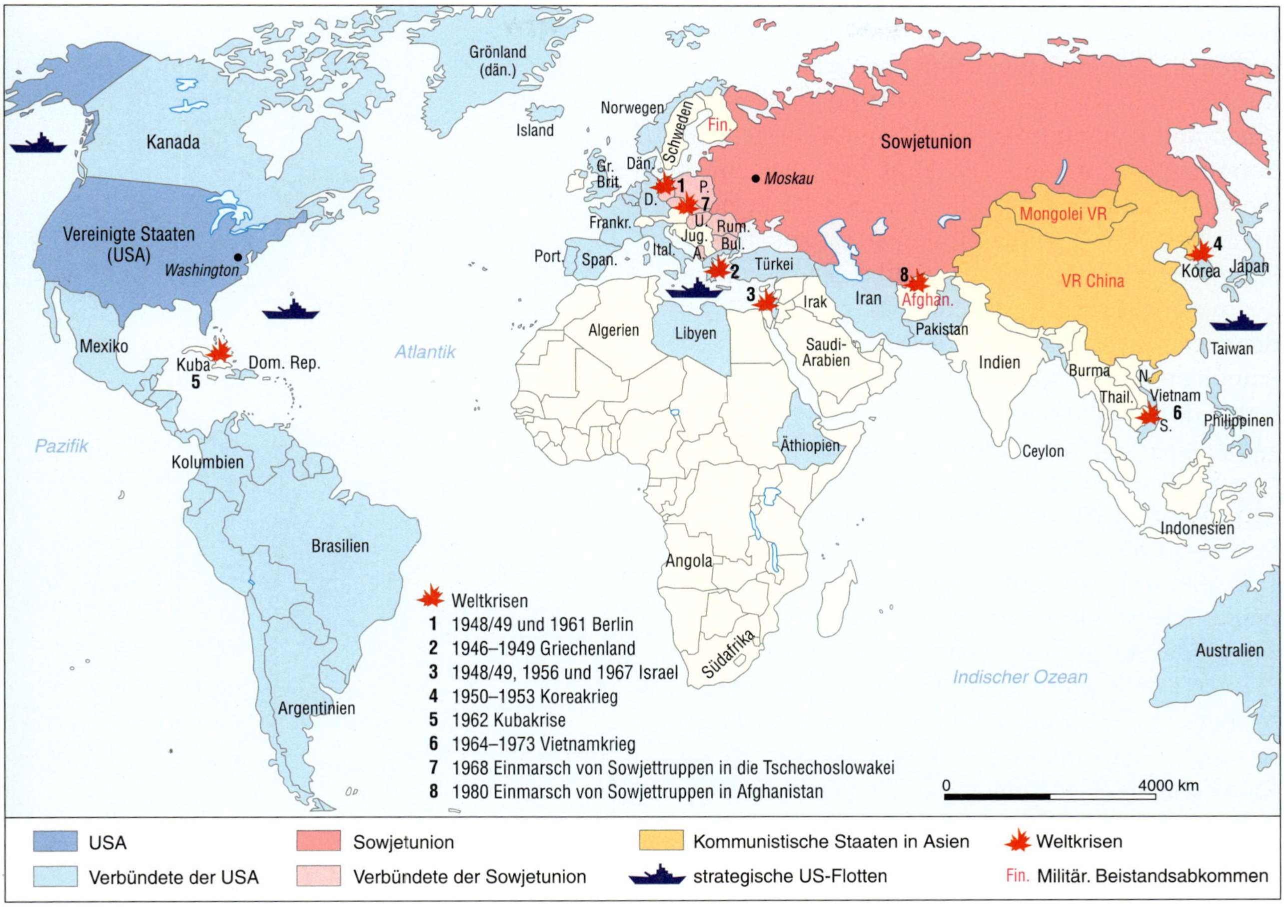

Um dem ▸ Ost-West-Konflikt zwischen den beiden Weltmächten zu entgehen, schlossen sich im April 1955 vor allem viele Staaten Afrikas und Asiens in der Bewegung der Blockfreien zusammen. Sie befürworteten ein friedliches Nebeneinander von unterschiedlichen Systemen und wollten keinem der Blöcke angehören. Ihre Wortführer waren Indonesien, Kuba, Ägypten und Jugoslawien.

M4 Europa im Kalten Krieg
(amerikanische Karikatur 1948)

1 Setze dich mit den Aussagen der beiden Karikaturen auseinander (M1–M2 und Autorentext).
2 Beschreibe anhand der Karte (M3) die geopolitische Situation der beiden Blöcke.
3 Nenne die wichtigsten Konfliktherde und beziehe M4 mit ein.

Der Kalte Krieg wird heiß – Korea

Krisenherd Südostasien. Nicht nur in Europa, sondern auch in Asien verschlechterten sich die Beziehungen zwischen den USA und der UdSSR. 1949 ergriffen die Kommunisten unter Mao Zedong in China die Macht. In Vietnam leistete die aus nationalistischen und kommunistischen Kämpfern bestehende Befreiungsorganisation Việt Minh seit 1945 zunehmend Widerstand gegen die französische Kolonialherrschaft. Nach der Kapitulation Japans 1945 (s. S. 110) war das am Zweiten Weltkrieg unbeteiligte, aber von Japan beherrschte Korea unter den Siegermächten aufgeteilt worden. Der Süden kam unter US-amerikanische Verwaltung, der Norden unter sowjetische. Teilungslinie wurde der 38. Breitengrad. Die UNO übernahm 1947 das Mandat für die Wiedervereinigung. Für das ganze Land angesetzte Wahlen fanden unter Aufsicht der UNO nur in Südkorea statt, wo Syngman Rhee dank massiver amerikanischer Unterstützung zum Präsidenten der neu gegründeten „Republik Korea" wurde. Gestützt auf Großgrundbesitzer, Militär und die USA errichtete er ein autoritäres Regime. Der Staatsgründung im Süden folgte eine im Norden: Der kommunistische Politiker Kim Il-Sung rief die „Demokratische Volksrepublik Korea" aus; China und die Sowjetunion standen ihm zur Seite.

Eine Weltkrise entsteht. Gänzlich unerwartet überschritten im Juni 1950 nordkoreanische Truppen den 38. Breitengrad und drangen bis weit in den Süden vor. Der UN-Sicherheitsrat verurteilte diesen Schritt. Es kam zur Entsendung von Truppen aus 15 UN-Mitgliedsstaaten. Das größte Kontingent bildeten US-Soldaten; der Oberbefehl lag in amerikanischen Händen. Als auch das kommunistische China zugunsten des Nordens in den Krieg eingriff, forderte der Oberbefehlshaber US-General MacArthur den Einsatz von Atomwaffen. Präsident Truman lehnte diese Maßnahme ab. Der erbittert geführte Krieg erstarrte schließlich nach drei Jahren am 38. Breitengrad, der ehemaligen Grenzlinie. Er zementierte die Teilung. Mehr als 54 000 UN-Soldaten starben; koreanische Quellen sprechen von über zwei Millionen Toten, insbesondere unter der Zivilbevölkerung.

Der Waffenstillstand vom Juli 1953 bekräftigte die Existenz von zwei koreanischen Staaten: Nordkorea blieb kommunistisch, Südkorea stand auch weiterhin unter Schutz und Einfluss der USA.

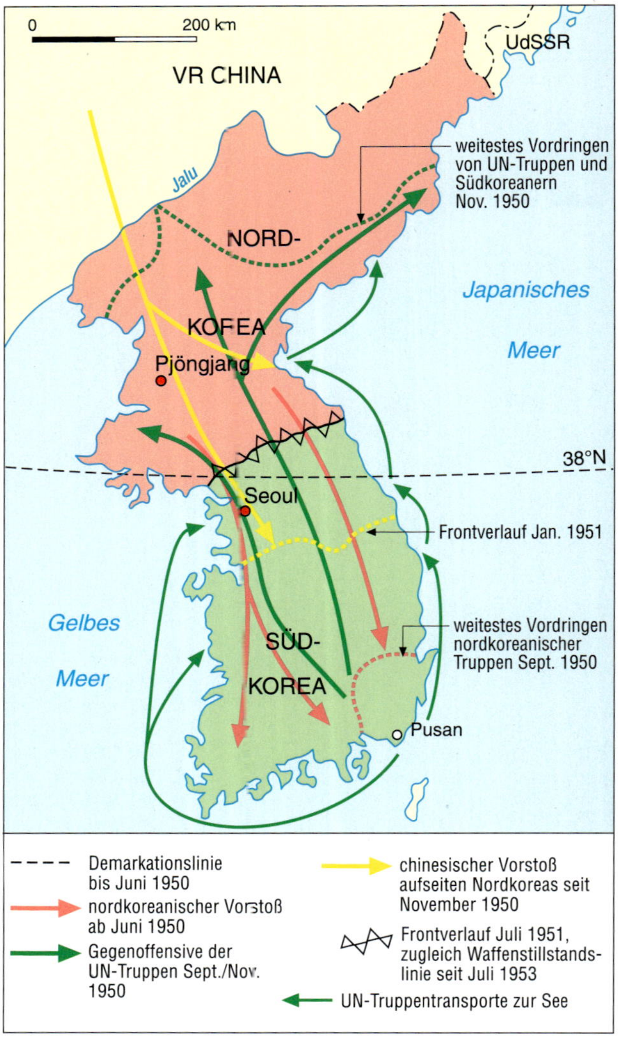

M1 Koreakrieg *(1950–1953)*

M2 Kim Il-Sung als „Führer Nordkoreas"

M3 Präsident Truman in einer Radioansprache am 1. September 1950

Truman antwortete auf den Vorwurf der Sowjetunion, die USA mischten sich in die Angelegenheiten anderer Länder ein:

Wir haben die führende Rolle übernommen, schrittweise die Einheit unter den freien Nationen zu schaffen und sie zu stärken. Die erzielten Erfolge sind beeindruckend, tassen Sie mich einige Schritte davon für Sie in Erinnerung rufen:
1945 setzten wir uns für die Gründung der Vereinten Nationen ein.
1947 begannen wir, Griechenland und die Türkei militärisch und wirtschaftlich zu unterstützen und halfen damit diesen Ländern, sich im Kampf gegen die kommunistischen Angriffe und Drohungen ihre Unabhängigkeit zu behalten.
Mit der Marshallplanhilfe 1948 konnten wir die Gefahr einer kommunistischen Unterwanderung in Europa eindämmen. Seit dieser Zeit sind die freien Nationen wirtschaftlich enger zusammengewachsen ...
Mit der Gründung der NATO 1949 sollte deutlich gemacht werden, dass ihre Mitglieder gemeinsam die Freiheit verteidigen werden. Heute, 1950, setzen wir unsere Bemühungen mit einer noch größeren militärischen Hilfe fort, um die Verteidigungskraft der westlichen Welt zu stärken.
Schritt für Schritt haben diese Erfolge, die die freien Nationen im Kampf gegen den kommunistischen Imperialismus erzielt haben, sie noch stärker zusammengeschweißt.
Als sich die kommunistischen Bestrebungen in Korea in eine bewaffnete Einmischung verwandelten, antworteten die freien Nationen sofort. 53 der 59 Mitgliedsländer der UN haben ihre Unterstützung zugesagt, 39 machten konkrete Hilfsangebote, um die Angriffe niederzuschlagen.
Wir wünschen uns eine freiheitliche Ordnung auch für die Länder im Fernen Osten. Das ist einer der Gründe, weshalb wir, unter der Führung der Vereinten Nationen, für die Unabhängigkeit Koreas kämpfen. Wir verhalfen den Philippen zur Unabhängigkeit und wir haben viele andere asiatische Ländern in ihrem Streben nach Freiheit unterstützt. Russland hat noch nie freiwillig auf ein Territorium, das es sich im Fernen Osten angeeignet hat, verzichtet; nie ein von ihm unterworfenes Volk in Freiheit entlassen. Wir möchten nicht nur, dass die Völker Asiens frei sind, wir wollen ihnen auch helfen, dass sie ein besseres Dasein führen können und die Möglichkeit haben, in Frieden zu leben. Diese Dinge wollen wir nicht nur für die Völker Asiens, sondern auch für die ganze Welt ...
Wir glauben weder an einen Angriffs- noch an einen Verteidigungskrieg. Diese Mittel setzen Diktatoren ein und keinesfalls freie, demokratisch gesinnte Länder wie die Vereinigten Staaten. Wir bewaffnen uns nur zur Verteidigung im Angriffsfall. Auch wenn die Vertreter des kommunistischen Imperialismus nicht an Frieden glauben, so können sie doch davon abgehalten werden anzugreifen, wenn wir und alle freien Nationen gemeinsam Stärke beweisen und ihnen selbstbewusst entgegentreten.

Zitiert nach: http://www.trumanlibrary.org/publicpapers/index.php?pid=861&st=&st1= (Stand: 03/2012). Übers. vom Verfasser.

M4 Friedliches Nebeneinander der Blöcke?

Aus dem Programm der Kommunistischen Partei der Sowjetunion (KPdSU) vom Oktober 1961:

... Die Hauptfrage der Gegenwart ist die von Krieg und Frieden. Die einzige Quelle der Kriegsgefahr ist der Imperialismus. Verbreitete der Kapitalismus seine Herrschaft mit Feuer und Schwert, so brauchte der Sozialismus keine Kriege, um seine Ideale zu verbreiten. Seine Waffe ist die Überlegenheit über die alte Ordnung, in der Organisation der Gesellschaft, in der Staatsordnung, in der Wirtschaft, in der Hebung des Lebensniveaus und der geistigen Kultur. Der Sozialismus weist der Menschheit das einzig vernünftige Prinzip der zwischenstaatlichen Beziehungen zu einer Zeit, da die Welt in zwei Systeme geteilt ist: das von W. I. Lenin entwickelte Prinzip der friedlichen Koexistenz von Staaten mit unterschiedlicher sozialer Ordnung. Bei friedlicher Koexistenz hat die Arbeiterklasse der kapitalistischen Länder günstigere Kampfmöglichkeiten, fällt es den Völkern der kolonialen und abhängigen Länder leichter, für ihre Befreiung zu kämpfen ...

Zitiert nach: Alfred Gerigk: Deutschland und das Weltgeschehen im Jahre 1961 (= Handbuch der Deutschen Geschichte, Erg.-Bd. 2), Konstanz (Akad.-Verl.-Ges. Athenaion) 1962, S. 108.

1 Stellvertreterkrieg – erkläre diesen Begriff und erläutere ihn mithilfe von M1 und dem Autorentext.
2 Was sagt das Bild M2 über das Verhältnis der Staatsführung Nordkoreas zum Volk aus?
3 Finde heraus, wie sich die beiden koreanischen Staaten bis heute entwickelt haben. Berichte darüber vor der Klasse.
4 Fasse die amerikanische und die sowjetische Position in M3 und M4 zusammen. Vergleiche mit den älteren amerikanischen und sowjetischen Haltungen (s. S. 131/M2 und M3).

Die Entkolonialisierung und der Nord-Süd-Konflikt

Das Ende der europäischen Vorherrschaft. Gebildete Afrikaner und Asiaten in den von Europäern kontrollierten Kolonien erhofften sich vom Ende des Zweiten Weltkriegs die Erfüllung eines amerikanischen Versprechens: Das Selbstbestimmungsrecht der Völker sollte für die gesamte Welt gelten. Die Sowjetunion sah sich als Vorreiter der Befreiungsbewegungen in den Kolonien. Die europäischen Kolonialmächte waren durch den Weltkrieg geschwächt und konnten diesen Prozess nicht aufhalten.

Asien machte den Anfang: Die Philippinen erhielten 1946 die Unabhängigkeit; die Niederlande mussten bis 1949 das Inselreich Indonesien abgeben. Frankreich versuchte, seine Kolonien in Indochina wieder zu erlangen, musste aber nach einer Niederlage gegen die kommunistischen Việt Minh bei Diện Biện Phu 1954 seine Truppen abziehen. Vietnam wurde geteilt. Den Briten gelang auf dem riesigen indischen Subkontinent eine weitgehend friedliche Übertragung der Macht, auch wenn in der Folgezeit blutige Konflikte zwischen den neuen Staaten Indien und Pakistan ausbrachen. In Afrika wurden die meisten Staaten in den 1960er Jahren unabhängig. Doch für viele der neuen Staaten schlugen die Jubelfeiern der Unabhängigkeit bald um innergesellschaftliche Spannungen, wirtschaftliche Probleme und neues Elend. Die willkürlichen Grenzen der Kolonialzeit schufen ethnische Konflikte und die wirtschaftliche Abhängigkeit von den ehemaligen Kolonialherren blieb meist bestehen.

Stellvertreterkriege. Sowohl die USA als auch die UdSSR unterstützten unterschiedliche Parteien in Bürgerkriegen, sofern diese die politischen und wirtschaftlichen Grundsätze der jeweiligen Supermacht teilten. Auf diese Weise versuchten Moskau und Washington ihren Einfluss in Asien und Afrika zu vergrößern, So kämpften zum Beispiel in der rohstoffreichen portugiesischen Kolonie Angola im südwestlichen Afrika die von der Sowjetunion und Kuba unterstützte MPLA gegen die von den USA finanzierte UNITA. Der Bürgerkrieg ruinierte das Land und wurde noch nach der Unabhängigkeit Angolas und dem Ende des Ost-West-Konflikts mithilfe der sprudelnden Einnahmen aus dem Diamantengeschäft bis 2002 fortgesetzt.

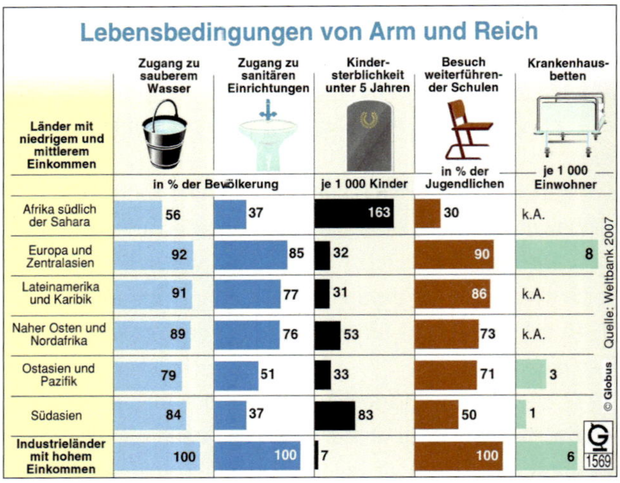

M1

Der Nord-Süd-Konflikt. Bald nach der Unabhängigkeit suchten viele der neuen Staaten einen dritten Weg zwischen den Blöcken. Doch eine gemeinsame Interessenvertretung kam nie zustande. Seit den 1970er Jahren spricht man bei Spannungen zwischen den reichen Industrieländern und den ehemaligen Kolonien von einem ▸ Nord-Süd-Konflikt. Deren Verhältnis hat sich nach der ▸ Entkolonialisierung kaum verändert: Die Industrieländer produzieren vor allem Fertigwaren, die vormaligen Kolonien exportieren in erster Linie Rohstoffe und Agrarerzeugnisse. Deren Preise sind auf dem Weltmarkt erheblichen Schwankungen ausgesetzt. Deshalb forderten die Länder des Südens immer wieder Preisstabilität und gerechtere Handelsbedingungen, darunter den uneingeschränkten Zugang zu den Märkten der Industrieländer. Die Armut auf der Südhalbkugel ist aber nicht allein eine Folge der ungleichen Handelsbedingungen:

- Weit verbreiteter Analphabetismus verhindert die Ausübung qualifizierter Arbeiten und damit die Möglichkeit, einen höheren Lohn zu erhalten;
- korrupte Regierungen wirtschaften Teile der Staatseinnahmen in die eigene Tasche anstatt die Gelder z. B. in das Bildungs- und Gesundheitswesen zu investieren.
- ungünstige klimatische Bedingungen bewirken vor allem in einigen afrikanischen Ländern Dürre und in ihrer Folge Hungerkatastrophen;
- das Bevölkerungswachstum übertrifft in einigen Regionen das Wirtschaftswachstum.

M2 Entkolonisalisierung ab 1945

M3 Unabhängigkeitsfeier Ghana *(1957)*

Ghana erlangte als erste europäische Kolonie in Afrika südlich der Sahara die Freiheit. Hier tanzt beim Festakt für die Unabhängigkeit Staatspräsident Kwame Nkrumah mit der Herzogin von Kent, die die britische Königin vertrat.

M4 Nord-Süd-Konflikt *(Karikatur, 2009)*

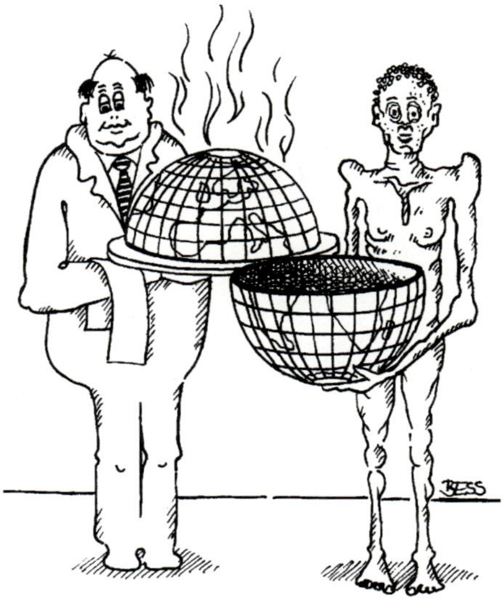

1 Zeige anhand von M1 das Verhältnis zwischen Industrie- und Entwicklungsländern auf.

2 Benenne und erkläre Auswirkungen des Ost-West-Konflikts auf Afrika und Asien (Autorentext).

3 In welchen Zeiträumen erlangten die meisten Kolonien ihre Unabhängigkeit (M2)?

4 Erläutere den Symbolgehalt von M3 aus afrikanischer und europäischer Perspektive.

5 Definiere den Begriff „Nord-Süd-Konflikt" und ziehe dazu auch die Karikatur M4 heran.

Propaganda während des Kalten Kriegs

Die Schaffung von Feindbildern. Beide Supermächte schürten die Furcht vor dem feindlichen Gegenüber. Durch die bewusste Verfälschung von Informationen wurde die gegnerische Nation zum Angreifer erklärt und als Friedensstörer angeklagt. Die gezielte Medienpropaganda sollte zudem die eigene Stärke und Entschlossenheit zeigen und Skeptiker überzeugen. Man griff dabei auf bekannte Bilder und Symbole zurück, um aktuelle Hoffnungen oder Befürchtungen mit bewährten Mustern wirksam zu verknüpfen. Die über Jahre aufgebauten Feindbilder schränkten in Konfliktsituationen den Spielraum der Verhandlungspartner ein und erschwerten die Verständigung durch die bestehenden Vorurteile.
Die antikommunistische bzw. antikapitalistische Propaganda wurde in Zeitungsnachrichten, Fernsehbildern und Radiokommentaren verbreitet und prägte das Bild vom anderen nachhaltig.

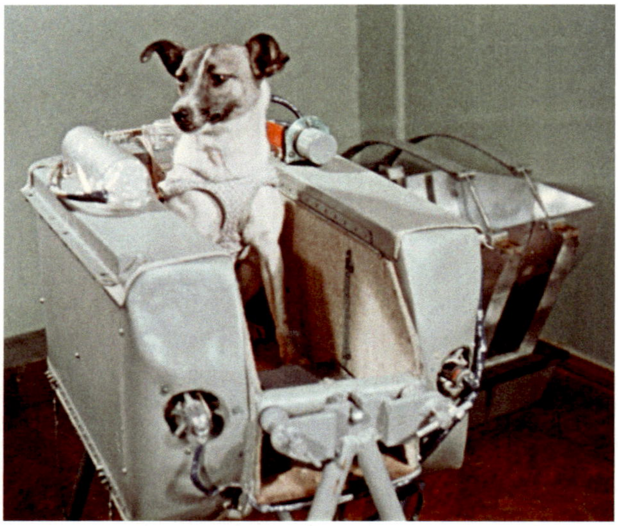

M1 Das erste Lebewesen im Weltraum
(Die Hündin Laika in ihrer Druckkabine vor dem Start am 3. November 1957.)
In der Weltraumfahrt kam es zu einem erbitterten Wettstreit der Großmächte: Im Oktober 1957 gelang es der Sowjetunion als erstem Land der Welt, einen Satelliten (Sputnik I) ins Weltall zu schießen. In der westlichen Welt löste das den „Sputnik-Schock“ aus. Der Kosmonaut Juri Gagarin flog 1961 als erster Mensch ins Weltall. Er umrundete in 108 Minuten einmal die Erde. In den folgenden Jahren des Wettstreits um die Eroberung des Weltraumes begannen die USA ein ehrgeiziges und teures Weltraumprogramm zur Landung eines Amerikaners auf dem Mond.

M2 Mondlandung *(1969)*
Der amerikanische Astronaut Neil Armstrong hisst als Kommandant der Mondfähre von „Apollo 11“ die amerikanische Flagge am 21. Juli 1969.

Ost-West-Konkurrenz auf vielen Gebieten. Der Kampf der weltanschaulich völlig unterschiedlichen Machtblöcke verlagerte sich angesichts der verheerenden Auswirkungen eines atomaren Kriegs auf viele andere Ebenen. Dies führte zu einem Wettkampf um die besseren Leistungen, u.a. in den Bereichen Raumfahrt und Sport.
Bücher und Filme stellten die Menschen auf der anderen Seite des Eisernen Vorhangs als unerbittliche Gegner dar. In Agentenromanen und -filmen in West und Ost wurden die jeweiligen Gegner und deren Verbündete als skrupellos und brutal dargestellt (s. S. 131/M4). In Veröffentlichungen der Ostblockstaaten erschienen die Menschen im Westen als konsumgierig und moralisch verdorben.

M3 Rangliste im „Medaillenspiegel“ der Nationen bei den Olympischen Sommerspielen

Wo/wann	1. Platz	2. Platz	3. Platz
1960 Rom	UdSSR	USA	Italien
1964 Tokio	USA	UdSSR	Japan
1968 Mexiko	USA	UdSSR	Japan
1972 München	UdSSR	USA	DDR
1976 Montreal	UdSSR	DDR	USA
1980 Moskau*	UdSSR	DDR	Bulgarien
1984 Los Angeles*	USA	Rumänien	BRD
1988 Seoul	UdSSR	DDR	USA

* 1980 Boykott von vielen westlichen Nationen wegen des sowjetischen Einmarsches in Afghanistan; 1984 Boykott des Ostblocks außer Rumänien

M4 „Vereinte Abwehr"

Werbung für einen westdeutschen Verteidigungsbeitrag (1952)

M6 „Amikäfer"

Plakat gegen den drohenden Ausfall der Kartoffelernte durch Käfer (DDR, 1950). In der DDR wurde das Gerücht verbreitet, die Amerikaner hätten die Käfer absichtlich ausgesetzt.

1 Der Ost-West-Konflikt war nicht nur ein militärischer. Weise dies anhand der Materialien (M1–M5) und des Autorentextes nach.
2 Erkläre, warum es für die Amerikaner so wichtig war, als Erste auf dem Mond gelandet zu sein (M1).
3 Arbeite die Bildaussagen in M4–M6 heraus. Wie wird der Gegner jeweils dargestellt? Erarbeite die einzelnen Bildelemente.
4 Suche nach Beispielen für heutige Feindbilder und stelle Vergleiche an.

◀ **M5 „Die amerikanische Spinne"**
Karikatur aus der sowjetischen Zeitschrift „Krokodil", 1950, auf Russisch: Sapadnaja Evropa = Westeuropa

Die „Zusammenbruchsgesellschaft"

Die „Stunde Null". Am 8. Mai 1945 kapitulierten die deutschen Truppen bedingungslos, der Zweite Weltkrieg war in Europa zu Ende (s. S. 110). Dieser Tag wird von Historikern unterschiedlich bezeichnet und auf diese Weise verschieden beurteilt. Manche sprechen von „Stunde Null", als ob an diesem Tag das bisherige Leben geendet und die Geschichte neu begonnen habe.

„Stein-Zeit" in Deutschland. Im Frühjahr 1945 glich Deutschland einem Trümmerfeld. Die Flächenbombardierungen in den letzten Kriegsmonaten hatten Zerstörungen bisher nicht gekannten Ausmaßes hinterlassen. Wohnungen waren vernichtet oder ausgebrannt, Gas-, Strom- und Wasserleitungen unterbrochen, Kulturgüter von unermesslichem Wert verloren. Etwa die Hälfte aller Straßen und Brücken im Land konnten nicht benutzt werden; Eisenbahn und Post hatten ihre Dienste eingestellt. Stadt- und Gemeindeverwaltungen gab es nicht mehr.

Frauenschicksale. Die öffentliche Ordnung war ins Ermessen der Sieger gestellt, von ihrer Disziplin oder ihrem Rachebedürfnis hing die deutsche Bevölkerung ab. Unter dieser Situation hatten besonders Frauen zu leiden: Überall in Deutschland wurden sie Ziel sexueller Übergriffe von Besatzungssoldaten. Nach heutigen Schätzungen wurden allein beim Vormarsch der Sowjetarmee zwischen Ostpreußen und Berlin 1,9 Millionen Frauen Opfer von Vergewaltigung und Missbrauch.

M2 Trümmerfrauen bei der Arbeit *(Berlin, 1945)*

Ab 1946 wurden Frauen in bestimmten Gegenden von den Alliierten zum Räumen der Trümmer dienstverpflichtet.

Trümmerfrauen. Hunderttausende Männer der jüngeren und mittleren Jahrgänge waren bei Kriegsende in Kriegsgefangenschaft, gefallen oder verkrüppelt. Deshalb mussten die Frauen den Alltag in den zerstörten Städten allein bewältigen und ihre Familien versorgen. Bevor an den Bau neuer Wohnungen gedacht werden konnte, mussten 400 Millionen Kubikmeter Schutt oft mit Spitzhacken, Schaufeln und Eimern weggeräumt, in Kipploren auf provisorisch verlegten Gleisen abgefahren und zu Trümmerbergen aufgehäuft, die noch brauchbaren Steine gesäubert und zur Wiederverwendung aufgestapelt werden. Diese Arbeit verrichteten die „Trümmerfrauen" gegen geringen Lohn und höhere Lebensmittelrationen.

M1 Blick auf das zerstörte Frankfurt
In der Mitte der „Römer", das ist das Rathaus, rechts die Paulskirche (1945)

M3 Plakate der britischen Besatzungsmacht in Köln *(Sommer 1945)*

M4 Das Ende aller Sicherheit

Die „Zusammenbruchsgesellschaft“ war in allen Besatzungszonen hochmobil: Millionen von Heimatvertriebenen und Ausgebombten, aber auch ehemaligen Zwangsarbeitern und Überlebenden des Holocaust waren auf der Suche nach einer Bleibe; hungrige Stadtbewohner unternahmen Hamsterfahrten aufs Land, wo sie sich, auf dem Weg des Gütertausches, mit den notwendigsten Lebensmitteln versorgten; viele ehedem Bessergestellte, die nun ohne Gehälter, Pensionen und sonstige regelmäßige Einkünfte waren, mussten zeitweilig primitive Arbeiten verrichten; die Trümmerfrauen wurden zur Verkörperung eines radikalen Tausches der Geschlechterrollen ... Hunger und Obdachlosigkeit, der tägliche Kampf ums Überleben erschütterten die hergebrachten Moralvorstellungen. Selbst Kirchenfürsten wie der Kölner Kardinal Joseph Frings äußerten Verständnis dafür, wenn manche Gläubige den Unterschied zwischen „mein“ und „dein“ nicht mehr so ernst nahmen wie ehedem. („Fringsen“ nannte der Volksmund diese geläufige Art der Aneignung von fremdem Besitz.) ...
Die Zusammenbruchsgesellschaft war eine Gesellschaft im Ausnahmezustand. Sie brachte keine neue Ordnung hervor, sondern die tiefe Sehnsucht, so rasch wie möglich zu irgendeiner Form von Normalität zurückzukehren.

Zitiert nach: Heinrich August Winkler: Umkehr nach dem Untergang. Das Jahr 1945 war der entscheidende Wendepunkt in der deutschen Geschichte. In: Der Spiegel 5/2005, 31. Januar 2005. http://www.spiegel.de/spiegel/print/d-39178609.html (Stand: 04/2012).

1 Erstellt eine Fotodokumentation der Kriegszerstörungen in eurer Region (M1 und Internet/Bibliothek).
2 Erläutere die verschiedenen Bedeutungsaspekte des Begriffs „Zusammenbruchsgesellschaft“ mithilfe einer Mindmap (M1–M2, M4 und Autorentext).
3 Die Alliierten setzten alles auf eine „Umerziehung“ (engl: re-education) der Deutschen zur Demokratie. Lege dar, wie dies durch die Plakatserie M3 zum Ausdruck kommt.
4 Diskutiert: War der 8. Mai 1945 eher ein Tag der Niederlage, ein Tag der Befreiung oder markiert er eine „Stunde Null“? Zieht dazu auch die Rede Bundespräsident Weizsäckers zum 8. Mai 1985 heran (Internet).

Was soll aus Deutschland werden?

Pläne für die Zukunft Deutschlands. Schon während des Kriegs entwickelten die Alliierten Pläne, wie sie nach der Niederlage der Nationalsozialisten mit Deutschland verfahren wollten. Bei einer Konferenz Ende 1943 in Teheran erörterten der amerikanische Präsident Franklin D. Roosevelt, der britische Premierminister Winston Churchill und der sowjetische Staatschef Josef Stalin eine staatliche Zerstückelung Deutschlands, damit es als geschwächte Macht keinen Krieg mehr führen könne. Auf einem weiteren Treffen der drei Regierungschefs in Jalta auf der Halbinsel Krim im Februar 1945 vereinbarten sie die Verschiebung Polens nach Westen: Polen bekam im Westen deutsche Gebiete als Ausgleich für Ostpolen, welches der Sowjetunion zugesprochen wurde. Außerdem legte man in der Deutschlandfrage fest, dass Großbritannien, die USA und die Sowjetunion nach dem Sieg zusammen die Regierungsgeschäfte in Deutschland führen sollten. Trotz der gemeinsamen Vereinbarungen traten bald Spannungen zwischen den Alliierten wegen unterschiedlicher Interessen auf und die Beziehungen begannen sich zu verschlechtern.

M1 Churchill, Truman und Stalin *(von links)* **vor Schloss Cecilienhof in Potsdam bei Berlin.** *Roosevelt war im April 1945 verstorben; Churchill wurde während der Konferenz nach einer Wahlniederlage von Clement Attlee abgelöst.*

Die ▸ Konferenz von Potsdam. Am 5. Juni 1945 übernahmen die Besatzungsmächte die oberste Regierungsgewalt in Deutschland und gaben die Aufteilung in vier ▸ Besatzungszonen bekannt (Frankreich wurde nachträglich beteiligt). Die Oberbefehlshaber der Zonen bildeten den Alliierten Kontrollrat mit Sitz in Berlin, der für gesamtdeutsche Angelegenheiten zuständig war. Auf einer Nachkriegskonferenz der Hauptsiegermächte, die vom 17. Juli bis 2. August 1945 in Potsdam tagten, erließen diese wichtige Bestimmungen für eine politische Neuordnung Deutschlands und Europas. Das Potsdamer Abkommen betonte die totale militärische Niederlage der Nationalsozialisten und machte der deutschen Bevölkerung ihre Verantwortung für Chaos und Elend deutlich. Die deutsche Wirtschaft durfte künftig nur für den Friedensbedarf produzieren. Für Kriegszwecke einsetzbare Industrieanlagen wurden als Reparationsleistungen demontiert oder zerstört. Grundsätzlich sollte Deutschland jedoch als wirtschaftliche Einheit erhalten bleiben. Jede Besatzungsmacht konnte die Kriegsentschädigungen aus ihrer Zone entnehmen. Die Sowjetunion erhielt zusätzlich, gegen Lieferung von Nahrungsmitteln und Brennstoffen, einen Teil der in den Westzonen demontierten Industrieanlagen. Wie hoch die Zahlungen sein sollten, blieb allerdings offen. Bis zur endgültigen Festlegung der Grenzen in einem Friedensvertrag stellte man die deutschen Gebiete östlich der Oder und Neiße unter polnische Verwaltung (Westverschiebung Polens). Das Gebiet um Königsberg wurde sowjetisch. Übereinstimmung bestand darin, die Deutschen aus den von Polen und der Sowjetunion verwalteten Gebieten auszusiedeln (s. S. 124).

M2 Entwurf eines Siegerdenkmals *(aus der „Schweizer Illustrierten Zeitung" vom 11. April 1945. Links sitzt Stalin, rechts befinden sich Churchill und Roosevelt.)*

M3 Aus dem Potsdamer Abkommen

... (2) Soweit es durchführbar ist, unterliegt die deutsche Bevölkerung in ganz Deutschland einer einheitlichen Behandlung.

(3) Die Ziele der Besetzung Deutschlands sind:

I. die vollständige Entwaffnung und Entmilitarisierung Deutschlands und die Beseitigung oder Kontrolle der gesamten deutschen Industrie, die für eine Rüstungsproduktion benutzt werden könnte ...

II. das deutsche Volk davon zu überzeugen, dass es eine totale militärische Niederlage erlitten hat und sich nicht der Verantwortung für das entziehen kann, was es selbst über sich heraufbeschworen hat ...

III. die Nationalsozialistische Partei mit ihren angeschlossenen Organisationen zu zerschlagen, alle Nazi-Einrichtungen aufzulösen, zu gewährleisten, dass sie in keiner Form wiedererstehen ...

IV. den späteren Wiederaufbau des deutschen politischen Lebens auf demokratischer Grundlage und eine friedliche Mitarbeit Deutschlands im Leben der Völker vorzubereiten ...

(5) Kriegsverbrecher ... sollen verhaftet und vor Gericht gestellt werden ...

(9) (Überall in Deutschland) ... sollen alle demokratischen politischen Parteien ... erlaubt und gefördert werden ...

(12) In praktisch kürzester Zeit ist das deutsche Wirtschaftsleben zu dezentralisieren, mit dem Ziel, (der) Vernichtung der bestehenden übermäßigen Konzentration der Wirtschaftskraft ...

Zitiert nach: documentarchiv.de (Hrsg.): URL: http://www.documentarchiv.de/in/1945/potsdamer-abkommen.html (Stand: 03/2012)

M4 Die territorialen Veränderungen nach dem Zweiten Weltkrieg

1 Gib den Eindruck wieder, den das Foto (M1) machen soll, und vergleiche mit der Karikatur (M2).

2 Die wesentlichen Ziele der Alliierten in Bezug auf Deutschland waren: Demilitarisierung, Denazifizierung, Dezentralisierung und Demokratisierung. Ordne die Textstellen aus dem Potsdamer Abkommen (M3) diesen Begriffen zu.

3 Beschreibe die Aufteilung Deutschlands (M4). Zeige auf, welchen Status Berlin besaß. Was geschah mit Österreich und Wien? Ziehe dazu weitere Informationen heran.

4 Diskutiert, welche Folgen die Abtrennung der deutschen Ostprovinzen und die Aufteilung in Besatzungszonen für die weitere Entwicklung hatten.

Verbrechen gegen die Menschheit: Das NS-System steht vor Gericht

„Entnazifizierung“ und Demokratisierung. „Reeducation“ hieß eine Devise der Sieger nach 1945. Das deutsche Volk sollte umerzogen und dabei der übersteigerte Nationalismus, das rassistische Denken und der Militarismus endgültig ausgerottet werden. Alle Schulbücher aus der Nazizeit wurden vernichtet. Die Bevölkerung musste u.a. Vorführungen von Dokumentarfilmen über deutsche Kriegsverbrechen und Konzentrationslager besuchen.

M1 Umerziehung
Unter Aufsicht amerikanischer Soldaten zieht die Bevölkerung von Neunburg vorm Wald / Bayern an den Leichen von Häftlingen vorbei, die von SS-Mannschaften ermordet worden waren.

In der Sowjetischen Besatzungszone (SBZ) wurden etwa eine halbe Million Menschen als ehemalige Nationalsozialisten aus ihren Ämtern entfernt, darunter fast alle Richter und Staatsanwälte. Mitläufer blieben straffrei und sollten möglichst schnell in die neue sozialistische Gesellschaft eingebunden werden. Da nach kommunistischer Überzeugung die Ursachen von Nationalsozialismus und Faschismus im Kapitalismus begründet lagen, wurde für die SBZ eine radikale Umgestaltung der gesellschaftlichen und politischen Verhältnisse beschlossen. In der britischen und französischen Zone entließen die Behörden nur die Führungskräfte. Die Amerikaner strebten eine umfassende „Entnazifizierung“ an. Nach der ersten Phase genereller Entlassungen und Verhaftungen, u.a. von höheren Funktionären der Partei, von Gestapo-Beamten und SS-Mitgliedern, war für die westlichen Alliierten schließlich die persönliche Schuld entscheidend. Zwölf Millionen Deutsche in den Westzonen mussten in einem Fragebogen Auskunft über Beruf und ihre Tätigkeiten während der NS-Zeit geben. Dann wurde der Befragte in eine von fünf Kategorien eingestuft und galt als Hauptschuldiger, Belasteter, Minderbelasteter, Mitläufer oder Entlasteter. Das „Gesetz zur Befreiung von Nationalsozialismus und Militarismus“ vom 5. März 1946 übergab das Entnazifizierungsverfahren in deutsche Hände; die Alliierten behielten sich jedoch die Kontrolle vor. Die Laienrichter hoben zahlreiche Entlassungen aus dem öffentlichen Dienst wieder auf (s. S. 166), noch ausstehende Verfahren endeten zunehmend mit der Einschätzung „Mitläufer“ oder „Unbelasteter“. Dies führte auch deswegen zu Unmut, weil viele schwerer Belastete mit milderen Strafen belegt wurden als Minderbelastete, deren Prozesse zu Beginn der „Entnazifizierung“ mit größerer Härte geführt worden waren.

Die Nürnberger Kriegsverbrecherprozesse. Am 20. November 1945 begann vor dem Internationalen Militärgerichtshof in Nürnberg das Verfahren gegen 24 deutsche Hauptkriegsverbrecher, darunter führende Angehörige der NSDAP, des Staates und der Wehrmacht. In zwölf Folgeprozessen saßen 1947–1949 etwa 700 Juristen, SS-Ärzte, SS-Führer, hohe Offiziere und Mitglieder des Wachpersonals der Konzentrationslager ebenfalls auf der Anklagebank. Die Anklagepunkte, wie Planung und Durchführung eines Angriffskriegs, waren umstritten, denn das damals geltende Völkerrecht sah dafür keine gesetzliche Grundlage vor. Auch aufgrund der Besetzung der Gerichte mit ausschließlich alliierten Richtern und der Tatsache, dass nur deutsche Kriegsverbrechen abgeurteilt wurden, hielten viele Deutsche das Vorgehen der Alliierten für eine „Justiz der Sieger“. Trotzdem empfand die deutsche Bevölkerung die in Nürnberg ausgesprochenen Urteile als gerecht. Von den prominenten Angeklagten, die sich alle für „nicht schuldig“ erklärten, wurden drei freigesprochen, sieben zu lebenslänglichen oder langjährigen Freiheitsstrafen und zwölf zum Tod durch den Strang verurteilt. Hermann Göring entzog sich der Hinrichtung durch Selbstmord.
Die Arbeit des Nürnberger Tribunals wurde wegweisend für die Arbeit des UN-Tribunals in Den Haag gegen Kriegsverbrecher im früheren Jugoslawien und in Ruanda (seit 1994).

M2 Wie lässt sich Deutschland „entnazifizieren"?

Auszüge aus der amerikanischen Direktive JCS 1067 vom 17. Oktober 1945:

Es muss den Deutschen klargemacht werden, dass Deutschlands rücksichtslose Kriegsführung und der fanatische Widerstand der Nazis die deutsche Wirtschaft zerstört und Chaos und Leiden unvermeidlich gemacht haben, und dass sie nicht der Verantwortung für das entgehen können, was sie selbst auf sich geladen haben ... Das Hauptziel der Alliierten ist es, Deutschland daran zu hindern, je wieder eine Bedrohung für den Weltfrieden zu werden. Wichtige Schritte zur Erreichung dieses Zieles sind die Ausschaltung des Nazismus und Militarismus in jeder Form, die sofortige Verhaftung der Kriegsverbrecher zum Zwecke der Bestrafung, die industrielle Abrüstung und Entmilitarisierung Deutschlands mit langfristiger Kontrolle des deutschen Kriegspotenzials und die Vorbereitungen zu einem späteren Wiederaufbau des deutschen politischen Lebens auf demokratischer Grundlage ...

Zitiert nach: Ernst-Ulrich Huster (u. a.): Determinanten der westdeutschen Restauration 1945 – 1949, Frankfurt/Main (Suhrkamp) 1972, S. 284 f.

M4 „Mechanische Entnazifizierung" *(Karikatur von M. Radler, 1946)*

M3 Demokratisierung des Unterrichts

Auszüge aus der Kontrollratsdirektive Nr. 54 vom 25. Juni 1947:

5. Alle Schulen müssen es sich besonders angelegen sein lassen, den Sinn für staatsbürgerliche Verantwortung zu entwickeln und das Schwergewicht auf die demokratische Weltanschauung zu legen, und zwar durch die Auswahl der Schulbücherprogramme und des Unterrichtsmaterials sowie durch die Schulorganisation selbst.

6. Die Schulprogramme müssen sich zum Ziel setzen, Achtung und Verständnis gegenüber anderen Nationen zu entwickeln. Zu diesem Zweck ist dem Studium der lebenden Sprachen besondere Aufmerksamkeit zu schenken, ohne einer von ihnen den Vorrang zu geben.

Zitiert nach: Klaus-Jörg Ruhl (Hrsg.): Neubeginn und Restauration, München (dtv) 1982, S. 316.

1 Betrachte M1: Was wollten die Alliierten mit solchen Maßnahmen erreichen?
2 Fasse zusammen, welche Ziele sich die Vereinigten Staaten für ihre Deutschlandpolitik setzten (M2).
3 Nimm Stellung zu der Frage: „Entnazifizierung – eine Erfolgsgeschichte?" (M2–M4 und Autorentext).
4 Erkläre, warum die Hauptkriegsverbrecherprozesse unterschiedlich bewertet wurden (Autorentext).
5 Zeige, auf welchem Wege die Alliierten die Deutschen zur Demokratie erziehen wollten (M3).
6 Informiere dich über den Begriff ▸ „Kollektivschuld". Diskutiere, ob den Deutschen 1945 zu Recht der Vorwurf gemacht werden konnte, kollektiv, also gemeinsam, schuldig an den Verbrechen zu sein, die während der Diktatur begangen wurden.

Neubeginn in Trümmern

Ein neues Lebensgefühl. Im Frühjahr 1945 stellten Beobachter mit Erstaunen fest, dass zwischen den Trümmerbergen der deutschen Städte Menschen, vor allem jüngere, herumspazierten, die offensichtlich Wert auf ihre Kleidung legten. Sie brachten Farbe und einen Hauch von Mode in das Grau des Alltags: Kopftücher in allen Schattierungen, Krawatten in allen Farben, Faltenröcke, Pelzmäntel, Schlapphüte, Baskenmützen. Zu den ersten florierenden Gewerbezweigen gehörten kleine Schneidereien, die aus Militärmänteln, ja sogar Betttüchern so gut es ging flotte Kleidungsstücke fabrizierten. Wer sich dazu noch eine Sonnenbrille organisieren und eine amerikanische Zigarette in den Mundwinkel stecken konnte, fühlte sich fast schon vom Hauch der großen weiten Welt erfasst, die den Deutschen zwölf Jahre lang verschlossen gewesen war.

Kulturelle Neuorientierung. Theater und Museen waren gut besucht. Die Menschen wollten die Bilder der Maler kennen lernen, die von den Nationalsozialisten als „entartet" ausgegrenzt worden waren, und die Stücke der Autoren sehen, die ins Exil hatten fliehen müssen. Nur der Papiermangel verhinderte, dass noch mehr Bücher der führenden Schriftsteller des Auslands gelesen wurden. Kriegsgefangene hatten in den USA den Jazz kennengelernt; jetzt spielten sie in den Jazzkellern der Amerikaner in Deutschland mit oder gründeten eigene Bands. Nächtliche Jazzprogramme der neu entstehenden deutschen Sender erlangten Kultstatus, auch wenn eine Mehrheit diese „an Urwaldtöne erinnernden Geräusche" noch ablehnte. Die Kinos wurden zügig wieder aufgebaut; sie stellten neben dem Rundfunk eine der wenigen Möglichkeiten dar, sich unterhalten und informieren zu können. Die Filme kamen aus Amerika, Italien und ab 1946 auch aus deutschen Studios, allen voran der DEFA in Babelsberg in der Sowjetischen Besatzungszone. Wenn die neueste Hollywood-Produktion gezeigt wurde, rissen sich die Menschen geradezu um Eintrittskarten. Den KZ-Film „Todesmühlen", den die Amerikaner vorführen ließen, wollte allerdings kaum jemand anschauen.

M1 Die erste Filmaufführung nach Kriegsende in Berlin 1945

M2 Studenten der wieder eröffneten Technischen Hochschule auf dem Luisenplatz in Darmstadt 1948

M3 Wiederaufbau des Transportwesens

Bericht des Ministers für Wirtschaft und Verkehr vom 25. Januar 1946 über die Entwicklung der Wirtschaft im Regierungsbezirk Wiesbaden und im Land Groß-Hessen (s. S. 152) von Juli bis Dezember 1945:

... (Seit Beginn der amerikanischen Besatzung war) der Rhein, in normalen Zeiten die bedeutendste Verkehrsader Westdeutschlands ... noch nicht befahrbar, weil die Trümmer der gesprengten Brücken auf dem Grund des Stromes lagen. 90 Prozent der Rheinflotte waren gesunken. Nur eine Bahnlinie führte von Frankfurt/Main nach dem Steinkohlengebiet der Ruhr. Diese Strecke war durch Brückensprengungen vielfach unterbrochen ...

Da das Transportwesen für das Wirtschaftsleben entscheidende Bedeutung hat, wurde dem Ausbau der wichtigsten Eisenbahnstrecken besondere Sorgfalt gewidmet. Die Eisenbahnstrecke, die von Groß-Hessen in das Ruhrgebiet führt, konnte im August wiederhergestellt werden. Welche Schwierigkeiten dabei zu überwinden waren, geht aus einer Ziffer hervor: Allein 56 Eisenbahnbrücken zwischen Frankfurt/M. und dem Ruhrgebiet waren im letzten Kriegsmonat von der zurückgehenden deutschen Wehrmacht gesprengt worden. Neben dieser wichtigsten Eisenbahnstrecke wurden die Anschlussgleise nach den hauptsächlich industriellen Werken wiederhergestellt und der Frachtverkehr im ganzen Land in Gang gebracht ... Heute können die wichtigsten Linien als wiederhergestellt gelten ...

Neben dem Ausbau des Eisenbahnwesens wurde die Fahrrinne des Rheins wiederhergestellt. Die Brückentrümmer konnten überall beseitigt, ein erheblicher Teil der gesunkenen Schlepper und Lastkähne gehoben werden. Wenn für die Verbesserung der Rheinfahrrinne auch noch viel zu tun bleibt, kann doch festgestellt werden, dass die Kohlentransporte auf dem Wasserwege wieder aufgenommen werden können ...

Zitiert nach: Thomas Berge und Karl-Heinz Müller (hrsg. und kommentiert): Lebenssituationen 1945 - 1948. Materialien zum Alltagsleben in den westlichen Besatzungszonen, Hannover (Niedersächsische Landeszentrale für politische Bildung) 1983, S. 43 f.

1 Erläutere den Begriff „Amerikanisierung" (M1 und Autorentext).

2 Beschreibe M2 in allen Details. Formuliere die Bildaussage ausgehend von der Überschrift dieser Doppelseite.

3 Charakterisiere Lebensgefühl und Lebensbedingungen in den ersten Nachkriegsjahren (M1–M2 und Autorentext; siehe auch Seite 140 f.).

4 Erkläre, warum die Transportverbindungen für den wirtschaftlichen Wiederaufbau von zentraler Bedeutung waren (M3).

5 Vergleiche die Verkehrverbindungen zwischen Frankfurt und dem Ruhrgebiet 1946 und heute (M3 und Atlas). Zeichne zwei entsprechende Kartenskizzen.

Die Sowjetische Besatzungszone auf dem Weg zum Sozialismus

Politische Weichenstellung in der SBZ. In der Sowjetischen Besatzungszone regierte seit Juni 1945 die Sowjetische Militäradministration in Deutschland (SMAD). Die von Stalin gelenkte Behörde wollte über die SBZ hinaus einen kommunistischen gesamtdeutschen Staat schaffen. Sie ließ nach außen hin am 10. Juni 1945 für ihre Zone sogenannte antifaschistisch-demokratische Parteien (Antifa) und Gewerkschaften zu, die in den 1945 geschaffenen Ländern Mecklenburg-Vorpommern, Sachsen, Sachsen-Anhalt und Thüringen Regierungen aufbauen sollten. Schon kurz danach begannen sowohl die KPD als auch die SPD, ihre politische Arbeit wieder aufzunehmen. Neue Parteien wie die CDU und die LDP (Liberal-Demokratische Partei) entstanden. Unter dem Einwirken der SMAD mussten diese Parteien in der sogenannten „Einheitsfront antifaschistisch-demokratischer Parteien", in der die KPD eine Führungsrolle innehatte, zusammenarbeiten. Die wichtigsten Ämter übernahmen kommunistische Funktionäre. Während ihrer Zeit im Exil in Moskau war diese Gruppe um Walter Ulbricht schon auf die Aufgabe vorbereitet worden, in der Sowjetischen Besatzungszone den Aufbau des Sozialismus nach sowjetischem Vorbild durchzusetzen. Dies betraf besonders die wirtschaftliche und gesellschaftliche Umgestaltung in der SBZ.

Bodenreform und Verstaatlichung. Schon im September 1945 wurde unter der Losung „Junkerland in Bauernhand" eine Bodenreform eingeleitet; etwa 8000 Grundbesitzer mit einem Landbesitz über 100 Hektar und 4000 Höfe mit weniger als 100 Hektar entschädigungslos enteignet. Dies geschah auch mit dem Landbesitz von „aktiven Nazis und Kriegsverbrechern". So wurde eine landwirtschaftliche Nutzfläche von ca. 2,1 Millionen Hektar an landlose Landarbeiter bzw. Kleinbauern und Vertriebene, ein Drittel des Landes aber auch an Länder, Kreise und Gemeinden zur Bewirtschaftung übergeben. Bereits ab dem Sommer 1945 war von der SMAD die Beschlagnahmung von Versicherungen, Banken und Industrieunternehmen angeordnet worden. „Volkseigene Betriebe" (VEB), der staatlichen Leitung unterstellt, bildeten die Grundlage für die neue sozialistische Wirtschaftsordnung. Der angestrebte wirtschaftliche Erfolg konnte indes nicht so schnell erreicht werden. So mussten hohe Reparationen an die Sowjetunion gezahlt werden. Besonders negativ wirkte sich auch die Zerstörung vieler Industriegebiete aus. Außerdem fehlten durch die vielen Demontagen die Produktionsstätten.

M1 Plakat der KPD *(1945)*

Die Gründung der SED. Sozialdemokraten und Kommunisten in Deutschland berieten nach Kriegsende über einen möglichen gemeinsamen Weg der Arbeiterbewegung. Widerstand hiergegen gab es sowohl in den Reihen der SPD als auch bei der KPD, da beide eine große Anhängerschaft für sich zu gewinnen versuchten. Als die anderen Parteien aber mehr Zuspruch fanden und in den bevorstehenden Länderwahlen mit schlechten Wahlergebnissen für die KPD zu rechnen war, wurde ab Oktober 1945 vonseiten der KPD der Zusammenschluss der beiden Parteien betrieben. Eine Befragung der SPD-Mitglieder in der SBZ war von der SMAD verboten worden. Bei einer Abstimmung in den Westsektoren Berlins sprach sich eine Mehrheit von 82% gegen eine Vereinigung aus. Doch der Berliner Zentralausschuss gab schließlich unter dem Druck der SMAD den Bestrebungen der KPD nach. Am 21./22. April 1946 fand der Gründungsparteitag der ▸ Sozialistischen Einheitspartei Deutschlands (SED) statt. Zu gleichberechtigten Vorsitzenden wurden Otto Grotewohl (SPD) und Wilhelm Pieck (KPD) gewählt.

M2 Das „Junkerland“ wird neu verteilt

Ein ehemaliges königliches Rittergut bei Dresden wird aufgeteilt (November 1945).

M3 Ein Bauer berichtet über die Landverteilung

In der Bahnhofskneipe, einer kleinen Räucherhöhle, trat die Kommission zusammen, die das Gut aufteilen sollte. Sie bestand zum großen Teil aus Leuten aus dem Ort, die politisch ihr Mäntelchen nach dem Wind hängten und sich unter dem neuen Regime Chancen für die eigene Zukunft ausrechneten. Die haben dann den Bewerbern, also auch mir, die einzelnen Parzellen zugeteilt. Mehr als neun Hektar durften pro Neubauer nicht verteilt werden. Und die besten Stücke haben wir natürlich auch nicht bekommen. Ich erhielt siebeneinhalb Hektar Weide- und Ackerland, verteilt auf fünf weit auseinander liegende Stellen ...

Zitiert nach: Dieter Zimmer: Auferstanden aus Ruinen. Von der SBZ zur DDR, Stuttgart (Deutsche Verlags-Anstalt) 1989, S. 57.

M4 Aufruf der Kommunistischen Partei Deutschlands am 11. Juni 1945

Wir sind der Auffassung, dass der Weg, Deutschland das Sowjetsystem aufzuzwingen, falsch wäre, denn dieser Weg entspricht nicht den gegenwärtigen Entwicklungsbedingungen in Deutschland. Wir sind vielmehr der Auffassung, dass die entscheidenden Interessen des deutschen Volkes einen anderen Weg vorschreiben, und zwar den Weg der Aufrichtung eines antifaschistischen-demokratischen Regimes, einer parlamentarisch-demokratischen Republik mit allen demokratischen Rechten für das Volk.

Zitiert nach: Thüringer Volkszeitung Nr. 1, Organ der Kommunistischen Partei Deutschlands, Bezirk Großthüringen vom 3. Juli 1945.

M5 Anweisungen von Walter Ulbricht 1945 über den Aufbau von Verwaltungen in der SBZ

... Die Bezirksverwaltungen müssen politisch richtig zusammengestellt werden. Kommunisten als Bürgermeister können wir nicht brauchen ... Die Bürgermeister sollen in den Arbeiterbezirken in der Regel Sozialdemokraten sein. In den bürgerlichen Vierteln müssen wir an die Spitze einen bürgerlichen Mann stellen, einen, der früher dem Zentrum, der Demokratischen oder Deutschen Volkspartei angehört hat ... er muss aber gleichzeitig auch Antifaschist sein und ein Mann, mit dem wir gut zusammenarbeiten können ... Der erste stellvertretende Bürgermeister, der Dezernent für Personalfragen und der Dezernent für Volksbildung – das müssen unsere Leute sein. Dann müsst ihr noch einen ganz verlässlichen Genossen in jedem Bezirk ausmachen, den wir für den Aufbau der Polizei brauchen ... Es ist doch ganz klar: Es muss demokratisch aussehen, aber wir müssen alles in der Hand haben!

Zitiert nach: Wolfgang Leonhard: Die Revolution entlässt Ihre Kinder, Köln und Berlin (Kiepenheuer & Witsch) 71984, S. 356.

1 Die Sowjetunion als großes Vorbild für die SBZ. Nenne Beispiele dafür (M1–M5 und Autorentext).
2 Propaganda und Realität: Stelle M2 der Aussage des Bauern gegenüber.
3 Überlege, wie Menschen auf die Enteignungen reagiert haben. Unterscheide dabei zwischen denen, die Land abgeben mussten und denen, die welches erhielten. Beziehe auch die Mehrheit der nicht direkt Betroffenen in deine Überlegungen ein.
4 Charakterisiere das Demokratiemodell, das in M4 formuliert wird.
5 „Es muss demokratisch aussehen, aber wir müssen alles in der Hand haben!“ Lies nach und erläutere, wie diese Devise Walter Ulbrichts in der politischen Praxis umgesetzt wurde (M5 und Autorentext).
6 Stellt in Kurzvorträgen folgende Politiker der SBZ vor: Walter Ulbricht, Otto Grotewohl und Wilhelm Pieck.

Wiederaufbau in den Westzonen

Politischer Neubeginn. Nach dem Ende der NS-Diktatur wollten die westlichen Besatzungsmächte in ihren Zonen die Demokratie von der Basis her aufbauen. Im Januar 1946 ließen die Amerikaner, im Herbst die Briten und Franzosen die ersten freien Gemeindewahlen zu, denen wenig später Kreistags- und Kommunalwahlen folgten. Im amerikanischen Besatzungsgebiet erarbeiteten Deutsche in Verfassunggebenden Länderversammlungen Staatsordnungen für die neuen Länder. Nach einer Volksabstimmung Ende desselben Jahres konnten die ersten demokratischen. Wahlen zu den Landtagen durchgeführt und so Länderregierungen eingesetzt werden.
Die ersten Wahlen zeigten bereits, dass die Parteienvielfalt aus der Weimarer Republik (s. S. 49) zunächst zugunsten einer Konzentration auf vier politische Gruppierungen aufgelöst wurde. Anfangs kam es zur Gründung auf Orts- und Kreisebene, nachdem die Alliierten auf der Potsdamer Konferenz demokratische Parteien zugelassen und ihnen ein Versammlungs- wie öffentliches Diskussionsrecht zugestanden hatten. Landesorganisationen oder zonale Zusammenschlüsse entstanden erst im Laufe des Jahres 1946 (s. S. 152 f.).
Bereits einen Tag nach dem Einmarsch der Amerikaner strebten Sozialdemokraten in Dortmund eine Neuformierung ihrer Arbeiterpartei an. Viele SPD-Mitglieder und Anhänger waren der Partei trotz Verbots und Verfolgung während der NS-Zeit treu geblieben. Vorsitzender der SPD wurde Kurt Schumacher. Die Christlich-Demokratische Union (CDU), im Juni 1945 gegründet, zeigte schon durch ihren Parteinamen, dass sie sowohl katholische und protestantische Christen als auch Angehörige aller sozialen Schichten in der politischen Arbeit vereinen wollte. Ihre herausragende Persönlichkeit sollte der ehemalige Kölner Oberbürgermeister Konrad Adenauer werden.
Aus mehreren liberalen Gruppierungen entstand die Freie Demokratische Partei (FDP) unter dem Vorsitz von Theodor Heuss, welche den Einfluss des Staates zugunsten der Freiheit des Einzelnen möglichst gering zu halten suchte.
Die Kommunistische Partei Deutschlands (KPD) wollte einen gemäßigten „deutschen" Weg zum Sozialismus finden. Die Partei war 1946 in fast allen Landtagen und mehreren Landesregierungen vertreten. Durch die Geschehnisse in der SBZ und die Nähe der KPD zur SED büßte sie zunehmend Wählerstimmen ein. Die KPD wurde in der Bundesrepublik im Jahre 1956 verboten; neues Sammelbecken der westdeutschen Kommunisten wurde die DKP (Deutsche Kommunistische Partei). Sie blieb bedeutungslos.

Wirtschaftliche Hilfe durch den Marshallplan. Der „Hungerwinter" 1946/47 führte den Westmächten nicht nur die schlechte Versorgungslage, sondern auch die Notwendigkeit vor Augen, die wirtschaftlichen Verhältnisse soweit zu stabilisieren, dass Freiheit und Demokratie als Zukunftsmodell in Europa und vor allem in Deutschland gesichert blieben. Da ein gemeinsames Vorgehen am Widerstand Frankreichs und der Sowjetunion scheiterte, vereinigten die USA und Großbritannien am 1. Januar 1947 ihre Sektoren zur sogenannten Bizone, welcher sich Frankreich im darauffolgenden Jahr anschloss („Trizone"). Der erste Schritt zur Spaltung Deutschlands war vollzogen.
Der geschaffene Wirtschaftsraum sollte von dem amerikanischen „European Recovery Program" (ERP) profitieren, welches nach dem Prinzip „Hilfe zur Selbsthilfe" Finanz- und Sachmittel zum Wiederaufbau in Europa gewährte. Ursprünglich sah das nach seinem Schöpfer, dem amerikanischen Außenminister George Marshall auch als ▸ „Marshallplan" bezeichnete Programm zugleich eine Unterstützung für Länder im Einflussbereich der Sowjetunion vor. Stalin verbot jedoch den Ländern seines Herrschaftsbereichs die Annahme des Hilfsangebots.

Währungsreform. Für den Erfolg des ERP war in der Trizone die Einführung einer stabilen Währung unverzichtbar. Ab Oktober 1947 ließen die USA unter strengster Geheimhaltung 500 Tonnen neuer Banknoten im Gesamtwert von 5,7 Milliarden DM drucken. Am 20. Juni 1948 erhielt jeder volljährige Bürger 40 Deutsche Mark ausgezahlt. Sparguthaben in Reichsmark wurden im Verhältnis 100:6,5 und Schulden im Verhältnis 10:1 umgerechnet. Die Zwangsbewirtschaftung mit Lebensmittelkarten wurde aufgehoben und die meisten Preise freigegeben. Die ▸ Währungsreform ermöglichte binnen kurzem, dass sich die Geschäfte mit Waren füllten; der Schwarzmarkt wurde bedeutungslos.

M1 Plakate von Parteien, die 1946/47 bei Gemeinde- und Landtagswahlen um Wähler warben

Der Text in den Bausteinen (FDP): Freie Arbeitsplatz- und Berufswahl/Glaubens- und Gewissensfreiheit/Handel, Handwerk und Industrie/Grundbesitz/Hausbesitz.

M2 Aus der Stuttgarter Rede des US-Außenministers James F. Byrnes vom 6. September 1946

Die Vereinigten Staaten sind der festen Überzeugung, dass Deutschland als Wirtschaftseinheit verwaltet werden muss, und dass die Zonenschranken, soweit sie das Wirtschaftsleben und die wirtschaftliche Betätigung in Deutschland betreffen, vollständig fallen müssen.

Die jetzigen Verhältnisse in Deutschland machen es unmöglich, den Stand der industriellen Erzeugung zu erreichen, auf den sich die Besatzungsmächte als absolutes Mindestmaß einer deutschen Friedenswirtschaft geeinigt hatten ...

(Die amerikanische Regierung) hat offiziell ihre Absicht ausgedrückt, die Wirtschaft ihrer eigenen Zone mit einer oder mit allen anderen zu vereinigen, die hierzu bereit sind. Bis jetzt hat sich nur die britische Regierung bereit erklärt, mit ihrer Zone daran teilzunehmen ... Selbstverständlich soll diese Vereinigungspolitik nicht jene Regierungen ausschließen, die heute noch nicht zum Beitritt bereit sind, die Vereinigung steht ihnen zu jederzeit frei ... Wenn eine vollständige Vereinigung nicht erreicht werden kann, werden wir alles tun, was in unseren Kräften steht, um eine größtmögliche Vereinigung zu sichern ... Die amerikanische Regierung steht auf dem Standpunkt, dass jetzt dem deutschen Volk innerhalb ganz Deutschlands die Hauptverantwortung für die Behandlung seiner eigenen Angelegenheiten bei geeigneten Sicherungen übertragen werden sollte ...

Das amerikanische Volk wünscht, dem deutschen Volk die Regierung Deutschlands zurückzugeben. Das amerikanische Volk will dem deutschen Volk helfen, seinen Weg zurückzufinden zu einem ehrenvollen Platz unter den freien und friedliebenden Nationen der Welt.

Zitiert nach: www.byrnes-rede.de/index.php?id=3271 (Stand: 05/2012)

M3 Marshallplan

Links: Plakat in den westlichen Besatzungszonen; rechts: Plakat in der Sowjetischen Besatzungszone (1948)

1 Analysiere und vergleiche die Wahlplakate. Was erfährst du über die Zielsetzungen der Parteien (M1)?

2 Erläutere, inwiefern die gewandelte Wirtschaftspolitik der USA und Großbritanniens für Deutschland neue Hoffnungen bedeutete, aber auch die Gefahr einer Spaltung erhöhte (M2–M3 und Autorentext).

3 Erarbeite die Einstellung zum Marshallplan, welche die Plakate verdeutlichen (M3).

Die hessische Verfassung 1946

Groß-Hessen. 1945/46 richteten die Besatzungsmächte in ihren Zonen Länder ein. Sie griffen dabei auf Ländergrenzen aus der Weimarer Republik zurück (Bayern, Sachsen), häufiger jedoch setzten sie neue Länder aus verschiedenen Gebietsteilen zusammen. Die Länder waren keine eigenständigen Staaten, sondern politische Einheiten, in denen die Deutschen unter Aufsicht der Alliierten ihre Angelegenheiten selber regeln und die Demokratie neu einüben sollten. Die Länder in den westlichen Besatzungszonen wurden 1949 zur Grundlage der Bundesrepublik, ihre Verfassungen lieferten dem Grundgesetz wichtige Ideen und Bestimmungen.
Die Amerikaner schufen in ihrer Zone drei Länder: Bayern, Württemberg-Baden und Groß-Hessen (19. September 1945). Die beiden letzteren waren Neuschöpfungen ohne historische Vorbilder. Im Namen „Groß-Hessen" kam zum Ausdruck, dass nun erstmals seit der Teilung der Landgrafschaft 1567 Hessen-Kassel, Hessen-Darmstadt und Nassau in einem Staat zusammengefasst waren. Hauptstadt wurde die frühere nassauische Residenz Wiesbaden. Als Ministerpräsidenten setzte die Besatzungsmacht den parteilosen Wirtschaftsfachmann Karl Geiler ein.

Verfassung im Widerstreit. Am 30. Juni 1946 wurde eine Verfassungsberatende Landesversammlung gewählt. Sie tagte vom 15. Juli bis 30. November 1946. Die Verfassung des Landes Hessen, wie es jetzt hieß, wurde am 1. Dezember 1946 in einer Volksabstimmung mit Zwei-Drittel-Mehrheit angenommen. Sie ist damit eine der ältesten noch geltenden Verfassungen eines deutschen Bundeslandes nach Kriegsende. Zugleich wurden Landtagswahlen abgehalten, aus denen eine SPD/CDU-Regierung unter dem Sozialdemokraten Christian Stock hervorging.
In der Verfassungsberatenden Landesversammlung hatten SPD und KPD dafür gesorgt, dass eine Reihe von sozialen Bestimmungen in die Verfassung aufgenommen wurden: Sie schreibt die Anerkennung der Menschenwürde auch in der Wirtschaft fest und garantiert das Recht auf Arbeit, den Achtstundentag, einen 12-tägigen Mindesturlaub, das Streikrecht sowie ein einheitliches Arbeitsrecht für Arbeiter, Angestellte und Beamte, wobei die Aussperrung untersagt bleibt. Im Artikel 41 ist sogar die Verstaatlichung von Schlüsselindustrien vorgesehen.
Diese Bestimmungen lassen erkennen, wie man sich unter dem unmittelbaren Eindruck der nationalsozialistischen Verbrechen eine bessere Gesellschaft vorstellte. Selbst die CDU befürwortete 1946 Verstaatlichungen. Die amerikanische Besatzungsmacht erhob allerdings Bedenken. Auch führte der wachsende Gegensatz zum Weg der Sowjetischen Besatzungszone im Westen zu einer Abkehr von sozialistischen Ideen. Das Grundgesetz von 1949 traf in einigen Fällen andere Regelungen. Daher blieben die sozialen Bestimmungen der hessischen Verfassung Absichtserklärung und ein Zeugnis des Zeitgeists von 1946.

M1 Die historischen Territorien des Landes Hessen

M2 Aus der hessischen Verfassung 1946

Artikel 41

(1) Mit Inkrafttreten dieser Verfassung werden

1. in Gemeineigentum überführt: der Bergbau (Kohlen, Kali, Erze), die Betriebe der Eisen- und Stahlerzeugung, die Betriebe der Energiewirtschaft und das an Schienen oder Oberleitungen gebundene Verkehrswesen,

2. vom Staate beaufsichtigt oder verwaltet, die Großbanken und Versicherungsunternehmen und diejenigen in Ziffer 1 genannten Betriebe, deren Sitz nicht in Hessen liegt ...

Artikel 42

(1) Nach Maßgabe besonderer Gesetze ist der Großgrundbesitz, der nach geschichtlicher Erfahrung die Gefahr politischen Missbrauchs oder der Begünstigung militaristischer Bestrebungen in sich birgt, im Rahmen einer Bodenreform einzuziehen.

(2) Aufgabe der Bodenreform ist vor allem, den land- und forstwirtschaftlichen Boden zu erhalten und zu vermehren und seine Leistung zu steigern, Bauern anzusiedeln und gesunde Wohnstätten, Kleinsiedlerstellen und Kleingärten zu schaffen ....

Artikel 43

(1) Selbständige Klein-und Mittelbetriebe in Landwirtschaft, Gewerbe, Handwerk und Handel sind durch Gesetzgebung und Verwaltung zu fördern und besonders vor Überlastung und Aufsaugung zu schützen.

(2) Zu diesem Zweck ist die genossenschaftliche Selbsthilfe auszubauen.

Artikel 45

(1) Das Privateigentum wird gewährleistet. Sein Inhalt und seine Begrenzung ergeben sich aus den Gesetzen. Jeder ist berechtigt, auf Grund der Gesetze Eigentum zu erwerben und darüber zu verfügen.

(2) Das Privateigentum verpflichtet gegenüber der Gemeinschaft. Sein Gebrauch darf dem Gemeinwohl nicht zuwider laufen. Es darf nur im öffentlichen Interesse, nur auf Grund eines Gesetzes, nur in dem darin vorgesehenen Verfahren und nur gegen angemessene Entschädigung eingeschränkt oder enteignet werden.

(3) Soweit die Gesetze nichts anderes bestimmen, sind für Streitigkeiten über Art und Höhe der Entschädigung die ordentlichen Gerichte zuständig.

Zitiert nach: http://lawww.de/hlv/Aktuell/hv_text.htm#41 (Stand: 03/2012)

M3 „Grundsteinlegung der Demokratie in Hessen“

Landtagspräsident Norbert Kartmann erinnert an die erste Zusammenkunft der Verfassungsberatenden Landesversammlung am 15. Juli 1946:

„Mit dem bedeutenden Ereignis der ersten Verfassungberatenden Landesversammlung wurde ein Grundstein der Demokratie in Hessen gelegt und ein wichtiger Schritt auf dem Weg zur deutschen Selbständigkeit getan“, hob der Landtagspräsident hervor. Er zitierte aus Artikel 1, 2 und 3 der hessischen Verfassung:

„Alle Menschen sind vor dem Gesetz gleich, ohne Unterschied des Geschlechts, der Rasse, der religiösen und der politischen Überzeugung. Der Mensch ist frei. Er darf tun und lassen, was die Rechte anderer nicht verletzt oder die verfassungsmäßige Ordnung des Gemeinwesens nicht beeinträchtigt ... Leben und Gesundheit, Ehre und Würde des Menschen sind unantastbar.“

Was heute selbstverständlich klänge, sei 1946 geradezu revolutionär gewesen, so Kartmann. „Nach 65 Jahren Demokratie können wir uns gar nicht mehr vorstellen, welche epochale Kraft im Jahre 1946 in diesen Worten steckte. Vorausgegangen waren 12 Jahre einer Menschen verachtenden Diktatur“, betonte Kartmann. Hessen habe unter den deutschen Bundesländern die älteste Verfassung. Sie sei durch die große zeitliche Nähe ganz besonders von den Erfahrungen der Nazi-Diktatur geprägt, erläuterte der Präsident weiter. „Die damals entstandene Verfassung ist daher ein eindrucksvoller Beleg für die neue demokratische, soziale und rechtsstaatliche Grundordnung“, so Kartmann abschließend.

Zitiert nach: Pressemitteilung des hessischen Landtags vom 14. Juli 2011. http:/'/www. hessischer-landtag. de/icc/Internet/nav/89e/presse.jsp?uMen=95f305da-b315-9911-a7c5-ab64c48b23a9&page=8&pagesize=10&all=true (Stand: 03/2012)

1 Beschreibe, welche historischen Territorien und welche Wirtschaftsregionen im Land Hessen zusammengefasst wurden (M1 und Atlas).

2 Vergleiche Artikel 41–45 der hessischen Verfassung mit den Sozialisierungsmaßnahmen in der SBZ 1946 (M2, Autorentext und Seite 148f).

3 Erörtere, ob die hessische Verfassung von 1946 in ihrer Zeit revolutionär war (M2–M3 und Autorentext).

Brennpunkt Berlin: Einheit oder Spaltung?

Die Blockade Westberlins. Mit der Währungsreform wurde am 20. Juni 1948 die Deutsche Mark nur in den westlichen Besatzungszonen, nicht aber in den Westsektoren Berlins eingeführt. Am 23. Juni ordnete die sowjetische Besatzungsmacht in der SBZ eine Währungsumstellung an, die DM-Ost wurde daraufhin eingeführt. An dem Anspruch Stalins, jene Währung solle für ganz Berlin gelten, und dem Widerstand der USA, Großbritanniens und Frankreichs entzündete sich der längst schwelende Konflikt zwischen West und Ost. Unter dem Vorwand einer „technischen Störung" legten die Sowjets am 23. Juni 1948 die Stromversorgung in Westberlin lahm. Alle Land- und Wasserwege von den westlichen Zonen wurden gesperrt, alle Lieferungen von Versorgungsgütern eingestellt. Der Plan, die Westmächte so zur Aufgabe ihres Berlin-Sektors zu zwingen, scheiterte einerseits an dem Widerstandswillen der Berliner, andererseits an den Hilfsmaßnahmen, besonders denen der USA. Die „Luftbrücke" bewirkte eine deutliche Verbesserung des Verhältnisses zwischen der deutschen Bevölkerung und den westlichen Alliierten; zugleich verschlechterte sich die Einstellung der Westdeutschen und Westberliner gegenüber den Sowjets und den von ihnen abhängigen deutschen Kommunisten zusehends. Nach elf Monaten musste Stalin die Blockade aufgeben.

M1 „Rosinenbomber"
Transporte auf dem Luftweg versorgten die eingeschlossene Bevölkerung über drei Luftkorridore mit dem Lebensnotwendigen.

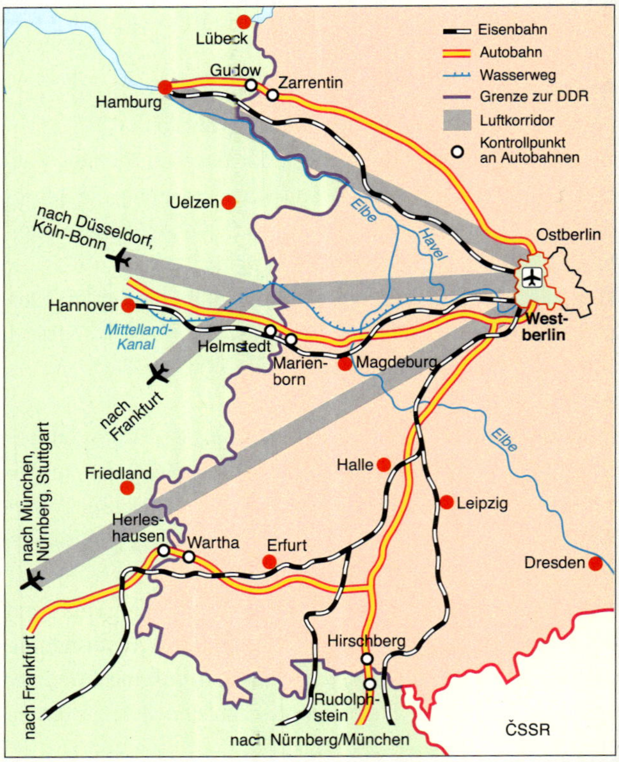

M2 Zufahrtswege der Westalliierten nach Berlin

M3 „Gefährliche Passage"
(Karikatur aus der „New York Sun", 1948)

Die Berlinblockade war der erste entscheidende Konflikt in dem nach 1945 immer offener zu Tage tretenden Gegensatz zwischen Ost und West. Er vertiefte die Spaltung Deutschlands und Berlins.

Methode: Eine Internetrecherche durchführen

Ihr nutzt bereits seit Jahren das Internet auch für eure schulische Arbeit. Wenn ihr eine Recherche in Geschichte durchführt, sind darüber hinaus folgende Hinweise hilfreich:

1. Schritt: Erste Informationen sammeln

Weiß man noch wenig über ein Thema, so helfen Suchmaschinen, eine erste, recht allgemeine Recherche durchzuführen. Nützt die speziellen Suchmaschinen für geschichtliche Themen wie www.bildungsserver.de, www.historisches-forum.de, www.historicum.net, www. geschichte.de, www.clio-online.de.

2. Schritt: Spezialwissen erwerben

Sind bereits genaue Vorstellungen und somit entsprechende Begriffe vorhanden, dann sollte man möglichst viele davon eingeben (stets verbunden mit einem „+"). Die so gefundenen Links sollte man in einer eigenen Datei abspeichern, damit man sie nacheinander abrufen kann.

3. Schritt: Gefundenes Material auf seine Glaubwürdigkeit überprüfen

Um herauszufinden, ob eine Seite vertrauenswürdig ist, muss geklärt werden, wer die Quelle verfasst hat. Alle zuverlässigen Seiten haben meist im Index oder Impressum Angaben über ihre Herkunft. Gibt es auch eine E-Mail-Adresse für Rückfragen? Sucht die Webseiten von Archiven, Universitäten, Institutionen, Organisationen oder Museen auf; ihre Seiten sind zuverlässig.

4. Schritt: Quellen untersuchen und ihre Inhalte kritisch bewerten

Handelt es sich um eine Zusammenfassung, Wiedergabe eines Vortrags, ist es eine wissenschaftliche Arbeit? Sind überprüfbare Quellen für die Informationen angegeben? Gibt es weiterführende Literaturhinweise? Weitere Links? Geht hervor, mit welchem Ziel/welcher Zielgruppe dieser Link verbunden ist? Unterscheidet nach Quellenarten wie Radioansprache, amtliche Verlautbarung, Zeitzeugenaussagen oder Sicht eines Historikers. Bewertet eine Quelle nach ihrem Informationsgehalt und ihrer sprachlichen Aufbereitung; schwierige Wörter müssen nachgeschlagen werden. Zur Überprüfung von Zahlen, Daten und gemachten Aussagen sollten immer mehrere Quellen überprüft werden. Bei Beschreibungen von Konflikten sollen auch die Sichtweisen von den jeweiligen Gruppen vorliegen. Natürlich ist auch die optische Aufbereitung einer Seite wichtig (übersichtlich, abwechslungsreich mit Bildmaterial gekoppelt, unterschiedliche Schriftgrößen etc.).

5. Schritt: Ergebnisse einer Recherche zusammenfassen

Die abschließende Dokumentation sollte die wesentlichen geschichtlichen Inhalte zur gesuchten Thematik wiedergeben, zugleich aber auch die Quellenlage aus dem Internet kritisch darstellen. Gebt stets die genaue Webadresse als Fundstelle an und fügt das Datum eurer Recherche hinzu.

■ GESCHICHTE AKTIV/KREATIV

Projektidee: „Wir machen eine Internetrecherche zur Berliner ‚Luftbrücke'."

- Stellt einen Fragenkatalog zusammen. Arbeitet in Gruppen, jede mit einem anderen Schwerpunkt.
- Sucht nicht nur nach Text-, sondern auch nach Bildquellen (Fotografien, Karikaturen, Ausschnitte aus Zeitungen usw.); übersetzt englischsprachiges Material; nützt auch die Informationen und Quellen auf Seite 154.
- Untersucht das Material – berücksichtigt dabei die hier genannten Schritte.
- Überlegt euch, wie ihr die Ergebnisse eurer Arbeit darstellen könnt (Power-Point-Präsentation, Wandzeitung, Referate aus den jeweiligen Gruppen).

Die Bundesrepublik Deutschland entsteht

Anstöße der Westalliierten. Mit der Zusammenlegung der britischen, amerikanischen und französischen Besatzungszonen („Trizone") wurden erstmals die Umrisse eines westdeutschen Staates erkennbar. Dieser neue Staat sollte nach den Vorstellungen der Amerikaner wirtschaftlich aufblühen und ein „Bollwerk gegen den Kommunismus" darstellen. Im Frühjahr 1948 beschloss eine Konferenz der Westmächte und der als Nachbarn betroffenen Benelux-Staaten in London, den westdeutschen Staat zu errichten. Die Ministerpräsidenten in den Westzonen wurden aufgefordert, die entsprechenden Schritte einzuleiten.

M1 Uncle Sam, Britannia und Marianne übergeben dem deutschen Michel sein jüngstes Kind
(Karikatur von Mirko Szewczuk, 1949).

Der Beitrag der Westdeutschen. Die Ministerpräsidenten hatten Bedenken gegen einen Teilstaat und bestanden auf seiner Vorläufigkeit. Deshalb wollten sie keine „Verfassung", sondern nur ein ▸ „Grundgesetz" beschließen lassen. Dieses sollte auch nicht von einer vom Volk gewählten Nationalversammlung verabschiedet werden, wie das die Alliierten wünschten. Stattdessen wurden zunächst Experten damit beauftragt, das Grundgesetz auszuarbeiten. Sie kamen im August 1948 auf der Insel Herrenchiemsee zusammen. Ihr Entwurf wurde von einem „Parlamentarischen Rat", in den 65 Vertreter von den Länderparlamenten entsandt worden waren, über ein halbes Jahr lang beraten. Nachdem die Länderparlamente mit Ausnahme Bayerns dem Verfassungsentwurf zugestimmt und die alliierten Militärgouverneure ihn genehmigt hatten, trat das „Grundgesetz für die Bundesrepublik Deutschland" am 23. Mai 1949 in Kraft. Bundeshauptstadt wurde die rheinische Universitätsstadt Bonn. Nach der Bundestagswahl vom 14. August wählte das Parlament Konrad Adenauer (CDU), der Präsident des Parlamentarischen Rates gewesen war, zum Bundeskanzler.

Das Grundgesetz und die deutsche Geschichte. Während der Arbeit am Grundgesetz wurde die Luftbrücke nach Berlin durchgeführt (s. S. 154), die man in der westdeutschen Öffentlichkeit zunehmend als Behauptung der Freiheit gegen die stalinistische Diktatur ansah. Die Beratungen des Parlamentarischen Rates begannen am 1. September 1948, dem Jahrestag des deutschen Angriffs auf Polen 1939, und endeten am 8. Mai 1949, vier Jahre nach der Kapitulation des Deutschen Reichs. Alle diese historischen Erfahrungen gingen in das Grundgesetz ein. Seine „Mütter und Väter" wollten eine Ordnung schaffen, in der niemals wieder Menschenrechte vom Staat verletzt oder die Demokratie ihren Gegnern wehrlos ausgeliefert sein würden. Deshalb stellten sie nach dem Vorbild der Paulskirchenverfassung von 1848 dem Grundgesetz einen Katalog der Grund- und Freiheitsrechte voran, an die alle staatliche Gewalt gebunden sein sollte. Aus dem Scheitern der Weimarer Republik folgerten sie, dass der Präsident schwach, Parlament und Regierung dagegen stark sein mussten. Ein höchstes Gericht, das Bundesverfassungsgericht, sollte Hüter des Grundgesetzes sein.
Das Grundgesetz bewährte sich in den politischen und gesellschaftlichen Herausforderungen der folgenden Jahrzehnte. Es trug wesentlich dazu bei, dass die Bundesrepublik von den meisten Bürgern akzeptiert wurde. Das Grundgesetz bezog auch die Menschen in Ostdeutschland mit ein und wirkte damit als Gegenentwurf zu den dort geschaffenen Verhältnissen (s. S. 158 f.). Ab 1990 wurde es zur Grundlage für die Wiedervereinigung der beiden deutschen Staaten.

M2 Die Staatsorgane der Bundesrepublik Deutschland

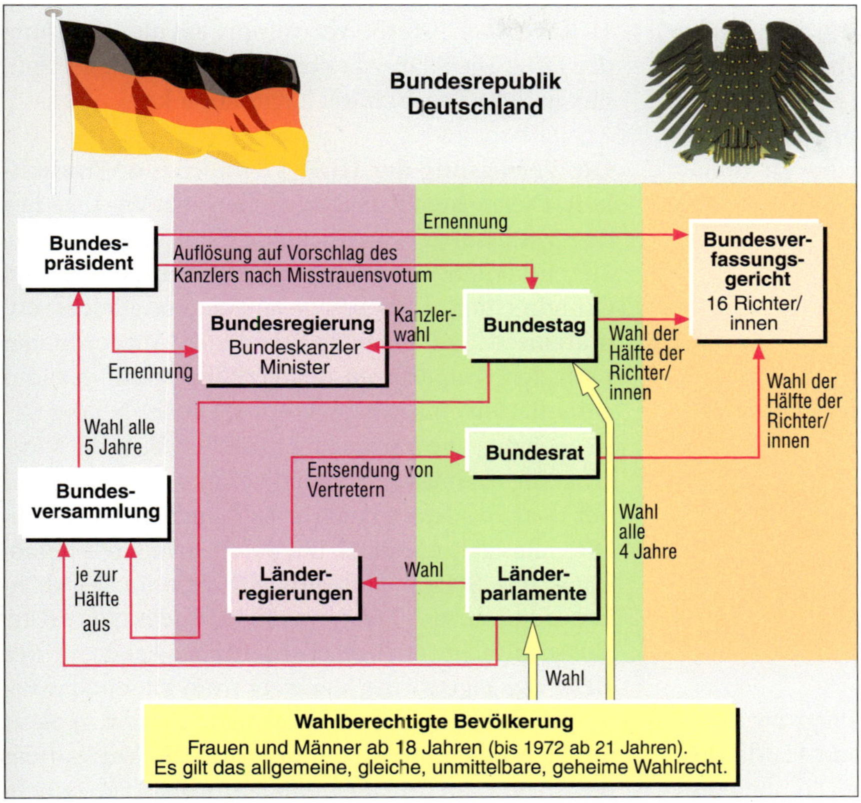

M3 Bestimmungen des Grundgesetzes

Artikel 1

(1) Die Würde des Menschen ist unantastbar. Sie zu achten und zu schützen ist Verpflichtung aller staatlichen Gewalt.

(2) Das Deutsche Volk bekennt sich darum zu unverletzlichen und unveräußerlichen Menschenrechten als Grundlage jeder menschlichen Gemeinschaft, des Friedens und der Gerechtigkeit in der Welt.

(3) Die nachfolgenden Grundrechte binden Gesetzgebung, vollziehende Gewalt und Rechtsprechung als unmittelbar geltendes Recht.

Es folgen u. a.:

- *Recht auf Leben und körperliche Unversehrtheit, Freiheit der Person (Art. 2)*
- *Gleichheit aller Menschen vor dem Gesetz, Verbot der Diskriminierung aufgrund von Rasse, Abstammung oder religiöser und politischer Anschauungen (Art. 3)*
- *Freiheit des Glaubens und des Gewissens (Art. 4)*
- *Meinungs- und Pressefreiheit, Verbot der Zensur (Art. 5)*
- *Versammlungs- und Vereinigungsfreiheit (Art. 9)*
- *Brief-, Post- und Fernmeldegeheimnis (Art. 10)*
- *Asylrecht für politisch Verfolgte (Art. 16a)*

Artikel 20

(1) Die Bundesrepublik Deutschland ist ein demokratischer und sozialer Bundesstaat.

(2) Alle Staatsgewalt geht vom Volke aus. Sie wird vom Volke in Wahlen und Abstimmungen und durch besondere Organe der Gesetzgebung, der vollziehenden Gewalt und der Rechtsprechung ausgeübt.

(3) Die Gesetzgebung ist an die verfassungsmäßige Ordnung, die vollziehende Gewalt und die Rechtsprechung sind an Gesetz und Recht gebunden.

(4) Gegen jeden, der es unternimmt, diese Ordnung zu beseitigen, haben alle Deutschen das Recht zum Widerstand, wenn andere Abhilfe nicht möglich ist.

Artikel 79 („Ewigkeitsklausel")

(3) Eine Änderung dieses Grundgesetzes, durch welche die Gliederung des Bundes in Länder ... oder die in den Artikeln 1 und 20 genannten Grundsätze berührt werden, ist unzulässig.

Zitiert nach: documentarchiv.de / brd / 1949 / grundgesetz.html (Stand 03 / 2012)

1 Vergleiche den Grundrechtekatalog des Grundgesetzes (GG) mit früheren Erklärungen der Menschen- und Bürgerrechte.

2 Nenne die Prinzipien, auf denen Art. 20 GG beruht (M3).

3 Lege eine Tabelle an und stelle die Kompetenzen der Staatsorgane der Bundesrepublik denen der Weimarer Republik gegenüber (M2 und S. 49).

4 Zeige, welche Lehren die Verfasser des Grundgesetzes aus der deutschen Geschichte gezogen haben (M2–M3 und Autorentext).

5 Erörtere, inwieweit das Grundgesetz eine Schöpfung der Alliierten oder der Deutschen ist (M1 und Autorentext).

Aus der SBZ wird die Deutsche Demokratische Republik

Die Volkskongressbewegung. Als Antwort auf die Verfassungsdiskussion in den Westzonen förderte die SED 1947 die Idee einer Vertretung, die als Sprecher gesamtdeutscher Interessen gegenüber den Besatzungsmächten auftreten sollte. Stalin gab seinen Plan auf, ein geeintes, kommunistisch geprägtes oder zumindest neutrales Deutschland gründen zu können und verstärkte die Bemühungen, einen eigenen, nach sowjetischem Vorbild gestalteten Staat zu errichten. Im Dezember 1947 wurde auf Initiative der SED der „Deutsche Volkskongress für Einheit und gerechten Frieden" in Berlin einberufen, an dem über 2 000 ausgesuchte Delegierte aus allen Zonen teilnahmen. Als der Volkskongress im März 1948 zum zweiten Mal tagte, wählten die Delegierten einen „Deutschen Volksrat", eine Art Vorparlament, das den Auftrag zur Ausarbeitung einer Verfassung erhielt. Ein Ausschuss des Rates erarbeitete daraufhin – auf der Grundlage eines SED-Papiers vom November 1946 – den Entwurf einer „Verfassung der Deutschen Demokratischen Republik".

Die Gründung der DDR. Zur Bestätigung dieses Verfassungsentwurfs wurde am 15. und 16. Mai 1949 ein dritter Volkskongress nach einer Einheitsliste vom Volk gewählt. Die Wählerinnen und Wähler konnten sich nicht für eine bestimmte Partei entscheiden, sondern mussten die vorgegebene Liste annehmen oder ablehnen; dieses Wahlsystem hielt sich bis zum Ende der DDR 1989.

Die DDR wurde am 7. Oktober 1949 gegründet. Die Sowjetische Militäradministration übertrug am 11. November 1949 die Verwaltung auf die Regierung der DDR. Die DDR war ebenso wie die Bundesrepublik in ihrer Souveränität eingeschränkt.

Die Verfassung der DDR – Schein und Wirklichkeit. Die meisten Passagen glichen vom Wortlaut her den Verfassungen westlich-demokratischer Staaten. Sie enthielten u.a. einen umfassenden Katalog von Grundrechten, schrieben die allgemeine, gleiche, unmittelbare und geheime Wahl der Abgeordneten nach den Grundsätzen der Verhältniswahl vor und garantierten eine Mitsprache der Länder bei der Gesetzgebung. Die Verfassung legte fest, dass die Wirtschaft des Landes dem „Wohl des ganzen Volkes und der Deckung seines Bedarfs" zu dienen habe.
Dies alles galt nur dazu, um den Schein eines demokratischen Staates aufrechtzuerhalten. In Wirklichkeit diktierte die Führung der SED das politische, wirtschaftliche und gesellschaftliche Leben in der DDR. Das eigentliche Machtzentrum bildete das Politbüro der SED. Daneben kontrollierte der Apparat des Zentralkomitees (ZK) der SED die Verwaltung des Staates. Im ZK kamen die führenden Persönlichkeiten der DDR zusammen; es tagte aber nur selten und verkündete vor allem die Richtlinien der Partei.

M1 Bedeutende Politiker der DDR
Auf dem III. Parteitag der Sozialistischen Einheitspartei Deutschlands, 1950: ① Wilhelm Pieck (erster und einziger Staatspräsident der DDR), ② Walter Ulbricht (Generalsekretär der SED und späterer Staatsratsvorsitzender), ③ Otto Grotewohl (erster Ministerpräsident der DDR) und ④ Erich Honecker (Generalsekretär der SED 1971–1989)

M2 Wahlen in der SBZ

a) Ausschnitt eines Stimmzettels für die Wahlen zum Volkskongress am 15. Mai 1949. Die Aufstellung und Reihung der Kandidaten legten ausschließlich die SED und die SMAD fest:

STIMMZETTEL

für den Stimmkreis 3 Land Sachsen-Anhalt zum 3. Deutschen Volkskongress
Ich bin für die Einheit Deutschlands
und einen gerechten Friedensvertrag
Ich stimme darum für die nachstehende Kandidatenliste
zum Dritten Deutschen Volkskongress

1. Prof. Agricola, Rudolf, SED .... Halle/Saale
2. Beck, Arnold, FDGB .... Halle/Saale
3. Biering, Walter, VdgB .... Sohesten
4. Bierks, Hand, SED .... Zschornewitz
5. Biniada, Robert, CDU .... Duben
6. Bock, Erich, LPD .... Halle/Saale
7. Böhland, Max, FDGB .... Merseburg
8. Büttner, Thekla, LPD .... Zeitz
9. Dr. Damerow, Erich, LPD .... Halle/Saale
10. Dittmar, Karl, FDGB .... Halle/Saale
11. Diez, Käte, LPD .... Halle/Saale
12. Zinicke, Ludwig, SED .... Halle/Saale
13. Prof. D. Facher, Erich, CDU .... Halle/Saale
14. Feist, Gotth., FDGB .... Halle/Saale

...

77. Prof. Dr. Zerm, LPD .... Halle/Saale

JA ○
○ NEIN

b) Nachdem das Wahlergebnis nicht den Erwartungen der SED entsprach, erfolgte per Blitztelegramm einen Tag später folgende Anweisung. Sie änderte allerdings nichts daran, dass auch nach der neuerlichen Auszählung 33,9 % der Wähler die Einheitslisten ablehnten:

1. Aus den Stimmzetteln muss der Wille des Wählers erkenntlich sein.

2. Alle weiß abgegebenen Stimmzettel sind gültig und als Ja-Stimmen zu zählen.

3. Stimmzettel, auf denen Kandidaten angestrichen oder im Wahlzettel durchgestrichen sind, gelten als Ja-Stimmen, wenn sie im Ja-Feld angekreuzt sind.

4. Stimmzettel, die nicht durchkreuzt sind, sondern lediglich beschrieben sind, gelten nur dann als ungültig, wenn sie eine demokratisch-feindliche Gesinnung erkennen lassen.

5. Alle ungültigen Stimmzettel sind nach obigen Richtlinien durch die Wahlkommission nochmals zu überprüfen.

Zitiert nach: SBZ 1945 – 1949. Politik und Alltag in der Sowjetischen Besatzungszone, hrsg. vom Gesamtdeutschen Institut, Bonn 1989, S. 100 f.

M3 Verfassungsschema DDR

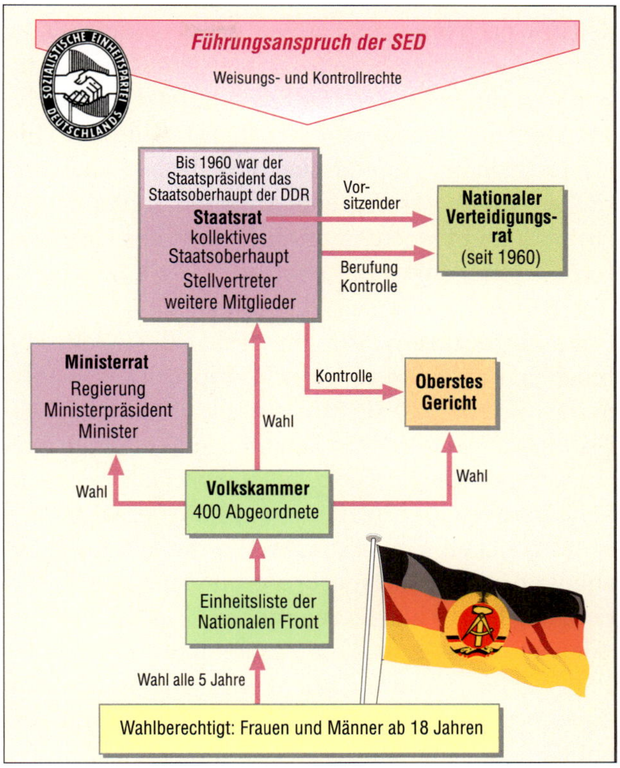

M4 Die Verfassung der DDR

Präambel vom 7. Oktober 1949:

Von dem Willen erfüllt, die Freiheit und die Rechte des Menschen zu verbürgen, das Gemeinschafts- und Wirtschaftsleben in sozialer Gerechtigkeit zu gestalten, dem gesellschaftlichen Fortschritt zu dienen, die Freundschaft mit anderen Völkern zu fördern und den Frieden zu sichern, hat sich das deutsche Volk diese Verfassung gegeben.

Zitiert nach: www.documentarchiv.de/ddr/verfddr1949.html (Stand 03/2012)

1 Gib Gründe dafür an, warum sich der Staat auf dem Gebiet der SBZ den Namen „Deutsche Demokratische Republik" gegeben hat.

2 Nenne die Merkmale einer demokratischen Wahl und stelle sie dem Ablauf der Wahlen in der SBZ (M2) gegenüber.

3 Analysiere das Schema M3 unter den Aspekten Wahlrecht und Gewaltenteilung.

4 Vergleiche die Präambel der DDR-Verfassung (M4) mit der des Grundgesetzes der Bundesrepublik Deutschland von 1949.

Die Bundesrepublik wird Bündnispartner des Westens

Besatzungsherrschaft. Bei ihrer Gründung 1949 war die Bundesrepublik Deutschland kein souveräner, d. h. nach innen und außen selbstständiger Staat. Sie war von zehntausenden amerikanischer, britischer und französischer Soldaten besetzt und durfte keine eigenen Streitkräfte haben. Die alliierten Militärbefehlshaber nannten sich jetzt „Hohe Kommissare"; sie waren für Außenpolitik und Außenhandel zuständig und wachten darüber, dass das Grundgesetz eingehalten wurde.

Westintegration. Der Bundeskanzler wollte die Bundesrepublik vor dem Machtanspruch der Sowjetunion sichern und sie zugleich zu einem gleichberechtigten Mitglied der Staatengemeinschaft machen. Er war davon überzeugt, beide Ziele seien am besten durch eine enge Anlehnung an die Westmächte zu erreichen. Einem starken Westen würde die Sowjetunion schließlich nachgeben und die Wiedervereinigung Deutschlands zugestehen.
Adenauer wusste, dass die Zusammenarbeit mit den USA vorrangig war. Er sah aber auch, dass er seine Ziele nur verwirklichen konnte, wenn die Bundesrepublik den Sicherheitsinteressen Frankreichs entgegenkam. Deshalb ging er auf den Vorschlag des französischen Außenministers Robert Schuman ein, die Kohle- und Stahlerzeugung beider Länder einer gemeinsamen Behörde zu unterstellen. 1951 traten der „Montanunion" die Beneluxstaaten und Italien bei. Aus ihr entwickelte sich die heutige Europäische Union (s. S. 220 f.) Während des Koreakriegs (s. S. 134) entschieden die Westmächte, die Bundesrepublik solle den Westen stärken und sich an einer „Europäischen Verteidigungs-Gemeinschaft" (EVG) beteiligen.

Stalinnoten. Dies wollte die Sowjetunion verhindern. Kurz vor Unterzeichnung des EVG-Vertrags 1952 schlug Stalin in zwei „Noten", d. h. Denkschriften, vor, die Bundesrepublik und die DDR zu vereinigen; Gesamtdeutschland solle keinem der Blöcke angehören. Die Westmächte und Adenauer lehnten den Vorschlag ab, weil sie befürchteten, ein neutrales Deutschland sei dem Druck der Sowjetunion schutzlos ausgeliefert. Die Opposition unter Führung der SPD hingegen drängte ohne Erfolg darauf, Stalins Vorschlag wenigstens zu prüfen. Bis heute ist umstritten, ob damals eine Möglichkeit der Wiedervereinigung bestand.

Die Bundesrepublik wird souverän. 1954 lehnte die französische Nationalversammlung den EVG-Vertrag ab. Daraufhin einigten sich in Paris neun westliche Regierungen die Bundesrepublik in die NATO aufzunehmen und die Besatzungsherrschaft zu beenden. Die Bundesregierung verpflichtete sich, eine Armee, die Bundeswehr, aufzubauen. 1954/55 gestanden die Westmächte im Deutschlandvertrag der Bundesrepublik „die volle Macht eines souveränen Staates über ihre inneren und äußeren Angelegenheiten" zu. Allerdings behielten sie ihre bisherigen Rechte in Bezug auf Berlin und auf Deutschland als Ganzes, also auch die Wiedervereinigung und einen Friedensvertrag. Auch für innere Notstände blieben sie zuständig, solange im Grundgesetz Bestimmungen dafür fehlten (s. S. 186).

M1 Konrad Adenauer (rechts) stellt 1949 den „Hohen Kommissaren" sein Kabinett vor. *Dabei betritt er den Teppich, der laut Protokoll den Vertretern der Sieger vorbehalten ist.*

M2 Frieden durch wirtschaftliche Verflechtung?

Aus der Regierungserklärung des französischen Außenministers Robert Schuman, 9. Mai 1950:

... Europa ist nicht zustande gekommen, wir haben den Krieg gehabt. Europa lässt sich nicht mit einem Schlage herstellen und auch nicht durch eine einfache Zusammenfassung: Es wird durch konkrete Tatsachen entstehen, die zunächst eine Solidarität der Tat schaffen. Die Vereinigung der europäischen Nationen erfordert, dass der Jahrhunderte alte Gegensatz zwischen Frankreich und Deutschland ausgelöscht wird. Zu diesem Zwecke schlägt die französische Regierung vor, in einem begrenzten, doch entscheidenden Punkt sofort zur Tat zu schreiten. (So soll) die Gesamtheit der französisch-deutschen Kohle- und Stahlproduktion einer gemeinsamen Hohen Behörde unterstellt werden, in einer Organisation, die den anderen europäischen Ländern zum Beitritt offen steht ... Die Solidarität der Produktion, die so geschaffen wird, wird bekünden, dass jeder Krieg zwischen Frankreich und Deutschland nicht nur undenkbar, sondern materiell unmöglich ist ... Durch die Zusammenlegung der Grundindustrien und die Errichtung einer neuen Hohen Behörde, deren Entscheidungen für Frankreich, Deutschland und die anderen teilnehmenden Länder bindend sein werden, wird dieser Vorschlag den ersten Grundstein einer europäischen Föderation bilden, die zur Bewahrung des Friedens unerlässlich ist.

Zitiert nach: Themenportal Europäische Geschichte (2006), www.europa.clio-online.de/2006/Article=29 (06/2007).

M3 Führt die Aufrüstung zum deutsch-deutschen Krieg?

Nach seinem Rücktritt als Bundesinnenminister setzt sich Gustav Heinemann am 13. Oktober 1950 mit Adenauers Politik der Wiederbewaffnung auseinander:

Für Sicherheit gegen inneren Umsturz haben wir selber zu sorgen. Die Sicherheit gegen Angriffe von außen ist Sache der Besatzungsmächte. Sie kann nur von den Besatzungsmächten der Bundesrepublik, das heißt den Westmächten, gewährleistet werden.

Es ist nicht unsere Sache, eine deutsche Beteiligung an militärischen Maßnahmen nachzusuchen oder anzubieten. Wenn die Westmächte unserer Mitwirkung zu bedürfen glauben, so mögen sie an uns herantreten und dabei verbindlich sagen, welches die Grundlagen einer etwa von ihnen gewünschten deutschen Mitwirkung sein sollen. Nachdem es eines der vornehmsten Kriegsziele der Alliierten gewesen ist, uns zu entwaffnen und auch für die Zukunft waffenlos zu halten und das deutsche Volk zu einer jedem Militärwesen abholden (= abgeneigten) Geisteshaltung zu erziehen, haben wir allen Anlass, auf gegenteilige Aufforderungen so zurückhaltend wie nur möglich zu reagieren.

Der einfache Satz: „Wir müssen uns verteidigen können“, genügt keinesfalls. Ein europäischer Krieg unter unserer Beteiligung wird für uns nicht nur ein nationaler Krieg sein, wie für die anderen betroffenenen Völker, sondern obendrein ein Krieg von Deutschen gegen Deutsche. Er wird sich, so wie die Dinge liegen, auf deutschem Boden abspielen. Wir legitimieren unser Deutschland selbst als Schlachtfeld, wenn wir uns in die Aufrüstung einbeziehen. Ich weiß, dass es zur Zeit irreal ist, an eine Verständigung unter den Weltmächten über Deutschland zu denken. Wer aber möchte sagen, dass es auch morgen irreal sein wird?

Zitiert nach: Winfried Reichert: Die Deutsche Frage, Würzburg (Ploetz) 1974, S. 75 ff.

M4 Plakat der SPD (1955)

1 Stellt oder spielt die Szene in M1 nach. Beschreibt Einstellungen und Zielsetzungen, die in ihr zum Ausdruck kommen.

2 Erläutere das Konzept des französischen Außenministers Schuman (M2).

3 Vergleiche die französische Politik gegenüber Deutschland nach dem Ersten und nach dem Zweiten Weltkrieg (M2–M3). Lies auch auf den Seiten 38 f. und 54 f. nach.

4 Führt ein Streitgespräch zwischen Adenauer und Heinemann über Wiederbewaffnung und Westbindung (M3–M4 und Autorentext).

5 Informiere dich über die weitere Laufbahn des Politikers Gustav Heinemann.

Die DDR wird Bündnispartner des Ostens

Die Einbindung der DDR in den „Ostblock". Zwischen 1950 und 1955 wurde die DDR in die Bündnissysteme des Ostens integriert. Dieser Prozess lief ähnlich ab wie die Westintegration der Bundesrepublik. Am Anfang stand die wirtschaftliche Einbindung, es folgte der Aufbau von Streitkräften, die Einbeziehung ins Militärbündnis und die Erlangung der staatlichen Souveränität. Diese Schritte erfolgten als unmittelbare Reaktion auf entsprechende westliche Beschlüsse zur Integration der Bundesrepublik. So wurde 1950 die DDR Mitglied im „Rat für gegenseitige Wirtschaftshilfe" (RGW). Dessen Aufgabe war es, die Zusammenarbeit der Ostblockstaaten und die Spezialisierung der Volkswirtschaften zu fördern. So belieferte die DDR die Partner u. a. mit Fischverarbeitungsschiffen und chemischen Produkten. Im Gegenzug erhielt sie Omnibusse aus Ungarn und große Traktoren sowie Diesellokomotiven aus der Sowjetunion. Innerhalb des RGW erbrachte die DDR die zweithöchste Wirtschaftsleistung nach der UdSSR.

M1 DDR-Briefmarke *(1974)*

Abgrenzung vom Westen und Militarisierung. Nachdem Adenauer und die Westmächte den Vorschlag, ein neutrales Gesamtdeutschland zu schaffen, 1952 abgelehnt hatten (s. S. 160), war die Einheit Deutschlands für Stalin nicht mehr Ziel seiner Politik. Die SED verkündete jetzt offiziell den „planmäßigen Aufbau des Sozialismus" in der DDR; die Grenze zur Bundesrepublik wurde systematisch abgeriegelt und befestigt.

1952 entstand neben der allgemeinen auch eine militärisch organisierte „Kasernierte Volkspolizei". Sie erhielt sowjetische Ausbildung und Ausrüstung; die Jugendorganisation der Partei, die „Freie Deutsche Jugend" (FDJ), warb für den Eintritt in die „Nationalen Streitkräfte". Kurz zuvor war die „Gesellschaft für Sport und Technik" gegründet worden, die sich um die vormilitärische Ausbildung der Jugend kümmern sollte.

Nachdem die Bundesrepublik am 9. Mai 1955 Mitglied der NATO geworden war, dauerte es keine Woche bis zur sowjetischen Antwort. Am 14. Mai gründeten die UdSSR, Polen, die Tschechoslowakei, Ungarn, Rumänien, Bulgarien, Albanien sowie die DDR den Warschauer Pakt Ein Austritt war nicht vorgesehen, das Oberkommando hatte ein sowjetischer Marschall. Ihm unterstanden die Truppen der DDR auch in Friedenszeiten. Diese wurden 1956 in „Nationale Volksarmee" (NVA) umbenannt.

M2 Offiziere der „Nationalen Volksarmee" (NVA) auf einem Lehrgang in der Sowjetunion *(1970)*

Ein selbstständiger Staat? Am 20. September 1955 schlossen die UdSSR und die DDR einen Vertrag ab, der die Souveränität der DDR feststellte und die fortbestehende Stationierung der sowjetischen Truppen regelte: 20 Divisionen, etwa 400 000 Mann, sollten in der DDR präsent sein. In Polen, der Tschechoslowakei und in Ungarn standen jeweils drei bis vier russische Divisionen. In einer Erklärung bekräftigte die Sowjetunion ihre Rechte und Verpflichtungen in Bezug auf Gesamtdeutschland.

Ab dem Jahr 1956 standen sich auf beiden Seiten der innerdeutschen Grenze auch deutsche Armeen gegenüber, die fest in ihren jeweiligen Block eingebunden waren. Damit wurde die Zweistaatlichkeit Deutschlands für lange Zeit festgeschrieben.

M3 Die „Staatsgrenze West“ der DDR zwischen Thüringen und Hessen

Die Grenze zu den Bundesländern, u. a. auch zu Hessen, galt als „Sperrgebiet“. Es bestand aus einer 5-km-Sperrzone, einem 500 m breiten „Schutzstreifen“, durch Stacheldraht gesichert, und einem 10 m breiten Kontrollstreifen, der vermint war. Im Laufe der Zeit wurde die Grenze noch weiter befestigt (s. S. 178f.)

M4 Die Wiederbewaffnung aus Sicht der DDR

Die Eingliederung der BRD in die NATO erwies sich als eine entscheidende Zäsur (Einschnitt) in der nationalen Frage ... Die Pariser Verträge versperrten den Weg zur Bildung eines einheitlichen demokratischen deutschen Staates ...
Nach dem Inkrafttreten der Pariser Verträge wurde mithilfe der USA die Bundeswehr in schnellem Tempo aufgebaut. Alle leitenden Positionen übernahmen ehemalige Generale der faschistischen Wehrmacht ... Der BRD war die Rolle des Stoßkeils gegen den Sozialismus zugedacht. Die aggressivsten Kräfte des Imperialismus glaubten, dass sie, gestützt auf die NATO, in absehbarer Zeit die Ergebnisse des Zweiten Weltkriegs und der Nachkriegsentwicklung ändern und den Sozialismus „zurückrollen“ könnten ... Die zunehmende Aggressivität des Imperialismus machte die Aufstellung bewaffneter Streitkräfte der DDR notwendig. Am 18. Januar 1956 beschloss die Volkskammer das Gesetz über die Bildung der Nationalen Volksarmee. Die NVA wurde zunächst auf dem Prinzip der Freiwilligkeit aufgebaut. Die Offiziere, Unteroffiziere und Soldaten entstammten vor allem der Arbeiterklasse und der werktätigen Bauernschaft, die Führungskader hatten sich im Kampf gegen den Faschismus bewährt.
(Die NVA) ist das militärische Machtinstrument der Arbeiterklasse und der anderen Werktätigen. In enger Waffenbrüderschaft mit der Sowjetarmee und den anderen Armeen der sozialistischen Verteidigungskoalition dient die NVA den Lebensinteressen des Volkes, dem Schutz des Sozialismus und der Sicherung des Friedens an der Westgrenze des sozialistischen Weltsystems.

Zitiert nach: Heinz Heitzer: DDR. Geschichtlicher Überblick, Berlin (Dietz) 1984, S. 114 ff.

M5 Tafel an der Transit-Autobahn Hannover–Westberlin *(1956)*

1 Die Flaggen in M1 gehören zu den im Autorentext als Gründer des Warschauer Pakts genannten Staaten. Welche davon sind heute noch Staatsflaggen?
2 Stelle in einer Tabelle den Prozess der Blockeinbindung der Bundesrepublik und der DDR 1949–1956 zusammen. Nenne Parallelen und Unterschiede (Autorentext und Seite 160).
3 Beschreibe die Grenzanlagen der DDR und erörtere ihren Zweck (M3). Berücksichtige auch S. 178 f.
4 Erarbeite aus M4, wie in der DDR die Wiederbewaffnung begründet wurde. Nimm kritisch Stellung dazu.
5 Welche „Botschaft“ soll den westlichen Benutzern der DDR-Autobahn durch M5 vermittelt werden?
6 Erläutere, inwiefern die östliche Wirtschafts- und Verteidigungsgemeinschaft als „Block“ bezeichnet werden kann (M1–M5).

Wege zum Wohlstand: Plan oder Markt?

Die Schlüsselrolle der Wirtschaft. Nach den Zerstörungen des Kriegs und der Not der Nachkriegsjahre sehnten sich die Menschen nach Sicherheit und Wohlstand. Die Zustimmung zu den politischen Systemen im Westen und im Osten hing wesentlich davon ab, ob es der jeweiligen Wirtschaftspolitik gelang, Arbeit und Einkommen zu sichern und Güter gerecht zu verteilen. Hierbei gingen Ost- und Westdeutschland unterschiedliche Wege.

Sozialistische Planwirtschaft. In der DDR trieb man seit 1952 den „planmäßigen Aufbau des Sozialismus“ voran. Die noch bestehenden privaten Fabriken wurden verstaatlicht, die 1946 geschaffenen bäuerlichen Kleinbetriebe oft unter Zwang zu „Landwirtschaftlichen Produktionsgenossenschaften“ (LPG) zusammengefasst. Da alle Betriebe vom Staat kontrolliert wurden, konnte es Konkurrenz und freie Preisbildung nicht mehr geben. Vielmehr legte eine staatliche Planungskommission jeweils auf fünf Jahre fest, welche Güter in welchen Mengen hergestellt werden sollten. Auf diese Weise steigerte die DDR ihre Wirtschaftsleistung bis 1960 um das Zweieinhalbfache; die Bevölkerung war mit den Gütern des Grundbedarfs ausreichend versorgt. Da jedoch der Anreiz, Gewinne zu machen, fehlte, wurden zu wenig neue Ideen entwickelt, Produkte blieben jahrelang die gleichen und die Mitarbeiter waren wegen der staatlich festgelegten Löhne wenig motiviert. Gegen die geringe Produktivität und Arbeitsmoral setzten Verantwortliche auf Vergünstigungen wie zusätzlichen oder kostenlosen Urlaub, bevorzugte Zuteilung der begehrten Neubauwohnungen oder die Auszeichnung als „Heldin“ bzw. „Held der Arbeit“.

Soziale Marktwirtschaft. In den Westzonen wurden seit 1946 die Weichen hin zu einer liberalen Wirtschaftsordnung gestellt. Kapital, Fabriken und Maschinen sollten in Privatbesitz bleiben und verschiedene Firmen um die Gunst der Käufer konkurrieren können. Die Befürworter der ▸ sozialen Marktwirtschaft glaubten, dass diejenigen Firmen, die die beste Qualität zu den günstigsten Preisen anböten, sich durchsetzen und Gewinne machen würden. Der „Markt“, das Wechselspiel von Angebot, Nachfrage und Preisbildung, sollte also die Wirtschaft regeln. Zugleich traf man Vorsorge, dass das freie „Wechselspiel der Kräfte“ durch Sozialgesetze eingegrenzt und überwacht wurde. Die Bundesrepublik entwickelte sich zum „Sozialstaat“ in dem Arbeitnehmer vor Arbeitslosigkeit nach Firmenzusammenbrüchen geschützt, die Lohnfortzahlung im Krankheitsfalle garantiert und die Renten den steigenden Einkommen angepasst wurden. Weitere Maßnahmen waren die Einführung des Kindergeldes und die Mitbestimmung der Arbeitnehmer in den Betrieben.

M1 Ludwig Erhard
war von 1949 – 1963 Wirtschaftsminister und von 1963 – 1965 Bundeskanzler. Er gilt als Erfinder der „sozialen Marktwirtschaft“.

Das „Wirtschaftwunder“. Die wachsenden Sozialausgaben konnten finanziert werden, weil die Bundesrepublik mit Beginn der 1950er Jahre einen bisher ungekannten Wirtschaftsaufschwung erlebte. Dafür hatten Marshallplanhilfe und die Währungsreform (s. S. 146 f.) Grundlagen gelegt. Die Binnennachfrage schnellte nach oben, weil die Westdeutschen nun die Güter kauften, die im Krieg und in der Nachkriegszeit unerreichbar gewesen waren, besonders Haushaltsgeräte, Autos und Motorroller. Die Vertriebenen aus den Ostgebieten und Übersiedler aus der DDR deckten den wachsenden Bedarf an Arbeitskräften. Überall in Deutschland wurden zerstörte und veraltete Fabriken und Maschinen durch neue Anlagen ersetzt. Neben der Binnennachfrage wurde der Export Motor des „Wirtschaftswunders“. Nach dem Koreakrieg gab es eine immense Nachfrage nach deutschen Exportgütern auf dem Weltmarkt. Die hohe Wochenstundenzahl und die im internationalen Vergleich niedrigen Löhne der deutschen Arbeitnehmer machten deutsche Waren vergleichsweise billig bei hoher Qualität. Die Bundesrepublik trat ihre Rolle als „Exportweltmeister“ an.

M2 Werbeplakat für den ersten Fünfjahresplan *(1951 – 1955). In der Bildmitte Walter Ulbricht, der Vorsitzende der SED.*

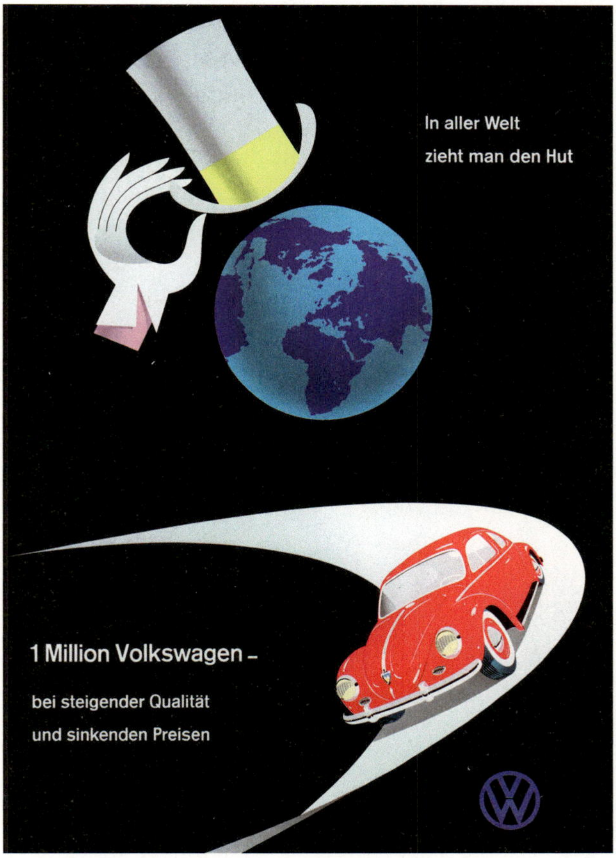

M3 Westdeutsches Werbeplakat *(1955)*

M4 Planwirtschaft und Arbeitsteilung

In einem Fahrradladen in Halle verkaufte eine Verkäuferin jahrelang grundsätzlich nichts aus dem Lagerraum. Sie hatte keine Lust, nach hinten zu gehen, womöglich noch auf die Leiter zu steigen. Lagen die Artikel nicht griffbereit im Verkaufsraum, gab es sie nicht. Die Kunden verwunderte das kaum, sie waren daran gewöhnt, die einfachsten Dinge nicht zu bekommen. Nach zwei Jahren fiel der HO-Zentrale (Handelsorganisation, staatlich geführtes Einzelhandelsunternehmen) der überhöhte Lagerbestand und der niedrige Umsatz auf. Die Verkäuferin wurde – ein seltener Fall in der DDR – fristlos entlassen.

Das Gefühl des DDR-Bürgers für Zeit ist von besonderer Art. Das russische „wso budjet“ = „es wird schon werden“, ist zur Normalität geworden. Das amerikanische „time is money“ kommt niemandem in den Sinn. Langjährige Erfahrung lehrt, dass es in der zentral geleiteten Wirtschaft vollkommen sinnlos ist, sich bei der Arbeit „zu überschlagen“. Arbeitet man schnell, ist das Material schnell verbraucht, es stoppt die Zulieferung, es entstehen Wartezeiten. Schafft man sein Pensum vorfristig, muss man dennoch die Arbeitszeit absitzen.

Zitiert nach: Irene Böhme: Die da drüben. Sieben Kapitel DDR, Berlin (Rotbuch) 1986, S. 28 ff.

1 Stelle in einer Tabelle die Merkmale der sozialistischen Planwirtschaft und der sozialen Marktwirtschaft einander gegenüber (M1 und Autorentext).

2 Vergleiche die beiden Plakate (M2–M3) und erläutere, welche Gesichtspunkte des jeweiligen Wirtschaftssystems herausgestellt werden.

3 Erkläre das Verhalten der Verkäuferin in Halle (M4). Was hätte ihr Arbeitgeber im Westen gesagt?

4 Diskutiert Vorzüge und Nachteile einer freien und einer geplanten Wirtschaft (M1, M4 und Autorentext).

„Wir sind wieder wer!" – Die Bundesrepublik in der Ära Adenauer

Rasante Modernisierung. Zwischen 1950 und 1958 verdoppelte sich das deutsche Bruttosozialprodukt. Nach den Jahren des Hungers, der Wohnungsnot und der Trauer um die Toten und Vermissten fassten die Menschen wieder Zuversicht. Bereits die Zeitgenossen sprachen von den „Goldenen Fünfzigern". Die Arbeitslosenzahlen sanken, 1955 kamen die ersten „Gastarbeiter" aus Italien (s. S. 172 f.). Die kriegszerstörten Städte wurden im nüchtern-modernen Stil der 1950er Jahre wieder aufgebaut und der soziale Wohnungsbau gefördert.

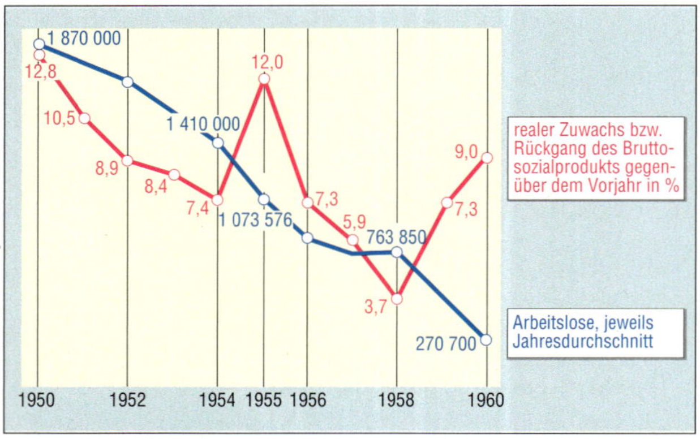

M1 Wirtschaftswachstum und Arbeitslosigkeit in der Bundesrepublik *(1950 – 1960)*

Im Zeichen hoher Wachstumsraten wandelte sich die Gesellschaft: Immer mehr Menschen waren Angestellte in Dienstleistungsbereichen, während der Anteil der Arbeiter, der Selbstständigen und der in der Landwirtschaft Beschäftigten sank. Die Automobilproduktion verachtfachte sich innerhalb von zehn Jahren und bescherte den Deutschen eine nie gekannte Mobilität. Die Werte blieben eher traditionell und konservativ: Der regelmäßige Gang zur Kirche war bei den Angehörigen der beiden großen christlichen Konfessionen selbstverständlich, Kirchenaustritte bis Ende der 1950er Jahre praktisch unbekannt. Zahlreiche Jugendliche revoltierten mit lässig getragenen Jeans, Petticoats, pomadigen Elvis-Tollen und knatternden Mopeds gegen dieses konservative Weltbild (s. S. 174). Trotz wachsender Einkommen blieb die westdeutsche Gesellschaft bis zum Ende der 1950er Jahre eine Klassengesellschaft mit erheblichen Einkommensunterschieden und Wachstumsgefällen zwischen den Regionen.

Verdrängung der Vergangenheit? Die Entnazifizierung der Alliierten hatte Zehntausende von Beamten und Unternehmern ins Gefängnis gebracht oder mit Berufsverbot belegt (s. S. 144). Eines der ersten Gesetze, das der Bundestag verabschiedete, war 1951 ein Straffreiheitsgesetz, mit dem 800 000 ehemalige Amtsinhaber des NS-Regimes vorzeitig in die Freiheit entlassen wurden. Diese Beamten erhielten die Möglichkeit der Rückkehr in den öffentlichen Dienst. In Politikerreden und im öffentlichen Bewusstsein wurde die NS-Zeit nun zum „Betriebsunfall" der deutschen Geschichte umgedeutet. Amerikanische Umfragen aus dem Jahre 1952 zeigten, dass 14 % der wahlberechtigten Deutschen sich vorstellen konnten, wieder einen Mann wie Hitler zu wählen. Fast die Hälfte aller Deutschen war der Meinung, dass Hitler einer der bedeutendsten Staatsmänner der Geschichte geworden wäre, wenn er den Weltkrieg nicht begonnen hätte. Diese Umfragen lösten erhebliche Besorgnis auf alliierter Seite aus und wurden von der DDR-Propaganda dazu genutzt, um sich als das „bessere Deutschland" darzustellen.

Neue politische Stabilität. Der wachsende Wohlstand war der Hauptgrund dafür, dass die Ordnung des Grundgesetzes akzeptiert wurde. Eine breite Opposition von rechts wie in der Weimarer Republik konnte sich nicht entfalten. Die in den Jahren nach dem Krieg noch bedeutende Kommunistische Partei verlor angesichts der schleppenden Wirtschaftsentwicklung in der DDR ihren Rückhalt in der westdeutschen Arbeiterschaft; 1956 wurde sie in der Bundesrepublik verboten. Nachdem die großen Parteien CDU und SPD im Jahre 1949 noch nahezu gleichauf in der Wählergunst lagen, verschoben sich die Gewichte zugunsten der CDU, die mit dem Spitzenkandidaten Konrad Adenauer 1957 die absolute Mehrheit der Stimmen erhielt.

M2 CDU-Wahlplakat mit Kanzler Adenauer *(1957)*

Ab 1957 erschien Adenauers Bild auf Wahlplakaten nur noch in gemalter Form, um sein hohes Alter zu verbergen.

M3 Nissenhütten im Ruhrgebiet
Nach dem Zweiten Weitkrieg bauten die Briten überall in ihrem Besatzungsgebiet halbrunde Wellblechhütten, sogenannte Nissenhütten, als Notunterkünfte für Flüchtlinge und Ausgebombte. Diese Unterkünfte waren schlecht isoliert und hatten nur wenige Fenster. In zwei Räume geteilt, wurden sie in der Regel von zwei Familien bewohnt.

M4 Wohnzimmer der deutschen Mittelschicht *(1950er Jahre). Die Ultrakurzwellensender erlaubten neuen Musikgenuss im Radio, ab 1952 wurde für zunächst wenige Stunden am Tag ein einziges Fernsehprogramm ausgestrahlt.*

1 Übertrage die Zahlenangaben in M6 in eine Grafik. Erläutere sie mithilfe von M1.
2 Fasse die positiven und negativen Seiten der 1950er Jahre zusammen (Autorentext).
3 Erstelle eine Biografie Konrad Adenauers.
4 Beschreibe M3–M5. Erläutere, was daran typisch für die 1950er Jahre ist.

M5 Sonntagsausflug in die Eifel *(1956)*
Das Auto wurde zum Statussymbol und erschloss neue Ziele an Wochenenden und im Urlaub. Beliebteste Ferienländer der Deutschen waren Österreich und Italien.

M6 Löhne und Preise
Im Land der großen Mitte stellte man mit geschwellter Brust, in einen Ausruf Ludwig Erhards einstimmend, fest: „Wir sind wieder wer!“ Man blickte um sich und sah ein Land, in dem Milch und Honig flossen. Die neue zentrale Figur war der „kleine Mann“: Er hatte mehr Freizeit als jemals zuvor; der Tourismus machte ihn zum Weltbürger; er vertraute der Vollbeschäftigung auf Dauer; er hatte mehr Geld als früher und gab es leichter aus. Entsprach auch die Wirklichkeit nicht solcher Euphorie – es ging aufwärts: 1950 musste ein Industriearbeiter noch für 1 kg Bohnenkaffee 22 Stunden und 37 Minuten, für 1 kg Kotelett 4 Stunden und 35 Minuten, für 1 kg Zucker 1 Stunde arbeiten; 1959 hatte er mit 6,15 Stunden 1 kg Kaffee, mit 2 Stunden 25 Minuten 1 kg Kotelett und mit 26 Minuten 1 kg Zucker sich erarbeitet. 1950 kosteten gute Schuhe 2 Arbeitstage, ein Rundfunkgerät 15 Arbeitstage, ein Leichtmotorrad 56,5 Arbeitstage, ein Volkswagen 493 Arbeitstage; 1959 musste man für Schuhe 10 Stunden 42 Minuten, für ein Rundfunkgerät 13,5 Arbeitstage, für ein Leichtmotorrad 21 Arbeitstage und für den Volkswagen 174 Arbeitstage aufwenden.
Zitiert nach: Hermann Glaser: Deutsche Kultur 1945–2000, München/Wien (Hanser) 1997, S. 217.

5 Das Gefühl „Wir sind wieder wer!“ wurde durch die Fußballweltmeisterschaft 1954 in der Schweiz beflügelt. Stelle dazu Nachforschungen an oder suche ausgewählte Szenen aus dem Film „Das Wunder von Bern“ heraus.

Umbau nach sowjetischem Muster – die DDR in den 1950er Jahren

Anhaltende Versorgungsmängel. Der wirtschaftliche Wiederaufbau gestaltete sich in der DDR deutlich schwieriger als in der Bundesrepublik. Die Sowjetunion hatte die Annahme von Geldern aus dem Marshallplan verboten und konnte selbst kaum Hilfe leisten. Bis 1954 wurden aus der DDR Industrieanlagen, Eisenbahnschienen und gewerbliche Produkte als Kriegsentschädigung in die Sowjetunion transportiert. Die DDR besaß außer Braunkohle und Uran keine Rohstoffe. Die Industrie in Sachsen und Thüringen stellte traditionell hochwertige Fahrzeuge und Apparate her und war auf die Verbindung mit den schwerindustriellen Zentren im Ruhrgebiet und Oberschlesien sowie auf die nationalen und internationalen Märkte angewiesen. Durch die Grenzziehungen im Osten und im Westen waren diese Verbindungen zerrissen worden.
Im ersten Fünfjahresplan setzte sich die SED das Ziel, eine von westlichen Importen unabhängige Volkswirtschaft aufzubauen. Dafür wurde, ähnlich wie in der Sowjetunion in den 1930er Jahren, eine eigene Stahlindustrie aus dem Boden gestampft. Sie verschlang fast alle Investitionsmittel, für die Konsumgüterindustrie blieb wenig übrig. Die Folge war, dass die Menschen in der DDR nur unzureichend mit Kleidung, Möbeln, Haushaltsgeräten, Fahrzeugen, ja selbst Fleisch, Fett und Zucker versorgt wurden. Umso größer erschien der Unterschied zu den Lebensverhältnissen in der Bundesrepublik. Die Unzufriedenheit wuchs; Versorgungsmängel blieben für die DDR ein Problem, so lange der Staat existierte.

Volksaufstand vom 17. Juni 1953. Um den Plan zu erfüllen, erhöhte die SED im März 1953 die Arbeitsnormen, d.h. die zum gleichen Lohn geforderte Arbeitsleistung, um 10 %. Dagegen streikten im Juni Arbeiter in Berlin. Am 17. Juni erfasste die Welle der Streiks und Demonstrationen große Teile der DDR. Die Teilnehmer forderten nicht nur die Rücknahme der Normerhöhung, sondern den Rücktritt der Regierung, freie Wahlen und die deutsche Einheit. Die SED-Führung wusste keinen anderen Ausweg und rief die in der DDR stationierte sowjetische Armee zu Hilfe. Am Nachmittag des 17. Juni rasselten sowjetische Panzer durch die Straßen und schlugen die Aufstände nieder. Es gab Dutzende von Toten und viele Verletzte.

Die Partei sichert ihre Herrschaft. In der Folge des 17. Juni 1953 baute das Ministerium für Staatssicherheit („Stasi") sein Spitzelnetz aus. Widerstand wurde jetzt praktisch unmöglich.

M1 Ausstellung „10 Jahre DDR"
(Walter Ulbricht vor dem Museum für Deutsche Geschichte in Berlin am 20. September 1959)

Die Menschen in der DDR hatten nur die Wahl, sich mit dem Regime abzufinden oder das Land zu verlassen; seit der Gründung der DDR hatten weit mehr als zweieinhalb Millionen Bürger dem Land den Rücken gekehrt und waren in die Bundesrepublik geflohen (s. S. 178 f.). Diejenigen, die blieben, fanden im privaten Freundeskreis oder durch Engagement bei den Kirchen mancherlei Freiräume, in denen sie sich der Beeinflussung durch die Partei entziehen konnten. Vielen bot die sozialistische Neuordnung konkrete Vorteile: Es gab keine Arbeitslosigkeit, auch die Frauen waren in die Arbeitswelt einbezogen und in ihr gleichberechtigt. Die Güter des täglichen Bedarfs waren billig, die medizinische Versorgung kostenlos. Alle Schüler besuchten eine Einheitsschule (ab 1959 „Polytechnische Oberschule" mit 10 Klassen). Auf den Universitäten wurden aber die Kinder von Bauern und Arbeitern bevorzugt. Auf diese Weise entstand eine neue Elite aus der bisherigen Unterschicht und ersetzte so die in den Westen Abgewanderten. Allerdings zeigte sich im Laufe der Jahre immer deutlicher, dass die Leistungsfähigkeit der Wirtschaft nicht ausreichte, um die Sozialpolitik der DDR zu finanzieren.

M2 Potsdamer Platz, 17. Juni 1953

M3 Aus dem Bericht eines Volkspolizisten am 17. Juni 1953

Bei meinem gestrigen Einsatz konnte ich feststellen, dass die größten Schreier und Aggressoren Jugendliche waren ... Es wurden Losungen wie „Wir brauchen keine Volksarmee, wir brauchen Butter!", „Wir fordern freie Wahlen!", „Wir rufen zum Generalstreik auf!" gerufen. Vielfach wurden von den Jugendlichen feindliche Haltung gegenüber Parteigenossen eingenommen, die durch das Parteiabzeichen erkenntlich waren oder durch ihre Argumente versuchten, (sie) von ihrer falschen Haltung zu überzeugen. Besonders stark war das Geschreie, wenn Volkspolizisten erblickt wurden, wobei dann immer gerufen wurde: „Wir brauchen keine Nationale Verteidigungsarmee!" Zwei Lautsprecherwagen wurden angegriffen. Von dem ersten Wagen wurden die Vorderscheiben mit Knüppeln eingeschlagen. Der zweite Wagen wurde dann in Gang gebracht und über die Lautsprecher die verschiedensten Parolen durchgegeben. So u.a.: „Heraus zum Generalstreik!" Vor dem Gebäude des Zentralkomitees wurde die Zurücknahme der Normenerhöhung sowie die Abschaffung der Normen überhaupt gefordert, weiterhin eine 40 %ige Senkung der HO-Preise verlangt ...

In der Friedrichstraße ... gingen Gruppen von Jugendlichen, die in Sprechchören Folgendes riefen: „Wir sind am Ende unserer Qual, wir fordern freie Wahl!" ... Hierbei konnte festgestellt werden, dass die Sprechchöre gut funktionierten, was darauf schließen lässt, dass westliche Elemente sowohl die Losungen wie auch das Aufrufen organisiert haben ...

Zitiert nach: BpB / D-Radio / Zentrum für Zeithistorische Forschung Potsdam, Projekt „17. Juni 1953", http://www.17juni53.de/chronik/530616/53-06-17Jdgb_nohr.pdf (Stand: 01/2013).

M4 Stundenplan der zehnklassigen „Polytechnischen Oberschule"

Fach Klasse:	5	6	7	8	9	10
Deutsch	7	6	5	5	3	3
Russisch	6	5	3	3	3	3
Mathematik	6	6	6	4	5	4
Physik	–	3	2	2	3	3
Astronomie	–	–	–	–	–	1
Chemie	–	–	2	4	2	2
Biologie	2	2	1	2	2	2
Geographie	2	2	2	2	1	2
Werkunterricht	2	2	–	–	–	–
Polytechnischer Unterricht	–	–	4	4	5	5
Geschichte	1	2	2	2	2	2
Staatsbürgerkunde	–	–	1	1	1	2
Zeichnen	1	1	1	1	1	–
Musik	1	1	1	1	1	1
Sport	3	3	2	2	2	2
Wochenstunden	31	33	32	33	31	32

1 Charakterisiere Alltag und Lebensverhältnisse in der DDR (M1 und Autorentext).

2 Stelle aus M3 die Forderungen der Demonstranten zusammen. Wie wertet der Volkspolizist die Ereignisse? Beziehe M2 mit ein.

3 Höre dir die Radioreportagen des RIAS (Radio im amerikanischen Sektor) unter www.17juni53.de an. (Klicke auf Material, dann O-Töne und track 15 und 16.) Stelle Überlegungen an, wie man die Eskalation hätte verhindern können.

4 Wie reagierte die SED auf den 17. Juni (Rede Ulbrichts, track 3)?

5 Welche Besonderheiten fallen dir bei der Betrachtung von M4 auf?

Trabi und Audi – zwei deutsche „Verwandte“

1909/10 August Horch gründet 1909 in Zwickau eine Autofabrik. Für eine weitere Firma wählt er 1910 den Namen „Audi“, die lateinische Übersetzung seines Namens.
1916 Die Zschopauer Maschinenfabrik Jörgen S. Rasmussen entwickelt Dampfkraftwagen (DKW). Nach dem Krieg werden Motorräder und Autos hergestellt.

M1 Markenzeichen

1932 In der Weltwirtschaftskrise verbinden sich die Fahrzeughersteller Horch, Audi (beide Zwickau), die DKW Motorradwerke Zschopau und die Chemnitzer Wandererwerke unter Führung der sächsischen Staatsbank zur Auto Union AG. Die vier Ringe werden das Markenzeichen der neuen Firma. Der Konzern produziert auch Rennwagen und steigt zum zweitgrößten Automobilhersteller nach Opel auf.
Im Zweiten Weltkrieg wird der zivile PKW-Bau eingestellt, die Auto Union produziert Rüstungsgüter.

1946 Die Werke der Auto Union werden *verstaatlicht* und sind jetzt „Volkseigene Betriebe“ (VEB). Horch wird zum VEB Sachsenring, Audi zum VEB Automobilwerke Zwickau.

Führende Mitarbeiter wandern nach Bayern ab und nehmen Konstruktionspläne mit.

1948 Im Zwickauer Audi-Werk beginnt die Serienproduktion von Autos; bis 1955 werden rund 28 000 Stück hergestellt. Ferner wird das Motorrad DKW RT 125 gebaut.
1958 Die beiden Zwickauer Werke schließen sich zum VEB Sachsenring Automobilwerke Zwickau zusammen. Die Serienproduktion des Trabant P 50 beginnt. Er hat eine *Duroplastkarosserie.*
1973 Der einmillionste Trabant wird ausgeliefert. Das Konzept hat sich in 15 Jahren *kaum geändert.*
1988 Der *Preis* für den Trabant ist von ursprünglich 7 450 Ostmark auf 15 000 gestiegen. Die Wartezeit nach der Bestellung beträgt 15 Jahre. Auf dem *Schwarzmarkt* ist ein fabrikneuer „Gebrauchter“ für 20 000 Ostmark zu bekommen.
Volkswagen liefert eine komplette Anlage zur Herstellung von Viertaktmotoren.
1991 Der letzte Trabant, ein pinkfarbenes Modell mit breiter Spur, Blechmotorhaube, Viertaktmotor und Scheibenbremsen läuft vom Band. Insgesamt sind ca. drei Millionen Stück hergestellt worden.

M2 Werbung für den Trabant *(ca. 1960)*

M3 Auslieferung des letzten Trabant *(1991)*

1949 Mit Krediten der bayerischen Staatsregierung und *Marshallplangeldern* entsteht in Ingolstadt ein neuer Standort der Automobilindustrie: Am 3. September wird die Auto-Union GmbH gegründet. Die technischen Grundlagen – Frontantrieb und Zweitaktmotor – sind schon vor dem Krieg in Sachsen entwickelt worden. Unter der Bezeichnung DKW werden zunächst ein kleines, robustes Motorrad (RT 125 W – für „West“) und ein Lieferwagen produziert.
1950 Im August wird der erste Nachkriegs-Personenwagen der Auto-Union hergestellt, das Modell DKW Meisterklasse F 89 P als Limousine und viersitziges Karmann Cabriolet.
1958 Daimler-Benz übernimmt die Auto Union. 1963 kommt erstmals ein Wagen dieser Klasse mit *Scheibenbremsen* auf den Markt. Die *Motorleistung* der DKW-Modelle wird bis auf 45 PS *gesteigert*.
1964 Volkswagen übernimmt die Auto Union. Die Motorisierung wird *auf Viertakt-Motoren umgestellt*. Der Markenname „DKW“ wird aufgegeben, weil er allzu stark mit dem Zweitaktmotor verbunden ist. Statt dessen wird wieder der alte Name „Audi“ benutzt.

M4 Werbung für ein DKW-Motorrad *(1956)*

M5 DKW-Werbung *(1958)*

M6 Audi-Produktion in China *(2011)*

1 Entwickle anhand der Texte dieser Doppelseite einen „Stammbaum“ der Herstellerfirmen von Trabant und Audi (Heft, Wandplakat).
2 Erläutere die Firmengeschichten nach dem Zweiten Weltkrieg mithilfe der Texte auf den Seiten 164 und 166. Gehe dabei besonders auf die *kursiv* gedruckten Begriffe dieser Doppelseite ein.
3 Zeige, welche Vorstellung von der Rolle von Frauen und Männern und welches Bild der Familie in den Werbeplakaten M2, M4 und M5 deutlich wird.
4 Eine Automarke für alle oder eine Auswahl von verschiedenen Herstellern? Diskutiert die Vor- und Nachteile.

„Gastarbeiter" in Deutschland – Beginn einer multikulturellen Gesellschaft?

Die deutsche Wirtschaft braucht Arbeitskräfte. Seit Mitte der 1950er Jahre befand sich die Bundesrepublik in einem langen Wirtschaftsaufschwung. Bald war die Vollbeschäftigung erreicht und auf Druck der deutschen Industrie wurden nun Arbeiter aus Südeuropa und der Türkei angeworben. Mit Italien schloss die Bundesregierung 1955 die erste Anwerbevereinbarung. Das Interesse der Gastarbeiter daran, vorübergehend in Deutschland zu arbeiten, war wirtschaftlich begründet: Oft stammten sie aus Regionen wie Süditalien oder Anatolien, in denen hohe Arbeitslosigkeit und bittere Armut herrschten. Daher war für sie ein Arbeitsplatz in Deutschland besonders attraktiv.

M 1 Anwerbung italienischer Arbeitskräfte

Werbebroschüre des Ruhrbergbaus (1957). Der Text lautet: Ein neues Leben im Steinkohlebergbau Westdeutschlands. Die italienische Regierung rief die Italiener wegen der hohen Arbeitslosigkeit auf, auszuwandern. Eines ihrer Ziele war die Bundesrepublik. Ab 1961 warb u. a. das Volkswagen-Werk in Wolfsburg gezielt italienische Gastarbeiter an. Zehn Jahre später arbeiteten weit über 7000 Italiener für VW. Wolfsburg wurde nun das „größte italienische Dorf nördlich der Alpen" genannt.

Anfangs meinten die Bundesregierung und ebenso die meisten Gastarbeiter, sie würden nur für eine gewisse Zeit in Deutschland leben und arbeiten. Schließlich waren die Arbeitsverträge zunächst zeitlich befristet, auch wenn sie immer wieder verlängert werden konnten. Weil viele Gastarbeiter so über einen längeren Zeitraum in Deutschland blieben, ließ ein Großteil von ihnen ihre Familien nachkommen. Auf diese Weise wurden aus Gastarbeitern und ihren Angehörigen Mitbürger.
Wegen des großen Zuzugs, aber auch, weil die Wirtschaft nicht mehr wie in den 1950er Jahren florierte, wurde 1973 ein Anwerbestopp verfügt. Eine weitergehende Ausländerpolitik, die sich um die Eingliederung der eingewanderten Gastarbeiter und ihrer Familien in die bundesrepublikanische Gesellschaft kümmerte, wurde jedoch kaum betrieben.
Auch in der DDR waren Gastarbeiter tätig. Sie kamen vor allem aus Vietnam, Mosambik und Angola. Ihre Anzahl lag jedoch weit unter jener der Gastarbeiter, die in der Bundesrepublik tätig waren. Getrennt von der übrigen Bevölkerung in der DDR, lebten sie in eigenen Wohnheimen.

Gelungene Integration? Durch die relativ hohe Zahl von Gastarbeitern und ihrer Familien begann sich die Bevölkerungsstruktur anhaltend zu verändern. Deutschland entwickelte sich zu einem Land, in dem Angehörige vieler Völker und Nationen leben und in dem nicht mehr nur Deutsch gesprochen wird. Manche Deutsche reagierten auf die Einwanderung von Ausländern mit Unbehagen oder auch mit Ablehnung. Manche fürchteten ihre Konkurrenz auf dem Arbeitsmarkt; andere hatten den Eindruck, Deutschland werde „überfremdet".
In den vergangenen Jahrzehnten haben Ausländer vor allem die deutsche Alltagskultur tief greifend verändert. So sind griechische Restaurants, italienische Lebensmittelläden und türkische Fernsehsender zu einer Selbstverständlichkeit geworden. Heute ist die deutsche Gesellschaft vielgestaltig und multikulturell.
Diese Veränderung bringt jedoch auch Probleme mit sich. Denn die Integration mancher Migranten ist durchaus nicht gelungen. So belegen Bildungsstudien, dass Kinder, deren Eltern aus dem Ausland stammen, besonders häufig in der Schule scheitern. Unzureichende Deutschkenntnisse oder auch eine, jedoch selten vorkommende, gewollte Abschottung gegenüber der „deutschen" Umgebung erschweren die Integration noch zusätzlich.

M2 Türkische Gastarbeiter in einer Sammelunterkunft in Frankfurt am Main *(1969)*

1960 arbeiteten in der Bundesrepublik ca. 330 000 ausländische Arbeitnehmer; 1973 etwa 2,6 Millionen.

M3 Ein italienischer Gastarbeiter blickt zurück

Gabriele Iachini hatte in seinem Heimatort in den Abruzzen bis 1963 in der Landwirtschaft gearbeitet. Die Aussicht auf hohe Verdienstmöglichkeiten zog ihn schließlich nach Deutschland. Hier arbeitete er zunächst bei der Deutschen Bundesbahn und wechselte später in einen Schmiedebetrieb. 1965 holte er seine Familie nach Deutschland und half seiner Frau und den drei fast erwachsenen Kindern bei der Arbeitssuche. Mit ihren Ersparnissen kaufte sich die Familie Iachini 1975 in ihrem italienischen Heimatort ein Stück Land und errichtete darauf ein Haus. 1980 kehrte Gabriele Iachini mit seiner Frau nach Italien zurück. Dort widmete er sich seinen Olivenhainen, Obstbäumen und Weinstöcken. Die Zeit in Deutschland bewertet Iachini in der Rückschau insgesamt positiv. Er kam hierher, um Geld für ein eigenes Haus und Land in Italien zu verdienen. Mit Deutschland verband er vor allem Disziplin und Ordnung, die ihn sehr beeindruckten. Als Fremder in Deutschland habe er den Unterschied zwischen Deutschen und Italienern akzeptiert und versucht, sich anzupassen. Sein Hauptinteresse galt einer guten Arbeitsstelle, die genügend Verdienstmöglichkeiten bot.

In: Neapel, Bochum, Rimini. Arbeiten in Deutschland, Urlaub in Italien. Italienische Zuwanderung und deutsche Italiensehnsucht im Ruhrgebiet. Katalog zur Ausstellung des Westfälischen Industriemuseums Zeche Hannover, Bochum/Essen (Klartext Verlag) 2003, S. 90. Vom Verfasser bearbeitet.

M4 Der einmillionste Gastarbeiter *(1964)*

Der Portugiese Armando de Sá Rodrigues erhielt bei seiner Ankunft auf dem Bahnhof von Köln-Deutz zur Begrüßung ein Moped geschenkt.

1 Wiederhole: Nenne Wanderungsbewegungen, die dir aus der Geschichte bekannt sind. Welche Ursachen hatten sie?

2 Finde heraus, für welche Arbeit in M1 geworben wird. Was lässt sich über die Gründe dieser Form der Werbung vermuten? Ziehe ergänzend M4 heran.

3 Erläutere, mit welchen Hoffnungen Gastarbeiter nach Deutschland kamen und mit welchen Schwierigkeiten sie konfrontiert wurden (M1–M3 und Autorentext).

4 Diskutiert, inwieweit die Integration ausländischer Arbeitnehmer in Deutschland gelungen ist (M3–M4 und Autorentext).

5 „Gastarbeiter“, „Fremdarbeiter“, „ausländische Arbeitnehmer“ – welche Bezeichnung hältst du für angebracht? Begründe.

Jugendliche in der DDR und BRD: „Die skeptische Generation"

Jugendpolitische Ziele der Alliierten. Eine der ersten Maßnahmen, welche die Alliierten nach dem Sieg über Deutschland ergriffen hatten, betraf die Schulen: Lehrer, die Mitglied der NSDAP gewesen waren, wurden – vor allem in der SBZ – aus dem Dienst entfernt; Schulbücher, die in der Zeit der NS-Diktatur benutzt worden waren, unverzüglich abgeschafft. Im Westen sollte die deutsche Jugend zur Demokratie erzogen werden. Dabei konnten die Alliierten jedoch nicht alle Ziele umsetzen; es gelang ihnen nicht, die sogenannte Einheitsschule einzurichten, in der alle Kinder und Jugendliche gemeinsam unterrichtet werden. Es blieb beim dreigliedrigen Schulsystem, das heute noch weitgehend besteht.

Die „distanzierte" Generation. Die prägenden Kindheitserinnerungen von Jugendlichen in den 1950er Jahren waren mit dem Krieg und der Nachkriegszeit verknüpft: Sie kannten die Angst in den Luftschutzbunkern; wurden von ihren Müttern „aufs Land" geschickt, weil sie dort in größerer Sicherheit vor feindlichen Angriffen waren; erlebten, wie ihre Familie Hals über Kopf die Heimat verließ oder aus ihr davongejagt wurde. Viele Väter waren gefallen oder kamen mit Kriegsverletzungen und traumatisiert zurück. Das Bewusstsein, dies infolge der Entscheidungen von Politikern erlebt zu haben, veranlasste viele Jugendliche in den 1950er Jahren, der Politik distanziert gegenüber zu stehen. Der Soziologe Helmut Schelsky bezeichnete sie 1957 in einem Buch als „Die skeptische Generation".

Jugendpolitik in BRD und DDR. Bundes- und Landesregierungen unterstützen bis heute die Arbeit zahlreicher Jugendorganisationen. Jugendlichen sollten vielfältige Möglichkeiten geboten werden, ihre Freizeit zu gestalten und am gesellschaftlichen Leben teilzunehmen. Dagegen gründete die SED in der DDR staatlich gelenkte Jugendverbände, in denen möglichst alle Kinder und Jugendliche Mitglied sein sollten: die Pionierorganisation für 6- bis 14-Jährige und die Freie Deutsche Jugend (FDJ) für Jugendliche bis ca. 27 Jahren. Die FDJ bot u. a. Arbeitsgemeinschaften und Zeltlager an, diente aber vor allem dazu, die Jugend mit der marxistischen Weltanschauung vertraut zu machen. Kinder und Jugendliche sollten zu sozialistischen Persönlichkeiten erzogen werden. Offiziell wurde zwar niemand gezwungen, der FDJ beizutreten. Tatsächlich aber erschwerten die Verantwortlichen Nichtmitgliedern beispielsweise den Besuch weiterführender Schulen und Universitäten.

In beiden Teilen Deutschlands wurde die Jugend von Politikern für den Wiederaufbau des zerstörten Landes in Anspruch genommen. Tugenden wie Disziplin, Opferbereitschaft, Pflichtgefühl und Ordnung sollte diese Generation pflegen; Tugenden, die wenige Jahre zuvor dafür mitverantwortlich waren, dass Deutschland im Chaos eines Weltkriegs versank. Von den Jugendlichen, die in der Nachkriegszeit und den frühen 1950er Jahren aufwuchsen, wurde somit ein erhebliches Maß an Anpassung verlangt.

M1 Tanzstunde *(1952)*

M2 DDR-Plakat *(1951)*

M3 „Gesetze" der Pionier-Organisation *(1968)*
Wir ... Pioniere lieben unser sozialistisches Vaterland, die Deutsche Demokratische Republik ... lieben und achten unsere Eltern ... sind Freunde der Sowjetunion und aller sozialistischen Brudervölker ... lernen fleißig, sind ordentlich und diszipliniert ... lieben die Arbeit ..., lieben die Wahrheit, sind zuverlässig und einander freund ..., halten unseren Körper sauber und gesund, treiben regelmäßig Sport und sind fröhlich ... halten unser blaues (später: rotes) Halstuch in Ehren und bereiten uns vor, würdige Mitglieder der Freien Deutschen Jugend zu werden.
Zitiert nach: Hermann Weber (Hrsg.): DDR. Dokumente zur Geschichte der Deutschen Demokratischen Republik 1945 - 1985, München (= dtv-TB, Nr. 2953) [3]1987, S. 304 f.

M4 Jugendweihe
Zu den Höhepunkten im Leben der Jugendlichen in der DDR gehörte die Jugendweihe. Damit wurden die Vierzehnjährigen „in die Gemeinschaft aller Werktätigen" aufgenommen.
a) Jugendweihe in Rheinsberg, Bezirk Potsdam (1967):

b) Gelöbnis der Jugendweihe (für Schüler der 8. Klasse):
Liebe junge Freunde, seid ihr bereit, als junge Bürger unserer Deutschen Demokratischen Republik mit uns gemeinsam, treu der Verfassung, für die große edle Sache des Sozialismus zu arbeiten und zu kämpfen und das revolutionäre Erbe des Volkes in Ehren zu halten, so antwortet: „Ja, das geloben wir." „Ja, das geloben wir."
Seid ihr bereit, als Patrioten die feste Freundschaft mit der Sowjetunion weiter zu vertiefen, den Bruderbund mit den sozialistischen Ländern zu stärken, im Geiste des proletarischen Internationalismus zu kämpfen, den Frieden zu schätzen und den Frieden zu schützen und den Sozialismus gegen jeden imperialistischen Angriff zu verteidigen, so antwortet: „Ja, das geloben wir."
„Ja, das geloben wir."
Zitiert nach: Handbuch zur Jugendweihe, Berlin (Ost) 1986, S. 14.

M5 Eine Oberstufenklasse zu der Frage „Wofür lohnt es sich, sein Leben einzusetzen?" *(1953):*
Der Prima (frühere Bezeichnung für die beiden obersten Klassen eines Gymnasiums) einer nichtkonfessionellen Internatsschule in Westdeutschland wurde vor einiger Zeit die Frage vorgelegt: „Glaubst du, dass es etwas gibt, was den Einsatz deines Lebens wert ist?" ...
Dass die Begriffe Volk und Vaterland, die politischen Zentralbegriffe einer Epoche, in der diese jungen Menschen geistig erwacht sind, von allen Bearbeitern (der Frage) ... in die Überlegung einbezogen wurden, kann im Zeitpunkt der Debatte über die Wiederbewaffnung Westdeutschlands nicht überraschen. Das Ergebnis zeigt den radikalen Wandel, der seit 1945 in Deutschland eingetreten ist. Die Ernüchterung dieses Geschlechts, sein Misstrauen, sein Pessimismus wird nirgends so stark deutlich wie hier. Die Worte „Nation" und „national" scheinen aus dem Wortschatz dieser Generation gestrichen zu sein. Und immer wieder liest man Sätze wie diesen: „Das Vaterland ist für mich kein erlebbarer Begriff." Einige Stellen (aus den Hausarbeiten) seien herausgegriffen ... Ein Junge: „Das Vaterland bedeutet uns nicht mehr viel. Seine Ehre, sein Stolz sind zu altmodischen Vorstellungen geworden, die zuweilen schon ein wenig lächerlich wirken." ... Der Wille, sich einer als fremd und feindlich empfundenen Gewalt zu erwehren, sucht sich andere Gründe. Durchaus im Vordergrund steht der Wille, die persönliche Freiheit zu behaupten.
In: Frankfurter Hefte 8 (1953), S. 863 f.Zitiert nach: Werner Bührer (Hrsg.): Die Adenauer-Ära. Die Bundesrepublik Deutschland 1949 - 1963, München (R. Piper) 1993, S. 250 und 253 f.

1 Arbeite die Erwartungen und Ansprüche an die Jugend heraus, die in M1–M4 deutlich werden.
2 Trage in eine Tabelle Unterschiede in der Jugendpolitik der BRD und der DDR ein (Autorentext).
3 Nehmt Stellung zu der Frage: „Glaubst du, dass es etwas gibt, was den Einsatz deines Lebens wert ist?" Vergleicht eure Antworten mit denen der Schüler im Jahre 1953 (M5).

A-wop-bop-a-loo-bop a-lop-bam-boo – Rock'n'Roll, Musik und Protest

Eine neue Jugendkultur. Die Lebensverhältnisse von Jugendlichen in den 1950er und 1960er Jahren waren häufig geprägt von materiellen Einschränkungen und beengten Wohnverhältnissen. In den Schulen war die Prügelstrafe noch im Gebrauch. Das Ende der Schulzeit kam für viele Jugendliche schon nach der 8. Klasse; ihr folgte in der Regel eine Lehre. In den Betrieben wurde wöchentlich 48 Stunden lang gearbeitet; der Samstag galt als normaler Arbeitstag. Die Moralvorstellungen waren meist von Prüderie geprägt. In der zweiten Hälfte der 1950er Jahre jedoch fanden viele Jugendliche Möglichkeiten, gegen die Elterngeneration zu rebellieren und eine eigene Jugendkultur zu entwickeln. Prägend für sie wurde der Rock'n'Roll.

Zur wichtigsten Symbolfigur des Rock'n'Roll wurde Elvis Presley. Die Art, wie er sang und sich auf der Bühne bewegte, faszinierte viele Jugendliche – und schockierte ihre Eltern. Bestätigt wurde deren weitgehende Ablehnung der neuen Jugendkultur, als es während verschiedener Rock'n'Roll-Konzerte zu Krawallen kam, bei denen Jugendliche, sogenannte Halbstarke, das Mobiliar ganzer Konzertsäle zertrümmerten. Eine tolerante Einstellung gegenüber der neuen Musik setzte sich erst durch, als deutsche Interpreten wie Peter Kraus den Rock'n'Roll zurückhaltender präsentierten, was die Elterngeneration weit weniger verschreckte.

Den Regierenden in der DDR dagegen war der Rock'n'Roll und mit ihm jede Form einer sich unabhängig vom Staat entwickelnden Jugendkultur verdächtig. Bis zur Wende 1989 mussten kritische Sänger und Bands mit Auftritts- oder Veröffentlichungsverboten rechnen.

M1 Rock'n'Roll

a) Elvis Presley auf der Bühne (1956)

Musikfachleute waren der Auffassung, dass – im Gegensatz zu vielen Sängern und Musikern – Elvis Presleys Bewegungen nicht einstudiert, sondern eine spontane Reaktion seines Körpers auf die Musik waren.

b) Der 17 Jahre alte Peter Kraus rockt mit Freunden (1956)

Peter Kraus sagte 1999: „Rock'n'Roll war die große Revolution (der 1950er Jahre). Endlich hatten wir Jugendlichen unser eigenes Ausdrucksmittel. Es hatte ja immer geheißen: „.Dafür bist du viel zu jung!“ Man wurde erst mit 21 volljährig, und bis dahin war man für alles zu jung ... Aber für den Rock'n'Roll waren auf einmal die Erwachsenen zu alt. Das war eine Form des Protests.“

Zitiert nach: TV Hören und Sehen Nr. 19 vom 15.–21. März 1999.

M2 Filmplakat *(1956)*
Horst Buchholz spielt den Anführer einer Jugendbande, Karin Baal einen selbstbewussten weiblichen Teenager.

M3 Beginn der Konsumgesellschaft: Jugendliche in Dortmund *(1959)*

Rock'n'Roll und Popmusik entwickelten sich nicht nur für die Musikindustrie zu einem Wirtschaftsfaktor. Musik, Mode und Lebensstil beeinflussten einander und schufen in bisher nicht gekannter Weise Bedürfnisse von Jugendlichen, die befriedigt werden wollten. So wurden Jugendliche zu einer wichtigen Zielgruppe für die Wirtschaft.

M4 Jugendmode
In den 1950er Jahren entwickelte sich erstmals eine eigene Mode für Jugendliche. Auf sie wurde unterschiedlich reagiert …

M5 Udo Lindenberg überreicht bei dessen Staatsbesuch in der Bundesrepublik Erich Honecker eine E-Gitarre *(Wuppertal, 1987)*

Die DDR-Regierung stand westlicher Rockmusik auch Ende der 1980er Jahre noch sehr skeptisch gegenüber. Eine von Udo Lindenberg 1984 geplante Tournee durch die DDR war von deren Regierung abgesagt worden. Zwar verstand die Regierung Rockmusik nicht mehr, wie noch in den 1950er und 1960er Jahren, als „akustische Kriegsvorbereitung des Westens“, befürchtete aber stets angesichts moderner Musikströmungen (z. B. des Punk), die Kontrolle über die Jugend zu verlieren. Als Pfingsten 1987 vor dem Reichstag, in unmittelbarer Nähe zur Mauer, Bands wie „Genesis“ oder die „Eurythmics“ ein Open-Air-Konzert gaben, hatten sich auf der Ostseite schon am Vortag tausende Jugendliche versammelt, um das Konzert miterleben zu können. Als Volkspolizisten und Stasi-Einheiten versuchten, die Jugendlichen von den Grenzanlagen fernzuhalten, kam es zu Rangeleien und Krawallen. Die Gewalt, mit der sie an dem Konzerterlebnis gehindert wurden, veranlasste Jugendliche „ Weg mit der Mauer!“ zu rufen. Es kam zu 200 Festnahmen. – So hatte die Staatsmacht der DDR aus friedlichen Rockfans Oppositionelle gemacht.

1 Erläutere, was der Regierung in der DDR, aber auch westdeutschen Eltern, an Elvis Presley missfallen haben könnte (M1).
2 Beschreibe und erläutere, wie sich die Jugendlichen in M3 in Szene setzen (Körpersprache, Kleidung) und wie darauf unter Umständen reagiert wurde (M4).
3 Stelle Zusammenhänge zwischen Rockmusik und jugendlicher Opposition dar (Autorentext, M1–M3 und M5).

Die DDR mauert sich ein

Abwanderung in den Westen. Während die Bevölkerung in der Bundesrepublik durch das „Wirtschaftswunder" zunehmenden Wohlstand genoss, hielten in der DDR die Engpässe in der Versorgung der Bürger auf zahlreichen Gebieten an. Dieser Umstand und die verbreitete Unzufriedenheit mit den politischen Verhältnissen veranlassten viele Menschen aus der DDR in die Bundesrepublik zu flüchten. Am einfachsten war dies über die offene Grenze vom Ostteil in den Westteil Berlins und anschließend per Flugzeug nach Westdeutschland. Das unerlaubte Verlassen der DDR war nach DDR-Recht seit 1954 „Republikflucht" und wurde mit langjährigen Haftstrafen geahndet.

Der Mauerbau. Unter den Flüchtlingen gab es viele junge und gut ausgebildete Bürger. Bald fehlten in den Betrieben der DDR zusehends Arbeiter, in den Krankenhäusern Ärzte und Schwestern, in den Schulen Lehrer und Schüler. Diese Abwanderung konnte die Regierung in Ostberlin nicht tatenlos hinnehmen und versperrte daher völlig überraschend für die Öffentlichkeit in Ost und West alle Wege in den Westteil Berlins: Am 13. August 1961 wurden an der gesamten Grenze des sowjetischen Sektors von Berlin Barrieren aus Stacheldraht und Betonquadern errichtet. In den folgenden Tagen ersetzte man sie durch eine feste Mauer. Bis 1989 ließ die DDR-Regierung die Grenzanlagen in Berlin ebenso wie die innerdeutsche Grenze immer wieder ausbauen und erweitern: Wachttürme wurden errichtet, Stolperdrähte gezogen, Minenfelder angelegt, Sperrgräben für Autos ausgehoben. Wenn diese und weitere Hindernisse einen Flüchtenden nicht stoppen konnten, hatten die Grenztruppen der DDR den Befehl zu schießen.

Folgen des Mauerbaus. Die Mauer trennte Familien, schnitt Menschen von ihrem Arbeitsplatz ab und kappte Verkehrsverbindungen. Der Bau löste weltweit Entsetzen und Empörung aus. In Westberlin und in der Bundesrepublik demonstrierten Hunderttausende dagegen. Auch international regte sich Protest; zu weitergehenden Maßnahmen aber, geschweige denn einem bewaffneten Konflikt, waren weder die USA noch andere Staaten willens, weil sie einen Krieg vermeiden wollten.

M1 Mauerbau *(Foto 1961). Die Mauer umgab Westberlin auf einer Länge von ca. 43 km und war Teil eines fast unüberwindbaren Grenzsystems.*

M2 Flucht in den Westen

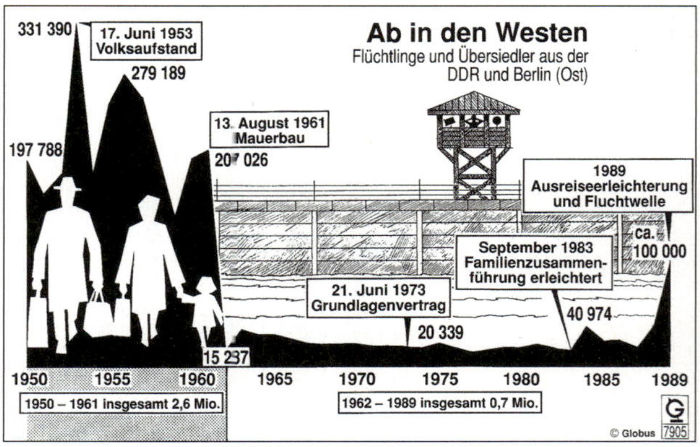

M3 Gescheiterter Fluchtversuch *(September 1971 an der Lindenstraße in Berlin-Kreuzberg)*

Auch nach dem Bau der Berliner Mauer und dem Ausbau der innerdeutschen Grenze flohen noch über 200 000 Menschen aus der DDR. Vor allem in den 1960er Jahren waren viele Fluchtversuche erfolgreich. Zum Teil gruben Flüchtlinge Tunnel unter den Sperranlagen hindurch, überquerten die Ostsee auf Surfbrettern oder flogen im selbst gebastelten Heißluftballon in die Bundesrepublik. Viele Flüchtende aber scheiterten. Bei dem Versuch, die Berliner Mauer oder die innerdeutsche Grenze zu überwinden und in den Westen zu gelangen, starben zwischen 1961 und 1989 etwa 1000 Menschen.

M4 Grenzsicherung

Aus einer Rede des SED-Politbüromitglieds Albert Norden vor Soldaten der Grenztruppen (1963):

... jeder Schuss aus der Maschinenpistole eines unserer Grenzsicherungsposten zur Abwehr solcher Verbrechen (Fluchtversuche) rettet in der Konsequenz Hunderten von Kameraden, rettet Tausenden von Bürgern der DDR das Leben und sichert Millionenwerte an Volksvermögen. Ihr schießt nicht auf Bruder und Schwester, wenn ihr mit der Waffe Grenzverletzer zum Halten bringt. Wie kann der euer Bruder sein, der die Republik verrät ... Verrätern gegenüber menschliche Gnade zu üben, heißt, unmenschlich am ganzen Volk zu handeln.

Zitiert nach: „Volksarmee", Nr. 41 / 1963.

M5 Hinweise der Grenztruppen der DDR für den Aufenthalt von Touristen in Schierke (Harz)

DDR-Bürger, die in der sogenannten Sperrzone nahe der Grenze lebten, wurden vom Staat dauerhaft kontrolliert und überwacht. Auch Touristen wurden genau beobachtet:

Werte Gäste! Sie haben das Vertrauen erhalten, in einem Kurort unmittelbar an der Staatsgrenze zur BRD Ihren Urlaub zu verbringen, und wir erwarten, dass sie dieses während Ihres Aufenthaltes stets rechtfertigen ... Innerhalb der Sperrzone benutzen sie bitte die Wanderwege, die mit Schildern der Aufschrift „Schutzstreifen! Betreten und Befahren verboten!" gekennzeichnet sind, nie! ... Wir möchten Sie ... darauf hinweisen, dass das Betreten des Schutzstreifens eine hohe Verletzung der Ordnung und Sicherheit darstellt und Sie sich außerdem in große Gefahr bringen, da unsere Grenzsoldaten nicht erkennen können, ob es sich um einen Urlauber, der sich verirrt hat, oder um ein versuchtes Grenzverbrechen handelt. Unsere Soldaten sind befugt, im Interesse des Friedens und zum Schutz der Heimat von der Schusswaffe Gebrauch zu machen. Beim Betreten des Schutzstreifens haben Sie mit sofortiger Ausweisung aus der Sperrzone zu rechnen. Ihr Urlaub ist ohne Rückvergütung abzubrechen. Sie können weiterhin mit einem Ordnungsstrafverfahren und Benachrichtigung Ihres Betriebes rechnen.

Zitiert nach: Jürgen Ritter / Peter Joachim Lapp: Die Grenze. Ein deutsches Bauwerk, Berlin (Christian Links Verlag) 1997, S. 100 ff.

1 Nimm zu der These Stellung, die DDR wäre ohne den Bau der Mauer langfristig „ausgeblutet" (M2).

2 Zeige, in welcher Weise die Grenzanlagen der DDR ausgebaut wurden (M1, M3 und Autorentext).

3 Erläutere, weshalb M4 zufolge auf Flüchtlinge geschossen werden durfte. Beschreibe das Bild, das Albert Norden von Flüchtlingen zeichnete. Welche Argumente könnte man ihm entgegenhalten?

4 Nenne die Funktionen, welche die Grenzanlagen der DDR M4 und M5 zufolge hatten und nimm zu den entsprechenden Angaben kritisch Stellung.

5 Beschreibe das Verhältnis des Staates zu seinen Bürgern, das in M5 deutlich wird.

6 Nach dem Ende der DDR kam es zu Prozessen gegen „Todesschützen" an der Mauer. Informiere dich über den Verlauf und die Ergebnisse.

Zuflucht und Neubeginn: das Grenzdurchgangslager Friedland

Fluchtpunkt Lager. Viele der Deutschen, die durch den Zweiten Weltkrieg ihre Heimat verloren hatten (s. S. 124 f.), fanden eine erste Zuflucht in einem Lager. Das wichtigste und bekannteste wurde 1945 von der britischen Besatzungsmacht bei dem Dorf Friedland in den Viehställen eines Versuchsguts der Universität Göttingen eingerichtet. Hier, am Schnittpunkt dreier Besatzungszonen und der künftigen Länder Hessen, Niedersachsen und Thüringen, trafen die meisten Flüchtlinge ein, zu Fuß oder mit dem Sonderzug – an manchen Tagen bis zu 12 000 Menschen. Sie wurden registriert, von Ärzten untersucht und in Baracken untergebracht. Die Lagerverwaltung half dabei, einen neuen Wohnort und einen Arbeitsplatz zu finden, und verteilte die Menschen auf die drei westlichen Besatzungszonen.

M1 Ankunft in Friedland 1952

Flüchtlingswellen. In den ersten Jahren kamen vor allem Deutsche aus Pommern, Schlesien und Ostpreußen sowie den Siedlungsgebieten in Ostmitteleuropa nach Friedland. Hier trafen auch die deutschen Soldaten ein, die 1955 von der Sowjetunion aus der Kriegsgefangenschaft entlassen wurden. In den Folgejahren wurde das Lager Anlaufstelle für Hunderttausende von Übersiedlern aus der DDR sowie deutschstämmigen Spätaussiedlern aus Polen und der Sowjetunion. Neben Deutschen nahm Friedland zunehmend auch Menschen anderer Nationalität auf, die vor Krieg und Verfolgung aus ihrer Heimat fliehen mussten. Waren es 1956 die Ungarnflüchtlinge, so trafen Ende Dezember 1973 die ersten Chilenen als Asylbewerber in Friedland ein. Ende 1978 waren es an die 1000 vietnamesische Flüchtlinge, sogenannte „Boat people“, die in einer spektakulären Rettungsaktion mit Bundeswehrmaschinen nach Hannover bzw. nach Friedland gebracht wurden. Der damalige niedersächsische Ministerpräsident Ernst Albrecht hatte als einziger deutscher Politiker die Initiative dazu ergriffen. 2009 wurde Friedland zur Zuflucht für Christen aus dem Irak. Die Liste der Herkunftsländer zeigt, dass sich in Friedland zunächst das Schicksal der Deutschen aus Ostmitteleuropa, dann zunehmend die Nöte der modernen Welt spiegeln. Insgesamt sind etwa 4 Millionen Menschen durch das Lager Friedland „durchgeschleust“ worden (so der offizielle Ausdruck).

Friedland als Symbol. Die meisten Flüchtlinge und Aussiedler kamen in den ersten vier Jahrzehnten aus dem Machtbereich des Kommunismus und begannen in der Bundesrepublik Deutschland ein neues Leben. In der Epoche des Kalten Kriegs (s. S. 130 ff.) wurde Friedland deshalb zum „Symbol für Frieden und Freiheit“ stilisiert. Der „Verband der Heimkehrer“ (VdH), der Zusammenschluss der heimgekehrten Kriegsgefangenen, griff eine Idee von Bundeskanzler Adenauer auf und ließ 1967 auf einer Bergkuppe in der Nähe des Lagers ein Denkmal für die deutschen Opfer von Krieg und Vertreibung errichten. Dadurch, dass es bis weit in die DDR sichtbar war, schloss es auch die deutsche Teilung in das Gedenken ein.
In den 1990er Jahren sollte das Lager Friedland geschlossen werden, weil der Strom der Aussiedler aus der früheren Sowjetunion allmählich versiegte. Dagegen erhoben sich vielfältige Proteste. 1999 entschied Bundesinnenminister Schily, das Lager zu erhalten. Ausschlaggebend dafür sei auch der Respekt vor einem historischen Ort, der in der Nachkriegszeit einen hohen Symbolwert gewonnen habe.
Seit 2006 ist Friedland Integrationszentrum des Landes Niedersachsen. Flüchtlinge und Spätaussiedler bleiben bis zu einem halben Jahr und können Kurse in Deutsch und Landeskunde belegen. Dazu gibt es Freizeitangebote und Beratung, u.a. darüber, wie man ein Bankkonto eröffnet oder eine Krankenversicherung abschließt. Gelegentlich kommen auch Polizisten aus dem Ort vorbei, um sich vorzustellen und die deutschen Verkehrsregeln zu erklären.

M2 Heimkehrertreffen an der Friedland-Gedenkstätte *(nach 1967)*

M3 Aus einer Rede von Bundespräsident Horst Köhler

Anlässlich einer Feier zum 50. Jahrestag der Rückkehr der letzten deutschen Gefangenen aus der UdSSR und zum 60-jährigen Bestehen des Lagers Friedland am 12. Oktober 2005 sagte der Bundespräsident:

Europa war in der ersten Hälfte des 20. Jahrhunderts ein dunkler Kontinent voller Unheil und Leid. Viel davon spielte sich auf Bahnhöfen ab. Von ihnen rollten die Truppentransporte an die Fronten der Weltkriege, fuhren die Züge mit unschuldigen Opfern in die Vernichtungslager der Nazis, gingen die Kinderlandverschickungen ab und die Waggons mit Flüchtlingen und Vertriebenen ... Umso heller bleiben die Tage in Erinnerung, an denen es eine glückliche Wiederkehr gab, an denen Menschen in die Freiheit zurückkehrten. Auch da waren oft Bahnhöfe der Schauplatz, und keiner hat mehr solcher Sternstunden erlebt als der Bahnhof Friedland und das Lager Friedland. An eine dieser Sternstunden erinnern wir heute: Vor 50 Jahren begann die Rückkehr der letzten deutschen Kriegsgefangenen und Zivilinternierten aus der Sowjetunion. Im Oktober 1955 trafen die ersten Transporte im Lager Friedland ein ...

Das Schicksal der deutschen Gefangenen in der Sowjetunion hat in den 1950er Jahren unser Volk bewegt wie keine andere Frage ... Darum war der Jubel riesengroß, als Konrad Adenauer im September 1955 von seiner Moskau-Reise die Zusage mitbrachte, die Gefangenen sollten endlich freikommen. Noch Jahrzehnte später haben die Westdeutschen in diesem Erfolg die größte seiner vielen großen Leistungen als Bundeskanzler gesehen ...

Selbstverständlich fand Adenauer auch klare Worte für die Schuld Deutschlands am Zweiten Weltkrieg und für die von Deutschen begangenen Verbrechen. Er hat mit Recht die sowjetische Forderung akzeptiert, gegen einen kleinen Teil der zurückgekehrten Kriegsgefangenen wegen des Verdachts auf Kriegsverbrechen zu ermitteln. Konrad Adenauer stand zur Verantwortung Deutschlands.

Zitiert nach: http://www.bundespraesident.de/SharedDocs/Reden/DE/Horst-Koehler/Reden/2005/10/20051012_Rede.html (Stand: 03/2012)

M4 Friedland *(2009)*

1 Erstelle eine Grafik der Flüchtlingsströme nach Friedland (Autorentext).

2 Finde heraus, was eine „Friedlandsiedlung" ist und wo es sie gibt.

3 Kriegerdenkmal – Kriegsfolgendenkmal: Vergleiche das Friedlanddenkmal (M2) mit dem etwa 70 km davon entfernten Kyffhäuserdenkmal.

4 Erörtere, ob ein Denkmal angemessen ist, das die Deutschen als Opfer darstellt (M2–M3).

Konfrontation und Entspannung: Die Supermächte ringen um die Macht

Castros Revolution. 1959 stürzte eine Gruppe von Revolutionären um Fidel Castro den kubanischen Diktator Fulgencio Batista, unter dem Kuba wirtschaftlich völlig von den USA abhängig war. 1961 versuchten von Washington ausgerüstete und trainierte kubanische Emigranten, auf Kuba zu landen und Castros Revolution rückgängig zu machen. Die Invasion endete mit einem Fiasko, da sich die kubanische Bevölkerung nicht wie von den Invasoren erwartet gegen die Castro-Regierung erhob.

Die Kubakrise. Abgeschnitten von seinem traditionell wichtigsten Handelspartner USA suchte das zunächst blockfreie Kuba die wirtschaftliche Anbindung an den Ostblock. Die Sowjetunion nutzte die Chance, Atomraketen in unmittelbarer Nähe der USA zu errichten. Der sowjetische Ministerpräsident Nikita Chruschtschow hoffte, damit ein Gegengewicht zu den US-Raketenbasen in der Türkei in die Hände zu bekommen und die Amerikaner von einem weiteren Invasionsversuch auf Kuba abhalten zu können.

M1 Gegenseitige Bedrohung

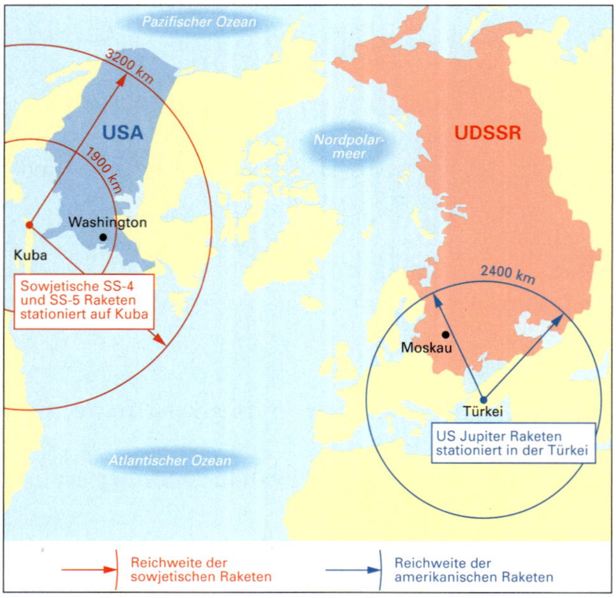

Als die amerikanische Regierung im Oktober 1962 erkannte, welche Bedrohung sich auf Kuba anbahnte, informierte Präsident John F. Kennedy die Öffentlichkeit. Er legte dabei Bildmaterial vor, das die Existenz der Raketenbasen auf Kuba bewies, welche die Sowjetunion bis zu diesem Zeitpunkt geleugnet hatte. Zum Schutz seines Landes verhängte Kennedy darüber hinaus eine Seeblockade über die Insel und verlangte den sofortigen Abzug der Raketen.

Am Rande des Atomkriegs. Als Antwort darauf entsandte die Sowjetunion weitere Schiffe mit Soldaten und Raketen in Richtung Kuba, um die Blockade der Amerikaner zu brechen. In den USA wurde die Atombomberflotte in Alarmbereitschaft versetzt. Als dann auch noch ein amerikanisches Aufklärungsflugzeug über Kuba abgeschossen wurde, war der Fall eingetreten, für den das US-Militär einen Vergeltungsschlag vorsah: Die Welt stand am Rande eines Atomkriegs. Gleichsam im letzten Moment lenkte der sowjetische Ministerpräsident ein, und die Supermächte einigten sich auf einen Kompromiss: Die Sowjetunion zog ihre Raketen von Kuba ab. Die USA sagten zu, stillschweigend diejenigen Raketen abzubauen, die sie in der Türkei stationiert hatten und die auf die Sowjetunion gerichtet waren.

Folgen der Krise. So markierte die Kubakrise in der Geschichte des Kalten Kriegs einen Wendepunkt: Die USA und die Sowjetunion erkannten, dass es notwendig sei, künftig zu einer Form des friedlichen Zusammenlebens zu gelangen. Hierzu diente zunächst die Einrichtung eines „heißen Drahtes", einer direkten Fernschreiberverbindung zwischen den Regierungszentralen in Washington und Moskau. Damit sollte im Fall einer Krise ein schneller Austausch an Informationen möglich sein. Daneben intensivierten die Supermächte ihre Rüstungsanstrengungen. Ihre Bemühungen glichen einem Wettlauf, bei dem die Sowjetunion ebenso wie die USA versuchten, der Gegenseite immer einen Schritt voraus zu sein. Auch wurden Pläne für die Militarisierung des Weltraums geschmiedet. Gleichzeitig nahmen die Supermächte Gespräche über Rüstungsbeschränkungen auf. In mehreren Verträgen, den sogenannten SALT-Abkommen (Strategic Arms Limitation Talks), gelang es zwischen 1972 und 1979 schließlich, Höchstzahlen für den Besitz von Interkontinentalraketen und atomaren Sprengköpfen festzulegen. Vereinbarungen über eine echte Abrüstung und gänzliche Vernichtung von Waffensystemen kamen jedoch erst ab den späten 1980er Jahren zustande.

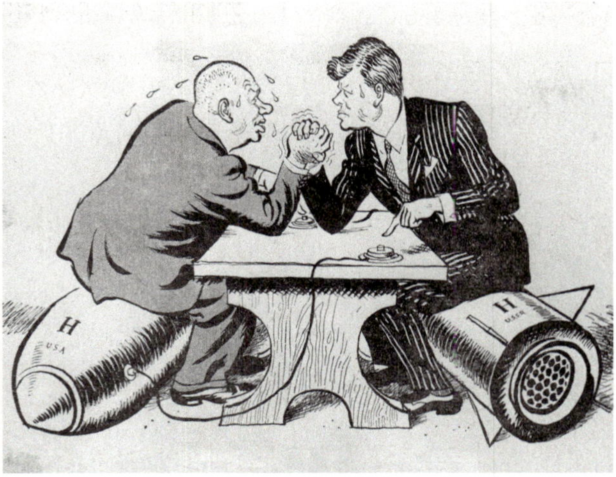

M2 „O.K., Mr. President, let's talk."
Karikatur aus der „Daily Mail" (1962)

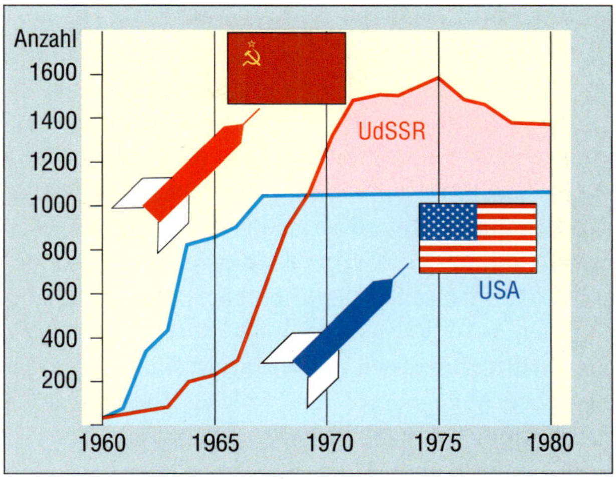

M3 Rüstungswettlauf zwischen den USA und der UdSSR am Beispiel der Interkontinentalraketen
Interkontinentalraketen können eine Reichweite bis zu 15 000 km haben.

M4 Der amerikanische Präsident Kennedy über das amerikanisch-sowjetische Verhältnis

Aus einer Rede John F. Kennedys an der Universität Washington (10. Juni 1963):

Keine Regierung oder kein Gesellschaftssystem ist so teuflisch, dass man bei seinen Bürgern nur schlechte Eigenschaften feststellen muss. Als Amerikaner empfinden wir den Kommunismus als außerordentlich abstoßend, da er eine Negierung der persönlichen Freiheit und Würde darstellt. Trotzdem können wir das russische Volk doch noch wegen seiner vielen Errungenschaften in der Wissenschaft und im Weltraum, in der Ökonomie und im industriellen Wachstum und wegen seiner Kultur und hervorragender Taten wertschätzen. Unter den vielen gemeinsamen Charakterzügen der Menschen unserer beiden Länder ist keiner stärker ausgeprägt als unser beiderseitiger Abscheu vor dem Kriege. Nahezu einzigartig unter den größeren Weltmächten haben unsere beiden Länder nie miteinander im Krieg gelegen ... Sollte heute jemals erneut ein totaler Krieg ausbrechen, gleichgültig wie, dann würden unsere beiden Länder die ersten Zielscheiben sein. Es ist Ironie, aber es steht doch fest, dass die zwei größten Mächte in der größten Gefahr sind, zerstört zu werden. Alles, was wir aufgebaut haben, alles, wofür wir gearbeitet haben, würde in den ersten 24 Stunden zerstört werden. Sogar im Kalten Krieg, der für so viele Länder und auch unsere engsten Verbündeten Bürden und Gefahren mit sich bringt, tragen unsere beiden Länder die schwersten Lasten. Denn beide stecken ungeheure Summen in Waffen, anstatt sie für den Kampf gegen Unwissenheit, Armut und Krankheit zu verwenden ... Kurzum: die Vereinigten Staaten mit ihren Verbündeten und die Sowjetunion mit ihren Verbündeten haben ein gegenseitiges großes Interesse an einem gerechten und wahren Frieden und an der Beendigung des Wettrüstens. Übereinstimmung mit diesen Zielen liegt im Interesse der Sowjetunion und auch in unserem; und sogar bei den am meisten verfeindeten Nationen kann man darauf vertrauen, dass sie diese Vertragsverpflichtungen akzeptieren und einhalten, weil es eben Verpflichtungen sind, die in ihrem Interesse liegen.

Zitiert nach: Public Papers of the President, Nr. 232/1963, S. 459 ff. Übers. von Klaus von Schubert.

1 Erläutere die gegenseitige Bedrohungslage anhand von M1.

2 Beschreibe, wie das Verhältnis zwischen den USA und der Sowjetunion in der Karikatur M2 dargestellt wird. Erkläre, für welche Seite der Karikaturist vermutlich Partei ergreifen möchte.

3 Interpretiere die Grafik des Rüstungswettlaufs (M3).

4 Skizziere den historischen Hintergrund, der Kennedy zu seiner Rede veranlasst haben dürfte (M4 und Autorentext). Erarbeite die Absichten, die Kennedy mit seiner Rede verfolgte.

Der Vietnamkrieg

Die „Dominotheorie" der Amerikaner. Die vietnamesische Befreiungsbewegung aus Nationalisten und Kommunisten besiegte 1954, unterstützt von China, die französischen Kolonialherren (s. S. 136). Frankreich musste Indochina aufgeben. Die französische Niederlage löste Alarmstimmung in Washington aus. Würden nun die Nachbarstaaten Vietnams in Südostasien – ähnlich kippenden Dominosteinen – alle unter kommunistische Herrschaft geraten?

Von Militärberatern zu Soldaten. Nach dem französischen Abzug kam es zur Teilung Vietnams in einen kommunistischen Norden und einen westlich orientierten Süden. Letzterer entwickelte sich allerdings nicht zu einem Staat mit einer demokratischen Ordnung, sondern zu einer Militärdiktatur. Dennoch unterstützten die USA Südvietnam in dem jetzt ausbrechenden Konflikt zwischen den beiden Landesteilen mit Geld und Waffen, da man in ihm einen wichtigen Partner im Kampf gegen den Kommunismus sah. Die Sowjetunion und China standen aufseiten der kommunistischen Vietcong, die von Norden eindringend das südvietnamesische Regime und seine amerikanischen Helfer bekämpfte. Unter John F. Kennedy arbeiteten 1962 bereits über 16 500 amerikanische „Berater" für die südvietnamesische Armee, die auch in Kämpfe eingriffen. Sein Nachfolger, Präsident Lyndon B. Johnson, entsandte 600 000 reguläre Soldaten.

Eine Großmacht verliert sich im Dschungel. Je länger der Vietnamkrieg andauerte, umso deutlicher wurde, dass die hochgerüsteten amerikanischen Soldaten gegen die Guerillataktik der einheimischen Kämpfer keinen Erfolg haben würden, weil diese sich immer wieder geschickt in die ausgedehnten Dschungelgebiete zurückziehen und von dort aus Überraschungsangriffe starten konnten. Vergeblich warfen die Amerikaner und Südvietnamesen über Vietnam und Laos mehr Bomben ab, als im gesamten Zweiten Weltkrieg niedergegangen waren. Kampfstoffe, wie Napalm, ließen Menschen qualvoll sterben. Hochgiftige Pflanzenvernichtungsmittel entlaubten riesige Tropenwälder, damit die Amerikaner die Nachschubwege der Vietcong erkennen und bombardieren konnten. Weite Landstriche wurden auf Jahrzehnte verseucht; noch heute leidet die Landbevölkerung unter den Auswirkungen der Giftstoffe.

M1 Konzertankündigung Jimi Hendrix, Frankfurt 1969

(Plakat von Günther Kieser)

Hendrix verfremdete auf dem Woodstock-Festival 1969 mit seiner E-Gitarre die amerikanische Hymne mit Anspielungen auf Maschinengewehrsalven und Fliegerangriffe. Damit wurde er zur Kultfigur des Protests gegen den Vietnamkrieg.

„Make love, not war" – Proteste in den USA. In Vietnam kämpften bis zur Abschaffung der Wehrpflicht 1973 vor allem junge Rekruten. Etwa 50 000 Jugendliche entzogen sich der Einberufung durch die Flucht nach Kanada. Die Berichte der Heimkehrer über die Brutalität der Kämpfe und die massive Kritik am amerikanischen Vorgehen gegenüber der Zivilbevölkerung führten in den USA zu Massendemonstrationen gegen die Fortführung des Kriegs in Indochina. Zugleich demonstrierte die junge Generation gegen die als „spießig" empfundenen Lebensformen der Älteren. „Flower power" und „Make love, not war" lauteten die Parolen. Durch bunte Kleidung, lange Haare und öffentliches Rauchen von Haschisch forderten die „Hippies" eine Abkehr von allen gesellschaftlichen Zwängen. Bei den Studentendemonstrationen gegen den Krieg wurde der nordvietnamesische Staatsgründer Ho Chi Minh zur Idolfigur gegen Kolonialismus und für das Selbstbestimmungsrecht einer Nation. Der Rückzug der Amerikaner nach dem Friedensabkommen 1973 glich einer Flucht. Nordvietnamesische Truppen eroberten 1975 den Süden und vereinigten beide Länder unter kommunistischer Regierung. 56 000 Amerikaner und 1,1 Millionen Vietnamesen waren gefallen; über zwei Millionen Zivilisten starben in den Flächenbombardements. Die Niederlage im Vietnamkrieg wurde in den Folgejahren zum Trauma der amerikanischen Politik.

M2 Flucht nach Napalmangriff *(Foto von Huynh Cong Út)*

Das Bild wurde erstmals in der „New York Times“ am 9. Juni 1972 veröffentlicht.

M3 Tod eines Vietcong *(Foto von Eddie Adams)*

◀ *Der von den USA unterstützte Polizeichef von Saigon erschießt am 1. Februar 1968 auf offener Straße einen Vietcong. Kurz vor dieser Tat war die Familie eines Freundes des Polizeichefs von Vietcong-Soldaten ermordet worden.*

M4 Beschreibung der Bilder durch eine Expertin

Die zentrale Figur (in M2) ist das dem Betrachter frontal zugewandte nackte und schreiende Mädchen in der Bildmitte. Als formales Vorbild kann das Gemälde „Der Schrei“ von Edward 5 Munch (1893) genannt werden. Das Mädchen ist Sinnbild der Unschuld, der Hilflosigkeit und des Flüchtlings, ohne Hab und Gut, ohne Erwachsene.

(M3) ist ein Beispiel für ein Ereignisbild, in dem ein entscheidender Moment festgehalten wird. Es entstand während der Tet-Offensive (Offensive der Vietcong 1968). Die extreme Polarisierung der beiden Figuren wird durch den Bildaufbau unterstrichen: Das Opfer, mit am Rücken zusammengebundenen Händen, steht frontal zur Kamera, die Mimik unterstreicht die Schockwirkung des Fotos. Der Schütze ist im Profil abgebildet, der ausgestreckte Arm und die unbewegte Mimik unterstreichen dessen Machtposition und Kaltblütigkeit. Da tödlicher Ausgang und Aufnahme zusammenfallen, kann von einem „doppelten Schuss“ gesprochen werden.

Zitiert nach: Charlotte Bühl-Gramer: Vom Dokumentarfoto zur Fotoikone. In: Fotografien im Geschichtsunterricht (= Praxis Geschichte 1/2006), S. 15.

1 Erläutere die „Dominotheorie“ der Amerikaner (Autorentext).

2 Welche Gründe führten weltweit zu den Protesten gegen den Vietnamkrieg? Beziehe die Rolle von Musikfestivals und Protestsongs (M1) mit ein.

3 Beschreibe mithilfe von M4 die Bilder M2 und M3 mit eigenen Worten.

4 Sowohl M2 als auch M3 erhielten den Pulitzerpreis. Was macht ein Foto zu einem „Jahrhundertfoto“? Lies dazu auch auf Seite 204 f. nach.

5 Du kannst die Geschichte des Mädchens Kim Phuc und die weltweite Wirkung des Bildes M2 selbst herausfinden, indem du den Namen in eine Suchmaschine eingibst.

6 Vietnam als „Trauma der amerikanischen Politik“ – finde heraus, was damit gemeint ist.

1968 – nationale und internationale Protestbewegungen

Die Bundesrepublik im Umbruch. Nach einer schweren Wirtschaftskrise Mitte der 1960er Jahre in der Bundesrepublik kam es 1966 erstmals zur Bildung einer Großen Koalition zwischen CDU/CSU und SPD. Die Opposition, deren Aufgabe die Kontrolle der Regierung ist, bestand nur noch aus den wenigen Abgeordneten der FDP. Unter Schüler- und Studentengruppen formierte sich die ▸ „Außerparlamentarische Opposition" (APO). Deren Proteste richteten sich vorrangig gegen die im Mai/Juni 1968 nach langen politischen Diskussionen eingeführten ▸Notstandsgesetze. Diese ermöglichten dem Staat im Krisenfall weitgehende Eingriffe in die Privatsphäre seiner Bürger.

Die Radikalisierung der Studenten. Die wichtigste studentische Vereinigung jener Zeit war der „Sozialistische Deutsche Studentenbund" (SDS) mit ihrem führenden Kopf Rudi Dutschke. Seit Mitte der 1960er Jahre hatte es immer wieder studentische Proteste gegen den Vietnamkrieg und die Rassentrennung in Südafrika gegeben, die zunächst gewaltfrei verliefen.

M1 Demonstration gegen den Vietnamkrieg
(2. v. l.: Rudi Dutschke; Foto vom 27. November 1967)

Im Juni 1967 kam der für massive Menschenrechtsverletzungen in seinem Land verantwortliche Schah von Persien (Iran) nach Deutschland und wurde glanzvoll empfangen. Der Kaiser und seine Frau waren Lieblinge der deutschen Regenbogenpresse, in der kein Wort über die Folterungen in der Schah-Diktatur zu lesen war. Die Protestierenden warfen sowohl der Regierung als auch der Presse vor, dieses diktatorische Regime zu unterstützen. Der Schah brachte seine eigene aus Geheimdienstleuten bestehende Schutztruppe mit, die auf die demonstrierenden deutschen Studenten einknüppelte. Die Situation eskalierte. Während der Tumulte wurde der Student Benno Ohnesorg von der Kugel eines Berliner Polizeibeamten tödlich getroffen. Der Schriftsteller Günter Grass sprach vom „ersten politischen Mord in der Bundesrepublik". Inzwischen stauten sich die Aggressionen vieler Bürger gegen die „Ruhestörer". Dutschke wurde von der konservativen Presse, allen voran von der „Bildzeitung", zum „Staatsfeind" erklärt und alle demonstrierenden Studenten verteufelt. Am Gründonnerstag 1968 verübte ein rechtsradikalen Kreisen nahestehender Hilfsarbeiter ein Attentat auf Dutschke, an dessen Spätfolgen er 1979 starb. Dieses Attentat löste die schwersten Straßenschlachten in Deutschland seit dem Ende der Weimarer Republik aus; in 27 Großstädten gingen mehrere 100 000 Menschen auf die Straße. 400 Verletzte und zwei Tote waren zu beklagen. Der SDS löste sich aber bereits 1969 wieder auf.

1968 als internationales Protestjahr. Rückblickend bedeutete das Jahr 1968 für viele westliche Länder eine „Kulturrevolution" gegen die als „spießig" empfundenen Lebensformen der Elterngeneration (s. S. 174). In Frankreich wurde Daniel Cohn-Bendit zum Star der Studentenrevolte. Dort erreichten die Proteste Ausmaße, die andere Länder nicht kannten, weil sich im Mai 1968 die mehr Mitbestimmung fordernden Arbeiter der Bewegung anschlossen. Ein Generalstreik mit neun Millionen Teilnehmern legte das Land über Wochen lahm. Staatspräsident de Gaulle verließ Paris und zog sich ins Hauptquartier der französischen Truppen in Deutschland, nach Baden-Baden, zurück. In den USA erlag die Symbolfigur der gewaltlosen Bürgerrechtsbewegung, Martin Luther King, im April einem Attentat. In 76 Siedlungen der schwarzen Bevölkerung brachen gewaltsame Aufstände aus.
Während die Demonstrationen gegen den Vietnamkrieg weltweit anhielten, erhob sich unter der Jugend im Westen nur mäßiger Protest gegen den Einmarsch von Truppen des Warschauer Pakts in die Tschechoslowakei 1968. Dort wurde das Experiment eines „Sozialismus mit menschlichem Antlitz" unter Parteichef Dubček von Panzern überrollt.

M2 Titelseite des „Spiegels" *(24. Juni 1968)*

M3 Zeitzeugen ziehen Bilanz

a) … Mag auch der aufrührerische Geist von '68 vergangen sein – die erstickende Normalität von einst ist nur selten wieder in die Institutionen zurückgekehrt. Die Kultur des Landes bleibt von dem Umwälzungsprozess jener Jahre beeinflusst. Viele leben in ihrem Alltag heute verhältnismäßig ungestört das, was einst härtesten Kampf erforderte. Und so manches davon ist – wenn auch in abgeschwächter Form – in breitere Bevölkerungskreise eingedrungen: die Auflockerung der Institution Ehe und die Alltäglichkeit nichtehelicher Beziehungen, die Idee der Wohngemeinschaft, eine freiere Kindererziehung nicht nur in Krabbelstuben, Kinderläden oder freien Schulen, sondern auch in Kindergärten und Regelschulen, offenere Umgangsformen der Menschen untereinander, die Etablierung einer alternativen Kultur – von Straßenfesten bis zu selbst organisierten Kulturzentren.

Zitiert nach: Volkhard Brandes: Wie der Stein ins Rollen kam. Vom Aufbruch in die Revolte der sechziger Jahre, Frankfurt/Main (Brandes & Apsel) 1988, S. 194 f.

b) Je weiter der zeitliche Abstand zur Studentenbewegung wird und je trostloser die Gegenwart erscheint, desto üppiger wuchert im Kneipendunst das linke Jägerlatein. Die Studentenbewegler pflegen ihre APO-Mythen, wie ihre Väter ihre Kriegs-, Widerstands- und Aufbaumythen pflegen. Die APO-Generation baut am Denkmal ihrer großen Vergangenheit und spürt nicht, dass sie dabei anfängt zu versteinern.
Wenn man die deutsche Linke mit ihren französischen, italienischen und holländischen Gesinnungsfreunden vergleicht, fällt auf, dass ihr dreierlei fehlt: Selbstironie, Lebenskunst und Neugierde. Die deutschen Jugendlichen beginnen das zu spüren. Die APO-Generation tritt ihnen nicht mit Neugierde gegenüber, sondern mit Besserwisserei. In einer Mischung von kleinbürgerlichem Missmut und großbürgerlicher Herablassung verkündet sie, dass die heutigen Jugendlichen nichts entdeckten, was sie nicht schon lange wüssten, besser wüssten … Die Besserwisserei ist die penetranteste Umgangsform dieses Anspruchs. Die Studentenbewegung legte sich beizeiten die Pose des deutschen Oberlehrers zu …

Zitiert nach: Jörg Bopp: Vatis Argumente: APO-Generation und heutige Jugend. In: Kursbuch 58, hrsg. von Hans-Magnus Enzensberger, Berlin (Kursbuchverlag) 1979, S. 2 ff.

1968 aus Sicht der heutigen Forschung

Der Historiker Edgar Wolfrum, 2005:

Es handelte sich 1968 um eine globale Protestkultur … Der immer brutaler werdende Vietnamkrieg, besonders der amerikanische Einsatz von Napalmbomben war Katalysator der Proteste … Kolonialismus galt vielen 68ern als grausamste Form der Ausbeutung. Eine Identifizierung mit der Dritten Welt, ihren Befreiungsbewegungen und Guerillakämpfern nahm fast religiöse Züge an: Ernesto „Ché" Guevara, Fidel Castro, Ho Chi Minh und Mao Zedong … wurden zu „Vorbildern" in Theorie und Praxis, mit deren Hilfe man den Widerstand in der Dritten Welt idealisierte und ihn in die entwickelten Industriegesellschaften übertragen wollte.

Edgar Wolfrum: Die Bundesrepublik Deutschland 1949–1990, Stuttgart (Klett-Cotta) 2005 (= Gebhard Handbuch der deutschen Geschichte, Band 23), S. 332 ff.

1 Arbeite aus dem Autorentext heraus, wogegen sich der Protest der 68er in der Bundesrepublik und in anderen Ländern richtete.
2 Begründe, warum die Mehrheit der Bürger sich von der Protestbewegung distanzierte (Autorentext).
3 Erörtere die langfristigen Folgen der Proteste (M3a) sowie die Kritik an der APO-Generation (M3b).
4 Stelle Kurzbiografien der in M4 genannten Personen zusammen und finde heraus, wieso diese zu Idolen werden konnten. Einige von ihnen sind in M2 abgebildet.

„Wandel durch Annäherung" – die Öffnung nach Osten

„Mehr Demokratie wagen". 1969 wurde Willy Brandt der erste Bundeskanzler (bis 1974), welcher der SPD angehörte. Dies wurde möglich, weil Brandt die FDP als Regierungspartner gewinnen konnte; es begannen die Jahre der sozial-liberalen Koalition. Brandt wollte den autoritären Regierungsstil der CDU-Kanzler grundlegend verändern: Das sozialliberale Bündnis legte großen Wert auf ein höheres Maß an Mitbestimmung der Bürger. „Mehr Demokratie wagen" lautete Brandts Motto. Die Koalition setzte daher das Wahlalter von 21 auf 18 Jahre herab. Die Politiker sollten mit den Bürgern verstärkt in Dialog treten und diese zu Mitbestimmung und Mitverantwortung in vielen Bereichen anregen. In der Tat nahm in diesen Jahren das Engagement vieler Bürger zu; es entstanden unzählige Bürgerinitiativen.

M1 Wahlplakat 1969

Eine ▸ neue Ostpolitik. In der Ära Adenauer und unter dessen Nachfolgern vertrat die Bundesrepublik außenpolitisch den „Alleinvertretungsanspruch". Dieser bedeutete, dass die Bundesrepublik Deutschland für das gesamte deutsche Volk handelte und daher zu keinem Staat diplomatische Beziehungen unterhielt, der solche mit der DDR aufnahm. Ausgenommen davon war die Sowjetunion. Die DDR wurde aber in den 1960er Jahren zunehmend von den jungen Staaten in Afrika und Asien anerkannt. Daher gingen Brandt und sein Außenminister Walter Scheel (FDP) daran, die Grundlagen der Deutschland- und Außenpolitik neu auszurichten. In Zusammenarbeit mit den westlichen Verbündeten gelang Brandt erstmalig ein Durchbruch in der Ostpolitik. Sein Staatssekretär und Unterhändler Egon Bahr brachte die neue Politik auf die Formel ▸ „Wandel durch Annäherung". Mithilfe von Verhandlungen und Verträgen sollten politische Wege zur Zusammenarbeit mit der DDR, der Volksrepublik Polen und der Sowjetunion gefunden werden. Zum anderen wollten die Gesprächspartner konkrete Verbesserungen des Alltagslebens der Menschen in der DDR erreichen. In dieser Absicht schloss die Bundesregierung mehrere Verträge: Zunächst 1970 den Moskauer Vertrag mit der UdSSR, in dem beide Staaten auf die Anwendung von Gewalt bei der Verfolgung ihrer politischen Ziele verzichteten und die bestehenden Grenzen in Europa anerkannten. Im Warschauer Vertrag mit Polen im gleichen Jahr wurden die durch das Potsdamer Abkommen (s. S. 142 f.) geschaffenen Grenzen bestätigt. Der ▸ Grundlagenvertrag zwischen den beiden deutschen Staaten von 1972 machte die Bundesrepublik und die DDR zu gleichberechtigten Partnern. Die Sowjetunion verzichtete im Gegenzug auf ihre Rechte als Siegermacht in der Bundesrepublik, die ihr als Resultat des Zweiten Weltkriegs noch zustanden. Nun konnten die Transitstrecken nach Westberlin nicht mehr willkürlich durch DDR-Grenzer gesperrt werden (s. S. 178 f.). Briefkontakte, Telefonverbindungen und Besuche wurden erleichtert oder überhaupt erst möglich. Brandt lag als ehemaligem Regierenden Bürgermeister Berlins daran, die kulturellen, wissenschaftlichen und politischen Beziehungen zwischen den beiden deutschen Staaten unter Einbeziehung Westberlins zu verbessern.

Aussöhnung oder Ausverkauf? Gegen Brandts Politik liefen zahlreiche Gruppen Sturm: Konservative Politiker und Vertreter deutscher Heimatvertriebener brandmarkten die Ostpolitik als „Ausverkauf deutscher Interessen" und Verrat an den Prinzipien Adenauers. Dennoch stellten sich bald Erfolge des Dialogs ein: 1973 wurden beide deutsche Staaten in die Vereinten Nationen (UNO) aufgenommen. 1975 unterzeichneten außer Albanien alle europäischen Staaten sowie die USA und Kanada die ▸ KSZE-Akte zur Sicherheit und Zusammenarbeit in Europa (s. S. 202f). Eine besondere persönliche Würdigung erhielt Willy Brandt 1971, als er für seine Bemühungen um Aussöhnung mit dem Friedensnobelpreis ausgezeichnet wurde.

M2 Willy Brandt vor dem Mahnmal des Warschauer Gettoaufstandes *(1970)*
Brandt schrieb in seinen Erinnerungen, 1989:
... Ich fand, ich konnte dann letztlich nichts anderes tun als ein Zeichen zu setzen: Ich bitte als einer, der nicht zu den wildesten Anhängern Hitlers gehört hat, um es einmal so zu sagen, ich bitte für mein Volk um Verzeihung, ich bete auch darum, dass man uns verzeihen möge.

M3 Staatsbesuch Willy Brandts bei Präsident Richard Nixon *(1970)*
Aus den Erinnerungen Brandts:
In unserem Gespräch am 10. April 1970 erklärte Richard Nixon ohne alle Umschweife: Er habe Vertrauen in unsere Politik und wisse, dass wir nicht daran dächten, bewährte Freundschaften aufs Spiel zu setzen. Allerdings müssten wir damit rechnen, dass es in Frankreich und England – und hier und da auch in den USA – einige Unsicherheit geben könne. Er würde – sollte es eine Aufforderung sein – volles Verständnis haben, wenn wir die Oder-Neiße-Linie anerkennen wollten; sie sei nun einmal zu einem Faktum geworden. Wesentlich sei unser Einverständnis, in engem Kontakt zu bleiben ... Nach meiner Wahl zum Bundeskanzler hatte ich allen, die es hören wollten, gesagt: Das deutsche Volk brauche den Frieden im vollen Sinne des Wortes auch mit den Völkern der Sowjetunion und allen Völkern des europäischen Ostens. Zu einem ehrlichen Versuch seien wir bereit, damit die Folgen des Unheils überwunden werden könnten, die eine verbrecherische Clique über Europa gebracht habe. Dabei, so fuhr ich fort, gäben wir uns keinen trügerischen Hoffnungen hin: Interessen, Machtverhältnisse und gesellschaftliche Unterschiede seien weder ... aufzulösen noch dürften sie vernebelt werden ... Nur eine gesamteuropäische Wiederannäherung werde zur Folge haben, dass sich die Teile Deutschlands aufeinander zubewegen könnten.
Zitiert nach: Willy Brandt: Erinnerungen, Berlin (Ullstein-Verlag) 1989, S. 190–194.

1 Fasse anhand des Autorentextes und der Quellen die neuen Aspekte der Politik unter Brandt und der sozial-liberalen Koalition zusammen.
2 Erkläre, wie das Wahlplakat M1 diese neue Politik vermitteln möchte.
3 Begründe anhand von M2, warum Brandts Verhalten tiefe Bewunderer und erbitterte Gegner fand.
4 Erläutere, welche historischen Erfahrungen und welche persönlichen Empfindungen Brandt zu seinem Kniefall veranlasst haben könnten. Stelle dazu die Biografie Brandts vor.

Die verunsicherte Republik: Ölpreisschock und Terrorismus

Der Ölpreisschock. In der Folge des ägyptisch-israelischen Kriegs im Oktober 1973 sperrten die arabischen Förderländer unter Führung Saudi-Arabiens den israelfreundlichen Ländern des Westens den Ölhahn zu. Der Boykott und die anschließende Vervierfachung des Ölpreises trafen die westlichen Staaten unvorbereitet und führten die bereits angeschlagene Weltwirtschaft in eine tiefe Rezession. In Deutschland stieg die Arbeitslosigkeit binnen zweier Jahre von 0,8 auf 4,5 %. Die Aufbruchstimmung vom Anfang der 1970er Jahre schlug um in eine reformfeindliche Haltung. Es fehlte zunehmend das Geld, um die sozialliberalen Reformen umzusetzen; die Staatsverschuldung nahm beträchtliche Ausmaße an. Leistungskürzungen waren unumgänglich.

Durch den Ölpreisschock entwickelte sich aber auch ein Bewusstsein für die Begrenztheit fossiler Energieträger und die „Grenzen des Wachstums", wie es die Expertengruppe internationaler Wissenschaftler („Club of Rome") nannte. Zur Verringerung der politischen und wirtschaftlichen Abhängigkeit vom Rohöl kam es jetzt in vielen Länden zu einem beschleunigten Ausbau der Atomenergie und der Suche nach alternativen Energiequellen.

Willy Brandt trat im Mai 1974, ermüdet von innenpolitischen Querelen mit dem Koalitionspartner, von seinem Amt zurück, als noch dazu bekannt wurde, dass der DDR-Geheimdienst einen Spion in seiner unmittelbaren Nähe im Kanzleramt platziert hatte. Sein Nachfolger Helmut Schmidt (SPD) sah sich neben der Rezession bald mit einer zweiten Herausforderung konfrontiert: dem deutschen Terrorismus.

Die Rote-Armee-Fraktion. Die RAF verstand sich als deutsche terroristische Formation innerhalb des „internationalen Befreiungskampfes". Die Gruppe bestand aus rund 25 Mitgliedern unter Führung von Ulrike Meinhof und Andreas Baader. Alle RAF-Mitglieder stammten aus der gehobenen Mittelschicht. Ziel ihrer Attentate waren deutsche Polizeieinrichtungen und amerikanische Kasernen in Deutschland. Bis Mitte 1972 hatten die Terroristen acht Morde verübt, ehe die Polizei die führenden Köpfe der Gruppe festnehmen konnte. Eine zweite RAF-Generation ermordete 1977 Generalbundesanwalt Siegfried Buback, den Chef der Dresdner Bank Jürgen Ponto und entführte im September den Präsidenten der deutschen Arbeitgeber, Hanns-Martin Schleyer. Im „Boss der Bosse" sahen die Terroristen den „Altnazi und Vertreter des herrschenden Systems" und forderten die Freilassung ihrer inhaftierten Gesinnungsgenossen. Palästinensische Terroristen kaperten im Oktober eine Lufthansa-Maschine, um den Forderungen der Schleyer-Entführer Nachdruck zu verleihen. Die Bundesregierung ließ sich nicht erpressen. In einer Blitzaktion befreite die deutsche Antiterror-Einheit GSG 9 in Mogadischu (Somalia) die Passagiere des Flugzeugs. Die RAF-Gründer verübten daraufhin im Hochsicherheitsgefängnis Stuttgart-Stammheim Selbstmord; Ulrike Meinhof hatte sich schon am 9. Mai 1976 getötet.

M 1 Arbeitgeberpräsident Hanns-Martin Schleyer
Fotografiert von den Entführern: Schleyer war 43 Tage lang in Geiselhaft der RAF. Die Terroristen forderten für seine Freilassung die Begnadigung von 11 inhaftierten RAF-Mitgliedern. Nachdem man den Forderungen nicht nachgab, ermordeten die Terroristen ihre Geisel.

Aus Angst, die studentischen Mitglieder der ▸ 68er-Bewegung könnten ihre sozialistische Gesinnung später in ihre Berufe hineintragen, wurde 1972 der sogenannte „Radikalenerlass" verabschiedet. Demnach war eine Einstellung im öffentlichen Dienst nur möglich, wenn der Bewerber die Garantie bot, jederzeit für die freiheitlich-demokratische Grundordnung einzutreten, und keiner extremistischen Organisation angehörte.

M2 Sonntagsfahrverbot als Folge der Ölkrise *(1973)*

M3 Zur Bewertung der RAF

Der Historiker Edgar Wolfrum, 2005:

Die Baader-Meinhof-Gruppe ... arbeitete bis zum Schluss an ihrem eigenen Mythos, doch der Selbstmord bedeutet eine Stilisierung als Märtyrer. Vom Scheitern sollte abgelenkt werden, doch die Selbstmorde waren nichts anderes als das Eingeständnis des Scheiterns ...

Warum ließen diese Menschen ihr bürgerliches Leben hinter sich, brachen alle Brücken ab, auch zu ihren eigenen kleinen Kindern, gingen in den Untergrund und wurden zu „Staatsfeinden Nr. 1"? Woher kam diese Radikalität? Die neuere Forschung sucht mittels psychohistorischen Deutungen eine Spur von Erklärung zu geben. Die Gruppenmitglieder spannen sich demnach in ihre eigene zunehmend wahnhafte Welt wie einen Kokon ein ... Auffallend ist das Gewicht, das die Vergangenheit im Denken der ersten RAF-Generation spielte ...

Man wird deshalb sozialpsychologische Voraussetzungen, die mit dem Nationalsozialismus oder dem italienischen Faschismus und seiner gesellschaftlichen Verarbeitung zu tun haben, in Rechnung stellen müssen, um die zerstörerische Radikalität dieses Teils des bundesdeutschen Generationenkonflikts zu ergründen ... Mit ihrer harten, riskanten Linie brachte die Regierung Schmidt im Herbst 1977 der RAF die entscheidende Niederlage bei. Einige RAF-Aussteiger konnten anschließend mithilfe der Stasi in der DDR untertauchen und dort ein kleinbürgerliches Leben führen.

Zitiert nach: Edgar Wolfrum: Die Bundesrepublik Deutschland, a. a. O., S. 430 f.

M4 Gesamtwirtschaftliche Entwicklung 1969–1981

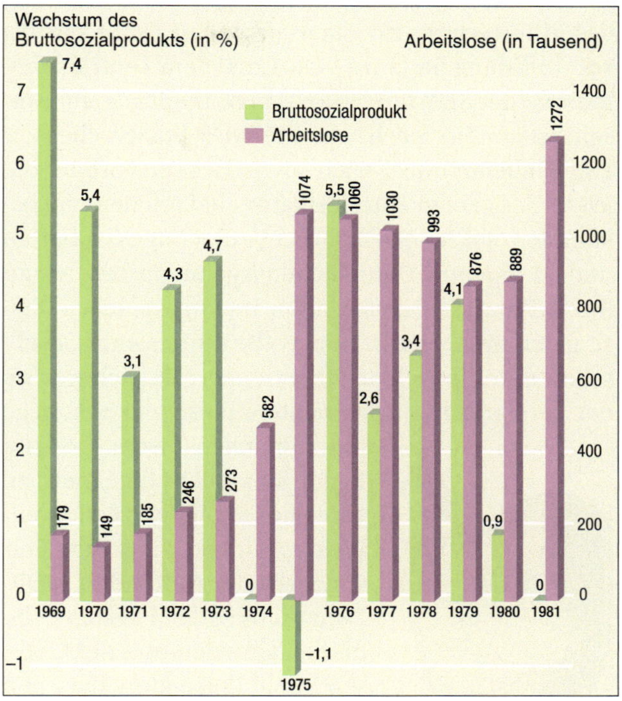

1 Informiere dich über eines der Ereignisse, das sich hinter den folgenden Daten und Namen verbirgt. Trage deine Ergebnisse in einem Kurzreferat vor:

November 1974	Günter von Drenkmann
Februar 1975	Peter Lorenz
April 1977	Siegfried Buback
Juli 1977	Jürgen Ponto
September 1977	Hanns-Martin Schleyer
Oktober 1977	Mogadischu in Somalia

2 Befragt ältere Verwandte oder Bekannte, wie sie die Jahre 1970–1977 (z. B. den „Deutschen Herbst", die RAF und Polizeigroßfahndungen) erlebt haben. Berichtet darüber in der Klasse.

3 Findet heraus, was sich die Regierung 1973 von einem totalen Sonntagsfahrverbot erhoffte. Bildet eine Expertenrunde und diskutiert alternative Vorschläge für sofortige Energieersparnis.

4 Analysiere M3 mithilfe der Methode auf Seite 74.

5 Beschreibe die grafische Darstellung in M4 und interpretiere die Zahlen, indem du die Informationen im Autorentext mit einbeziehst.

6 Diskutiert, inwieweit ihr die Verunsicherung der Bundesrepublik in den 1970er Jahren nachvollziehen könnt.

Die DDR – ein Stasi-Staat?

„Schild und Schwert der Partei." Die SED Regierung sicherte 1950 ihre Macht durch die Gründung des Ministeriums für Staatssicherheit (MfS), das bis zur Auflösung im Jahre 1990 direkt dem Zentralkomitee (ZK) der SED unterstand. Dem Ursprung und wesentlichen Ziel nach war die DDR-Staatssicherheit eine Geheimpolizei nach sowjetischem Vorbild, die jeden Gegner der Parteidiktatur überwachen und bekämpfen sollte. Sie konnte Verdächtige verhaften und in eigenen Untersuchungsgefängnissen bis zu ihrem Prozess inhaftieren. Die im Volk spöttisch „Stasi" genannte Organisation wollte die gesamte Gesellschaft unter ihre Kontrolle bringen. Zugleich war sie ein erfolgreicher Nachrichtendienst zur Spionage bzw. Spionageabwehr. Im Laufe der Zeit wuchs die „Stasi" zu einer riesigen Organisation mit vielen Aufgaben, z. B. dem Personenschutz führender DDR-Funktionäre, der Passkontrolle an den Grenzen und der Überwachung Reisender zwischen Ost und West. Außerdem wurden Wirtschaftsunternehmen und mit dem FC Dynamo Berlin sogar ein Sportverein geführt, der mehrfach die DDR-Fußballmeisterschaft gewann.

M1 „Schild und Schwert"
Das Emblem der „Stasi".

Das Spitzelsystem. Die DDR-Staatssicherheit setzte neben ihren „Hauptamtlichen" über 174 000 „Inoffizielle Mitarbeiter" (IM) ein. Diese hielten „Augen und Ohren" offen, stellten ihre Wohnungen für geheime Treffen oder Bespitzelungen zur Verfügung oder erfüllten spezielle Aufträge für die „Stasi". Ebenso wichtig war für das MfS die Möglichkeit, Auskünfte über den SED-Parteiapparat, die Volkspolizei, die Verwaltungen von Staat und Wirtschaft oder die Massenorganisationen der DDR einzuholen. Hinzu kamen geheimdienstliche Beschattungen und Überwachungen mit Wanzen und Kameras sowie Durchsuchungen von Wohnungen und Arbeitsplätzen. Agenten der „Stasi" nahmen sogar heimlich Geruchsproben von Verdächtigen oder markierten Gegenstände mit radioaktiven Substanzen. Zu jeder Zeit mussten die Bürger in der DDR damit rechnen, dass Gespräche belauscht, Telefonate abgehört, Briefe und Pakete kontrolliert wurden. Im Alltag bedeutete das für die Menschen, dass sie in ihren Äußerungen vorsichtig waren und politische Diskussionen nur im Kreise enger Vertrauter führten.

Kritiker unerwünscht – zwei Beispiele. Aus Sympathie für die DDR und ihre sozialistische Politik übersiedelte der Schriftsteller und Liedermacher Wolf Biermann 1953 in die DDR. Seine Konzerte waren oft ausverkauft. In seinen Liedern beschrieb Biermann auch den realen DDR-Sozialismus und zeigte, wie weit dieser von der Utopie des Kommunismus entfernt war. Das missfiel der SED-Führung. So bekam Biermann schließlich Auftrittsverbot in der DDR. Bei einer Konzertreise in die Bundesrepublik wurde er 1976 vom eigenen Staat ausgebürgert. Die SED verfehlte allerdings ihr Ziel, so Ruhe und Ordnung zu schaffen, denn der Fall Biermann löste lang anhaltenden öffentlichen Protest in der DDR aus.

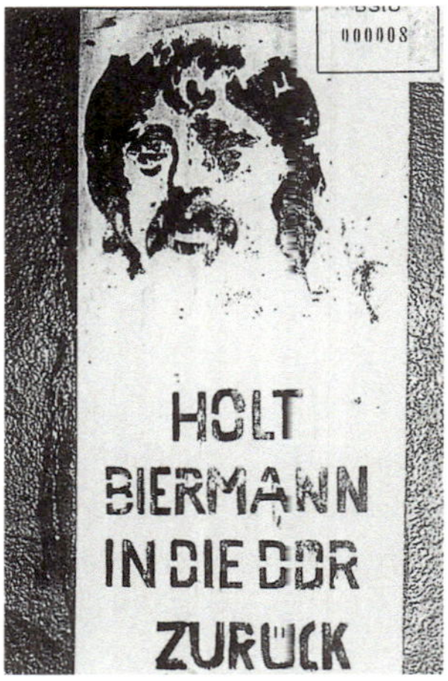

M2 Protest gegen die Ausbürgerung von Wolf Biermann
Das Flugblatt wurde im November 1976 vom Ministerium für Staatssicherheit beschlagnahmt.

Auch Jürgen Fuchs, der ab 1971 in Zeitschriften und Gedichtbänden seine Kritik an der DDR veröffentlicht hatte, setzte sich für Biermann ein und wurde am 19. November 1976 verhaftet. Seine fast zehnmonatige Inhaftierung im geheimen „Stasi"-Gefängnis endete erst, als er nach anhaltenden internationalen Protesten und Verhandlungen nach Westberlin abgeschoben wurde. Doch auch dort verfolgten und überwachten Fuchs „Stasi"-Agenten. Der Verdacht, sein früher Tod an Leukämie 1999 sei darauf zurückzuführen, dass er als Häftling des MfS Bestrahlungen ausgesetzt wurde, konnte weder bestätigt noch ausgeräumt werden.

M3 Das Personal des MfS von 1950–1989

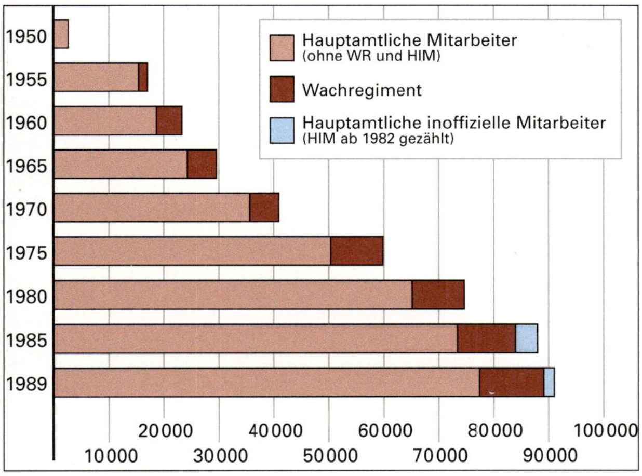

Wachregiment: 1954 als militärischer Arm des MfS aufgestellt; sicherte Staats- und Parteieinrichtungen in Ostberlin und Umgebung.

M4 Arbeitsweise der DDR-Staatssicherheit

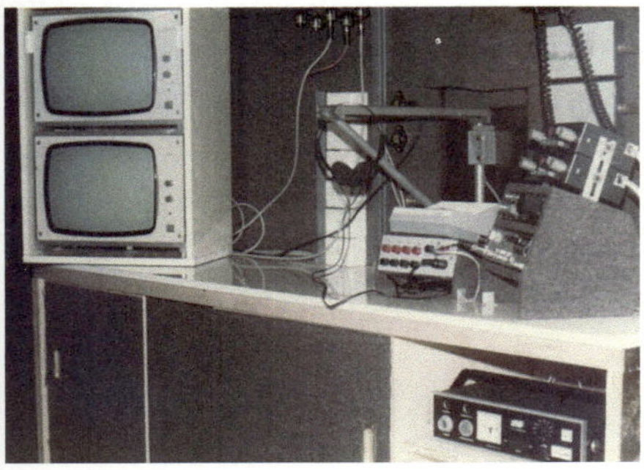

Als Kühltransporter getarnt: Der variable Beobachtungsstützpunkt „Schwalbe" mit Arbeitsplatz

M5 Informationen über den DDR-Bürger F.

Aus einer Aktennotiz der „Stasi":

Im Namen von F. wurde eine Vielzahl von Bestellungen von Zeitungen, Zeitschriften, Prospekten, Offerten u. dgl. aufgegeben, darunter auch Bestellungen, die zur Kompromittierung des F. geeignet sind. Mehrfach wurden Taxis und Notdienste (Schlüsselnotdienste, Abflussdienst, Abschleppdienst) vorwiegend nachts zur Wohnung des F. bestellt. Mit einer Vielzahl von Dienstleistungsunternehmen und anderen Einrichtungen wurden zu unterschiedlichen Tageszeiten einschließlich der Wochenenden, Besuche bei ... vereinbart (Beratung von Wohnungs- und Kücheneinrichtung sowie zur Badausstattung; Polstermöbelaufarbeitung, Polstermöbelreinigung, Wohnungsreinigung, Fensterputzer, Abholung von Schmutzwäsche, von Teppichen und Gardinen; Verkauf von Antiquitäten, Antiquariatsartikel, Musikinstrumente, Wohnungsauflösung, Abholung von Autowracks; Reparatur von Fernsehgeräten und Waschmaschinen; Möbeltransport, Ungezieferbekämpfung, Bereitstellung von Mietautos mit Fahrer, Massage, Beratung über Versicherungsabschlüsse, Buchung von Reisen, Bestellung von Menüs). Die dazu durchgeführten Überprüfungen ergaben, dass sich F. angesichts der von den beauftragten Unternehmen veranlassten Aktivitäten, der wiederholten Störungen und des massiven ... Eintreffens von Materialien unterschiedlichster Art belästigt fühlt und darüber verärgert ist. Bisher wurden seinerseits keine Bemerkungen bekannt, wonach er die eigentlichen Urheber für diese Belästigungen in Maßnahmen des MfS sieht.

Zitiert nach: Jürgen Fuchs: Unter Nutzung der Angst. Die „leise Form" des Terrors – Zersetzungsmaßnahmen des MfS (BF informiert, Nr. 2/1994), Berlin 1994 (BStU), S. 39.

1 Entnimm dem Autorentext Informationen über das MfS und setze diese in Beziehung zu dem Emblem (M1).

2 Beschreibt das Leben von Wolf Biermann (M2 und Autorentext). Forscht dazu weiter nach und erkundigt euch auch über Jürgen Fuchs, Rudolf Bahro und Gerulf Pannach.

3 Interpretiere M3 durch Einbeziehung des Autorentextes.

4 Beschreibe die Arbeitsweise der „Stasi" und erkläre deren Auswirkung auf das Alltagsleben der DDR-Bevölkerung (M4–M5 und Autorentext).

5 Charakterisiere das Vorgehen des MfS gegenüber Jürgen Fuchs (M5). Erkläre in einem Satz, was mit „Zersetzungsmaßnahmen" gemeint war.

Wandel im Westen – Stillstand im Osten

Wertewandel und Bildungsexplosion im Westen. Schon vor dem Protestjahr 1968 hatte ein allmählicher Wandel in den allgemeinen Ansichten und Auffassungen eingesetzt. Traditionelle Werte wie Pflichterfüllung, Zuverlässigkeit und Gehorsam verloren ihre übergeordnete Bedeutung und machten neuen Werten Platz, die von den Soziologen mit den Begriffen humane Arbeitswelt, Ungebundenheit, Emanzipation, Selbstentfaltung und Lebensqualität charakterisiert wurden. Parallel zum Wertewandel begann eine Bildungsexpansion. Internationale Organisationen bescheinigten der Bundesrepublik Mitte der 1960er Jahre einen dramatischen Rückstand auf den Gebieten Vorschulerziehung, Klassengröße und Abiturientenzahlen im Vergleich zu anderen westlichen Industrieländern. Das „Grundrecht auf Bildung“ sollte nun auch Arbeiterkindern als der „Bildungsreserve der Nation“ bessere Aufstiegschancen eröffnen. Die Zahl der Studierenden verdoppelte sich zwischen 1970 und 1980 von einer halben auf eine Million. Dieser Anstieg lag auch darin begründet, dass die geburtenstarken Jahrgänge des „Babybooms“ der Wirtschaftswunderjahre an die Hochschulen kamen. Der Anteil der Studentinnen stieg von 28 % auf 41 % an. Nirgendwo entstanden so viele neue Universitäten wie in Nordrhein-Westfalen, das um 1980 über die dichteste Hochschullandschaft in Europa verfügte.

Emanzipation und Bürgerbewegungen. Auch nach 1968 blieben die Frauen trotz der neuen sozialliberalen Politik auf ihre traditionelle Rolle als Frau und Mutter festgelegt. Daher forderte die Frauenbewegung rechtliche Gleichstellung, gleichen Lohn für gleiche Arbeit bei Männern und Frauen sowie das Recht des Schwangerschaftsabbruchs.
Neben der Frauenbewegung entstanden zahlreiche lokale Bürgerinitiativen, die sich politisch engagierten. Die Umweltschutzbewegung mündete in die Gründung der neuen Partei „Die Grünen“. Diese griff in ihrem Parteiprogramm viele Forderungen der Frauen-, Friedens- und Umweltbewegung auf.

Soziale Errungenschaften und andauernde Mangelwirtschaft. Beim Machtwechsel von Walter Ulbricht zu Erich Honecker als Erstem Sekretär der SED 1971 hofften die meisten DDR-Bürger auf mehr persönliche Freiheiten. Doch weiterhin mussten die DDR-Bürger für viele Güter des täglichen Bedarfs Schlange stehen und für den Erwerb hochwertiger Konsumgüter Wartezeiten in Kauf nehmen.
Zu den Bereichen, in denen die DDR fortschrittlicher als die westdeutsche Gesellschaft war, zählte der Bereich Frauenemanzipation. Frauen hatten seit Gründung der DDR nicht nur auf dem Papier ihre Gleichstellung erlangt. Ein gut funktionierendes System von Kinderkrippen und Betreuungsmöglichkeiten für Kinder ermöglichte die staatlich erwünschte Berufstätigkeit. Die Zahl der Studentinnen und der weiblichen Fachkräfte in hoch technisierten Betrieben lag im Osten deutlich höher als im Westen. Die Problematik der Vereinbarkeit von Beruf und Kindererziehung wurde in der DDR von Staats wegen gelöst.

M1 Staatsbesuch Erich Honeckers in Bonn *(1987)*

Gelebte Zweistaatlichkeit. In den 1980er Jahren hatten sich die Gesellschaften auf beiden Seiten der Mauer auseinandergelebt. Die Führung der DDR schaffte es nicht, das System wirklichen Reformen zu unterziehen. Die Kontakte zwischen den zwei deutschen Staaten verloren an Schikanen und nahmen in den 1980er Jahren durch bessere Telefonverbindungen und mehr Reisefreiheit von DDR-Bürgern zu. Westdeutsche Unternehmen entdeckten die DDR als billigen Produktionsstandort. Die Bundesrepublik gewährte der an Devisen knappen DDR mehrfach Kredite, damit der Lebensstandard im Osten gehalten werden konnte. Im Jahre 1987 besuchte Erich Honecker erstmals die Bundeshauptstadt Bonn und wurde wie jedes andere Staatsoberhaupt mit militärischen Ehren empfangen.

M2 Friedensdemonstration in Bonn *(10. Oktober 1981)*

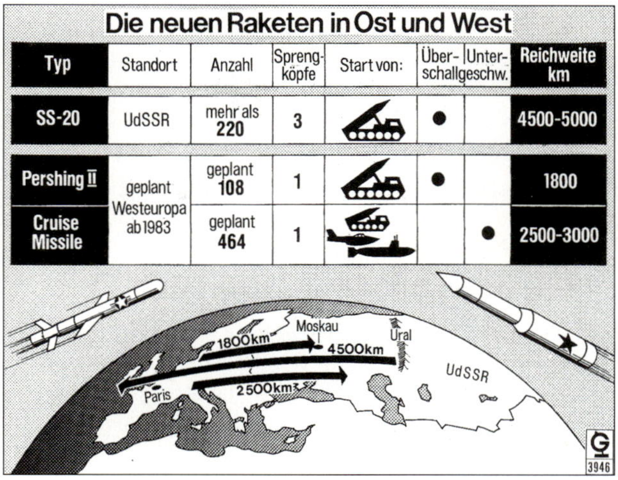

Die neuen Raketen in Ost und West

Typ	Standort	Anzahl	Sprengköpfe	Start von:	Überschallgeschw.	Unterschallgeschw.	Reichweite km
SS-20	UdSSR	mehr als 220	3		●		4500-5000
Pershing II	geplant Westeuropa ab 1983	geplant 108	1		●		1800
Cruise Missile	geplant Westeuropa ab 1983	geplant 464	1			●	2500-3000

M5 Das neue Wettrüsten *(1981)*

M3 Stichwort: Friedensbewegung

Gegen den Rüstungswettlauf der Supermächte und gegen die Stationierung von atomaren US-Mittelstreckenraketen formierte sich eine breite Friedensbewegung ... In der Bundesrepublik sprengte sie alles auf diesem Gebiet bisher Dagewesene. Der 19. Evangelische Kirchentag in Hamburg im Juni 1981 zeigte, dass das pazifistische Anliegen auf große Resonanz stieß ... Besonders auffällig war die Anwesenheit überraschend vieler Jugendlicher ... Ihren Höhepunkt erreichte die Friedensbewegung im Oktober 1983. In einer Aktionswoche gegen die NATO-Nachrüstung bildeten Demonstranten eine 108 km lange Menschenkette von Ulm bis Stuttgart und in Bonn demonstrierten eine Million Menschen. Kein anderes Ereignis hat jemals in der Bundesrepublik so viele Menschen auf die Straße gebracht wie die Nachrüstung.

Zitiert nach: Wolfrum, a. a. O., S. 486 f.

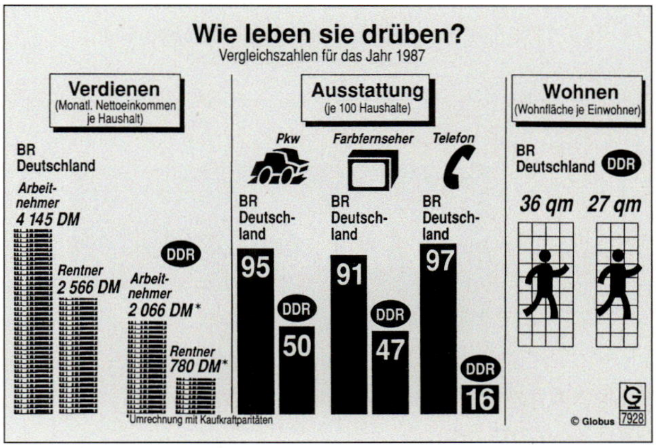

M6 Kaufkraft in den beiden deutschen Staaten *(1987)*

M4 Emblem der DDR-Friedensbewegung

Die SED verordnete 1978 die Einführung des Fachs Wehrkunde an DDR-Schulen, wogegen die Evangelischen Kirchen in der DDR erfolglos Widerspruch einlegten. In den 1980er Jahren entstanden in vielen Kirchengemeinden staatskritische Friedensinitiativen, die viele Menschen ansprachen und die von der Staatssicherheit bespitzelt wurden.

1 Notiere die unterschiedlichen Einschätzungen des Staatsbesuchs Honeckers in Bonn (M1), die es bei Menschen in Ost und West, bei Jung oder Alt geben konnte. Stütze dich dabei auf die bisher bearbeiteten Seiten zu den beiden deutschen Staaten.

2 Finde die Gründe für die Mobilisierung so vieler Menschen in der Friedensbewegungen heraus (M3–M5). Schaue nach unter dem Stichwort „NATO-Doppelbeschluss".

3 Vergleiche die Lebensbedingungen in den 1980er Jahren in Ost und West (M6). In welchen Bereichen gab es die größten Unterschiede und wie lassen sich diese erklären?

Globale Ereignisse und die Situation Deutschlands

Wichtige Daten und Ereignisse

	Die Welt …
1945	*Konferenz in Potsdam*
1947	*Trumandoktrin und Marshallplan*
1949	*Gründung der NATO*
1950-1953	*Koreakrieg*
1955	*Gründung des Warschauer Pakts*
1956	*Aufstände in Ungarn und Polen*
1962	*Kubakrise*
1964-1973	*Vietnamkrieg*
1968	*Ende des „Prager Frühlings"*
1972	*SALT-I: Abkommen zur Begrenzung strategischer Waffen*

	… und die beiden deutschen Staaten
1945	*Deutschland in Besatzungszonen aufgeteilt*
1948	*Währungsreform/Berlinblockade*
1949	*Gründung der Bundesrepublik und der DDR*
1949-1963	*Ära Konrad Adenauer*
1950-1971	*Walter Ulbricht Generalsekretär der SED*
17. Juni 1953	*Volksaufstand in der DDR*
13. Aug. 1961	*Bau der Berliner Mauer*
1966-1969	*Große Koalition*
1967/68	*APO-Protestbewegung*
1969-1982	*Sozial-liberale Koalition*
1970-1972	*Ostverträge*
1971-1989	*Ära Erich Honecker*
1972	*Grundlagenvertrag*

Sicherung wichtiger Grundbegriffe und Kompetenzen

- **Eigene Dateien**
  - **Geschichte**
    - **Die Welt und Deutschland nach 1945**
      - **Methoden** AK
        - eine Internetrecherche durchführen
      - **Fachbegriffe**
        - Entnazifizierung
        - Planwirtschaft
        - Kalter Krieg
        - Soziale Marktwirtschaft
        - Kollektivschuld
        - „Stunde Null"
        - Montanunion
        - Warschauer Pakt
        - NATO
        - Westintegration
        - Neue Ostpolitik

Das Radio macht Geschichte. „Zeitzeichen" und „Stichtag" sind sehr erfolgreiche tägliche Hörfunksendungen des *Westdeutschen Rundfunks (WDR).* Sie sind die meistgehörten Geschichtssendungen im deutschen Radio.

Erfunden wurde „ZeitZeichen" 1972. Anfangs behandelte eine Folge mehrere Themen. Mittlerweile steht aber stets ein historisches Ereignis („Heute vor … Jahren … ") im Mittelpunkt der 15-minütigen Sendung. Dabei wird das Thema mit verschiedenen Mitteln (Sprechertexte, Originaltöne, Geräusche, Musik) dargestellt. Es geht nicht um Beiträge im Lexikonstil, sondern um die heutige Sicht des Verfassers auf einen Jahrestag. Als Autoren arbeiten bekannte Hörfunk-Journalisten. Die erste Sendung lief am 4. April 1972. Später wechselte die Sendung mehrfach den Sender und den Sendeplatz. Zu hören auf *WDR5* täglich um 9:05 Uhr, auf *WDR3* täglich um 17:45 Uhr. Außerdem übernimmt *NDR Info* die Sendungen, montags bis freitags um 20:15 Uhr, sonnabends und sonntags um 19:05 Uhr. Auch SR 2 Kultur des Saarländischen Rundfunks übernimmt das ZeitZeichen von montags bis freitags um 08:45 Uhr. Zusätzlich können die Sendungen auch von den Internetseiten des Senders heruntergeladen werden (Podcasting).

Die kleinere Schwestersendung „Stichtag" (seit 1997) *WDR2* (9:40 und 17:40 Uhr) ist nur vier Minuten lang.

M1 „Stichtag" – Vorschau auf fünf Tage *(Oktober 2008)*

Blaue Haut und weiße Kappen
23. Oktober 1958: In einem Mittelalter-Comic des belgischen Zeichners Peyo treffen die Helden auf Zwerge mit blauer Haut und weißen Kappen: Die Schlümpfe sind geboren.

Königin der Lüfte
24. Oktober 2003: Zum letzten Mal landet eine Concorde nach einer Atlantik-Überquerung. Mit Außerdienststellung des eleganten Überschalljets endet ein Stück Luftfahrtgeschichte.

Udo Lindenbergs DDR-Flirt
25. Oktober 1983: Udo Lindenberg singt im Ost-Berliner „Palast der Republik". Bei seinem ersten DDR-Auftritt darf er eine Viertelstunde lang beim Festival „Für den Frieden der Welt" spielen.

The FA

Kicken im Verband
26. Oktober 1863: In London wird als erster Fußball-Verband der Welt die Football Association (FA) gegründet. Sie gestaltet die modernen Regeln des Sports maßgeblich mit.

Ein „Cowboy" regiert Amerika
27. Oktober 1858: In New York wird Theodore Roosevelt geboren. Er ist US-Vize-Präsident und zieht 1901 nach dem Attentat auf William McKinley als jüngster Präsident ins Weiße Haus.

1 Hört euch zwei Wochen lang die Sendung „Stichtag" an. Verteilt die einzelnen Folgen an Spezialisten, die über eine ausgewählte Sendung berichten. WK

2 Vergleicht die Themen der Programmvorschau M1 oder eurer ausgewählten Sendungen. Um welche Art von Ereignissen handelt es sich? Welche Bereiche von Geschichte werden angesprochen? AK

3 Besprecht in einer Redaktionskonferenz, welche Themen ihr aus dem Kapitel „Die Welt und Deutschland nach 1945" in eine Sendereihe „Stichtag" aufnehmen wollt. AK OK

4 Bereitet einige Themen als dreiminütiges Radiofeature vor. UK

Die Einigung Deutschlands …

... und die europäische Integration

Die Überwindung der deutschen und der europäischen Teilung

Das Revolutionsjahr 1989. Mit großem Aufwand feierte Frankreich im Sommer 1989 den zweihundertsten Jahrestag der Revolution. In den Festreden wurde auf den Siegeszug der Menschenrechte und der Verfassungsidee erinnert. Bedauert wurde in den Reden die Teilung des europäischen Kontinents durch den „Eisernen Vorhang", da den Menschen östlich dieser Grenze die Selbstbestimmung und die Grundrechte verwehrt blieben.
Niemand ahnte im Sommer 1989, dass eine weitere epochale Wende wie 1789 in Europa unmittelbar bevorstand. Der „Wind of Change" erfasste von Polen kommend alle Staaten des Ostblocks und die kommunistischen Regime brachen ab Ende 1989 zusammen. Auf dem großen Bild (s. S. 199) ist die gestürzte Statue des aus Polen stammenden Revolutionärs Felix Dsershinski zu sehen. Der „Eiserne Felix" war als Gründer des sowjetischen Geheimdienstes Tscheka gefürchtet; er starb unter nie ganz geklärten Umständen 1926. Sein Denkmal stand vor dem Moskauer Staatsgefängnis Lubjanka. Bald kam es überall in Osteuropa und der Sowjetunion zum Abbau von Denkmälern kommunistischer Führer. Für Deutschland wurde der 9. November 1989 zum Wendepunkt der Nachkriegsgeschichte.

M1 Demonstration litauischer Bürger in Wilna für die Unabhängigkeit *(Januar 1990)*
Plakat rechts in der Mitte, litauisch: „Freiheit, du bist mehr wert als das Leben"; russisch: „Brazauskas für Einheit Litauens" – „Burokjawitschus für die ‚Einheit' in Litauen" (Algirdas Brazauskas trennte die litauische KP von der sowjetischen und wurde später Präsident Litauens – Mikolas Burokjawitschus trat für den Fortbestand Litauens als Sowjetrepublik ein.)

Was lernst du in diesem Kapitel? Am Ende dieser Einheit wirst du folgende Fragen beantworten können:
- Welche Oppositionsgruppen gab es im Ostblock in der Folge der KSZE-Konferenz? Wie und weshalb wurden diese unterdrückt? WK AK
- Welche Bedeutung hatte die Politik des seit 1985 amtierenden neuen Generalsekretärs der KPdSU, Michail Gorbatschow, für den ▸ Umbruch im Ostblock und in der Welt? Welche neuen Nationalstaaten entstanden? WK UK OK
- Aus welchen Gründen kam es zur „friedlichen Revolution" in der DDR im Herbst 1989? Wie verlief diese Revolution? WK UK
- Unter welchen Bedingungen wurde die Vereinigung der beiden deutschen Staaten vollzogen? WK OK
- Welche Entwicklungen und Motive führten zur Bildung der Europäischen Union? WK OK
- Welchen internationalen Herausforderungen müssen wir uns nach Ende des Kalten Kriegs stellen? OK

M2 Aufständische in Bukarest *(1989)*

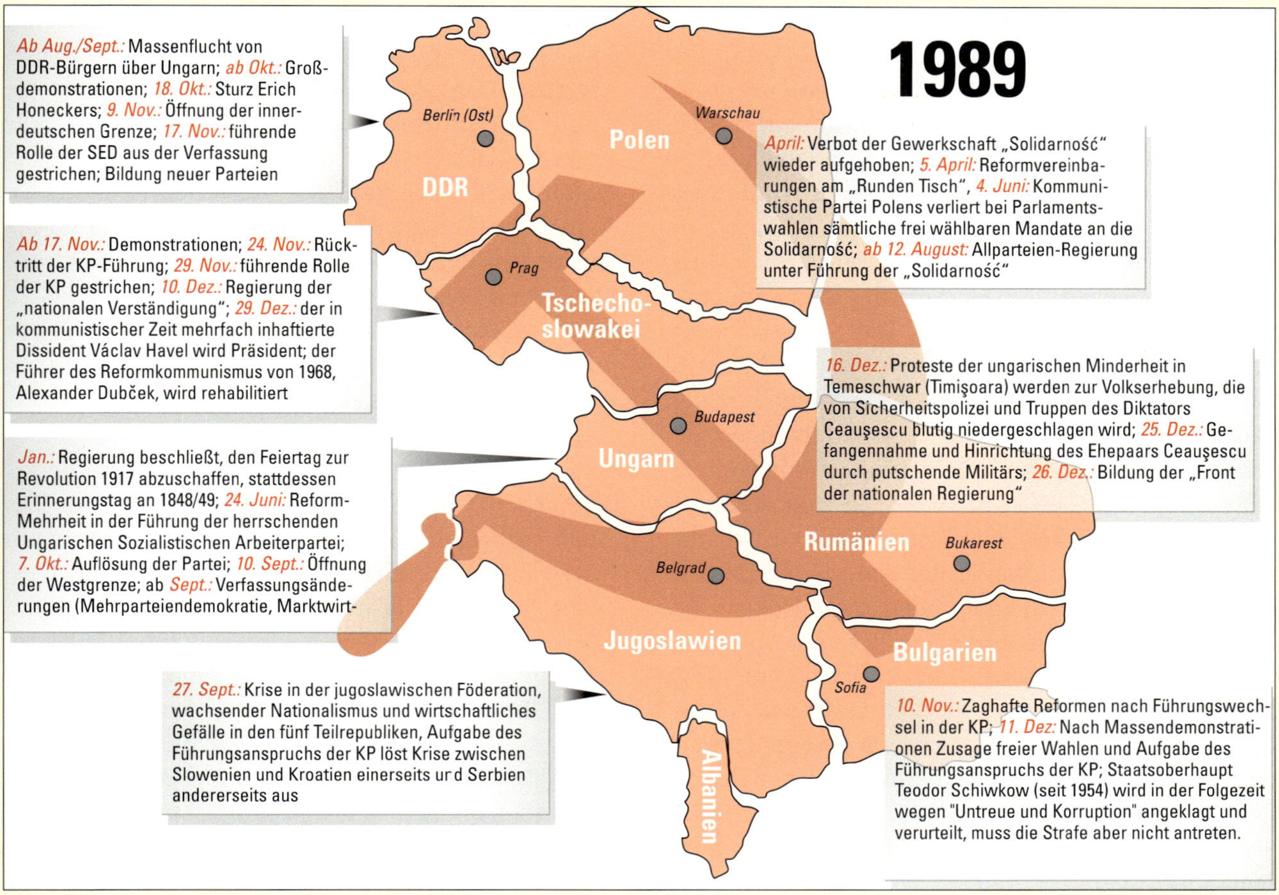

M3 Die weltpolitische Wende: Revolutionen in Osteuropa 1989

M4 Bilanz des Revolutionsjahres 1989

Die großen Umwälzungen des Jahres 1989 waren von zwei Leitideen geprägt: Die ehedem kommunistischen Staaten kamen wieder nach „Europa“ und kehrten in die „Zivilgesellschaft“ zurück. Beides erwies sich in der Praxis als problematisch. Setzt man Toleranz, Gleichbehandlung, Zivilisiertheit, Rechtsstaatlichkeit, Eigentumsrechte und eine demokratische Regierungsform als für Europa typische Werte, so waren die beiden Leitideen eng miteinander verknüpft. Waren sie aber nicht mehr als europäisch, waren sie nicht vielmehr universell (weltweit) gültig?

Die Zivilgesellschaft war ein schönes Ideal, das im Osten nur schwer, aber auch im Westen nicht leicht zu verwirklichen war. Doch ungeachtet aller Schwierigkeiten des „Transformationsprozesses“ in den ehemaligen kommunistischen Ländern näherten sich Osteuropa und der Westen erstaunlich schnell an.

Zitiert nach: Harold James: Geschichte Europas im 20. Jahrhundert, München (Beck) 2004, S. 425. Übers. von Udo Rennert u. a.

1 Beschreibe die Bilder der vorangegangenen Doppelseite und erkläre ihre Symbolik.

2 Erläutere die dir auf dem Foto M1 verständlichen Transparente. Finde heraus, wann die baltischen Staaten Estland, Lettland und Litauen im 20. Jh. unabhängig waren.

3 Fertige eine Liste der Länder an, in denen 1989 Revolutionen ausbrachen (M3). Welche davon verliefen friedlich, welche gewalttätig? Hole bei Bedarf weitere Erkundigungen ein. Beziehe M4 mit ein.

Oppositionsbewegungen im Ostblock

KSZE und die Folgen. 1975 trafen sich im finnischen Helsinki Vertreter der USA, Kanadas und fast aller europäischen Staaten zu einer „Konferenz über Sicherheit und Zusammenarbeit in Europa" (KSZE). In der Schlussakte, die von 35 Staats- und Regierungschefs aus West und Ost unterzeichnet wurde, verpflichteten sich die unterzeichnenden Staaten zum Gewaltverzicht, zur Unverletzlichkeit der bestehenden Staatsgrenzen, zur Wahrung der Menschenrechte und zum ständigen Dialog. Die Schlussakte erzielte in der Folgezeit politische Wirkung: Sie ermutigte Intellektuelle und andere Bürgerrechtler in den Ostblockstaaten, Menschenrechtsverletzungen öffentlich zu beklagen und für Meinungsfreiheit einzutreten. Dennoch blieb jede Form von Opposition gegen die kommunistische Herrschaftsstruktur gefährlich. Auch waren die Staaten des Warschauer Pakts an die Breschnew-Doktrin gebunden. Diese Doktrin, benannt nach dem früheren Parteichef Leonid Breschnew, beinhaltete das Recht der Sowjetunion, bei Bedrohung der kommunistischen Ordnung im Ostblock notfalls auch militärisch einzugreifen, wie es 1968 in der Tschechoslowakei auch geschehen war. Trotz dieser Gefahr entstand 1977 in der Tschechoslowakei erneut eine Bürgerrechtsbewegung, die sogenannte „Charta 77", die auf den Widerspruch zwischen der KSZE-Schlussakte und Menschenrechtsverletzungen aufmerksam machte. Führende Mitglieder wurden zu langjährigen Haftstrafen verurteilt. Eine Symbolfigur war der spätere Staatspräsident Václav Havel.

Polen und die „Solidarność". Auch in Polen verfolgte man aufmerksam die Vereinbarungen von Helsinki. Ende der 1970er Jahre kam es angesichts fehlender Konsumgüter bei erhöhten Preisen und Arbeitsnormen zu Konflikten zwischen den Arbeitern und der Kommunistischen Partei Polens. Ein von den Danziger Werftarbeitern im Januar 1980 ausgelöster Streik weitete sich sehr rasch aus. In der Folge wurde die unabhängige Gewerkschaft „Solidarność" (= Solidarität) gegründet. Unter ihrem Führer Lech Wałęsa erfuhr sie gewaltigen Zulauf und hatte bald mehr als neun Millionen Mitglieder. Die Arbeiterbewegung forderte u.a. freie Wahlen, Reformen und das Ende der kommunistischen Alleinherrschaft. Eine solche Organisation war für eine kommunistische Regierung, die sich als alleiniger Vertreter der Arbeiter sah, eine Bedrohung. Als Spekulationen über ein Eingreifen sowjetischer Truppen aufkamen, verhängte die Regierung im Dezember 1981 das Kriegsrecht. „Solidarność" wurde verboten, zahlreiche Mitglieder verhaftet und der Ausnahmezustand erklärt. Aber Polen kam nicht zur Ruhe. Angesichts der wachsenden Opposition in Bevölkerung und Kirche musste sich die Regierung 1989 zu weitreichenden Zugeständnissen bereit erklären. In den ersten freien Wahlen zum polnischen Parlament 1989 erzielte die „Solidarność" einen hohen Wahlsieg; die Kommunistische Partei Polens löste sich wenig später auf.

Ungarn öffnet die Grenze. In Ungarn hatte der Staat während der 1970er und 1980er Jahre mehr wirtschaftliche Freiräume als im Ostblock üblich gewährt, außerdem durften seine Bürger ins „kapitalistische" Ausland reisen. In der zweiten Hälfte der 1980er Jahre regte sich allerdings auch hier zunehmend Protest gegen die kommunistische Herrschaftsform. Als 1988 Reformkommunisten an die Regierung gelangten, wurde das zuvor vom sowjetischen Regierungschef Michail Gorbatschow verkündete Selbstbestimmungsrecht der Ostblockstaaten (s. S. 206 f.) umgesetzt; so ließ man u.a. unabhängige politische Parteien zu. Im Juni 1989 begann Ungarn mit dem Abbau der Grenzbefestigungen zu Österreich, wodurch der „Eiserne Vorhang" zu existieren aufhörte.

M1 Symbolische Öffnung der österreichisch-ungarischen Grenze Ende Juni 1989
(links: der österreichische Außenminister Alois Mock, rechts: der ungarische Außenminister Gyula Horn)

M2 Die KSZE in der Karikatur

Deutsches Allgemeines Sonntagsblatt, 19. Oktober 1975

M 3 Streikende Werftarbeiter der Leninwerft in Danzig

Die Streikbewegung wurde schon früh von der einflussreichen katholischen Kirche, auch mit Geldmitteln aus dem Vatikan, unterstützt. Der aus Polen stammende Papst Johannes Paul II. kritisierte unmissverständlich die Politik der Kommunistischen Partei.

M4 Aus den 21 Forderungen des Danziger Streikkomitees vom August 1980

1. Zulassung von freien und unabhängigen Berufsverbänden, die nicht von der Partei abhängig sind ...

2. Garantie des Streikrechts und die Gewähr der Sicherheit für die Streikenden und die sie unterstützenden Personen.

3. Beachtung der Freiheit des Wortes, des Drucks und der Veröffentlichung. Keine Verfolgung unabhängiger Druckereien und Zugang zu den Medien für Vertreter aller politischen Richtungen (gemeint waren vor allem Radio- und Fernsehzeiten für die katholische Kirche).

4. Rückforderung ursprünglicher Rechte

a) Wiedereinstellung aller während der Streiks 1970 und 1976 entlassenen Arbeiter. Wiederaufnahme aller Studenten in die Universitäten, die wegen ihrer Überzeugungen von den Universitäten verwiesen wurden.

b) Freilassung aller politischen Gefangenen ...

c) Aufhebung aller politischen Benachteiligungen und Gewährung der Religionsfreiheit ...

8. Erhöhung des Grundlohns von jedem Arbeiter um 2 000 Złoty monatlich als Ausgleich für die Preissteigerungen.

12. Einführung der Wahl aller Leitungskader in den Betrieben nach dem Kriterium der Qualifikation und nicht nach Parteizugehörigkeit. Aufhebung der Privilegien von Miliz, Staatssicherheit und Parteiapparat. Gleichstellung der Familienzuwendungen ...

16. Verbesserung der Gesundheitsfürsorge in den Betrieben, um die volle medizinische Versorgung der arbeitenden Bevölkerung sicherzustellen.

17. Bereitstellung einer genügend großen Anzahl Plätzen von Kinderkrippen und Kindergärten für die Kinder der arbeitenden Frauen ... *Übers. von Bettina Boewig.*

1 Bereite einen Kurzvortrag vor, in dem du über die KSZE und ihre Folgen informierst (Autorentext).

2 Zeige anhand von M2 auf, wie der Karikaturist die KSZE-Schlussakte bewertete.

3 Informiere dich über die Biografien von Václav Havel und Lech Wałęsa. Welche Rolle spielten beide in der nachkommunistischen Ära ihrer Länder?

4 „Ohne Solidarność keine deutsche Einheit“ – erläutere diese These und das Besondere an der polnischen Streikbewegung (M4 und Autorentext).

5 Erarbeite die Missstände, die sich aus den Forderungen des Danziger Streikkomitees (M4) ableiten lassen.

Fotos – Schein oder Wirklichkeit?

Konservierte Wirklichkeit? Fotografien können im privaten wie im öffentlichen Bereich die Vergangenheit als Erinnerung festhalten. Keine andere historische Quelle ist der Wirklichkeit näher, denn das Dargestellte selbst hinterlässt Spuren nach einem scheinbar unbeeinflussten Abbildungsvorgang mit Kamera und Objektiv. Zugleich sind Fotos aber Ausschnitt der Wirklichkeit und meist Ergebnis subjektiver Entscheidungen. So wird immer nur ein winziger vergangener Moment in räumlich enger Begrenzung zweidimensional wiedergegeben; jede Bewegung wird gleichsam eingefroren. Den Blickwinkel und die Technik (Blende, Belichtungszeit, Format usw.) bestimmt der Fotograf, der das Bild auch formal (z.B. Anordnung der Bildelemente) gestalten kann.

Wenn Bilder lügen. Fotos werden auch bewusst inszeniert oder nachgestellt. Eine ganze Reihe von Kriegs- bzw. Siegesfotos sind so entstanden (z.B. „Elbe-Day“ = Handschlag von Torgau 1945; s. S. 110). Um Bilder attraktiver oder wirkungsvoller zu machen, werden Szenen durch Retusche oder Montage umgestaltet. Da wurde eine unpassend aussehende Zigarette aus Stalins Hand entfernt, Maos Kragen geglättet, Breschnews Spuren von Alter und Krankheit überdeckt. Von diesen eher kleinen Akten der Manipulation ist es nicht mehr weit zur Geschichtsfälschung, bei der z.B. der missliebig gewordene Politiker Dubček aus der Geschichte „ausradiert“ wurde, indem man ihn auf öffentlich verbreiteten Fotos wegretuschierte. Peinlich, dass man dabei eine Schuhspitze übersah.

Vom Bild im Kopf zum Geschichtsbild. Wissenschaftliche Untersuchungen beweisen: Die unbebilderte Vergangenheit wird weniger wahrgenommen als die bebilderte. Aus Mangel an Bildzeugnissen kommt der sowjetische Gulag kaum im visuellen Gedächtnis der Menschen vor – ganz anders das nationalsozialistische Konzentrationslager. Wohl fast jeder kennt schreckliche KZ-Bilder. Ohne diese Fotos zu sehen, hat man sie vor dem inneren Auge und trägt sie im Kopf. Andere bekannte Fotos zeigen den Atompilz über Hiroshima (1945), die erste Landung von Menschen auf dem Mond (1969) oder den Einschlag eines Flugzeugs ins WTC in New York (2001). Solche Schlüsselbilder prägen die historische Vorstellung und die Interpretation der Vergangenheit.

Ikonen der modernen Medienwelt. Was aber macht bestimmte Fotografien zu Jahrhundertbildern? In der heutigen Informationsgesellschaft spielt dabei neben Inhalt und Art des Fotos die außerordentliche massenmediale Verbreitung eine Rolle, die den Bekanntheitsgrad erhöht. Erst eine des Öfteren wiederholte Verbreitung führt dazu, dass eine Fotografie Kultstatus bekommt und so zur Ikone wird, so z.B. das Bild des Physikers Albert Einstein, der die Zunge herausstreckt.

M1 Berlin am 17. Juni 1953 *(Fotograf: Wolfgang Albrecht)*

Methode: Fotos historisch auswerten

1. Schritt: Bildbetrachtung/erster Eindruck
Sieh dir das Foto sehr genau an und formuliere deinen ersten Eindruck (Assoziation, Gefühl). Verzichte dabei, die Bildlegende zu lesen.

2. Schritt: Bildbeschreibung
Beschreibe das Foto systematisch. Notiere dazu eine eigene Bildlegende. Welche Einzelheiten werden besonders herausgestellt, was wird nur am Rande gezeigt? Warum hat der Fotograf dieses Motiv gewählt? Welchen Ausschnitt und welchen Blickwinkel hat er bestimmt? Beachte Bildaufbau und Farben.

3. Schritt: Quellenkritische Einordnung
Wann ist das Bild entstanden? Wer hat in wessen Auftrag fotografiert? Handelt es sich um eine professionelle Fotografie (z.B. Presse, Mode, Kunst) oder um ein Amateurfoto (z.B. ein Familienbild)? Für welche Adressaten ist das Foto gemacht worden? Oft können diese Fragen nicht alle eindeutig geklärt werden. Je weniger Fragen sich beantworten lassen, desto vorsichtiger muss man bei der Interpretation sein.

4. Schritt: Überprüfung der Glaubwürdigkeit
Welche Details im Bild stimmen nicht oder passen nicht zueinander? Halte offensichtliche Fehler oder Widersprüche fest. Lässt sich eventuell eine Retuschierung/Bildmanipulation erkennen? Wie wirk(t)e das Foto auf den Betrachter? Inwieweit werden dabei Gefühle angesprochen? Gibt es Hinweise darauf, dass die Situation inszeniert ist? Passt die Bildunterschrift zur Fotografie?

5. Schritt: Den Zusammenhang herstellen und eine Gesamtbewertung durchführen
Werte Notizen aus und formuliere ein Gesamtergebnis. Beziehe nun die Bildlegende sowie deine Geschichtskenntnisse – vielleicht auch andere Fotos oder Texte – mit ein.

1 Analysiere und interpretiere M2 in der Abfolge der fünf methodischen Schritte.
2 Vergleiche die drei Abbildungen von M1 im Hinblick auf den gewählten Ausschnitt, die Perspektive, den Bildinhalt und die dadurch erzielte Wirkung.
3 Suche im Geschichtsbuch eine Abbildung heraus, die du für ein „Jahrhundertfoto" hältst und begründe deine Wahl.

M2 Offizielle Feierstunde am 30. März 1968 vor dem Veitsdom auf dem Hradschin in Prag

Nebeneinander stehen von links nach rechts: Josef Smrkovský (späterer Vorsitzender der Nationalversammlung), Alexander Dubček (Generalsekretär der Kommunistischen Partei) und Ludvík Svoboda (Präsident der Republik). Dubček war Symbolfigur für den „Prager Frühling 1968" und musste, als der Reformkurs niedergeschlagen wurde, aus dem öffentlichen Bewusstsein verschwinden.

Zerfall und Auflösung der Sowjetunion

„Neues Denken“ unter Michail Gorbatschow. Die Leistungen der sozialistischen Planwirtschaft ließen sich seit den 1980er Jahren durch Reformen nicht mehr verbessern. Misswirtschaft und Fehlplanungen führten dazu, dass die Kluft im Lebensstandard zwischen kapitalistischen und kommunistischen Staaten immer größer wurde. Die mangelhafte Ausstattung der Bevölkerung mit Konsumgütern war auch die direkte Folge des Rüstungswettlaufs zwischen den Supermächten, da die Rüstungsproduktion absoluten Vorrang hatte. Als 1985 der Reformpolitiker Michail Gorbatschow zum Generalsekretär der Kommunistischen Partei der Sowjetunion (KPdSU) und damit zum mächtigsten Mann des Landes gewählt wurde, erhoffte sich die Bevölkerung endlich eine spürbare Verbesserung ihrer Versorgungslage. Gorbatschow ging an eine grundlegende Umgestaltung (russisch: ▸ Perestroika) von Staat und kommunistischer Partei. Innerhalb weniger Jahre hatte er die Hälfte der Mitglieder des überalterten Politbüros ausgewechselt, wo alle wichtigen Entscheidungen getroffen wurden. Gorbatschow verlangte mehr Offenheit (russisch: ▸ „Glasnost“) und Diskussionen über die Probleme und Missstände, die im Land herrschten. Statt Einschüchterung und Unterordnung sollte in der sowjetischen Gesellschaft mehr Meinungsfreiheit möglich sein und die Presse weniger zensiert werden. Die beiden Schlagworte „Perestroika“ und „Glasnost“ wurden bald auch für die anderen Staaten des Ostblocks zu Schlüsselbegriffen eines „neuen Denkens“ (s. S. 202f).

M 1 Michail Gorbatschow *(geb. 1931)*

Tschernobyl – Testfall für „Glasnost“. Am 26. April 1986 kam es im ukrainischen Atomkraftwerk Tschernobyl zu einem Reaktorunfall. Große Mengen Radioaktivität traten aus und richteten verheerende Umweltschäden an, nicht nur in der Sowjetunion, sondern aufgrund der Windverhältnisse auch in weiten Teilen Nord- und Westeuropas. Die Regierung versuchte zunächst in gewohnter Weise, die Katastrophe zu verheimlichen. Traditionell wurden in der Sowjetunion Informationen über Umweltkatastrophen oder große Unfälle wie Flugzeugabstürze streng geheim gehalten und kein Wort war darüber in Zeitungen, Radio oder Fernsehen zu erfahren. Die neue Offenheit ermöglichte es der Bevölkerung, zunächst über westliche Medien und erst allmählich über die eigene sowjetische Berichterstattung das wahre Ausmaß der Katastrophe zu erfahren.

Abrüstungsverträge. Die immensen Kosten für das Wettrüsten mit den USA waren für die Sowjetunion untragbar geworden. In der Außenpolitik warb Gorbatschow deshalb, zusammen mit seinem Außenminister Eduard Schewardnadse, für eine Neuordnung der internationalen Beziehungen. Bei einem Gipfeltreffen mit dem amerikanischen Präsidenten Ronald Reagan im Dezember 1987 vereinbarten die beiden Staaten die Vernichtung aller Mittelstreckenraketen in Europa und sprachen sich für ein Verbot dieser Waffen aus. Weitere Gespräche zu Rüstungsbegrenzungen, vor allem im atomaren Bereich, folgten.

Die Sowjetunion zerfällt. Gorbatschow hob 1988 die Breschnew-Doktrin auf und verkündete, dass er allen Völkern die Wahl ihres Gesellschaftssystems selbst überlassen werde. Zögerlich versuchten daraufhin die „sozialistischen Bruderstaaten“ erste eigenständige Reformversuche. Als die baltischen Republiken Estland, Lettland und Litauen die durch den Hitler-Stalin-Pakt 1939 verloren gegangene nationale Unabhängigkeit einforderten, wies die Regierung in Moskau diese Bestrebungen zunächst scharf zurück, konnte die Loslösung jedoch nicht verhindern. Im März 1990 erklärten sich Litauen, im Mai auch Estland und Lettland für unabhängig. Der Erfolg der baltischen Staaten bestärkte andere Sowjetrepubliken, ihre Unabhängigkeit zu erklären. Der Wegfall der Zentralmacht ließ aber auch gewalttätige Konflikte zwischen verschiedenen Nationalitäten vor allem im Kaukasus und in Zentralasien ausbrechen. Dort waren die Russen plötzlich Minderheiten in neuen Staaten. Die Sowjetunion löste sich zum 31. Dezember 1991 auf, Gorbatschow trat zurück. Nachfolgestaat der Sowjetunion wurde Russland – mit neuer Flagge und neuer Hymne.

M2 Die Gemeinschaft Unabhängiger Staaten. *Zwölf ehemalige Teilrepubliken der Sowjetunion schlossen sich 1991 zur „Gemeinschaft unabhängiger Staaten“ (GUS) zusammen. Mit einem gemeinsamen Markt sollten die großen wirtschaftlichen Probleme beim Übergang zur Marktwirtschaft und zur Unabhängigkeit der neuen Staaten gemildert werden. Die GUS verlor angesichts vieler ungelöster Fragen nach einem Jahrzehnt an Bedeutung.*

M3 Gorbatschows Abschiedsrede *(26. Dezember 1991)*

Da ich mich das letzte Mal als Präsident der UdSSR an Sie wende, halte ich es für unverzichtbar, meine Einschätzung der Entwicklung seit 1985 darzulegen ... In unserem Land gibt es alles im Überfluss: Land, Erdöl, Gas, Kohle, Edelmetalle und andere Bodenschätze – die Intelligenz und die Begabungen nicht gerechnet, die Gott uns mit auf den Weg gegeben hat. Und doch geht es uns schlechter als den Menschen in den entwickelten (kapitalistischen) Ländern. Im Vergleich zu ihnen kommen wir immer zu spät. Der Grund dafür war klar: Die Gesellschaft erstickte im Kommandosystem der Planung. Wir waren verdammt, der kommunistischen Ideologie zu dienen und die schwere Last der Aufrüstung zu tragen. Nun haben wir die Grenzen der Belastbarkeit erreicht. Alle Versuche, Teilreformen durchzusetzen, sind nach und nach gescheitert. Alles musste radikal verändert werden.

Auch heute bin ich noch fest davon überzeugt, dass die im Frühjahr 1985 eingeleiteten Reformen historisch richtig waren. Der Prozess der Erneuerung und der Umgestaltung war schwieriger als erwartet. Doch die Gesellschaft hat die Freiheit erlangt und sich politisch und geistig befreit. Das ist die Haupterrungenschaft. Das Schlimmste an der Krise ist der Zusammenbruch unseres Staates. Ich sorge mich, weil die Menschen die Staatsbürgerschaft eines großen Landes verloren haben.

Zitiert nach: Süddeutsche Zeitung vom 27.12.1991, S. 6.

M4 „Gorbatschow als Klavierspieler“

(Karikatur von Peter Leger, 1987)

1 Stelle anhand des Autorentextes die Gründe für das Ende der Sowjetunion zusammen.

2 Erläutere die Ziele „Perestroika“ und „Glasnost“ unter Gorbatschow. Vergleiche mit der Lagebeurteilung, die Gorbatschow in M3 gibt. Ordne diese Quelle historisch genau ein.

3 Beschreibe und kommentiere die Karikatur M4.

4 Informiere dich über das Reaktorunglück von Tschernobyl 1986 und seine Folgen bis heute.

„... keine Angst mehr“. Der Widerstand in der DDR wächst

Bürgerrechtsgruppen entstehen. Die durch die KSZE-Schlussakte ausgelösten Oppositionsbewegungen im Ostblock (s. S. 200 ff.) ergriffen auch die DDR. In den 1980er Jahren entstanden – meist unter dem Dach der Kirche – Umwelt- und Bürgerrechtsbewegungen, die u. a. das Ziel hatten, die DDR-Bevölkerung über Missstände zu informieren und dadurch der Verschleierungstaktik der staatlich gelenkten Presse entgegenzusteuern. Sie organisierten u. a. Protestaktionen und gaben alternative Zeitschriften heraus. Versuche der Stasi, durch Verhaftung von Mitarbeitern die Oppositionsgruppen zu unterdrücken, scheiterten daran, dass sie immer mehr Zulauf erhielten. Viele DDR-Bürger waren verbittert und hatten keine Angst mehr vor drohender Bestrafung. Andere versuchten, eine Ausreisebewilligung zu erhalten, um das Land so schnell wie möglich zu verlassen.

Der „große Bruder“ Sowjetunion. Bis zur Mitte der 1980er Jahre galt für die DDR-Führung die Formel „Von der Sowjetunion lernen, heißt siegen lernen!“ Nach dem Amtsantritt Michail Gorbatschows und den von ihm eingeleiteten Reformen (s. S. 206 f.) wollte die DDR-Führung von ähnlichen Forderungen nichts wissen. Im November 1988 wurde „Sputnik“, eine sowjetische Zeitschrift in deutscher Sprache, die seit 1967 Beiträge zur „Festigung der deutsch-sowjetischen Freundschaft“ veröffentlichte, wegen systemkritischer Aufsätze nicht mehr ausgeliefert. Damit trat deutlich die Unfähigkeit und fehlende Bereitschaft der DDR-Führung zutage, sich mit Reformansätzen – offen wie in der Sowjetunion – auseinanderzusetzen.

Wahlbetrug. Bei den Kommunalwahlen im Mai 1989 wurden, wie seit langem üblich, die Wahlergebnisse zugunsten der SED gefälscht. Doch diesmal protestierten Bürgerrechtler, welche die Auszählung überwacht hatten, öffentlich dagegen und legten wegen Wahlbetrugs Beschwerde ein. Auch die Berichterstattung der westlichen Medien, die in großen Teilen der DDR empfangbar waren, trug dazu bei, diesen Missbrauch offenkundig werden zu lassen. Die Behörden reagierten mit scharfen Verwarnungen und Verhaftungen. Daraufhin kam es zu weiteren Protestaktionen. Seit 1982 hatten sich in Leipzig jeden Montag nach einer Andacht in der Nicolaikirche Oppositionelle und Ausreisewillige getroffen. Zunächst waren es nur Einzelne, aber seit Mai 1989 nahm die Zahl der Demonstranten ständig zu. Die „Montagsdemonstrationen“ wurden zu einem festen Protestritual. Ähnlich den Protesten in den Ostblockstaaten forderten die Bürgerrechtsbewegungen vom Staat demokratische Reformen und Reisefreiheit.

M1 Junger Mann mit Gorbatschow-Plakat bei der 1. Mai-Demonstration in Berlin 1989

Applaus für die „chinesische Lösung“. Ein Schock für die Regimekritiker in der DDR stellte die Unterdrückung der Demokratiebewegung chinesischer Studenten Anfang Juni 1989 in Peking dar. Nach Wochen der Demonstrationen für Meinungsfreiheit und Demokratie marschierte die Armee gegen die Protestierenden auf. Dabei wurden nach Angaben von Amnesty International über 3000 Menschen getötet und über 5000 verletzt. Die DDR-Regierung applaudierte China zu dieser „Lösung“. Der Schock war so groß, dass DDR-Oppositionelle eine „chinesische Lösung“ auch in ihrem Land befürchteten. Da die Hoffnungen auf Reformen in der DDR in immer weitere Ferne rückten, versuchten viele Menschen, per Ausreiseantrag oder Fluchtversuch über Ungarn ihr Land zu verlassen.

M2 „Ich bleibe bei meinem Muster – es ist geschlossener!“ *(Karikatur von Klaus Bohle, 1987)*

M3 Protestdemonstration während eines Gottesdienstes in der Dresdner Kreuzkirche *(1988)*

Seit Ende der 1970er Jahre boten viele evangelische Geistliche oppositionellen Gruppierungen Schutz, so u. a. in der Nicolaikirche in Leipzig und in der Kreuzkirche in Dresden.

M4 Kommunalwahlen 1989

Einspruch Berliner Bürgerrechtler vom 12. Mai 1989:

Wir wollen unsere Gesellschaft konstruktiv gestalten. Darum nahmen wir in Wahrnehmung unserer staatsbürgerlichen Rechte und Pflichten an der öffentlichen Auszählung der Kommunalwahlen teil. Die in 80 von 88 Wahllokalen im Stadtbezirk Friedrichshain verkündeten Resultate lauten:

	Abgegebene Stimmen	Ungültige Stimmen	Stimmen für den Wahlvorschlag	Stimmen gegen den Wahlvorschlag
Laut Bekanntgabe der Wahlvorstände	71 704	133	66 712	4721
Laut Veröffentlichung in der Presse	85 377	113	83 653	1611

Es ergeben sich folgende schwerwiegende Differenzen:
1. Zwischen den Angaben der gültigen Stimmen gegen den Wahlvorschlag besteht ein Unterschied von 3110 Stimmen.
2. Zwischen den Angaben der ungültigen Stimmen besteht ein Unterschied von 20 Stimmen.

Hinzu kommen folgende Verstöße gegen das Wahlgesetz:
§ 30 / Abs. 1: Die Wahllokale wurden insgesamt nicht öffentlich bekannt gegeben.
§ 37 / Abs. 1: Die Öffentlichkeit wurde in mehreren Fällen von der Auszählung ausgeschlossen.
§ 38 / Abs. 2: Es erfolgte teilweise keine korrekte Auszählung und Differenzierung der abgegebenen Stimmen.
Darum fordern wir Sie auf, gemäß Wahlgesetz § 43 / Abs. 1, gegen die Gültigkeit der Wahl vom 7. Mai 1989 in Berlin bei der zuständigen Volksvertretung Einspruch zu erheben.

Zitiert nach: Bernd Lindner: Die demokratische Revolution in der DDR 1989 / 1990, Bonn (Bundeszentrale für politische Bildung) 1998, S. 29.

1 Sammle mithilfe von M1–M4 und dem Autorentext Argumente, warum der Protest in der DDR immer größer wurde.

2 Erkläre die Karikatur M2 und fasse zusammen, welche Rolle Gorbatschow für die DDR-Oppositionellen spielte (M1 und Seite 206).

3 Zeige anhand von M4 auf, inwieweit gerade der Nachweis des Wahlbetrugs als ein entscheidender Schritt für das Ende der SED und damit der DDR gelten kann.

4 Bleiben oder gehen? Lege dar, was du als Bürger der DDR 1989 getan hättest.

Die „friedliche Revolution“ im Herbst 1989

Massenaufbruch aus der DDR. Angesichts der Reformunwilligkeit der eigenen Regierung versuchten im Sommer 1989 immer mehr Menschen, das Land zu verlassen. Die Zahl der Ausreiseanträge stieg enorm an. Viele DDR-Bürger wiederum nutzten die Sommerferien in den „sozialistischen Bruderstaaten“, um in Prag, Warschau oder Budapest Zuflucht in den Botschaften der Bundesrepublik zu suchen und ihre Ausreise aus der DDR zu erzwingen. Dem damaligen bundesdeutschen Außenminister Hans-Dietrich Genscher gelang in langen Verhandlungen, dass 6000 Flüchtlinge aus der Prager Botschaft in Sonderzügen durch die DDR in die Bundesrepublik ausreisen durften. Weitere zehntausende DDR-Bürger überquerten zu Fuß die „grüne Grenze“ zwischen Ungarn und Österreich.

M1 DDR-Flüchtlinge kommen im Herbst 1989 am Bahnhof von Gießen an.

Demonstrationen gegen die SED-Herrschaft. Nach Bekanntwerden der Wahlfälschungen vom Mai 1989 (s. S. 208 f.) gab es überall in der DDR offenen Protest. Vor allem in Leipzig versammelten sich jeden Montag viele tausende Menschen, um für Versammlungs- und Reisefreiheit zu demonstrieren. Als am 7. Oktober 1989 die DDR in Berlin den 40. Jahrestag ihrer Gründung feierte, kam es neben den von der Regierung verordneten Jubeldemonstrationen zu Protestmärschen, die gewaltsam durch die Staatssicherheit und die Polizei aufgelöst wurden. Der als Ehrengast anwesende sowjetische Staats- und Parteichef Michail Gorbatschow warnte die DDR-Führung mit der berühmt gewordenen Formel „Wer zu spät kommt, den bestraft das Leben“, die Proteste zu ignorieren. Unmittelbar nach den Feierlichkeiten fand in Leipzig am Montag, dem 9. Oktober 1989, die größte Demonstration seit dem 17. Juni 1953 statt. Schon Tage vorher hatte die Staatsmacht gewarnt, an dieser Kundgebung teilzunehmen. Panzer und Bereitschaftspolizei wurden um Leipzig aufgestellt. Die Lage war äußerst angespannt. Es kursierten Gerüchte um einen „Schießbefehl“ für die Eingreiftruppen. Dass es nicht zu einem Blutvergießen kam, war der Uneinigkeit in der DDR-Führung sowie dem friedlichen Verhalten der ca. 70 000 Demonstranten zu verdanken.

M2 Montagsdemonstration in Leipzig *(9. Oktober 1989)*

Am folgenden Montag marschierten schon über 100 000 Menschen unter dem Ruf „Keine Gewalt!“ durch die Leipziger Innenstadt. Erich Honecker musste am 18. Oktober zurücktreten; sein Nachfolger wurde Egon Krenz. Doch auch der neuen SED-Führung trauten die meisten Demonstranten nicht zu, den Staat grundlegend zu reformieren. Die Rufe nach radikalen Veränderungen wurden immer lauter. Unter dem Motto „Wir sind das Volk!“ versammelten sich am 4. November in Ostberlin bereits mehr als eine halbe Million Menschen, um für Versammlungs-, Reise- und Meinungsfreiheit zu demonstrieren. Am 7. November 1989 trat die gesamte Partei- und Staatsführung der SED zurück.

M3 Entscheidende Stunden am Rande des Bürgerkriegs – der 9. Oktober 1989 in Leipzig

Ein Augenzeuge erinnert sich:

... Es galt uneingeschränkt der vom Vorsitzenden des Nationalen Verteidigungsrates, Erich Honecker, am 26. September erlassene Geheimbefehl Nr. 8/89, der im Hinblick auf zu erwartende „Krawalle“ eindeutig formulierte: „Sie sind von vorneherein zu unterbinden“ ... In Betrieben wurde davor gewarnt, nach 16 Uhr die Innenstadt zu betreten; Mütter sollten ihre Kinder bis 15 Uhr aus den Krippen und Kindergärten des Zentrums abholen ... In Krankenhäusern wurden Notbetten aufgestellt und vor allem die Chirurgischen und Intensivstationen verstärkt besetzt. Tausende von zusätzlichen Blutkonserven standen bereit ... Leipzig glich an diesem Tag einem Heerlager. Nach späteren Aussagen von Bereitschaftspolizisten war ihnen vormittags mitgeteilt worden, dass ein friedlicher Ausgang der Demonstration wenig wahrscheinlich sei und sie vorbereitet sein müssten, möglichen Gewalttätigkeiten zu begegnen. Dementsprechend trugen sie Kampfausrüstung ... Einzig die geballte Kraft der siebzigtausend angsterfüllten und dennoch nicht weichenden Menschen in der Innenstadt und auf dem Ring erzwang um 18.25 Uhr den endgültigen Rückzug der bewaffneten Einheiten.

Zitiert nach Wolfgang Schneider: Leipziger Demontagebuch, Leipzig/Weimar (Kiepenheuer) 1990, S. 7.

M4 Forderungen der Demonstranten

M5 Der Schriftsteller Stefan Heym *(1913–2001)* **auf der Berliner Protestdemonstration am 4. November 1989**

Es ist, als habe einer die Fenster aufgestoßen, nach den Jahren der Stagnation, der geistigen, wirtschaftlichen, politischen, den Jahren von Dumpfheit und Mief, von Phrasengewäsch und bürokratischer Willkür, von amtlicher Blindheit und Taubheit – welche Wandlung. Vor noch nicht vier Wochen die schön gezimmerte Tribüne hier um die Ecke (40-Jahrfeier der DDR), mit dem Vorbeimarsch, dem bestellten. Vor den Erhabenen. Und heute ihr, die ihr euch aus eigenem freien Willen versammelt habt für Freiheit und Demokratie und für einen Sozialismus, der des Namens wert ist ... Wir haben in diesen letzten Wochen unsere Sprachlosigkeit überwunden und sind jetzt dabei, den aufrechten Gang zu erlernen. Und das, Freunde, in Deutschland, wo bisher sämtliche Revolutionen danebengegangen sind ...

Stefan Heym: Einmischung. Gespräche, Reden, Essays. Ausgew. u. hrsg. von Inge Heym und Heinfried Henninger, München (Bertelsmann) 1990, S. 257.

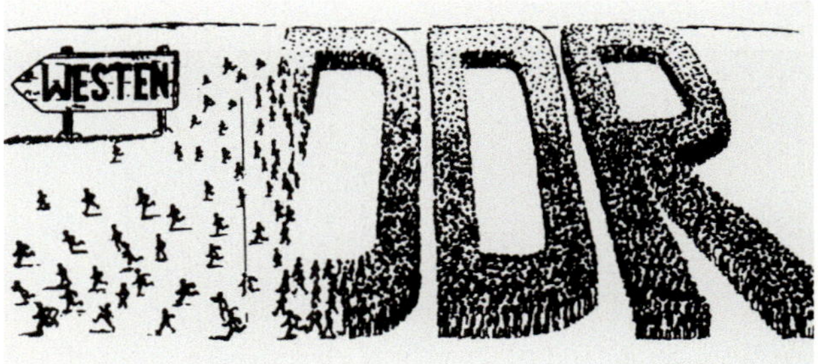

M6 Abwanderung *(Karikatur von Joachim Kohlbrenner, 11. August 1989)*

1 Stelle mithilfe der Transparente (M4) zusammen, welche politischen Forderungen die Demonstranten erhoben und mit welchen Mitteln sie diese durchsetzen wollten. Beziehe M5 mit ein.

2 Zeige anhand von M5 auf, was der DDR-Regierung zum Vorwurf gemacht wurde. Überlege, was Heym mit dem Bild des „aufrechten Ganges“ ausdrücken wollte. Nimm kritisch Stellung zu der Schlussbehauptung des Autors.

3 Zeige die Gefahrenmomente im Verlauf des 9. Oktobers 1989 in Leipzig auf (M2–M3). Überlege, was hätte passieren können.

4 Beschreibe die Karikatur M6. Mache Vorschläge, wie die Fluchtbewegung zu stoppen gewesen wäre. Welche Probleme brachte die Abwanderung für die Bundesrepublik? Beziehe M1 mit ein.

Der 9. November 1989 – der Fall der Mauer

„Mr. Gorbachev, tear down this wall!" Die Mauer in Berlin und die Grenzschutzanlagen in der DDR waren das Symbol der Teilung Deutschlands. Anlässlich seines Besuchs der 750-Jahrfeier Berlins im Jahre 1987 forderte US-Präsident Ronald Reagan den sowjetischen Regierungschef Gorbatschow auf: „Wenn Sie nach Frieden streben, wenn Sie Wohlstand für die Sowjetunion und für Osteuropa wünschen, wenn Sie die Liberalisierung wollen, dann kommen Sie hierher zu diesem Tor, Herr Gorbatschow, öffnen Sie dieses Tor, Herr Gorbatschow, reißen Sie diese Mauer nieder!" Dieser Forderung hatte wiederum der SED-Generalsekretär Erich Honecker Ende Januar 1989 entgegengehalten: „Die Mauer ... wird in fünfzig und auch in 100 Jahren noch bestehen bleiben" und fügte hinzu, „wenn die Voraussetzungen noch gegeben sind". Aufgrund der dramatischen Entwicklung der Ereignisse im weiteren Verlauf des Jahres 1989 bestanden diese Voraussetzungen nicht mehr.

Die Öffnung der innerdeutschen Grenze. Am Abend des 9. November 1989 gab Günter Schabowski, Politbüromitglied und zuständig für Informationen, auf einer internationalen und vom Fernsehen übertragenen Pressekonferenz, bekannt, dass die Grenzstellen in den Westen ab sofort geöffnet seien. Daraufhin zogen spontan einige tausende Ostberliner in Richtung Westberlin und forderten, in den Westen der Stadt gehen zu können. Den uninformierten DDR-Grenzern blieb angesichts des Massenandrangs nichts anderes übrig, als den Durchgang zu erlauben. Unbeschreibliche Freudenszenen spielten sich an allen Grenzübergängen ab. Nach über 28 Jahren war die innerdeutsche Grenze wieder für alle offen. Tagelang nutzten hunderttausende DDR-Bürger die neue Reisefreiheit zu einem Besuch im Westen. Die „friedliche Revolution" in der DDR hatte endgültig gesiegt.

M1 Vor dem Brandenburger Tor *(10. November 1989)*

Methode: Fragen – die leichteste Sache der Welt? – Zeitzeugeninterviews

Ein solches Interview kann sehr interessant sein, weil es direkten Kontakt mit Zeitzeugen und deren Erlebnissen verspricht. Neben den Sachinformationen werden oft auch persönliche Eindrücke und das persönliche Engagement für die Sache vermittelt. So kann die Bedeutung, die ein Ereignis für den Zeitzeugen hat, viel besser nachvollzogen werden. Allerdings sollte dabei berücksichtigt werden, dass manche Erinnerungen sehr persönlich sind und keineswegs einen objektiven Sachverhalt wiedergeben. Nach Jahren können Erinnerungen an Schärfe verlieren bzw. sich mit späteren Berichten und Informationen vermischen. Hier ein paar grundlegende Tipps:

1. Schritt: Vorbereitung

Bevor das Interview stattfindet, sollte der Fragesteller sich anhand von Literatur (Schulbücher, Lexika oder Fachbücher) einen ersten Überblick zu dem speziellen Thema und dem historischen Hintergrund verschaffen. Erst dann weiß er, wonach genauer gefragt werden muss. Auch ist es sinnvoll, sich vor dem Gespräch über den Interviewpartner zu informieren.

2. Schritt: Durchführung

Am Anfang der Befragung sollte sich der Interviewer seinem Gesprächspartner vorstellen und ihm den Grund für die nachfolgenden Fragen darlegen. Wichtig ist es, offene Fragen zu stellen, die den Zeitzeugen zum Erzählen anregen. Im zweiten Teil des Interviews empfiehlt es sich, konkrete Fragen – vielleicht mithilfe von vorher angefertigten Notizen – zu stellen, um noch detailliertere Informationen zu erhalten. Die Kunst ist es, einerseits den Erzählfluss nicht durch kleinschrittiges Nachfragen zu stoppen, andererseits zu verhindern, dass vom eigentlichen Thema abgekommen wird. Es darf auch nicht ausschließlich bei Anekdoten bleiben.

3. Schritt: Auswertung

Um die Informationen zu sichern, werden während des Interviews Notizen gemacht. Zusätzlich kann das Gespräch auch noch aufgezeichnet werden (Kassettenrekorder, Fotoapparat), wozu aber das Einverständnis des Interviewpartners eingeholt werden muss. In der Nachbereitung müssen die Informationen kritisch auf ihre Stimmigkeit überprüft werden (Interviewaussagen mit Sachinformationen vergleichen; überprüfen, was neu, was überzeugend war, wo sind Widersprüche und Lücken geblieben). In die Bewertung sollte miteinfließen, in welcher Weise der Erzähler mit dem geschilderten Ereignis verwoben war (als Zuschauer, selbst im Mittelpunkt stehend etc.).

Das Ergebnis dieser Arbeit kann schriftlich oder mündlich, z. B. im Rahmen eines Projekts, präsentiert werden. Der Zeitzeuge erhält eine Kopie der Ausarbeitung.

M2 Deutsch-deutsche Begegnungen an der Grenze am 9. November 1989

1 Erkläre, weshalb das DDR-Politbüro überhaupt eine Regelung der Privatreisen anstrebte.

2 Erkundige dich bei Personen (Schule, Verwandten, Nachbarn), die die Öffnung der Grenzen am 9. November 1989 miterlebt haben. Interviewe sie zu diesem Ereignis.

3 Befrage Deutsche aus Ost und West. Vergleiche, wie sie die Öffnung der Grenze erlebt haben und welche Emotionen damals herrschten (M2).

Die deutsche Einheit

„Wir sind ein Volk!“ Hatte die Parole der Demonstranten bis Oktober 1989 noch „Wir sind das Volk!“ gelautet, kamen ab November immer mehr Rufe nach der Einheit auf. Nicht mehr der Reform der DDR, wie sie von den SED-Politikern, aber auch manchen Bürgerrechtsgruppen geplant wurde, sondern dem Zusammenschluss von West und Ost galt das Hauptinteresse der meisten DDR-Bürger. Mitverantwortlich dafür war vor allem die Tatsache, dass nach dem Wegfall der Pressezensur und der Öffnung der Grenze das wahre Ausmaß des wirtschaftlichen und ökologischen Verfalls in der DDR bekannt wurde. Die anhaltend hohen Übersiedlerzahlen zwangen auch die Regierung der Bundesrepublik zum Handeln. Am 28. November 1989 erstellte der damalige Bundeskanzler Helmut Kohl, ohne Rücksprache mit den westlichen Verbündeten, ein Zehn-Punkte-Programm, in dem er umfassende Hilfe für die DDR mit politischen Forderungen zu unumkehrbaren Reformen in der DDR verband. Wie eine Wiedervereinigung aussehen könnte, stand noch nicht fest. Ziel war, eine föderative Ordnung für ganz Deutschland zu schaffen.

Die ersten freien Wahlen. Innerhalb der DDR wurden freie Wahlen für die Volkskammer angesetzt. Neben der SED, die sich im Dezember 1989 in PDS (Partei des Demokratischen Sozialismus) umbenannt hatte, bewarben sich zahlreiche andere Parteien und Gruppierungen, viele aus der Bürgerbewegung hervorgegangen bzw. Schwesterparteien der bundesdeutschen Parteien. Den Wahlsieg erlangte am 18. März 1990 die „Allianz für Deutschland“ unterstützt von der CDU-West. Sie hatte in ihrem Wahlprogramm versprochen, sich für eine baldige Wiedervereinigung einzusetzen. Ministerpräsident wurde Lothar de Maiziere (Ost-CDU).

M1 Wahlkampfveranstaltung der CDU mit Helmut Kohl in Erfurt *(20. Februar 1990)*

Der Weg zum Beitritt. Am 18. Mai 1990 wurde der Vertrag über die Schaffung einer Wirtschafts-, Währungs- und Sozialunion zwischen der Bundesrepublik und der DDR unterzeichnet. Die DDR übernahm ab dem 1. Juli 1990 große Teile der Wirtschafts- und Rechtsordnung der Bundesrepublik, die D-Mark wurde einziges Zahlungsmittel. Schulden wurden halbiert, Löhne, Renten und Mieten zum Kurs von 1:1 „umgestellt.

Der ▸ Einigungsvertrag vom 31. August 1990 legte fest, dass die DDR der Bundesrepublik gemäß Art. 23 GG beitrete und keine neue gemeinsame Verfassung erarbeitet werde. Dazu wurden die 1952 von der SED aufgelösten Länder wieder gegründet.

2+4 = 1. Allerdings bedurfte der Einigungsvertrag außenpolitischer Zustimmung. Immer noch fehlte ein Friedensvertrag nach dem Zweiten Weltkrieg und es galten alliierte Vorbehaltsrechte. Während die USA die deutsche Einheit von Anfang an unterstützten, gaben Frankreich und Großbritannien erst nach langen Verhandlungen ihre Bedenken gegen ein wiedererstarktes Deutschland auf. Die sowjetische Führung musste davon überzeugt werden, dass ein vereintes Deutschland nicht neutral, sondern Mitglied der NATO bleiben würde. Überraschend schnell akzeptierte die sowjetische Führung diese Position. Die Bundesrepublik sicherte der Sowjetunion großzügige Wirtschaftshilfe zu. Schließlich konnte am 12. September 1990 in Moskau der „Vertrag über die abschließenden Regelungen in Bezug auf Deutschland“ unter der Formel 2 (= die beiden deutschen Staaten) + 4 (= vier Siegermächte) zur deutschen Einheit (= 1) von den beiden deutschen Regierungen und den vier Siegermächten unterzeichnet werden. Damit wurde die Bundesrepublik uneingeschränkt souverän. Am 3. Oktober 1990 traten die Länder der DDR der Bundesrepublik bei. Dieser Tag wurde als „Tag der Deutschen Einheit“ gesetzlicher Feiertag.

M2 Helmut Kohls Vorschlag

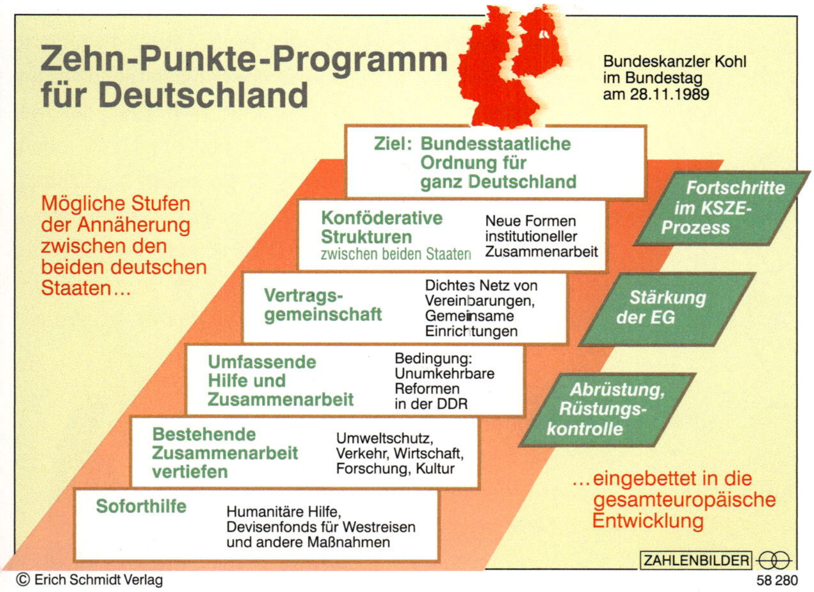

© Erich Schmidt Verlag 58 280

M4 Der 2+4-Vertrag *(12. September 1990)*

nach Zahlenbilder – Erich Schmidt Verlag

M3 Aus der Regierungserklärung von Lothar de Maiziere *(19. April 1990)*

Wir werden gefragt: Haben wir gar nichts einzubringen in die deutsche Einheit? Und wir antworten: Doch, wir haben! Wir bringen ein unser Land und unsere Menschen, wir bringen geschaffene Werte und unseren Fleiß ein, unsere Ausbildung und unsere Improvisationsgabe. Not macht erfinderisch.

Wir bringen die Erfahrung der letzten Jahrzehnte ein, die wir mit den Ländern Osteuropas gemeinsam haben. Wir bringen ein unsere Sensibilität für soziale Gerechtigkeit, für Solidarität und Toleranz ...

Wir bringen unsere bitteren und stolzen Erfahrungen an der Schwelle zwischen Anpassung und Widerstand ein. Wir bringen unsere Identität ein und unsere Würde. Unsere Identität, das ist unsere Geschichte und Kultur, unser Versagen und unsere Leistung, unsere Ideale und unsere Leiden. Unsere Würde, das ist unsere Freiheit und unser Menschenrecht auf Selbstbestimmung.

Zitiert nach: Alexander von Plato: Die Vereinigung Deutschlands – ein weltpolitisches Machtspiel, Bonn (Links) 2003, S. 312.

1 Nenne Gründe, warum die Mehrheit der DDR-Bürger keine Reform der DDR, sondern den Beitritt zur Bundesrepublik wollte (M1 und Autorentext).

2 Diskutiert sowohl das Vorgehen Helmut Kohls in Bezug auf das Zehn-Punkte-Programm als auch dessen Inhalte.

3 Zeige anhand von M3 auf, was die DDR in den Vereinigungsprozess einzubringen hatte. Überzeugen die Argumente?

4 Formuliere mit eigenen Worten die Inhalte des 2+4-Vertrags (M4).

5 Diskutiert, ob der 9. November als deutscher Nationalfeiertag passender wäre als der 3. Oktober.

Die deutsche Einheit aus der Sicht des Auslands

M1 Karikatur zur deutschen Wiedervereinigung
(Rainer Schwalme, 1992)

M2 Israel

a) „Maariv", die israelische Tageszeitung mit der zweithöchsten Auflage, schrieb:

Die Vereinigung Deutschlands kann nicht verhindert werden, aber alle, denen ihr Leben lieb ist, sollten nicht nur besorgt, sondern auch auf der Hut sein. Mit der Vereinigung Deutschlands entsteht im Herzen Europas das Vierte Reich.

Zitiert nach: www.segne-israel.de/artikel/deutschland.htm (Stand: 03/2012)

b) „Es ist das Kind, das mir Sorgen macht!" (George Bush zu Michail Gorbatschow)

M3 Frankreich

a) „Le Figaro", 1. Oktober 1990 (Franz-Olivier Giesbert):

Müssen wir Angst vor Deutschland haben? Nachdem Frankreich zu seiner Wiedervereinigung applaudiert hat, betrachtet es Deutschland mit anderen Augen ... es ist an Deutschland in Zukunft zu beweisen, dass es trotz seiner wiedergewonnenen Souveränität immer noch europäisch gesinnt ist. Es ist an Frankreich gleichzeitig zu zeigen, dass es fähig ist, die deutsche Herausforderung anzunehmen, indem es seine Energien mobilisiert ... Alle Experten kündigen an, dass die Wiedervereinigung in Kürze ein neues deutsches Wirtschaftswunder bewirkt. Aber warum nicht auch ein französisches Wirtschaftswunder? Es hängt nur von uns ab. Die Prahlerei der Deutschfeindlichen wird uns wie immer nirgendwo hinführen. Angesichts dieses Deutschlands im Werden, das wieder lernen wird mit Inflation und Arbeitslosigkeit zu leben, gibt es nur einen Weg für Frankreich, die anderen „abzuhängen": seinerseits ein für alle Mal Klassenbester zu werden.

Zitiert nach: Andrea Scheurlen: Die französische Sicht: „Rettungsanker Europa". In: Das vereinigte Deutschland in Europa, hrsg. von der Landeszentrale Baden-Württemberg, Heft 40, Stuttgart 2000, S. 6.

b) 3. Oktober 1990: (Karikatur von Jacques Bellenger Paris, November 1990)

Links der französische Präsident François Mitterand, rechts der damalige Bundeskanzler Helmut Kohl

M4 Großbritannien

a) „Sunday Times", 12. November 1989:

Die neunziger Jahre dieses Jahrhunderts werden durch zwei Ereignisse geprägt werden, die so weitreichend sind, dass sie die Gestalt der Politik, wie wir sie seit vierzig Jahren kannten, total verändern werden: Die Auflösung des sowjetischen Imperiums und die Wiedervereinigung Deutschlands werden Folgen haben, die die meisten Politiker noch nicht begriffen haben, nämlich das Ende der amerikanischen Präsenz auf dem europäischen Festland, das Ende der Sowjetunion als Supermacht und das Aufkommen eines Vierten Deutschen Reichs als Europas wirtschaftliche Supermacht. Da ist nur noch eine Frage offen, die bis jetzt niemand hierzu stellen gewagt hat: Wo bleibt dann Großbritannien?

Zitiert nach: Gerhart Maier: Die Wende in der DDR (= kontrovers), hrsg. von der Bundeszentrale für politische Bildung, Bonn 1990, S. 102.

b) „Spectator“, 24. Februar 1990:

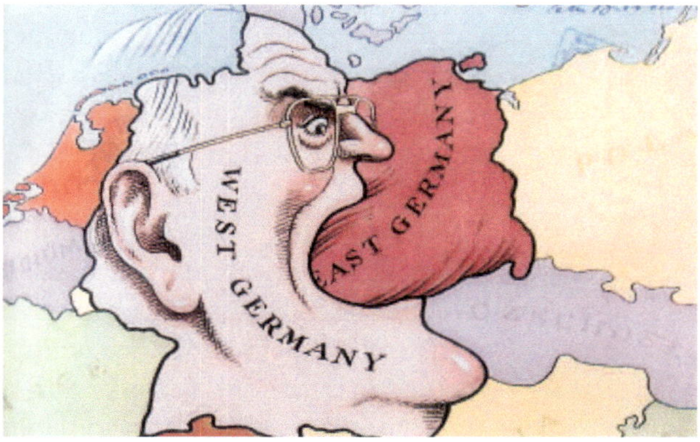

Karikatur von Peter Brookes

M5 Zitate zur Wende in Deutschland

Ich habe keine Angst vor der deutschen Wiedervereinigung. (François Mitterand, französischer Staatspräsident am 3. November 1989)

Ich versuche nicht, diesen Prozess zu beschleunigen ... Ich denke, dass es besser ist, den Dingen ihren eigenen Lauf zu lassen, ohne dass dabei gerade die Vereinigten Staaten eine Art Frist setzen.
(George Bush, US-Präsident, am 12. November 1989)

Wenn es um Deutschland geht, dann hat das jüdische Volk mitzureden; es bestehen bestimmte Gefühle, und für uns stellt dies ein schweres Problem dar.
(Yitzak Schamir, israelischer Ministerpräsident, am 12. November 1989)

Es muss von den nach dem Krieg entstandenen Realitäten ausgegangen werden, zu denen die Existenz zweier deutscher Staaten zählt.
(Michail Gorbatschow, Staatschef der UdSSR, am 9. Dezember 1989)

Wir brauchen uns vor der Vereinigung nicht zu fürchten, wenn Deutschland sich seinen Verpflichtungen den Juden gegenüber voll bewusst ist.
(Moshe Arens, israelischer Außenminister, am 13. Februar 1990)

Die Vereinigung Deutschland ist unvermeidlich geworden.
(Margaret Thatcher, britische Premierministerin, am 20. Februar 1990)

An den Deutschen liegt es, ob ihre Vereinigung zu einem willkommenen Motor der Einigung ganz Europas wird oder im Gegenteil zu deren Bremse.
(Václac Havel, tschechoslowakischer Staatspräsident, am 15. März 1990)
Zitiert nach: Maier: a. a. O., S. 101.

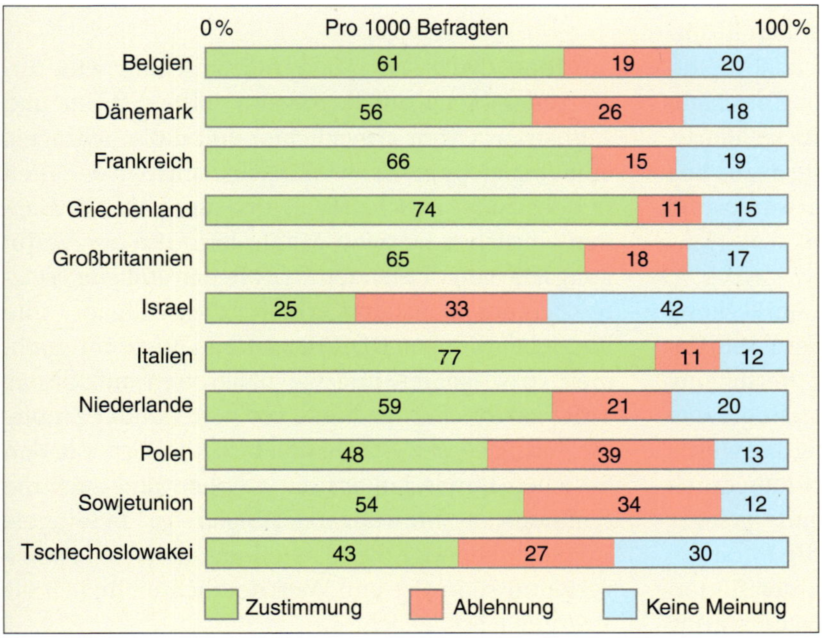

M6 „Sind Sie persönlich für oder gegen die deutsche Einheit?“
(Ergebnisse einer Befragung im Frühjahr 1990)

1 Stelle die unterschiedlichen Sichtweisen zur Wiedervereinigung fest. Beziehe dabei auch die Karikaturen und das Umfrageergebnis (M6) mit ein.
2 Nenne Länder, die sich 1990 besonders kritisch zur Wiedervereinigung äußerten und versuche, historische Hintergründe für ihre Haltungen zu geben.

„Wir sind ein Volk!" – Sind wir ein Volk?

Überzogene Erwartungen? Wurde der Einigungsvertrag am 3. Oktober 1990 noch mit großer Freude in West und Ost gefeiert, so traten bei der Verwirklichung in den Folgejahren große Probleme zutage. Die DDR-Wirtschaft war maroder als zunächst angenommen. Zudem war die Erwartung der Ostdeutschen in die Wiedervereinigung sehr groß. Eine rasche Angleichung an den Lebensstandard im Westen hatte Bundeskanzler Helmut Kohl versprochen, als er in naher Zukunft „blühende Landschaften" im Osten prophezeite. Die Einführung der D-Mark und die mit Westprodukten übervollen Läden im Osten steigerten diese Hoffnungen.

M1 „Spiegel"-Titelseite von 1995

„Rückgabe vor Entschädigung". Doch bald kamen neue Probleme hinzu. Unmut kam auf, als im Streit um Immobilien die Bundesregierung den Grundsatz „Rückgabe statt Entschädigung" beschloss. Das bedeutete, dass viele Wohnungen wieder in den Besitz von Westdeutschen gelangten, die vor Jahrzehnten aus der DDR geflohen waren und jetzt hohe Mieten von den Bürgern im Osten verlangten. Viele dieser neuen Wohnungseigentümer spekulierten zudem mit ihrem erstatteten Besitz. Nach Renovierungen kam es zu drastischen Mietererhöhungen. Der Grundsatz „Rückgabe vor Entschädigung" bezog sich aber auch auf Grundstücke, Betriebe und Betriebsbeteiligungen. Dies führte dazu, dass die Besitzverhältnisse lange umstritten waren und Investitionen deshalb verhindert wurden.

Abrechnung mit der Stasi. Auch die Aufdeckung und Bestrafung des vom SED-Regime verübten Unrechts, insbesondere die Bespitzelung, Verfolgung und Verhaftung durch die Stasi, beschäftigte die Deutschen. Erst nach der Wiedervereinigung wurde deutlich, wie dicht das Netz der Beobachtung durch die Stasi gewesen war. Nachbarn, Verwandte, ja sogar Ehepaare hatten einander als „Informelle Mitarbeiter" (IM) bespitzelt und verraten. Nach der Enttarnung der IM waren die Wut und die Enttäuschung bei vielen Bespitzelten sehr groß. Es stellte sich die Frage, ob und wie die Stasi-Mitarbeit bestraft werden sollte. Nach DDR-Recht war weder die Bespitzelung eines Bürgers durch den Staat noch das Verhalten derjenigen Grenzsoldaten strafbar, die auf Flüchtlinge geschossen hatten (s. S. 178 f.).

Wachsende Arbeitslosigkeit. Vor allem die rasch anwachsende Arbeitslosigkeit war für ehemalige DDR-Bürger ein völlig neues Phänomen. Dem Wettbewerb waren die Industrie und der Handel in den fünf neuen Bundesländern nicht gewachsen. Zudem fielen durch den Zusammenbruch des Ostblocks (s. S. 201 ff.) die bisherigen Absatzmärkte in Osteuropa fast vollständig aus. Zahlungsmittel waren jetzt westliche Währungen, vor allem Dollar und D-Mark, die die vormaligen Ostblockstaaten nicht besaßen. Die ostdeutsche Industrieproduktion schrumpfte gewaltig. Millionen von Ostdeutschen verloren ihren Arbeitsplatz, andere wanderten nach Westdeutschland ab. Dadurch verlor wiederum der Osten auf Dauer Mittel und Anreiz für Neuinvestitionen.

„Aufbau Ost". Der „Solidaritätszuschlag", eine Ergänzungsabgabe auf die Steuern, sollte den Um- und Aufbau im Osten ermöglichen und dazu beitragen, eine Angleichung an das Wirtschaftsniveau der alten Bundesländer zu schaffen. Durch diese Abgabe standen jährlich rund zehn Milliarden Euro zur Verfügung. Die von der letzten DDR-Regierung eingesetzte „Treuhandanstalt" erhielt die Aufgabe, die überlebensfähigen DDR-Betriebe an Privatunternehmen zu verkaufen und die bankrotten aufzulösen. Trotz zahlreicher nach wie vor bestehender Probleme gelang es, den Lebensstandard der Bürger in den östlichen Bundesländern zu erhöhen und auch die schlimmsten Umweltzerstörungen zu beseitigen. Dennoch benötigt die Herstellung gleicher Lebensverhältnisse in Ost und West deutlich mehr Zeit als 1990 zunächst gedacht.

M2 „Metamorphose des aufrechten Gangs“
(Karikatur von Peter Dittrich, 1990)

M3 Fünfzehn Jahre deutsche Einheit

Der evangelische Pfarrer und Bürgerrechtler Rainer Eppelmann, der als Regimegegner in der DDR jahrelang verfolgt wurde und 1989/1990 bei der Gestaltung der Einheit maßgeblich mitwirkte, erinnert sich 15 Jahre später, am 3. Oktober 2005, in einem ZDF-Interview:

Eppelmann: Fünfzehn Jahre deutsche Einheit sind fünfzehn gute Jahre für Deutschland und haben zu erheblichen Veränderungen im Leben der allermeisten Deutschen geführt.

ZDF: Wer hat denn Ihrer Meinung nach von der deutschen Einheit am meisten profitiert?

Eppelmann: Alle, weil ein Ganzes sehr viel mehr ist als zwei Hälften. Wenn sich die Deutschen in ihrem Land mittlerweile unkontrolliert bewegen können; wenn für die Heidelberger die Wartburg genauso zugänglich ist, wie für uns ehemalige DDR-Bürger; wenn wir die Loreley begaffen oder am Bodensee stehen können, ohne, dass wir uns irgendwo eine Erlaubnis holen müssen oder einen dienstlichen Stempel brauchen – dann ist das meiner Meinung nach ein ungeheurer Fortschritt, von dem alle etwas haben.

ZDF: Sehen Sie noch weitere Entwicklungen?

Eppelmann: Wenn sich die Ostdeutschen noch daran erinnern können, wie sie bis 1989 gelebt haben, wie sie sich geärgert haben, was ihnen gefehlt hat, wonach sie sich gesehnt haben; wenn sie daran denken, dass vier Millionen DDR-Bürger dieses Land verlassen haben – die größte Fluchtbewegung in Europa nach dem Zweiten Weltkrieg; und wenn sie dann ihr Leben heute sehen, werden sie feststellten, dass ein Großteil der Wünsche, die sie hatten und von denen sie meinten, die können eigentlich nie in Erfüllung gehen, inzwischen in Erfüllung gegangen sind.
Wir haben inzwischen auch gelernt, dass es nicht bloß Schönes und Gutes gibt, sondern dass Freiheit und Einheit auch ihren Preis haben. Zu diesem Preis gehört bei dem einen oder anderen Arbeitslosigkeit ... Wenn Kinder nicht mehr indoktriniert werden, nicht mehr zu den Pionieren und in die FDJ geschickt werden, weil die Eltern Angst haben, dass sie sonst keine berufliche Karriere machen können – dann freue ich mich da riesig darüber. Bei allen Schwierigkeiten hat es letztendlich nur Gewinner gegeben.

Zitiert nach: http://www.zdf.de/ZDFde/inhalt/19/0,1872,2380531_2380560_TB,00.html

■ GESCHICHTE AKTIV/KREATIV
Projektidee: „Die deutsche Einheit unter der Lupe“
Bereitet eine Podiumsdiskussion zur Frage vor, was aus der deutschen Einheit geworden ist. Überlegt zunächst, was erreicht wurde und was noch nicht, was positiv bzw. negativ war. Überlegt als nächstes, welche Vertreter – aus Ost und West natürlich – aus welchen politischen und sozialen Bereichen ihr dafür einladen würdet und sammelt für die verschiedenen Vertreter Argumente. Führt dann die Diskussion mit von euch dargestellten „Experten“ aus den Gruppen durch. Bei der Auswertung achtet besonders darauf, welche Argumentationen überzeugt haben und warum.

1 Wurden an die deutsche Einheit überzogene Erwartungen geknüpft? Trage die im Autorentext genannten Gründe zusammen und gewichte sie nach ihrer Bedeutung für die Stimmung in Deutschland nach 1990.
2 Bestimme die Perspektive der Karikatur (M2) und erörtere ihre Aussagen.
3 Stelle die Aspekte zusammen, die Eppelmann der deutschen Einheit zuschreibt (M3), und vergleiche diese mit den Ergebnissen aus M1 und M2. Überlege, welchen Argumenten du dich anschließen würdest. Begründe.

Europa auf dem Weg zur Einheit

„Vereinigte Staaten von Europa?" Nach der schrecklichen Erfahrung der zwei Weltkriege wuchs in breiten Teilen der Bevölkerung in Europa der Wunsch, nie mehr Krieg zu führen. Zugleich waren die Staaten Europas durch die Kriege geschwächt und wussten, dass sie sich nur gemeinsam gegen Weltmächte wie die USA oder die UdSSR durchsetzen konnten. Viele europäische Politiker, wie der Franzose Robert Schuman oder Konrad Adenauer in Deutschland, begrüßten die Idee des britischen Premierministers Winston Churchill, „Vereinigte Staaten von Europa" zu schaffen. Während die Staaten jenseits des „Eisernen Vorhangs" im Ostblock wirtschaftlich und politisch zusammengeklammert waren, begannen die westlichen Staaten erste Modelle zu entwickeln. 1949 wurde der Europarat gegründet. Er berät bis heute die Mitglieder zu Fragen der Demokratie und den Menschenrechten; seine Beschlüsse sind aber nicht bindend.

M 1 Die europäische Flagge
Sie wurde 1955 vom Europarat angenommen. Die Flagge zeigt 12 Sterne. Diese Zahl steht seit der Antike für Vollkommenheit und Einheit. Trotz wachsender Mitgliederzahl bleibt die Anzahl der Sterne immer gleich.

Die Montanunion. Ein erster entscheidender Schritt zur Einigung Westeuropas war der Plan des französischen Außenministers Robert Schuman (s. S. 160 f.). Er war der Überzeugung, dass der jahrhundertelange Gegensatz zwischen Frankreich und Deutschland am besten dadurch überwunden würde, indem man die gesamte französische und deutsche Kohle- und Stahlproduktion unter eine gemeinsame Behörde stellt. So müssten in dem kriegsrelevanten Wirtschaftsbereich die beiden Staaten eng zusammenarbeiten und keiner könnte den anderen mehr angreifen. Gemäß dem „Schuman-Plan" wurde die „Europäische Gemeinschaft für Kohle und Stahl" (EGKS), auch Montanunion genannt, gegründet, der sich neben Deutschland und Frankreich auch Italien, Belgien, die Niederlande und Luxemburg anschlossen. Der Grundstein einer gemeinsamen europäischen Politik war gelegt.

Die Gründung der Europäischen Wirtschaftsgemeinschaft (EWG). Bald wurde deutlich, dass nicht nur in der Schwerindustrie Zusammenarbeit nützlich sein konnte. Wollte Europa mit den USA wirtschaftlich mithalten, so war ein größerer Binnenmarkt nützlich. Zudem erschien eine gemeinsame Entwicklungsarbeit in den neuen Technologien, z. B. im Bereich Elektronik oder Atomenergie, vielversprechend für die Zukunft. So gründeten am 25. März 1957 die sechs Staaten der Montanunion in Rom die ▸ „Europäische Wirtschaftsgemeinschaft" (EWG). Der enorme Anstieg der Industrieproduktion der Mitgliedsstaaten ließ die EWG auch für andere europäische Staaten attraktiv erscheinen. Seit 1967 nannte sie sich Europäische Gemeinschaft (EG).

Die Europäische Union entsteht. Die immer größer werdende Mitgliederzahl erhöhte zwar die Konkurrenzfähigkeit Europas auf dem Weltmarkt, innerhalb der EG gab es aber viele wirtschaftliche und soziale Probleme. So war es trotz großer finanzieller Anstrengungen nicht gelungen, den Unterschied zwischen armen und reichen Mitgliedern auszugleichen. Dennoch erkannten immer mehr Bürger, dass der europäische Binnenmarkt viele Vorteile mit sich brachte: Waren aus den EG-Ländern wurden billiger, weil die Zölle wegfielen, die Wahl des Arbeitsplatzes wurde freier; Reisen ohne jegliche Formalitäten waren möglich. Während die wirtschaftliche Vereinigung rasch vorankam, entwickelte sich die politische Integration nur sehr langsam. Nach langwierigen Verhandlungen wurde in Maastricht der Vertrag über die ▸ Europäische Union (EU) geschlossen, der 1993 in Kraft trat und mit dem die Mitgliedsstaaten hoheitliche Aufgaben in der Wirtschafts- und Umweltpolitik, in der Innen- und Rechtspolitik sowie im Gesundheitswesen an die EU abtraten. Für 1999 wurde eine gemeinsame europäische Währung festgelegt und 2002 mit dem Euro in zunächst elf Mitgliedsstaaten eingeführt. Neue Staaten traten der EU bei. Sie umfasste 2007 27 Staaten mit etwa einer halben Milliarde Einwohnern.

M2 Vereinigte Staaten von Europa

Winston Churchill äußerte sich im September 1946 an der Universität Zürich:

Es gibt ein Heilmittel, das aus freien Stücken angewandt ... innerhalb weniger Jahre ganz Europa, oder wenigstens dessen größeren Teil, frei und glücklich machen könnte ... Worin besteht dieses Allheilmittel? Darin, dass man die europäische Familie, oder doch einen großen Teil davon, wiederaufrichtet und ihr eine Ordnung gibt, unter der sie in Frieden, Sicherheit und Freiheit leben kann. Wir müssen eine Art Vereinigte Staaten von Europa schaffen. Nur dann können viele hundert Millionen arbeitender Menschen sich wieder den einfachen Freuden und Hoffnungen hingeben, die das Leben lebenswert machen ... Wenn zu Anfang auch nicht alle Staaten Europas willens oder in der Lage sind, der Union beizutreten, müssen wir uns dennoch ans Werk machen, diejenigen Staaten, die es wollen und können, zusammenzufassen und zu vereinen ... Ich möchte jetzt etwas sagen, das Sie in Erstaunen setzen wird. Der erste Schritt zur Neubildung der europäischen Familie muss eine Partnerschaft Frankreichs und Deutschlands sein ... Es wird keine Erneuerung Europas geben ohne ein geistig großes Frankreich und ein geistig großes Deutschland. Wenn das Gebäude der Vereinigten Staaten von Europa gut und gewissenhaft errichtet wird, muss darin die materielle Stärke eines einzelnen Staates von untergeordneter Bedeutung sein. Kleine Staaten werden ebenso zählen wie große und sich durch ihren Beitrag zur gemeinsamen Sache Ehre erwerben ...

Zitiert nach: Rolf-Hellmut Foerster (Hrsg.): Die Idee Europa 1300–1946. Quellen zur Geschichte der politischen Einigung, München (Deutscher Taschenbuch Verlag, Nr. 134) 1963, S. 253 ff.

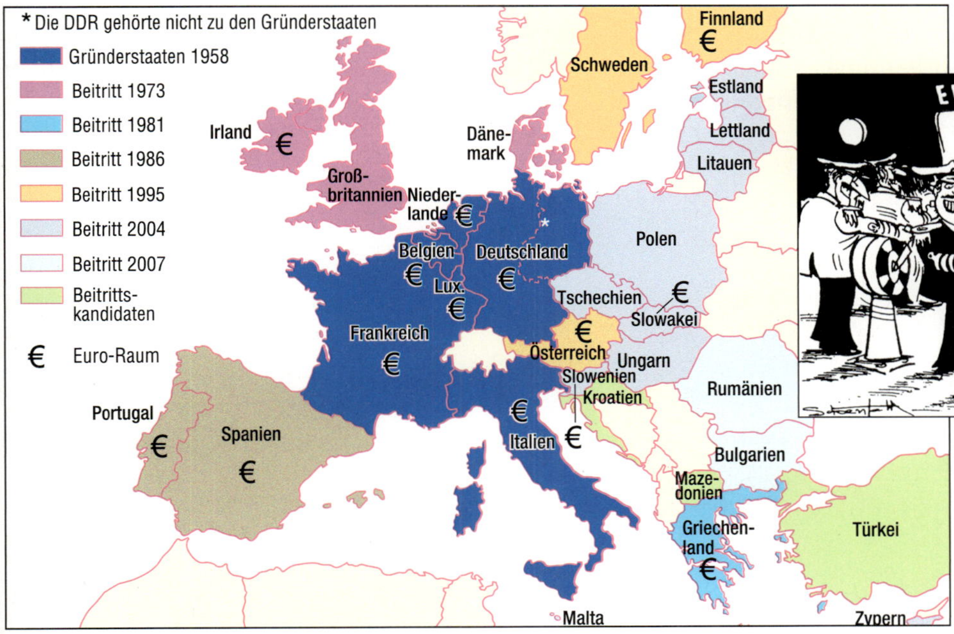

M3 Wer gehört zur Europäischen Union?

M4 „Wenn die Neuen kommen, wird es noch abwechslungsreicher."
(Karikatur von Karl-Heinz Schoenfeld, um 1994)

1 Zeige auf, welches „Heilmittel" (M2) Churchill gegen Kriege sieht. Vergleiche seine Idee mit dem „Schuman-Plan" (Autorentext und M2 auf Seite 161).

2 Beschreibe mithilfe von M3 die Entwicklung der Europäischen Gemeinschaft hin zur Europäischen Union. Beziehe den Autorentext mit ein.

3 Benenne die Probleme innerhalb der Europäischen Union, die die Karikatur (M4) verdeutlicht.

4 Das Europa-Symbol (M1) findet sich auf dem Pass, an den Kfz-Kennzeichen ... Nenne weitere Beispiele.

5 Die wesentlichen Entscheidungsträger der EU kann man im Internet unter www.europa.eu (Europaportal der EU) nachlesen. Erstelle aus diesen Materialien eine Übersichtstafel.

6 Diskutiert, ob der „Schuman-Plan" auch als Lösungsvorschlag für heutige Krisenherde und Feindschaften dienen könnte.

Die Rolle der Vereinten Nationen

Eine Finanzordnung für die ganze Welt? Im Sommer 1944 beriefen die USA eine Konferenz zur Neuordnung der zerrütteten Weltwirtschaft nach Bretton Woods (New Hampshire) ein. Auf dieser Konferenz wurde der „Internationale Währungsfond" (IWF/ UN-Sonderorganisation) gegründet, hauptsächlich mit Kapital aus den Vereinigten Staaten. Der Dollar wurde zur Leitwährung in der Welt; eine Feinunze Gold entsprach 35 Dollar. Alle anderen Währungen erhielten feste Wechselkurse zum US-Dollar. Die Beschlüsse von Bretton Woods traten nach ihrer Ratifizierung durch 28 Staaten am 27. Dezember 1945 in Kraft. Die zunächst teilnehmenden Russen traten jedoch dem Abkommen nicht bei. Das System von Bretton Woods hielt bis in die 1970er Jahre.

Die Gründung der UNO. Wenige Wochen nach der Konferenz von Bretton Woods trafen sich in Washington Vertreter der USA, Großbritanniens, Chinas und der Sowjetunion, um über eine Nachfolgeorganisation für den Völkerbund zu beraten. Im Mai 1945 tagte in San Francisco die Gründungskonferenz der „United Nations Organization" (UNO); am 26. Juni wurde die Charta der Vereinten Nationen feierlich unterzeichnet. Nach ihrer Ratifizierung durch die zunächst 49 Mitgliedsstaaten trat sie am 24. Oktober 1945 in Kraft. Ihren Sitz nahm die UNO in New York. Die Vereinten Nationen stellten sich in den ersten Jahren als eine „Siegervereinigung" dar, die sich weigerte, die ehemaligen Feindstaaten als Mitglieder aufzunehmen. Des Weiteren zeigte sich, dass ihre Arbeit zunehmend von dem schon bald nach Kriegsende einsetzenden Zerfall der Kriegskoalition zwischen den Westalliierten und der Sowjetunion belastet wurde. Das festgelegte Vetorecht der fünf Großmächte im Sicherheitsrat erschwerte die Zusammenarbeit zusätzlich, sodass auch die UNO schnell zu einem Ort der Auseinandersetzungen zwischen West-und Ostblock wurde. Diese Blockaden endeten erst nach dem Ende des Ost-West-Konflikts.

M1 Aufbau und Organisation der UNO

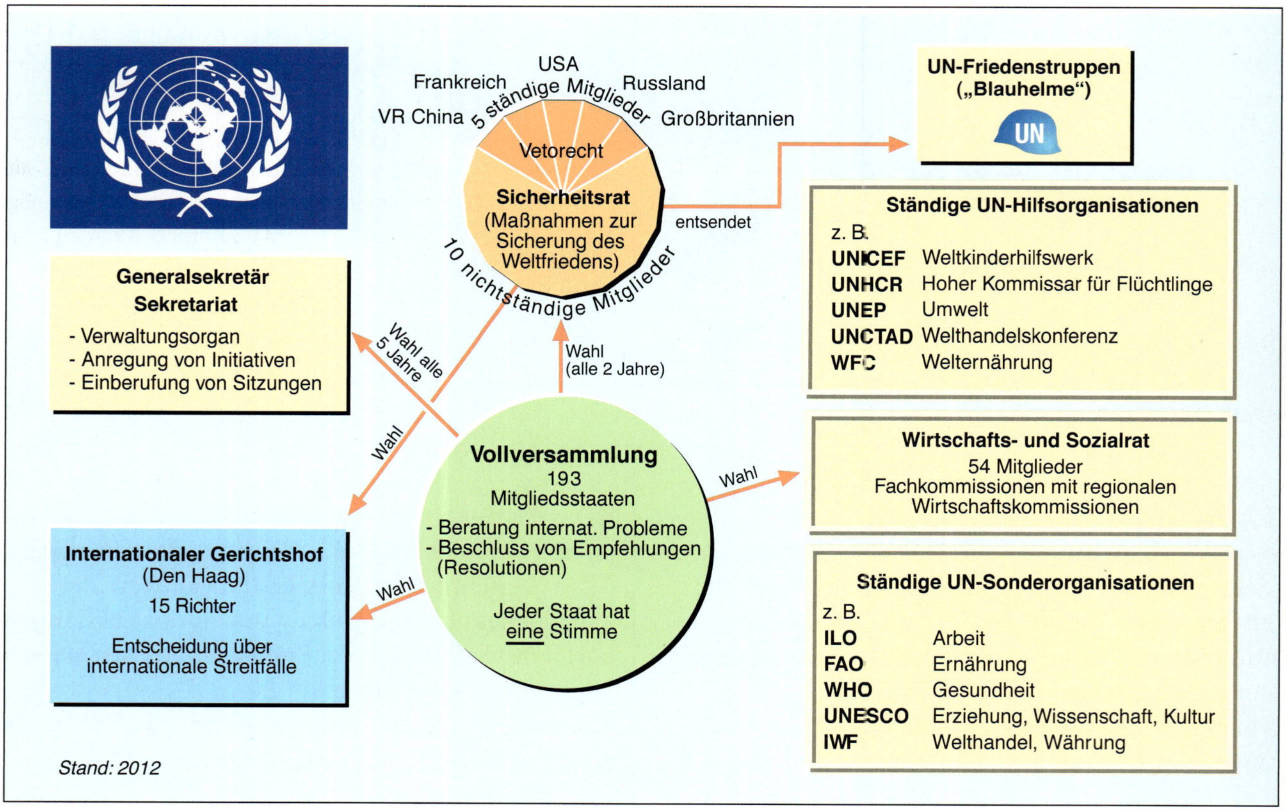

M2 „Non Violence"

Denkmal von Karl Reuterswärd auf dem Platz der Vereinten Nationen in New York

M3 Auszug aus der Charta der Vereinten Nationen
(26. Juni 1945)

Artikel 2

Die Organisation und ihre Mitglieder handeln ... nach folgenden Grundsätzen:

1. Die Organisation beruht auf dem Grundsatz der souveränen Gleichheit aller ihrer Mitglieder ...

3. Alle Mitglieder legen ihre internationalen Streitigkeiten durch friedliche Mittel so bei, dass der Weltfriede, die internationale Sicherheit und die Gerechtigkeit nicht gefährdet werden.

4. Alle Mitglieder unterlassen in ihren internationalen Beziehungen jede gegen die territoriale Unversehrtheit oder die politische Unabhängigkeit eines Staates gerichtete oder sonst mit den Zielen der Vereinten Nationen unvereinbare Androhung oder Anwendung von Gewalt.

5. Alle Mitglieder leisten den Vereinten Nationen jeglichen Beistand bei jeder Maßnahme, welche die Organisation im Einklang mit dieser Charta ergreift; sie leisten einem Staat, gegen den die Organisation Vorbeugungs- oder Zwangsmaßnahmen ergreift, keinen Beistand ...

7. Aus dieser Charta kann eine Befugnis der Vereinten Nationen zum Eingreifen in Angelegenheiten, die ihrem Wesen nach zur inneren Zuständigkeit eines Staates gehören, oder eine Verpflichtung der Mitglieder, solche Angelegenheiten einer Regelung aufgrund dieser Charta zu unterwerfen, nicht abgeleitet werden; die Anwendung von Zwangsmaßnahmen wird durch diesen Grundsatz nicht berührt.

Zitiert nach: http://www.documentarchiv.de/in/1945/un-charta.htm (10.12.2012).

M4 60 Jahre UNO

Radiokommentar von Andreas Zumach am 25. Juni 2005:

Der Zweite Weltkrieg mit seinen über 50 Millionen Toten war der Hauptantrieb für die Gründung der Organisation der Vereinten Nationen vor sechzig Jahren. „Künftige Generationen vor der Geißel des Krieges zu bewahren" ist das in der UNO-Charta formulierte Hauptziel der Weltorganisation. Gemessen an diesem Hauptziel ist die UNO – oder besser: sind ihre inzwischen 191 Mitgliedsstaaten – gescheitert. Über 250 bewaffnete Konflikte fanden in den letzten sechs Jahrzehnten statt, oftmals verbunden mit Völkermord und anderen schweren Menschenrechtsverletzungen. Doch ohne die UNO hätten viele Konflikte noch länger gedauert und noch mehr Tote und Verwundete gefordert. Ohne die UNO wäre es wahrscheinlich zu einem atomar geführten Weltkrieg gekommen. Und ohne die UNO und ihre humanitären Unterorganisationen wären in den letzten 60 Jahren hunderte Millionen Opfer von Naturkatastrophen, Hungersnöten und gewaltsamen Vertreibungen nicht versorgt worden.

Heute bedarf es einer funktionierenden Weltorganisation mindestens so dringend wie 1945. Unterentwicklung, Aids, Hunger, Umweltzerstörung, Terrorismus, Massenvernichtungswaffen und die Abhängigkeit von den sehr bald aufgebrauchten Weltölreserven – das sind heute die globalen Herausforderungen. Wir Erdbewohner werden sie – wenn überhaupt – nur bewältigen können durch vermehrte kooperative Anstrengungen im Rahmen einer durch Reformen gestärkten UNO. Vorschläge für die notwendigen Reformen hat Generalsekretär Kofi Annan auf den Tisch gelegt. Wenn die Mitgliedsstaaten diese Vorschläge jetzt nicht zügig und möglichst vollständig umsetzen, dürfte die UNO ihren 70. Geburtstag kaum mehr erleben.

Zitiert nach: http://www.wdr.de/radio/wdr2/moma/259786.phtml (Stand: 12/2008).

1 Fasse die Ziele der UNO zusammen (M3) und erkläre die Symbolik der Skulptur auf dem „Platz der Vereinten Nationen" (M2).

2 Erarbeite aus dem Schema M1 den Aufbau der UNO. Finde heraus, welche Aufgaben die UN-Organisationen UNESCO, UNICEF und FAO haben.

3 Erkläre, weshalb der Sicherheitsrat in der Zeit des Kalten Kriegs ein unzureichendes Instrument der Friedenssicherung war.

4 Schreibe aus dem Radiokommentar M4 die positiven und die negativen Bewertungen der UNO heraus. Nimm Stellung zur Schlussthese.

Deutschland im Herzen Europas wiedervereint

Wichtige Daten und Ereignisse

	Europa …
1975	*Konferenz für Sicherheit und Zusammenarbeit in Europa (KSZE)*
1980	*Streikwelle in Polen; Gründung der Gewerkschaft „Solidarność"*
1985-1991	*Michail Gorbatschow Generalsekretär der KPdSU*
1989	*„Eiserner Vorhang" zwischen Ungarn und Österreich wird durchlässig* *Revolutionen in Osteuropa*
12. Sept. 1990	*Abschluss des 2 + 4 -Vertrags*
1990/91	*Auflösung des Ostblocks* *Ende der Sowjetunion und des Warschauer Pakts*
1993	*Vertrag von Maastricht (Europäische Union)*
	… und Deutschland
1982-1998	*Christlich-liberale Koalition*
1989	*„Friedliche Revolution" in der DDR*
9. Nov.1989	*Fall der Mauer*
3. Okt. 1990	*Beitritt der fünf neuen Länder zur Bundesrepublik Deutschland*

Sicherung wichtiger Kompetenzen und Grundbegriffe

- **Eigene Dateien**
  - **Geschichte**
    - **Die Einigung Deutschlands und die europäische Integration**
      - **Methoden** AK
        - Fotos historisch auswerten
        - Zeitzeugenbefragung
      - **Fachbegriffe**
        - EWG
        - Perestroika
        - Glasnost
        - Umbruch im Ostblock
        - KSZE
        - UNO

M 1 Die „Winde der Veränderung"

Auszüge aus einer Rede des Altbundeskanzlers Willy Brandt am 10. November 1989 vor dem Rathaus Schöneberg in Berlin:

Dies ist ein schöner Tag nach einem langen Weg. Doch wir befinden uns erst an einer Zwischenstation. Wir sind noch nicht am Ende des Weges angelangt. Es liegt noch eine Menge vor uns. Die Zusammengehörigkeit der Berliner und der Deutschen überhaupt manifestiert sich auf eine bewegende, auf eine uns aufwühlende Weise, und sie tut es am bewegendsten dort, wo getrennte Familien endlich wieder ganz unverhofft und tränenvoll zusammenfinden. Mich hat auch das Bild angerührt von dem Polizisten auf unserer Seite, der 'rübergeht zu seinem Kollegen drüben und sagt: Jetzt haben wir uns so viele Wochen, vielleicht Monate auf Abstand gesehen, ich möchte Ihnen heute mal die Hand geben. Das ist die richtige Art, sich dem Problem zu nähern: Einander die Hand zu geben, nachtragend nur dort zu sein, wo es unbedingt sein muss. Es wird jetzt viel davon abhängen, ob wir uns – wir Deutsche, hüben und drüben – der geschichtlichen Situation gewachsen erweisen. Das Zusammenrücken der Deutschen, darum geht es …

Und sicher ist, dass nichts im anderen Teil Deutschlands wieder so werden wird wie es war. Die „Winde der Veränderung", die seit einiger Zeit über Europa ziehen, haben an Deutschland nicht vorbeiziehen können. Meine Überzeugung war es immer, dass die betonierte Teilung und dass die Teilung durch Stacheldraht und Todesstreifen gegen den Strom der Geschichte standen …

Denen, die heute noch so schön jung sind, und denen, die nachwachsen, kann es nicht immer leicht fallen, sich die historischen Zusammenhänge, in die wir eingebettet sind, klarzumachen. Deshalb sage ich nicht nur, dass wir bis zum Ende der Spaltung – zornig, aber auch im Gefühl der Ohnmacht habe ich im August '61 dagegen angeredet – noch einiges vor uns haben, sondern ich erinnere uns auch daran, dass das alles nicht erst am 13. August 1961 begonnen hat. Das deutsche Elend begann mit dem terroristischen Nazi-Regime und dem von ihm entfesselten Krieg. Jenem schrecklichen Krieg, der Berlin wie so viele andere deutsche und nichtdeutsche Städte in Trümmerwüsten verwandelte. Aus dem Krieg und aus der Uneinigkeit der Siegermächte erwuchs die Spaltung Europas, Deutschlands und Berlins. Jetzt erleben wir, und ich bin dem Herrgott dankbar dafür, dass ich dies miterleben darf: Die Teile Europas wachsen zusammen …

Zitiert nach: Willy Brandt: „ … was zusammengehört". Reden zu Deutschland, Bonn (Dietz Verlag) 1990, S. 37 ff.

M2 Geschichtsquiz: Was gehört zu wem?

1 Ihr habt euch im Geschichtsunterricht mit vielen Quellen beschäftigt und Methoden zur Analyse und Interpretation gelernt. Stellt an M1 historische Fragen, die ihr für wichtig erachtet, und beantwortet anschließend diese Fragen. **WK** **AK**

2 Willy Brandt wird im Zusammenhang mit dieser Rede oft der berühmt gewordene Satz zugesprochen „Jetzt wächst zusammen, was zusammengehört“. Überprüfe die Schlussbehauptung Brandts unter Beachtung dieses Zitats. **AK** **UK**

3 M2 bezieht sich auch auf die Seiten 148–197 im Geschichtsbuch. Schlage eventuell nochmals nach. Ordne alle hier vorgestellten Politiker nach:
- Bundesrepublik Deutschland oder DDR
- Regierungsjahren

Verbinde Ereignisse der Zeittafel mit den oben dargestellten Personen. **AK** **OK**

4 Ordne die Schlagworte jeweils einem der abgebildeten Politiker zu (Mehrfachzuordnung möglich). Überprüfe deine Ergebnisse mit deinem Banknachbarn. **WK** **UK**

5 Erstellt gemeinsam eine Zeitleiste zur gesamtdeutschen Nachkriegsgeschichte und füllt sie mit Fotografien wichtiger Ereignisse und Politiker. Vergesst dabei nicht, dass die beiden deutschen Staaten auch Teil des Ost-West-Konflikts und der europäischen Geschichte waren. **WK** **AK** **OK**

6 Welche der in M2 abgebildeten Politiker würdest du als große Europäer würdigen? Begründe. **UK** **OK**

Was ist und womit beschäftigt sich „Umweltgeschichte“?

Bedrohte Erde? Im Jahre 1986 erschien das Nachrichtenmagazin „Der Spiegel“ mit dem unten stehenden Titelbild eines im Wasser versinkenden Kölner Doms. Dieser Aufmacher zum Thema „Die Klima-Katastrophe“ fand breiten Widerhall in der deutschen Öffentlichkeit. Erst wenige Monate zuvor war es zur Reaktorkatastrophe von Tschernobyl gekommen (s. S. 206). Die öffentliche Meinung war höchst aufnahmebereit für neue Schreckensbilder – diesmal zu den Folgen des „Treibhaus-Effekts“. In den folgenden Jahren flossen große Geldsummen in die Forschung, um die drängenden Umweltfragen des ausgehenden 20. Jh. wissenschaftlich zu beantworten und politisches Handeln bewerten zu können. Diese Fragen betrafen vor allem die Verwendung der Ressourcen bei wachsender Weltbevölkerung, die Art der zukünftigen Energieversorgung, den Umgang mit einer Vielzahl täglich spürbarer Umweltbelastungen und die Folgen eines Klimawandels.

M1 „Spiegel“-Titelseite vom 11. August 1986

Der Kölner Dom wird durch das Ansteigen des Meeresspiegels nicht wirklich bedroht. Doch in vielen Ländern der Erde machen sich die Verantwortlichen Gedanken, wie dieser Herausforderung begegnet werden sollte.

M2 Rückgang des Grönland-Eises

Der Eispanzer über Grönland taut immer im Sommer ein Stück auf und erneuert sich im Winter. In den letzten Jahrzehnten nimmt die Dicke des Eises ab. Das linke Satellitenbild zeigt in Rot die getauten Flächen in einem „normalen“ Sommer; das rechte veranschaulicht das extreme Auftauen im Juli 2012.

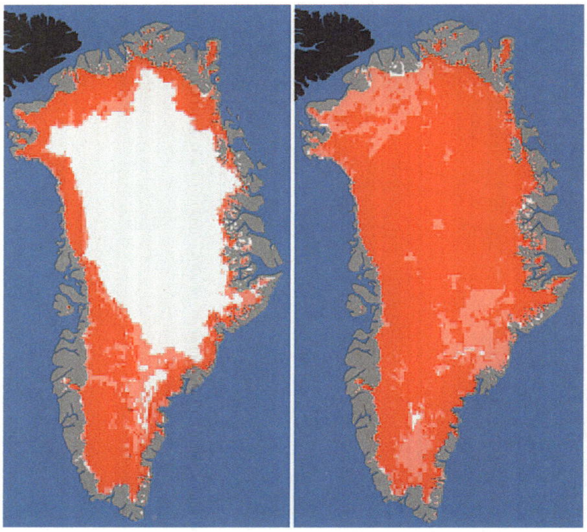

b) Ein vollständiges Schmelzen (des Grönland-Eises) sei bei einem Temperaturanstieg zwischen 0,8 bis 3,2 Grad Celsius möglich, heißt es in einer am Sonntag vom Potsdam-Institut für Klimafolgenforschung (PIK) und der Universität Madrid veröffentlichten Studie. Die internationale Gemeinschaft hatte vereinbart, den weltweiten Temperaturanstieg auf zwei Grad zu begrenzen ... Ein Abschmelzen des mehr als 3000 Meter dicken grönländischen Eispanzers gilt als eine der dramatischsten Folgen des Klimawandels, weil dies einen Anstieg des weltweiten Meeresspiegels um etliche Meter auslösen und viele dicht besiedelte Küstengebiete überfluten könnte.
Zitiert nach: hda / AFP spiegel-online vom 12. März 2012.

Was lernst du auf den folgenden Seiten?

- Welche Einstellung hatten Menschen früherer Zeiten zur Natur? WK OK
- Auf welche Weise wurden Landschaften von Menschen genutzt, verändert oder geformt? WK OK
- Welche Rolle spielten Klimaveränderungen in der Menschheitsgeschichte? WK OK
- Welche Energieträger standen Menschen früher und heute zur Verfügung? Wie wurden und werden die Ressourcen erschlossen und genutzt? WK OK UK

M3 Wie bedroht ist die Erde durch den Klimawandel?

a) Aus dem Weltentwicklungsbericht 2010:

Im vergangenen Jahrhundert haben die von Menschen gemachten Treibhausgasemissionen zu einem dramatischen Temperaturanstieg auf unserem Planeten geführt (gelb). Der für die nächsten hundert Jahre prognostizierte (vorhergesagte) Anstieg (rot) könnte die Erde im Vergleich zum vorindustriellen Temperaturstand um 5 Grad erhöhen. Jeder Einzelne, ob als Bürger oder Konsument, trägt Verantwortung für die Zukunft unserer Erde ...

Zitiert nach: Weltentwicklungsbericht 2010: Entwicklung und Klimawandel. Düsseldorf (Droste) 2010, Seite XXI. Übers. von Helga Höhlein.

b) Grafik Temperaturentwicklung aus dem Weltentwicklungsbericht:

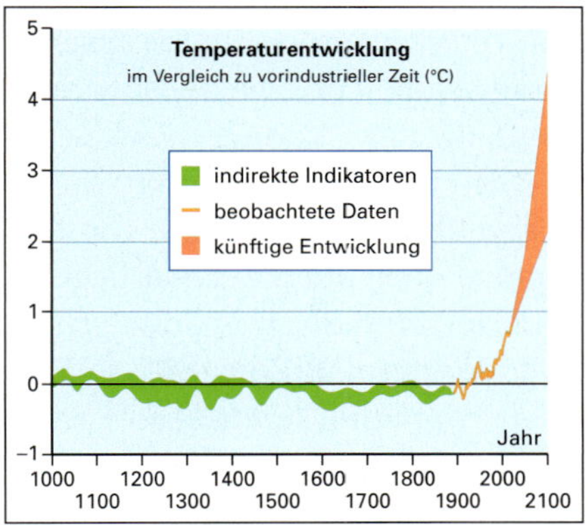

c) Der Historiker Wolfgang Behringer, 2007

Die globale Erwärmung wird einiges an Anpassung erfordern und an Veränderung bewirken. Dabei würden wir auch gerne die Gegenrechnung hören, wie viele Menschen weniger sterben, arbeitslos werden oder nicht an Krankheiten leiden, weil die Winter milder werden ... Die Erde wird sich auch dann weiter erwärmen, wenn sich alle Länder vorbildlich verhalten und die Abgase drastisch reduzieren. Dies ist vielleicht irritierend. Es ist aber eine bessere Nachricht als vergangene Prognosen über eine bevorstehende Eiszeit. Abkühlung mündete immer in schwere Erschütterungen der Gesellschaft. Erwärmung bewirkte hingegen manchmal kulturelle Blüte. Wenn wir etwas aus der Kulturgeschichte lernen können, dann dieses: Die Menschen waren wohl „Kinder der Eiszeit“ - die Zivilisation ist aber ein Produkt der Warmzeit ... Das Klima ändert sich. Das Klima hat sich immer geändert. Es ist eine Frage der Kultur, wie wir darauf reagieren ... Die Welt wird nicht untergehen.

Zitiert nach: Wolfgang Behringer: Kulturgeschichte des Klimas. Von der Eiszeit bis zur globalen Erwärmung, München (Beck) 2007, S. 286 ff.

M4 Die Themen der Umweltgeschichte

Der menschliche Einfluss auf die natürliche Umwelt hat in den letzten zwei Jahrhunderten ungeheuer zugenommen und zu einer Situation geführt, die zu Recht als die ökologische Selbstgefährdung des Menschen beschrieben worden ist. Nicht wenige Probleme haben mittlerweile beängstigende Dimensionen angenommen. Mit der globalen Erwärmung und dem Artensterben stehen weltweit umfassende Veränderungen der natürlichen Lebensgrundlagen ins Haus. Die Nutzung der Atomkraft hat der Menschheit ein Abfallproblem beschert, das weit über den Rahmen der bekannten menschlichen Geschichte herausragt. Auch weniger beachtete Themen geben Anlass zur Sorge, so etwa der Rückgang der Trinkwasserreserven, die rasant fortschreitende Desertifikation (Verwüstung) und die Erosion des landwirtschaftlichen Bodens ...

Hinter „Umwelt“ versteckt sich ein breites Spektrum von Themen: Verschmutzung von Wasser, Boden, Luft, die Ausbeutung fossiler Rohstoffe, das nachhaltige Wirtschaften in Land- und Forstwirtschaft sowie der Schutz von Arten.

Zitiert nach: Frank Uekötter: Umweltgeschichte im 19. und 20. Jh., München (Oldenbourg) 2007, S. 1.

M5 Schwimmende Häuser in Holland *(2012)*

1 Lege eine Mindmap an, mit welchen Themen sich Umweltgeschichte beschäftigt (M4 und Autorentext). Füge Ergänzungen hinzu.

2 Nenne Umwelt-Themen, die dir in anderen Fächern oder im Alltagsleben bereits begegnet sind.

3 Erläutere den Begriff „Klimawandel“ anhand der Bilder M2 und des Zeitungstextes darunter.

4 Fasse die Aussagen der Materialien in M3 zusammen und beurteile die jeweilige Aussage.

Umweltaspekte der Antike: Wasserwirtschaft, Holz und Metalle

Der Klimawandel ermöglicht Hochkulturen. In der Erdgeschichte wechselten sich Warmzeiten und Kaltzeiten immer wieder ab. Als nach der letzten Eiszeit vor etwa 12 000 Jahren der riesige Eispanzer über der Nordhälfte Europas abschmolz, stieg der Meeresspiegel stark an und neue Küstenlinien entstanden. So wurde z.B. die britische Halbinsel vom europäischen Kontinent abgetrennt. Um 6400 v. Chr. brachen gewaltige Salzwassermassen mit der Kraft hunderter Niagarafälle vom Mittelmeer aus in das damals 100 Meter niedriger gelegene Schwarze Meer ein. Die Bibel bewahrt noch die Erinnerung an diese „Sintflut“. Zwischen 6000 und 3000 v. Chr. war es in unseren Breiten sogar wärmer als heute. In der Sahara gab es große Seen, Landwirtschaft und Viehzucht waren möglich. Gegen Ende dieser Warmzeit entstanden weltweit Hochkulturen an großen Flüssen. Die Gesellschaften in diesen Hochkulturen waren hierarchisch gegliedert. An der Spitze standen Priesterkönige. Sie überwachten durch ihre Beamten die Bodenverteilung nach den Überschwemmungen der Flüsse und die Regulierung der Bewässerung. Die wichtigsten Kulturpflanzen waren das Getreide im Zweistromland und Ägypten sowie der Reis in China. Bei guten Ernten konnten Vorräte für schlechte Zeiten angelegt werden.

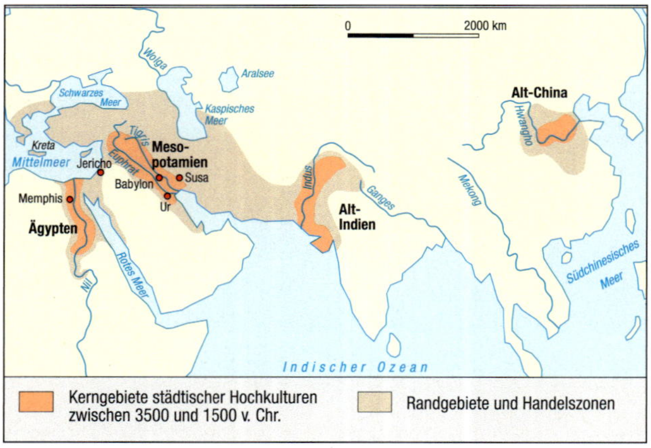

M1 Hochkulturen weltweit

Holzverbrauch. Nicht nur die Menschen der Steinzeit rodeten Wälder. Ägypter, Griechen, Römer und Chinesen hatten großen Bedarf am wichtigsten Rohstoff und Energieträger Holz. Es wurde als Brennstoff zum Erhitzen von Nahrung und Wasser genutzt. Töpfereien und Schmieden benötigten Unmengen davon. Holz war unersetzlich beim Bau von Rampen, Pyramiden und Tempeln. Für den Schiffsbau wurden große Waldgebiete abgeholzt. Auch für neues Ackerland mussten Wälder weichen. Im trockenen Mittelmeerklima wachsen Bäume nur langsam wieder nach. Ohne den Wald als Wasserspeicher werden die Böden von Regen und Wind weggetragen, dorniges Gebüsch bedeckt kahle Hänge.

Bergbau und Metallgewinnung. Geschichtsforscher haben ganze Zeitabschnitte nach bestimmten Metallen benannt, z.B. die Bronzezeit ab 2000 v. Chr. in Mitteleuropa und die Eisenzeit ab ca. 800 v. Chr. Metalle müssen meist mühsam aus dem Erdinneren gewonnen werden. Reines Eisen kommt in der Natur nur selten vor. Die Eisenanteile wurden mithilfe komplizierter Verfahren aus den Erzknollen herausgelöst. Der Schmelzpunkt von Eisen liegt bei 1528 Grad; die Schmelzpunkte von Kupfer mit 1083 Grad und Bronze mit 900 Grad liegen deutlich niedriger. Am leichtesten zu bearbeiten war die Verbindung von Kupfer und Zinn, die wie Gold und Silber auch kalt bearbeitet („getrieben“) werden konnte. Durch Sauerstoffzufuhr mittels eines Blasebalgs wurde die Hitze des Feuers so erhöht, dass aus dem Eisenerz eine breiige Masse geschmolzen werden konnte. Aus diesem Brei mussten die Verunreinigungen wie Schlacke und Holzkohlenreste ausgeschmiedet werden, ehe man das Eisen in eine Form goss. Durch wiederholtes Erhitzen im Feuer, Hämmern auf dem Amboss und Abschrecken im kalten Wasser wurde das Eisen härter und elastischer.

Raubbau an der Natur? In den Bergwerken Attikas schufteten an die 20 000 Sklaven zehn Stunden am Tag, unten ihnen auch viele Kinder. Mit starkem Feuer erhitzte man die Felswände. Durch das Abkühlen mit kaltem Wasser wurde das Gestein spröde und brüchig. Dann ließ sich das Erz herausschlagen. Bei diesen Arbeiten kam es oft zu Unfällen; Stollen stürzten zusammen und Grundwasser drang ein. Autoren der Antike beklagten, dass die Landschaft um ein Bergwerk aussehe, als habe man der Erde „die Eingeweide herausgerissen“. Ein moderner Schaufelbagger im rheinischen Braunkohlegebiet fördert jedoch an einem einzigen Tage mehr Aushub als die bedeutendsten Bergwerke der Antike in einem Jahr.

M2 Lebensspender Wasser: Der Nil

Ein Historiker 2001:

Das Wunder der Nilflut begann mit großer Regelmäßigkeit Anfang Juni ..., also zu einer Zeit, da in Europa die Flüsse sinken ... Blieb die Nilflut nur einen Meter unter der Normalhöhe, dann bedeutete das Dürre und Hungersnot. Stieg sie zu hoch an, kam es zu Dammbrüchen und Verwüstungen der Felder. Deshalb betete man für das ideale Maß von 16 Ellen (rund 7 Meter). Plinius der Ältere drückte es so aus: bei 12 Ellen Hunger, bei dreizehn Genüge, bei 14 Freude, bei fünfzehn Sicherheit, bei 16 Überfluss. Wegen der enormen Bedeutung des Wasserstandes schritt man frühzeitig zur Messung mit dem Nilometer, weil nach der Höhe der Steuersatz berechnet wurde. Beamte kontrollierten von früh bis spät die Nilometer.

Zitiert nach: Manfred Clauss: Das Alte Ägypten, Berlin (Fest) 2001, S. 17ff.

M3 Nubische Bergwerke

Der griechische Schriftsteller Diodor (1. Jh. v. Chr.) über die Bergwerke in Nubien (heute Sudan):

Die Zahl der in die Goldbergwerke verbannten Menschen ist sehr groß. Alle sind an den Füßen gefesselt und müssen Tag und Nacht ohne Unterbrechung arbeiten. Es gibt für sie kein Ausruhen und keine Möglichkeit zur Flucht ... Das durch Feuer gelockerte Gestein wird von Zehntausenden dieser Unglücklichen mit dem Brecheisen bearbeitet ... Keiner findet Nachsicht und Erholung, mag er krank, gebrechlich, alt oder eine schwache Frau sein. Alle werden durch Schläge zur Arbeit angetrieben, bis sie schließlich, von den Strapazen gebrochen, an ihren Leiden zugrunde gehen.

Zitiert nach: Diodor II, 12f. Vom Verfasser übersetzt.

1 Benenne die in M1 verzeichneten Hochkulturen. Wiederhole typische Merkmale einer Hochkultur.

2 Beschreibe die besonderen Umweltbedingungen Ägyptens mittels der Aussagen in M2. Welche Bedeutung und welche Folgen hatte die Nilflut?

3 Erläutere die im Autorentext aufgezeigten Verwendungsmöglichkeiten für Holz. Wie veränderte der Holzverbrauch die Landschaften am Mittelmeer?

4 Zähle Probleme auf, die die Menschen bei der Metallgewinnung und Bearbeitung lösen mussten (M3–M5 und Autorentext).

5 Wie gingen antike Bergbauunternehmer mit Menschen und Natur um (M3–M5)? Diskutiert ihr Verhalten und stellt moderne „Umweltsünden" gegenüber.

M4 Sklavenarbeit in einem griechischen Bergwerk nach Ausgrabungsfunden

M5 Plinius über den Bergbau im Römischen Reich:

Aus der 37 Bände umfassenden Naturgeschichte des römischen Schriftstellers Plinius der Ältere (ca. 24 – 79 n. Chr.):

Nachdem man Stollen über weite Strecken getrieben hat, höhlt man Berge unter Lampenlicht aus ... Viele Monate sieht man die Tageshelle nicht. Risse senken sich plötzlich und verschütten die Arbeiter. Um so viel gefahrvoller haben wir die Erde gemacht! Man lässt deshalb häufig Gewölbebögen stehen, um die Berge zu stützen. Bei diesen Bauarten trifft man auf Felsen, diese zersprengt man mit Feuer und Essig, öfter aber, da diese Arbeitsweise in den Stollen durch Dampf und Rauch zum Ersticken führt, zerschlägt man sie mit Sprenghämmern, die mit Eisen versehen sind, und schafft die Felsbrocken bei Nacht und Tag auf den Schultern hinaus ... Nach vollendeter Arbeit schlägt man die Stützen der Bögen, beim entferntesten beginnend, weg. Das erste Zeichen gibt eine Spalte, und diese bemerkt ein auf dem Gipfel stehender Wächter. Dieser lässt mit Stimme und Winken die Arbeiter herausrufen und eilt selbst gleich vom Berge herab. Der zerbrochene Berg fällt weithin auseinander mit einem Krachen, das vom menschlichen Sinn nicht erfasst werden kann ... Als Sieger blicken die Bergleute auf den Einsturz der Natur.

Plinius: Historia naturalis XXXIII, 70 – 73. Zitiert nach: Naturkunde, hrsg. und übers. von Roderich König und Gerhard Winkler, Zürich (Artemis & Winkler) 1984, S. 56f.

Das „warme" Mittelalter: Aufbruch in Europa

Vom Altertum zum Mittelalter. Unter Mittelalter verstehen wir die Jahrhunderte zwischen 500 bis 1500. Um 500 waren die großen Reiche des Altertums in Europa und Asien, Rom und China, untergegangen. Ohne funktionierende Verwaltungen war das frühe Mittelalter bis zum 8. Jh. in Europa eine Epoche des wirtschaftlichen und technischen Verfalls im Vergleich zur Römerzeit. Die Pestepidemien des 6. Jh. rafften einen großen Teil der Bevölkerung hinweg. Vulkanausbrüche im 7. Jahrhundert verdunkelten über Monate das Sonnenlicht – das Korn und andere Feldfrüchte reiften nicht mehr richtig.

Klima und Landschaft. Diese lebensfeindlichen Bedingungen änderten sich allmählich ab dem 9. Jh. Mit den Karolingern und Kaiser Karl dem Großen entstanden wieder staatliche Verwaltungen. Die Zeit des Hochmittelalters im 11. und 12. Jh. gilt als „Aufbruchsepoche" Europas.

Zwischen 1000 und 1300 war es in Europa und Nordasien durchschnittlich ein bis zwei Grad wärmer als zu unserer heutigen Zeit, im hohen Norden Europas sogar um vier Grad. Da die Schiffroute ganzjährig eisfrei blieb, konnten die Wikinger bis nach Grönland fahren und sich auf der Insel niederlassen. Von dort aus erfolgte die erste Besiedlung Nordamerikas („Vinland") durch Wikinger. Erst in der „Kleinen Eiszeit" der Frühen Neuzeit wurde Grönland von den Wikingern aufgegeben. Sie hielten an ihrer bäuerlichen Lebensweise fest, trugen Stoffkleidung und legten keinen großen Wert auf Fischfang und Robbenjagd. So rückten bald von Norden die in Pelze gekleideten und an den Dauerfrost gewöhnten Nomadenvölker der Inuit (Eskimos) an die Stelle der Wikinger.

Die Fortschritte der europäischen Warmzeit. Die Warmzeit des Hochmittelalters war in der Rückschau für große Teile Europas eine Phase des Aufbruchs: Neue landwirtschaftliche Geräte wie Schubkarren, der Räderpflug und die Lastkarren mit beweglicher Deichsel wurden erfunden. Der ledergepolsterte Halsreifen für Pferde (Kummet) erlaubte das Ziehen schwerer Lasten. Die Dreifelderwirtschaft führte zu deutlich höheren Ernteerträgen. Die Anbaufläche wurde weit in den vormals unwirtlichen Norden ausgedehnt: Getreide wuchs nun bis in die Mitte Norwegens, Wein bis zur Ostsee und in England. Auch in China konnte die landwirtschaftliche Nutzfläche um 300–500 Kilometer weiter nach Norden ausgedehnt werden.

Die Landschaft wurde durch die großen Waldrodungen stark verändert. Die Waldfläche in Mitteleuropa ging von 90 % auf rund 20 % zurück – heute beträgt sie in Deutschland rund 30 %.

M1 Energieträger Windmühle *(Buchmalerei von Jehan de Grlse, um 1350)* *Im 11. und 12. Jh. entstanden überall in Europa Wasser- und Windmühlen. Die erzeugte Energie wurde zum Drehen, Zerstampfen, Mahlen, Filtern, Pumpen oder Schmieden verwendet.*

M2 Klimadiagramm *(durchschnittliche Temperaturabweichungen pro Jahrzehnt in °C)*

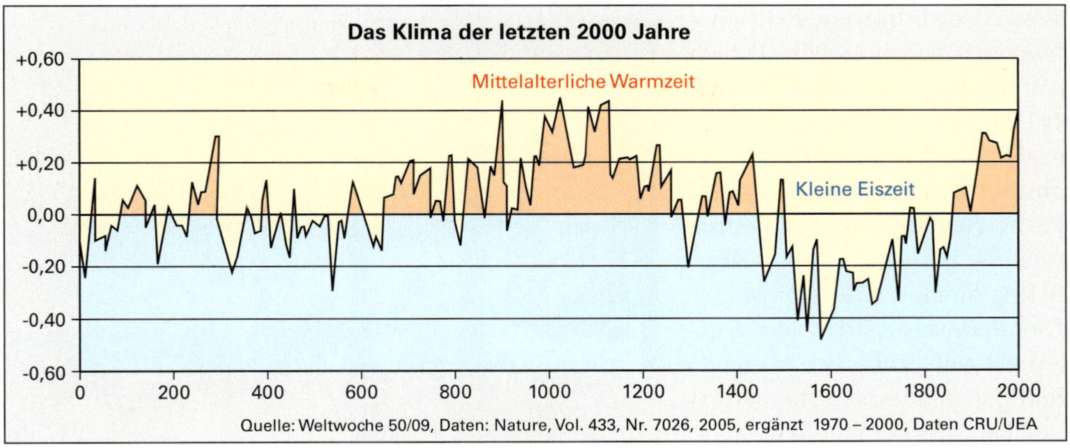

M3 Bevölkerungsentwicklung im Mittelalter

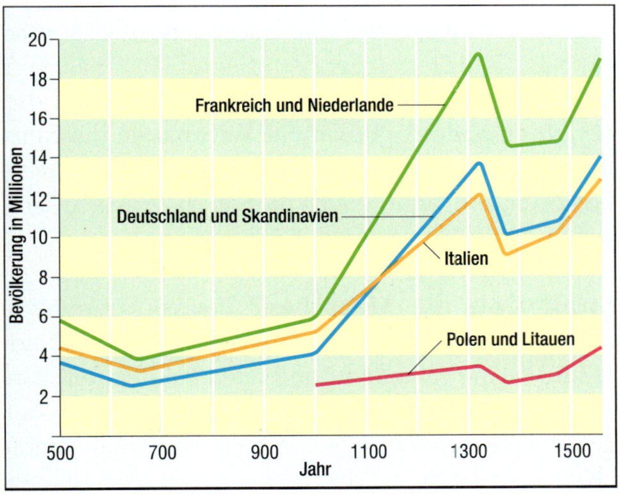

1 Erkläre anhand von M2 die Klimaentwicklung in Europa zwischen 1000 und 2000. Wann war es besonders warm und wann besonders kalt? Erläutere die Fachbegriffe „Wärmeoptimum des Mittelalters" und „Kleine Eiszeit" der Frühen Neuzeit.

2 Nenne die Folgen der mittelalterlichen Warmzeit für Europa (M2, M3 und Autorentext).

3 Erkläre und beurteile die jeweilige Waldnutzung in M4.

4 Am Ende des Mittelalters versuchten Adlige, den Bauern die Waldnutzung zu verbieten. Entwerft und spielt ein Streitgespräch zwischen entrüsteten Bauern und auf ihren Besitz pochenden Adligen.

5 Beurteile die Bedeutung von Wasser- und Windmühlen (M1) für den Arbeitsalltag der Menschen im Mittelalter.

M4 Schweinefütterung im Wald *(Buchmalerei aus dem Stundenbuch des Herzogs Jean de Berry, ausgestaltet von den Brüdern Paul und Jean von Limburg, um 1413)*

Im Mittelalter gab es kein Eigentum an Wald. So wurden Schweine regelmäßig zur Fütterung in Eichenwälder getrieben und Brennholz nach Belieben geschlagen.

6 Wiederhole und erläutere die Bedeutung der im Text genannten Erfindungen und Techniken des Hochmittelalters.

Die „Kleine Eiszeit“ in der Frühen Neuzeit

M1 Pieter Brueghel der Ältere: Die Rückkehr der Jäger oder Die Jäger im Schnee *(1565)*

Vom Mittelalter zur Frühen Neuzeit. Die mittelalterliche Aufbruchsepoche endete im 14. Jahrhundert, als ungünstigere Witterungsbedingungen ab 1315 und eine verheerende Pestepidemie (1349–1352) einsetzten. In China nahm die Pestepidemie ihren Anfang. Die Reiterheere der Mongolen, die zur Eroberung Chinas und der islamischen Welt aufbrachen, verbreiteten die Seuche ebenso wie die Karawanen längs der Seidenstraße bis ans Schwarze Meer. Von dort brachten die Besatzung italienischer Handelsschiffe die Pest nach Südeuropa. Rund ein Drittel der europäischen Bevölkerung starb an der Seuche; nur wenige Gegenden blieben davon verschont. Die Überlebenden der Pest hatten in der Folgezeit Wohnraum, Felder und Gerätschaften im Überfluss. Um 1500 begann die Epoche der Frühen Neuzeit mit neuen Wirtschaftsformen in den italienischen Handelsstädten, den Entdeckungsfahrten der Spanier und Portugiesen und der Reformation in Deutschland.

Eine lange Kälteperiode. Eine weltweite Abkühlung zwischen 1520 und 1860 wird von heutigen Klimaforschern die „Kleine Eiszeit“ genannt (s. S. 231/M2). Die Ursachen sind vermutlich im Zusammenspiel verschiedenster Gründe zu sehen. Dazu zählen eine verringerte Strahlungskraft der Sonne und verheerende Vulkanausbrüche. Die Verschlechterung der Großwetterlage bedeutete eine Verkürzung der Wachstumsperioden in der Landwirtschaft. Das ohnehin geringe Angebot an Lebensmitteln wurde immer knapper. Jede vierte Siedlung in Deutschland musste wegen des kühleren Wetters aufgegeben werden. Das betraf vor allem die bergigen Gegenden, wo die Anbaugrenze für Getreide um 200 Höhenmeter sank.
In der Rhön und im hessischen Bergland verschwanden so zwei Drittel aller Dörfer aus der Rodungszeit des Hochmittelalters – die Waldgebiete nahmen wieder zu. In anderen Teilen der Welt hatten die Jahrhunderte der „Kleinen Eiszeit“ noch dramatischere Folgen. So z. B. breitete sich die Sahara-Wüste mehrere hundert Kilometer nach Süden aus.

Straft Gott die Menschen? Hunger, Teuerung, Krankheiten und damals unerklärliche Naturphänomene wie die gehäuft auftretenden Polarlichter wurden interpretiert als Zeichen der Strafe Gottes oder als bevorstehendes Ende, der Welt. Die Kirche musste eine Antwort auf das Elend geben. Auf offener Straße geißelten sich die Menschen bei Bußprozessionen und erbaten ein Ende der „Strafen“. Viele heute noch existierende Wallfahrten gehen auf die „Kleine Eiszeit“ zurück. Die Verehrung von Marienbildern und Märtyrern war nach protestantischer Lehre nicht mehr erlaubt. Daher wurde der Karfreitag in jener Zeit zum bedeutendsten protestantischen Bußtag.
Die Suche nach Schuldigen gipfelte in der Ermordung von rund 50 000 Frauen und Männer als „Hexen“. Besonders auffällig für diese Epoche war der Wandel der Einstellung zu Nacktheit und Sexualität. So wurden die im Mittelalter üblichen Badehäuser ohne Geschlechtertrennung geschlossen, ebenso alle Bordelle. Heutige Forscher haben herausgefunden, dass in Hungerjahren die Anzeigen und Strafen wegen angeblicher Sexualdelikte rasant anstiegen.

M2 Auswirkungen der „Kleinen Eiszeit" auf die Landwirtschaft. *Modell des Klimaforschers Christian Pfister (1988)*

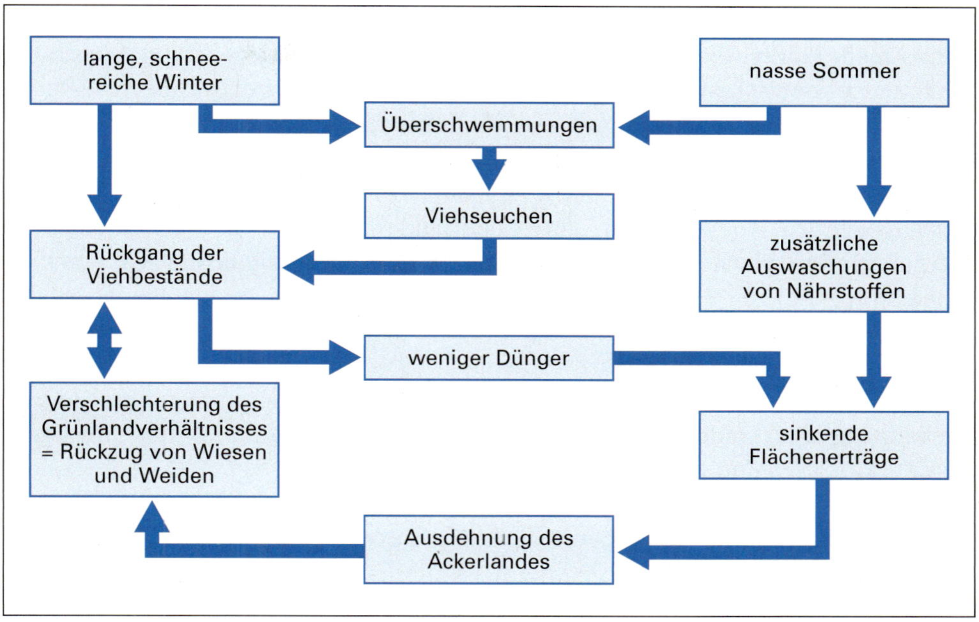

M3 Die Hexenverfolgungen

Der Historiker Wolfgang Behringer, 2007:

Hexen waren etwas völlig anderes als heilkundige weise Frauen oder Zauberer. Ihnen wurden Fähigkeiten angedichtet, die man im Volksglauben den Feen zugeschrieben hatte: Sie konnten durch Ritzen und Schlüssellöcher in Häuser eindringen, sie konnten in die Keller fahren und die Weinfässer austrinken, ohne dass ein Verlust an Wein feststellbar war. Sie konnten Tiere aufessen und sie hinterher wieder zusammenbauen, dass man keinen Unterschied feststellen konnte. Sie konnten Liebe verursachen, Gestohlenes und Verlorenes wiederfinden und heilen, doch das war nach christlicher Lehre nur Betrug, denn sie waren ja mit dem Bösen vertraglich und fleischlich im Bunde. Ihre vornehmste Aufgabe war es, Schaden zu stiften. In Wirklichkeit verdarben sie den Wein und die Tiere, verursachten Krankheit und Zwietracht, sie töteten und aßen Kinder und sie riefen Impotenz und Unfruchtbarkeit bei Frauen, Tieren und Feldern hervor ... Das Problem mit den Hexen war, dass sie ihre Verbrechen im Geheimen ausübten und eine Schuld kaum beweisbar war. Deshalb nahm die Folter bei den Hexenprozessen eine zentrale Rolle ein.

Zitiert nach: Wolfgang Behringer: Kulturgeschichte des Klimas, a. a. O., S. 174 f.

M4 Wölfe kommen aus den Wäldern und greifen Menschen an *(Illustration der Schneekatastrophe des Züricher Bürgers Johann Jakob Wiek, 1570/71)*

1 Erläutere das Schema Pfisters (M1), indem du einen zusammenhängenden Text formulierst.

2 Das Gemälde M1 ist Teil einer Serie von Monatsbildern Brueghels. Es gilt als das erste „Schneebild" der europäischen Kunstgeschichte. Beschreibe die Landschaft aus dem Blickwinkel der zurückkehrenden Jäger. Welchen Eindruck macht das Bild auf dich?

3 Lege dar, wie die Menschen der Frühen Neuzeit auf die schwierige Situation von Hunger, Krankheit und unerklärlichen Klimaveränderungen reagierten.

4 Beschreibe das Bild M4. Stelle Vermutungen an, welche Absichten der Zeichner damit verfolgte.

Umweltaspekte des 19. Jahrhunderts

Mehr Flächen – höhere Erträge. Im 19. Jh. wurden immer mehr landwirtschaftlich nutzbare Flächen erschlossen. In Deutschland gelang die Ausweitung der Ackerflächen durch Trockenlegung von Mooren und Sümpfen, z.B. dem Oderbruch. Zahlreiche Flüsse wurden begradigt und die Uferzonen zu Feldern. In Küstengegenden, vor allem in den Niederlanden, wurden riesige Flächen, die teilweise unter dem Meeresspiegel liegen, trockengelegt. Die Ernteerträge konnten durch Erfindungen der Chemie, wie den Kunstdünger, erheblich gesteigert werden.

Besiedlung der „freien Räume“. Forschungsreisende erkundeten und vermaßen die letzten „weißen Flecken“ auf der Weltkarte. Nur die tropischen Regenwälder und die Tiefsee blieben unbekannt. Europäische Siedler drangen in den „Wilden Westen“ der USA, in den Süden Afrikas und nach Australien vor. Sibirien wurde von Russen besiedelt. Dabei wurden viele Naturvölker in Randgebiete oder Reservate abgedrängt oder ausgerottet. Erst Ende des 20. Jh. erkannten die Regierungen Kanadas, der USA, Australiens und Neuseelands Rechtsansprüche der Nachfahren an und entschuldigten sich.

Tiere werden schützenswert. Ab den 1820er Jahren entstanden erste Bewegungen für den Schutz von Tieren. Spektakuläres Opfer von Entwaldung und Jagdeifer war im 19. Jh. das Großwild in Afrika, Asien und Nordamerika. So starben z.B. in Afrika in den 1860er Jahren jährlich 60 000 Elefanten, um die Nachfrage nach Elfenbein zu decken. Die Bisons in Nordamerika wurden von 4,5 Millionen auf wenige tausend Tiere dezimiert; die Tiger in Asien nahezu ausgerottet. Der Walfang galt noch bis in die 1960er Jahre als globales Geschäft um Öle und Fischbein, bis dann einige Walarten fast ausgerottet waren.

Wird das Holz knapp? Bis ins 19. Jh. blieben alle Gesellschaften der Welt auf Holz als wichtigsten Energieträger angewiesen. Angesichts des gewaltigen Holzbedarfs für privates Heizen und Bauen sowie für die Bedürfnisse von Industrie, Schiff- und Eisenbahnbau schritt die Entwaldung weiter voran. Der verschwenderischste Umgang mit Wald fand in Brasilien statt: Dort wurden riesige Flächen für den Anbau der aus Afrika importierten Kaffeepflanzen gerodet. Die erschöpften Böden wurden bald wieder aufgegeben und durch neue Rodungsflächen ersetzt. Bis heute dauert die Vernichtung des größten Regenwaldes an.
In Deutschland entstanden in der 1. Hälfte des 19. Jh. zahlreiche Gesetze, die das Schlagen von Holz und die freie Waldnutzung einschränkten. Die Sorge der Zeitgenossen vor einer völligen Entwaldung und einer „Holznot“ war groß. Aus heutiger Sicht erwies sich die Angst aber als übertrieben. Forstwissenschaftler kümmerten sich um die Durchsetzung von Programmen zur langfristigen Aufforstung und um einen besseren Umgang mit der Ressource Holz.

M1 Tecklenburger-Schiffswerft in Bremerhaven
(Foto, Ende 19. Jh.)

Der neue Energieträger Steinkohle. Kohle als Ersatz für Holz setzte sich zunächst im holzarmen England durch, wo die Dampfmaschine erfunden wurde und vielfach zum Einsatz kam. Die Wege vom Bergwerk zum Verbraucher waren kurz und der Transport über ein Netz von Kanälen billig. Mit der Kohlenutzung begann der Aufstieg des „Westens“ und Japans zu Industriemächten. Am Ende des 19. Jh. kamen Erdöl und Wasserkraft als neue Energielieferanten. Dennoch blieben vor allem auf dem Lande die Arbeitskraft von Tieren vorherrschend: Pferde, Esel, Maultiere, Ochsen und Kamele waren aus dem Alltag nicht wegzudenken.

M2 Floß auf dem Rhein *(Stich von 1780). Diese Flöße konnten 300 Meter lang und 50 Meter breit werden. Auf mehreren Lagen Holz „wohnte" die Besatzung von 500 bis 600 Flößern. Der Verkauf des gesamten Holzes in Holland konnte mehrere Monate bis zu zwei Jahren in Anspruch nehmen.*

M3 Holzeinschlag und Flößerei im Schwarzwald

Aus dem Märchen „Das kalte Herz" von Wilhelm Hauff, 1827:

Sie handeln mit ihrem Wald, sie fällen und bebauen ihre Tannen, flößen sie durch die Nagold in den Neckar und von dem obern Neckar den Rhein hinab, bis weit hinein nach Holland, und am Meer kennt man die Schwarzwälder und ihre langen Flöße; sie halten an jeder Stadt, die am Strom liegt an und erwarten mit Stolz, ob man ihnen Balken und Bretter abkaufen werde; ihre längsten Balken aber verhandeln sie um schweres Geld an die Mynheers (Holländer), welche Schiffe daraus bauen.

Diese Menschen nun sind an ein raues, wanderndes Leben gewöhnt. Ihr Freude ist, auf ihrem Floß die Ströme hinab zu fahren, ihr Leid, am Ufer wieder heraufzuwandeln ... Sie tragen Wämser von dunkler Leinwand, einen handbreiten, grünen Hosenträger über die breite Brust, Beinkleider von schwarzem Leder, aus deren Tasche ein Zollstab von Messing wie ein Ehrenzeichen herausschaut ...

Zitiert nach: Wilhelm Hauff: Das kalte Herz und andere Märchen, Stuttgart (= Reclam Nr. 6706) 1993, S. 3 f.

M4 Kohle oder Holz?

Der Historiker Christof Dipper, 1991:

Die im Vergleich zu Deutschland viel frühere englische Energiekrise, die sich bereits seit dem 17. Jh. abzeichnete, war der Nährboden für bahnbrechende Erfindungen ... So zeigt gerade die relative Rückständigkeit Deutschlands im Industrialisierungsprozess den anhaltenden Reichtum des traditionellen Energieträgers Holz an: 1850 wurden noch 75 % der deutsche Hochofenproduktion mit Hilfe von Holzkohle hergestellt. Erst die im Zeitalter der Eisenbahn einsetzende Verbilligung der Steinkohle und die gleichzeitige Teuerung des Holzes bewirkten den Übergang auf Kohle, vor allem in der Eisenindustrie und im Hausbrand (Heizung). Nunmehr wurden die apokalyptischen Ängste von Holznot überwunden.

Zitiert nach: Christof Dipper: Deutsche Geschichte 1648 - 1789, Frankfurt (= suhrkamp TB), 1991, S. 40.

1 Fasse zusammen, warum der Hunger in vielen Teilen Europas Ende des 19. Jh. als besiegt galt (Autorentext).

2 Erkläre, warum sich der Energieträger Kohle in England und Deutschland zu unterschiedlichen Zeitpunkten durchsetzte (M4 und Autorentext).

3 Erläutere die Bedeutung der Ressource Holz im 19. Jh. (M1–M3). Stelle Vermutungen an, warum das Thema Holz Gegenstand in einem berühmten Märchen (M3) ist. Stelle den Inhalt des Märchens vor.

4 Beurteile, ob die Themen Tierschutz und Siedlungsbewegungen (Autorentext) auf eine Seite zur „Umweltgeschichte" gehören.

5 Finde heraus, wie es heute um den Schutz der Wale steht.

Ressourcenverschwendung der Konsumgesellschaft im 20. Jahrhundert

Anhaltender Wandel der Landwirtschaft. In der ersten Hälfte des 20. Jh. wurden in den industrialisierten Ländern Europas die Ackerflächen um rund 30 % ausgeweitet. Traktoren ersetzten allmählich die Zugtiere. Daher benötigten Bauern immer weniger Weideland für die Versorgung der Tiere mit Futter. Der Verbrauch von chemischen Hilfsmitteln wie Pestiziden und Kunstdünger stieg dramatisch an. Durch die Mechanisierung wurde die Landwirtschaft zum Energie fressenden Wirtschaftszweig – zuvor hatte sie mehr Energie produziert als verbraucht. Auch die Tierhaltung veränderte sich: Immer mehr Tiere wurden in oft viel zu kleine Ställe gesperrt.

Rauchplage und Feinstaub. Die Umstellung auf den Energieträger Kohle bei privater Heizung und in der Industrie im späten 19. Jh. führte zu ständig steigenden Luftbelastungen durch Ruß und Rauchgase. Oft blieben die Städte tagelang in eine übel riechende Dunstglocke gehüllt. Der Flugascheregen erreichte im Ruhrgebiet im Jahre 1928 ein solches Ausmaß, dass schon in der Weimarer Republik unter Androhung von Betriebsschließungen erstmals Abgasfilter entwickelt und eingebaut wurden. Nun waren nicht mehr nur die Klagen der Opfer Motor der Bewegung für bessere Luft, sondern auch die Geschäftsinteressen von Vertretern der neuen Umwelttechnologie. Schadstoffemissionen und Feinstaub belasten bis heute die Umwelt. Katalysatoren und Plaketten für das Befahren der Innenstädte lösen das Problem bislang nur unvollkommen.

Ressourcen des 20. Jh.: Öl, Gas und Atomkraft. Nach dem Zweiten Weltkrieg kam es zu einem in der Geschichte beispiellosen Anstieg des Energieverbrauchs. Zugleich sanken die relativen Energiepreise drastisch. Hauptgrund dafür war die Verfügbarkeit riesiger Mengen billigen Erdöls. Dieser „Schmierstoff der Weltwirtschaft" ermöglichte die Massenmotorisierung und die moderne Konsumgesellschaft. Kritische Stimmen wiesen schon in den 1950er Jahren auf die große Verschwendung auf Kosten künftiger Generationen hin; Konsumgüter wurden nicht mehr repariert, sondern ersetzt. Durch diese „Wegwerfmentalität" stiegen die Müllberge an.
Erst die Ölkrise des Jahres 1973 (s. S. 190) und Wirtschaftsprognosen lenkten den Blick auf die Endlichkeit fossiler Brennstoffe wie Öl und Gas. Der Preis für Heizöl stieg in der Ölkrise des Jahres 1973 von 12 auf 70 Pfennige (6 auf 35 Eurocent) an. Daher erhofften sich viele ein Ende möglicher Energiekrisen durch die friedliche Nutzung der Atomenergie. Der Ausbau der Kernenergie löste aber auch tiefe Ängste aus. Hierbei wurden die Risiken dieser Technik und die ungelöste Frage des radioaktiven Abfalls lange verdrängt. Nach einer teilweisen Kernschmelze im Atomkraftwerk Three Miles Island 1979 genehmigten die Behörden in den USA bis 2012 keine weiteren Atomkraftwerke mehr. Die Reaktorkatastrophen von Tschernobyl 1985 in der heutigen Ukraine (s. S. 206) und Fukushima 2011 in Japan lösten erneut Debatten um die Sicherheit dieser Technologie aus. Deutschland beschloss 2011 den Ausstieg aus der Kernenergie; in anderen Ländern wird deren Ausbau fortgesetzt.

M1 Schornstein in Freiberg/Sachsen
(Ausschnitt aus einer Postkarte, ca. 1905)
Höhere Schornsteine sollten die Luftbelastungen und das Sterben der umgebenden Wälder verhindern. Der 1889 erbaute Schornstein der Freiberger Hütte war damals mit 140 Metern der höchste der Welt.

Umweltbewegung und regenerative Energien. Kernthemen der Umweltbewegung der 1980er Jahre in der Bundesrepublik waren der Kampf gegen den Bau von Atomkraftwerken und Wiederaufbereitungsanlagen sowie das Waldsterben durch schädliche Emissionen. Mit den „Grünen" entstand die größte ökologische Partei in Europa. Die rot-grüne Bundesregierung der Jahre 1998–2005 setzte erstmals eine Ökosteuer auf den Ressourcenverbrauch und die Förderung des Ausbaus erneuerbarere Energien aus Windkraft und Solartechnik durch.

M2 Die Rauch- und Rußplage in Essen, 1912

Bericht des Essener Landrates Hans von Eyern vom 29. September 1912:

In der Altstadt und in den Stadtvierteln, die in der Nähe der Kruppschen Fabrik sowie den Zechen liegen, ist die Plage ganz besonders stark. Zweimaliges Staubwischen am Tage in den Wohnungen ist das Mindeste, was geschehen muss und der Staub besteht, wie die mikroskopische Untersuchung ergeben hat, fast nur aus Kohle und Rußpartikelchen, manchmal von erheblicher Größe ... Die Schornsteine der Fabriken und Zechen, die großen Kokereien etc. liefern einen Rauch und Ruß, der in Verbindung mit atmosphärischem Nebel oft Zustände hervorbringt, die von dem berühmten „Londoner Nebel" kaum noch verschieden sind.

Zitiert nach: Hauptstaatsarchiv Düsseldorf, Nr. 38752.

M3 Todesfälle durch Umweltgefahren

(Prognose der OECD 2010–2050)

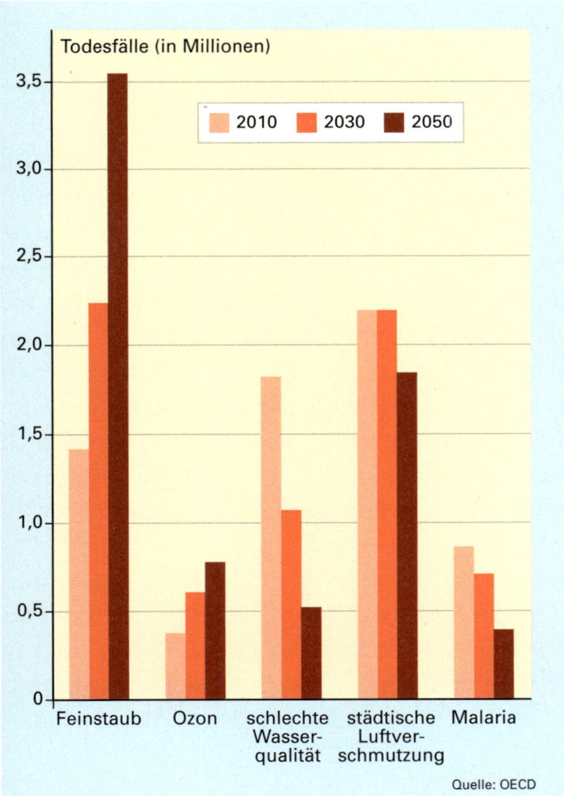

Die Organisation für wirtschaftliche Zusammenarbeit und Entwicklung (OECD) rechnet bis 2050 mit einer Verdopplung der Todesraten durch Feinstaub. Vor allem Indien und China seien betroffen. Nur eine „drastische Reduzierung" der Belastung könne dies verhindern.

M4 Kupferhütte in Duisburg *(Foto, um 1960)*

1 Zähle die im Autorentext genannten Umweltfolgen in der industrialisierten Landwirtschaft auf. Beschreibe die Kennzeichen heutiger Massentierhaltung.

2 Erläutere den Umgang mit den Ressourcen Öl, Gas und Atomkraft sowie deren Auswirkungen auf die Umwelt (Autorentext)

3 Werte die Dokumente zur Rauchplage aus (M2 und M4).

4 Beschreibe die Aussage der Grafik M3 und bewerte mögliche Konsequenzen daraus.

5 „Blauer Himmel über der Ruhr" lautete ein Wahlslogan der SPD 1961 unter ihrem Kanzlerkandidaten Willy Brandt. Finde heraus, wodurch die Schadstoffbelastung im Ruhrgebiet sank.

Überblick über wesentliche Methoden im Fach Geschichte

Bei der Erforschung der Vergangenheit sind wir angewiesen auf Medien und vor allem auf historische Materialien wie Karten und Darstellungstexte, aber auch Bilder, Denkmäler und Quellentexte. Um diese für die Beantwortung unserer Fragen zu nutzen, müssen wir lernen, sie auszuwerten. Das betrifft unsere Analysekompetenz. Sie verlangt ein entsprechendes methodisches Vorgehen. An ein Bild muss man beispielsweise andere Fragen stellen als an ein altes Dokument oder eine Karte.
Hier findest du die wichtigsten Methoden, die du in den vergangenen Schuljahren im Fach Geschichte kennengelernt hast, noch einmal zusammengefasst:

Darstellungstexte, schriftliche Quellen und Textquellen mit Bildern

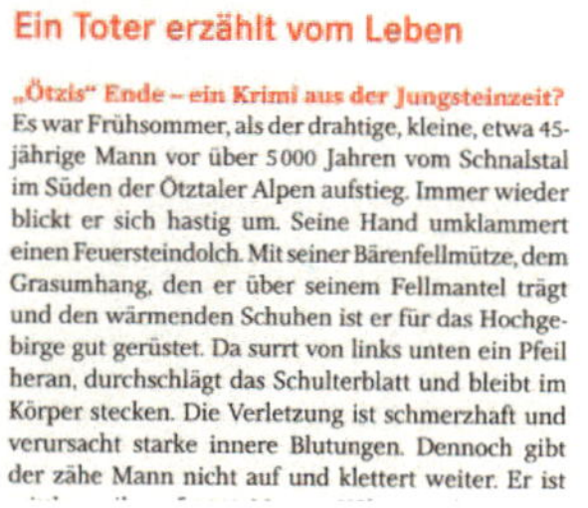

Ein Toter erzählt vom Leben

„Ötzis" Ende – ein Krimi aus der Jungsteinzeit?
Es war Frühsommer, als der drahtige, kleine, etwa 45-jährige Mann vor über 5000 Jahren vom Schnalstal im Süden der Ötztaler Alpen aufstieg. Immer wieder blickt er sich hastig um. Seine Hand umklammert einen Feuersteindolch. Mit seiner Bärenfellmütze, dem Grasumhang, den er über seinem Fellmantel trägt und den wärmenden Schuhen ist er für das Hochgebirge gut gerüstet. Da surrt von links unten ein Pfeil heran, durchschlägt das Schulterblatt und bleibt im Körper stecken. Die Verletzung ist schmerzhaft und verursacht starke innere Blutungen. Dennoch gibt der zähe Mann nicht auf und klettert weiter. Er ist

Autorentexte lesen und verstehen

Im Geschichtsbuch finden sich neben schriftlichen Quellen und anderen Materialien eigens von Geschichtslehrerinnen und -lehrern geschriebene Texte. Die Verfasser bemühen sich, verständlich zu schreiben. Das ist aber nicht immer einfach, weil die Texte von fremden Welten und fernen Zeiten handeln. Daher ist es wichtig, die Texte sorgsam zu lesen. Am besten geht man bei der Erarbeitung in folgenden Schritten vor:

1. Schritt: Überschrift und Bildmaterial ansehen
Beim raschen Überfliegen des Textes gewinnst du einen ersten Eindruck, worum es in ihm geht.

2. Schritt: Den Inhalt des Textes kurz wiedergeben
Formuliere knapp, worüber der Text handelt.

3. Schritt: Text gründlich lesen
Jetzt geht es um eine eingehende Erarbeitung des Textes. Lies ihn noch einmal genau durch. Es ist hilfreich, wenn du die einzelnen Textabschnitte mit einer Überschrift versiehst oder versuchst, den Inhalt der Abschnitte in je einem Satz zusammenzufassen. Begriffe, die du nicht kennst, schlägst du am besten in einem Lexikon oder im Fremdwörterbuch nach.

4. Schritt: Informationen zusammenfassen
Fasse die wesentlichen Informationen in Form eines kurzen, eigenständig formulierten Textes zusammen.

Textquellen auswerten

Wir wissen genau, wann ein bestimmtes geschichtliches Ereignis, wie eine Kaiserkrönung, stattgefunden hat, weil mehrere Textquellen darüber berichten. Schwieriger ist es zu erkennen, wie das Ereignis genau abgelaufen ist. Denn die Quellen berichten nie ganz sachlich. Vielmehr betonen oder verschweigen die Autoren bestimmte Einzelheiten und bewerten sie, je nachdem, welcher Person sie nahe stehen. Deshalb dürfen wir Textquellen nicht einfach wörtlich nehmen, sondern müssen gezielt vorgehen, wenn wir Informationen aus ihnen erhalten wollen:

1. Schritt: Die Quelle und ihren Autor einordnen
Wo und zu welchem Zeitpunkt fand das Ereignis statt? Wer ist der Verfasser der Quelle? War er bei dem Geschehen, von dem er berichtet, selbst anwesend? Stand er einer der Personen in seinem Bericht nahe?

2. Schritt: Tatsachen erfassen
Über welches Ereignis oder welche Zustände wird berichtet? Welche Einzelheiten werden dabei genannt? Wie kann man die Aussage des Texts in einem Satz zusammenfassen? Auf welche möglichen Fragen gibt der Text eine Antwort, auf welche nicht?

3. Schritt: Information und Meinung unterscheiden
Welche Textteile berichten von Fakten, welche enthalten Wertungen? Womit kann man diese Unterscheidung begründen? Für wen oder was ergreift der Verfasser Partei? Wen oder was kritisiert er? Gibt es einen Zusammenhang zwischen der Meinung und dem, was wir vom Verfasser wissen (vgl. Schritt 1)?

Textquellen vergleichen

Wer hat recht, wer hat unrecht? Wenn sich zum Beispiel zwei streiten, wie das zwischen Kaiser und Papst während des Mittelalters oft der Fall war, sollte man mehrere Quellen von unterschiedlichen Verfassern vergleichen.

1. Schritt: Jede Quelle einzeln erschließen
Halte fest, welche Stellung der jeweilige Verfasser hat, an wen er sich richtet und welche Form er dabei gewählt hat.

2. Schritt: Inhalte vergleichen
Stelle in zwei bis drei kurzen Sätzen gegenüber:
a) was der Verfasser über sich sagt und
b) was er von seinem Gegenüber behauptet.

3. Schritt: Aussagen und deren Begründungen hinterfragen
Schreibe auf, wie die Behauptungen begründet sind.

4. Schritt: Absicht des Autors herausfinden
Überlege, welche Absichten der jeweilige Autor mit seinem Text verfolgt. Woran werden diese Absichten erkennbar?

5. Schritt: Ergebnisse formulieren
Abschließend solltest du dir noch überlegen: Welche Partei überzeugt dich mehr? Begründe deine Meinung.

Urkunden erkennen und auswerten

Urkunden dienen als Nachweis rechtlicher Geschäfte (Gründungen, Überlassung von Rechten usw.). Diese spezielle Textquellenart muss einer bestimmten Form entsprechen. Meist finden sich in der Einleitung der Aussteller und der Adressat sowie der für das Mittelalter typische Bezug zu Gott. Im Hauptteil folgt die eigentliche Darlegung der Rechtshandlung. Als Ergänzung können Vorgeschichte, Gründe oder Strafen bei Missachtung angegeben sein. Der Schlussteil stellt durch Siegelankündigung, Unterschriftszeile mit Monogramm (kunstvoll gezeichnete Anfangsbuchstaben eines Namens oder Abkürzungen), Beglaubigung eines Zeugen, Orts- bzw. Datumsangabe sowie das/die anhängende(n) Siegel sichern, dass der Vorgang rechtlich gültig ist.

1. Schritt: Beschreibung der Form
Sieh dir die Abbildung der Urkunde sehr genau an und halte fest, was dir auffällt. Inwieweit kannst du einzelne lateinische Begriffe und Namen entziffern oder sogar Worte übersetzen? Welche typischen Bestandteile der Urkunde sind zu erkennen? Wie hat der Schreiber den Aufbau gestaltet?

2. Schritt: Untersuchung des Inhalts
Suche bei Urkunden, die in Latein abgefasst sind, aus der deutschen Übersetzung die wesentlichen Informationen heraus und erkläre, wer hier an wen welche Rechte vergibt und wodurch die Handlung rechtsgültig wird. Vergleiche Inhalt und Form.

3. Schritt: Deutung und Zusammenfassung
Ordne die Urkunde in den geschichtlichen Zusammenhang ein und erschließe ihre Bedeutung: Inwiefern bestätigt dein historisches Vorwissen die Quelle? Welche Absicht steckt hinter dieser Urkunde und wie hat sie wohl gewirkt?

Flugschriften untersuchen und ihre propagandistische Absicht erkennen

Flugblätter berichten nicht sachlich, sondern nehmen aus einer bestimmten Sicht Stellung. Sie sind Mittel der Propaganda.

1. Schritt: Den Inhaltskern verstehen
Lies den Text des Flugblatts und betrachte die Abbildung. Verschaffe dir mittels Markierungen (Kopie!) und Notizen einen ersten Überblick. Was ist das Thema der Flugschrift? In welchem Zusammenhang stehen Text und Bild?

2. Schritt: Die Darstellung erfassen
Suche aus dem Text Beschreibungen der Gegner, Behauptungen oder Vergleiche heraus. Kläre, welche Eigenschaften wem zugeschrieben werden. Schau dir die Abbildung genau an: Welche Personen und Gegenstände sind zu erkennen? Wie sind sie dargestellt? In welcher Beziehung stehen die Personen zueinander? Wer oder was steht im Mittelpunkt?

3. Schritt: Die Position und Absicht des Autors herausfinden
Finde mithilfe der Legende heraus, wer die Flugschrift verfasst hat. Informiere dich über den Verfasser/Künstler. Wann wurde das Flugblatt verfasst? Welche Absicht verfolgt der Autor? Aus welchem Grund? An wen richtet sich das Flugblatt? Gehören die Adressaten einer Gruppierung oder Partei an?

Bildquellen und bildliche Darstellungen

Bilder deuten

Die Bilder verschiedener Epochen haben jeweils besondere Merkmale – sie folgen einem bestimmten Stil. So sind zum Beispiel die Bilder der Ägypter oft übersät mit Hieroglyphen und Tierdarstellungen. Die Gesichter zeigen keine individuellen Züge; die Körper sind schematisch gezeichnet. Solche Bilder veranschaulichen religiöse Vorstellungen oder politische und gesellschaftliche Verhältnisse ihrer Zeit. Bilder von Herrschern dagegen stellen meist dar, wie sie gesehen werden wollen.
Die Bildaussage lässt sich leichter entschlüsseln, wenn man in folgenden Schritten vorgeht:

1. Schritt: Das Bild betrachten und beschreiben
Sieh dir das Bild sehr genau an. Notiere erste Eindrücke, wie es auf dich wirkt. Beschreibe stichwortartig, was besonders auffällt. Achte auch auf Details und Symbole. Beantworte dabei v. a. die Fragen: Welche Person(en) ist/sind dargestellt? Was ist abgebildet? Was kannst du über die Bekleidung, Haartracht, Mimik, Arm-, Fuß- und Beinhaltung aussagen? Wo finden sich Symbole/Herrschaftszeichen? Lassen sich aus den Größenverhältnissen schon Unterschiede zwischen den dargestellten Personen erkennen? Wohin schauen die Personen? Ist ein Handlungsablauf erkennbar? Welche Farben werden verwendet? Wie ist der Hintergrund gestaltet? Ist die Darstellungsweise realistisch oder nicht?

2. Schritt: Das Bild in einen Zusammenhang stellen
Die Bildunterschrift gibt wichtige Auskünfte über Entstehung, Inhalt und Verwendung des Bildes. Wenn möglich, sollte das Bild mit ähnlichen Abbildungen verglichen werden. Sinnvoll ist es auch, wenn du versuchst, nähere Informationen über das Bild zu gewinnen. Dies ist beispielsweise bei berühmten Gemälden, insbesondere auch bei Darstellungen von Herrschern, recht einfach. Bei Herrscherbildern wäre zu fragen: Welche Bedeutung kommt dem dargestellten Herrscher zu? Wie regierte er? Worauf stützte er seine Herrschaft? Verfolgte er ein besonderes Ziel?

3. Schritt: Eine Leitfrage formulieren
Beim Ausführen der beiden ersten Arbeitsschritte wird dir bewusst, welches Thema in dem Bild behandelt wird und warum es in einem bestimmten Zusammenhang in diesem Buch auftaucht. Worum es im Kern geht, solltest du mithilfe einer Leitfrage formulieren. Sie ist wichtig; ohne Leitfrage würde sich

die Bildinterpretation nur an zufällige Eindrücke halten. Zu dem Bild eines ägyptischen Pharao oder eines mittelalterlichen Kaisers könnte beispielsweise die Frage gestellt werden, was ein Bild über ihre Machtstellung oder auch ihr Herrschaftsverständnis aussagt.

4. Schritt: Das Bild zusammenfassend deuten
Werte deine Notizen aus und formuliere ein Gesamtergebnis. Beantworte wenn möglich dabei auch die Fragen: Wann ist das Bild entstanden? Wer hat es warum in Auftrag gegeben? Wer sollte sich v. a. das Bild anschauen? Welche Wirkung sollte damit erreicht werden?

Karikaturen untersuchen und ihre Aussage erarbeiten

Karikaturen (ital. caricare = überladen) sind Bilder, die menschliche Eigenschaften oder Handlungen übersteigert und damit verzerrend darstellen. Um ihre Aussage so genau wie möglich zu erfassen, sollte man folgendermaßen vorgehen:

1. Schritt: Den Inhalt beschreiben
Welche Personen werden abgebildet? Was tun sie? Wie verhalten sie sich? Sind die Personen identifizierbar? Werden Symbole verwendet?

2. Schritt: Den Text einbeziehen
Falls die Karikatur mit einem Text versehen ist, kommentiert er einen Sachverhalt oder das Verhalten einer Person? Sprechen die abgebildeten Personen miteinander? Was sagen sie?

3. Schritt: Hintergründe berücksichtigen
Beziehe die Bildüber- und die Bildunterschrift in die Untersuchung mit ein: Was teilt sie darüber mit, wann die Karikatur entstanden ist, wer sie zeichnete und wo sie veröffentlicht wurde?

4. Schritt: Die Aussageabsicht formulieren
Fasse die Ergebnisse der Untersuchung zusammen: Wird die abgebildete Person oder das abgebildete Ereignis positiv oder negativ bewertet? Woran kann man die Art der Wertung erkennen?

Ein Schaubild „zum Sprechen bringen“

1. Schritt: Erste Analyse
Welche Figuren, Farben und Formen werden verwendet? Wofür stehen die Pfeile? Gibt es unbekannte Wörter, die nachgeschlagen werden müssen? Diese erste Analyse mündet in den nächsten Schritt:

2. Schritt: Den Inhalt des Schaubildes in eigenen Worten wiedergeben
Beginne in einer Ecke und umschreibe dann mit deinen Worten die ganze Darstellung. Oder gehe vom Zentrum nach außen.

3. Schritt: Zusammenfassen der wichtigen Inhalte
Beim erforderlichen systematischen Vorgehen werden auch offene Fragen geklärt. Wenn in einem Schaubild z. B. eine Verfassung dargestellt wird, sollten u. a. folgende Fragen beantwortet werden: Wer bzw. welche Gruppe kann/können mitbestimmen? Wer hat welche Rechte/Aufgaben? Womit werden die einzelnen Gruppen in Schranken gewiesen?

4. Schritt: Was wird im Schaubild nicht erklärt?
Wie viele bildliche Darstellungen müssen auch Schaubilder häufig vereinfachen, wobei Inhalte verloren gehen können. Kläre, ob dies der Fall ist, und halte diese Inhalte fest. Versuche zu ergründen, warum nicht alles erklärt wurde.

5. Schritt: Sich eine eigene Meinung bilden
Abschließend sollten die erhaltenen und fehlenden Informationen dargelegt und die eigene Einstellung zusammengefasst werden.

Grafische Darstellungen/Statistiken auswerten

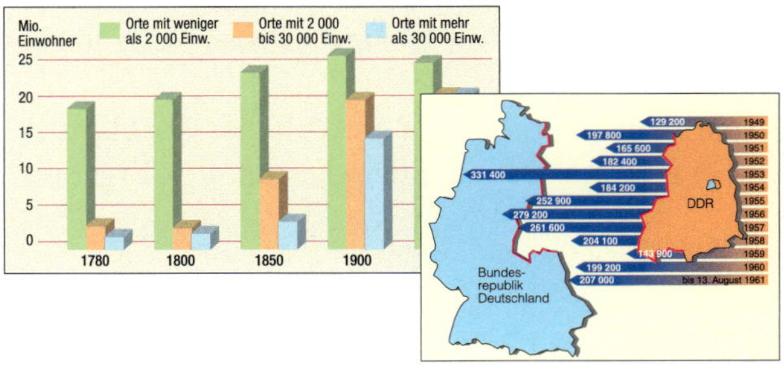

Statistiken und grafische Darstellungen helfen uns, komplizierte Sachverhalte anschaulich und übersichtlich darzustellen. Statistiken sind zahlenmäßige Erfassungen von Veränderungen oder Zahlenanteilen. Sie werden häufig bei wirtschafts- oder sozialgeschichtlichen Themen (z. B. bei Produktionszahlen, Arbeitszeiten, Bevölkerungsentwicklung) verwendet. Allerdings müssen die gewünschten Informationen „herausgelesen“ werden:

1. Schritt: Inhalt und Darstellung
Was zeigt die Statistik bzw. welche Frage versucht sie zu beantworten? Welche (Maß-)Einheiten werden grafisch dargestellt (z. B. Jahre, Anzahl der Einwohner, prozentuale Anteile, Kilogramm)?

2. Schritt: Veränderungen feststellen
In welche Richtung verändern sich die Zahlenwerte? Werden die Werte größer, kleiner oder ist keine einheitliche Tendenz zu erkennen?

3. Schritt: Auffälligkeiten erläutern
An welchen Stellen lässt sich ein auffällig großer oder der größte „Sprung“ feststellen? Kann dieser begründet werden?

4. Schritt: Das Ergebnis zusammenfassen
Kannst du die Inhalte bzw. Aussagen der Statistik in einem oder zwei Sätze zusammenfassen?

Vorsicht! Man muss überprüfen, ob in der Statistik sinnvolle bzw. korrekte Aussagen gemacht werden:
- Sind die Werte, die die Statistik anführt, überhaupt vergleichbar? Ist es z. B. sinnvoll, die Stahlproduktion der USA mit der eines afrikanischen Staates zu vergleichen, wenn die Produktionsbedingungen völlig unterschiedlich sind?
- Gibt die grafische Darstellung einen Sinn?
- Bei Prozentangaben ist – wenn möglich – nachzuprüfen, ob die absolute Menge auch wirklich 100 beträgt.
- Und schließlich: Wer ist der Urheber der Statistik? Hat er ein Interesse an einem bestimmten Ergebnis?

Karten als Darstellungen und Quellen

Geografische Karten lesen und verstehen

Durch die Auswertung einer geografischen Karte lernt man ein Land genauer kennen. Im Geschichtsunterricht spielen solche Karten eine Rolle bei der Frage, wie die besondere Lage oder das Klima eines Landes dessen geschichtliche Entwicklung beeinflusst oder sogar bestimmt haben. In Ägypten z. B. hat der Nil die Herausbildung der Hochkultur ermöglicht. Bei den Griechen waren unter anderem die zahlreichen Gebirge ein Grund dafür, dass viele kleine Stadtstaaten entstanden, aber kaum ein Staat mit einem größeren Territorium.
Geografische Karten werden in folgenden Schritten ausgewertet:

1. Schritt: Zeichen und Maßstab entschlüsseln
Informiere dich in der Legende der Karte (= Zeichenerklärung) genau über die Bedeutung von Farben, Linien und Symbolen. Wichtig ist auch der Maßstab der Karte, um Entfernungen abschätzen zu können.

2. Schritt: Die Karte beschreiben
Beschreibe das Relief, das heißt, die Oberfläche der dargestellten Landschaft. Beachte die Farbunterschiede. Man kann auch ein Profil selber zeichnen, indem man das gezeigte Gebiet entlang einer festgelegten Linie auseinanderschneidet und die Schnittfläche aufzeichnet.

3. Schritt: Informationen zusammenfassen und Fragen daraus ableiten
Ziehe aus der Beschreibung der Karte Schlussfolgerungen hinsichtlich der Lebensbedingungen: Welche Landschaftsformen (Meere, Gebirge oder Ebenen) fallen besonders auf? Wo können Menschen siedeln und Ackerbau betreiben? Was erschwert oder erleichtert die Verbindung einzelner Landesteile miteinander? Welche Nachbarn haben ein bestimmtes Gebiet?

Geschichtskarten auswerten

Geschichte ereignet sich nicht nur in der Zeit, sondern stets auch an bestimmten Orten und in geografischen Räumen. Karten sind ein wichtiges Hilfsmittel, historische Ereignisse, Zustände und Entwicklungen zu verstehen. Hierbei können verschiedene Arten von Karten verwendet werden. Geschichtskarten fangen zu sprechen an, wenn sie in den folgenden Schritten ausgewertet werden:

1. Schritt: Thema und Zeitraum ermitteln
Bei einer solchen Karte ist es immer wichtig, ihren Titel zu kennen. Erst wenn man weiß, ob es z.B. um Bevölkerungsbewegungen, Städtegründungen, Kriegszüge oder Reichsbildungen geht, gewinnen die farbigen Flächen und Symbole einen Aussagewert. Ebenso von Bedeutung ist die zeitliche Einordnung. Geschichtskarten beziehen sich, im Gegensatz zu geografischen Karten, immer auf einen historischen Zeitraum.

2. Schritt: Zeichen und Maßstab entschlüsseln
Siehe Schritt 1 von geografischen Karten.

3. Schritt: Kartenaussage zusammenfassen
Eine Karte gibt zu dem Thema, das sie darstellt (s. Schritt 1), eine Fülle von Informationen. Diese müssen geordnet und formuliert werden. Das ist der Kern der Kartenarbeit.

4. Schritt: Zusätzliche Informationen beschaffen
Keine Geschichtskarte ermöglicht Antworten auf alle Fragen. So werden z.B. die Jahreszahlen nicht näher erklärt. Hierzu müssen zusätzliche Informationen aus Büchern, Geschichtsatlanten oder dem Internet beschafft werden.

Historische Karten auswerten

Historische Karten zeigen, wie ihre Verfasser in einer bestimmten Epoche die Oberflächengestalt der Erde sahen. Sie unterscheiden sich von den Geschichtskarten, die einen bestimmten Zustand oder eine Entwicklung aus heutiger Sicht wiedergeben. Mithilfe der folgenden Schritte können historische Karten ausgewertet werden:

1. Schritt: Die wichtigsten Inhalte kurz festhalten
Welchen Raum, welche Zeit, welches Thema behandelt die Karte? Ist sie genordet?

2. Schritt: Informationen zum Kartografen und dessen „Weltbild“ beschaffen
Wann ist die Karte entstanden? Welchen Kenntnisstand von der Beschaffenheit der Erde hatte der Verfasser?

3. Schritt: Die Zeitumstände berücksichtigen
Lassen sich bestimmte religiöse oder politische Vorstellungen herauslesen?

4. Schritt: Die Absicht des Kartografen herausfinden
Stelle Vermutungen an, zu welchem Zweck (für welche Auftraggeber) die Karte angefertigt wurde.

„68er-Bewegung": verschiedene Gruppierungen, die seit dem Jahr 1960 gegen herrschende Normen in sozialen, kulturellen und politischen Bereichen protestierten; die Proteste gingen in erster Linie von Studenten und Schülern aus; ähnliche Bewegungen gab es zwischen 1960 und 1970 u. a. in den USA und in Frankreich; sie alle gingen einher mit der „Hippie"-Bewegung und standen in Verbindung mit unterschiedlichen globalen Ereignissen, z. B. dem Vietnamkrieg; Höhepunkt der Proteste fiel in das Jahr 1968, woher auch der Name der Bewegung kommt; aus ihr leitete sich die ▸ Außerparlamentarische Opposition (APO) ab.

Anti-Hitler-Koalition: Bündnis ab 1941 (nach dem Angriff Deutschlands auf die UdSSR) zwischen den USA, Großbritannien und der Sowjetunion, mit dem Ziel, Hitler-Deutschland militärisch zu besiegen; schon auf den Kriegskonferenzen wurde deutlich, dass zwischen den einzelnen Teilnehmern nur wenige Gemeinsamkeiten bestanden; nach Kriegsende zerbrach die Koalition rasch. ▸ Kalter Krieg.

Antisemitismus: auf einer pseudo-wissenschaftlich begründeten Lehre basierend, rassistisch und sozial motivierte Feindschaft gegenüber Juden; er wendet sich gegen die politische und soziale Gleichstellung der jüdischen Bevölkerung und war ein zentraler Bestandteil der nationalsozialistischen Weltanschauung; die planmäßige Verfolgung der Juden gipfelte im millionenfachen Massenmord. ▸ Holocaust. ▸ Konzentrationslager. ▸ Rassenlehre.

Appeasement (to appease = beschwichtigen): Politik der Zugeständnisse zur Vermeidung von Konflikten; im engeren Sinne steht der Begriff für die Politik des englischen Premierministers Neville Chamberlain, der 1938 im Münchner Abkommen die Annexion des zur der Tschechoslowakei gehörenden Sudetenlandes durch das Deutsche Reich toleriert hatte, um einen Krieg in Europa abzuwenden.

Arisierung: während der NS-Zeit Bezeichnung für die Verdrängung der Juden aus Wirtschaft, Gesellschaft und Kultur in Deutschland; Verbot der Ausübung vieler Berufe im öffentlichen Dienst und im Bereich der Wissenschaften; erzwungene Geschäftsaufgabe und Verkauf jüdischer Betriebe unter Wert an „Arier".

Außerparlamentarische Opposition (APO): unter diesem Begriff werden verschiedenste untereinander organisierte Gruppen zusammengefasst, die sich als Oppositionsbewegung außerhalb des Parlaments verstanden; zur Zeit der Großen Koalition unter Bundeskanzler Kurt Georg Kiesinger lastete die Arbeit der parlamentarischen Opposition ausschließlich auf der FDP; sie schien jungen Erwachsenen, insbesondere den Studenten, nicht stark genug; sie übte Kritik u. a. an der sogenannten Wohlstandsgesellschaft und an den ▸ Notstandsgesetzen, verurteilte das amerikanischen Engagement im Vietnamkrieg und forderte die Aufarbeitung des ▸ Nationalsozialismus.

Autoritäre Staaten (lat. auctoritas = Ansehen, Einfluss, Vollmacht): bei dieser Art der Regierung zählt nicht der Wille einer Mehrheit, sondern der eines Einzelnen oder einer Gruppe; anders als in einem ▸ totalitären Staat ist der Herrschaftsanspruch eines autoritären Regimes insofern geringer, als es vom Staat noch unberührte – meist private – Bereiche gibt; Konflikte werden nicht offen ausgetragen, sondern durch Anordnungen beseitigt oder verdeckt; meist gibt es eine kleine, privilegierte Gesellschaftsschicht (z. B. Offiziere, Großgrundbesitzer, Parteifunktionäre).

Besatzungszonen: nach dem Zweiten Weltkrieg vorgenommene Aufteilung Deutschlands in vier Besatzungszonen, in denen die jeweilige Besatzungsmacht die staatliche Hoheitsgewalt ausübte; oberstes gemeinsames Organ zwischen 1945 und 1949 war der Alliierte Kontrollrat; er sollte Entscheidungen für Deutschland als Ganzes treffen und ein einheitliches Vorgehen in den Besatzungszonen gewährleisten.

Blockbildung: im Zusammenhang mit dem ▸ Kalten Krieg entstandene Bildung eines von der Sowjetunion beherrschten Ostens und eines von den USA beeinflussten Westens; zu den blockfreien Ländern gehören überwiegend die Entwicklungsländer. ▸ Ostblock, ▸ NATO, ▸ Warschauer Pakt, ▸ Westintegration.

Bolschewiki/Bolschewismus: kommunistische Revolutionäre von 1917 unter Führung Lenins; Sammelbegriff für Theorie und Praxis des sowjetischen Kommunismus; aber auch ein negativ besetzter Begriff, der seit den 1930er Jahren in den westlichen Ländern in Sprachgebrauch kam und das sowjetische System verurteilen sollte.

Containment-Politik (Eindämmungspolitik): Doktrin der amerikanischen Außenpolitik seit 1947; zielte auf Eindämmung der sowjetischen Expansion durch wirtschaftliche und politische Unterstützung aller vom sowjetischen Einfluss gefährdeten Ländern (▸ Marshallplan) und den Aufbau militärischer Abwehrfronten in Westeuropa, Nahost und Asien ▸ NATO.

Einigungsvertrag: Staatsvertrag zwischen der Bundesrepublik Deutschland und der ersten frei gewählten Regierung der Deutschen Demokratischen Republik; unterzeichnet am 31. August 1990; er regelte die rechtlichen Fragen des Beitritts der DDR zur Bundesrepublik Deutschland nach Art. 23 des ▸ Grundgesetzes; um dieses Ziel umsetzen zu können, mussten die 1952 von der SED aufgelösten Länder wieder gegründet werden.

Eiserner Vorhang: in Anspielung auf den eisernen Vorhang im Theater geprägter Begriff; Bezeichnung für die Abschottung des ▸ Ostblocks gegen den Westen; eine hauptsächlich ideologisch unüberwindbare Grenze; insbesondere bezogen auf die Grenze zwischen der Bundesrepublik Deutschland und der DDR bzw. zwischen den kapitalistisch-marktwirtschaftlich orientierten Staaten des Westens und sozialistischen-planwirtschaftlichen Staaten Osteuropas.

Entkolonialisierung: Prozess der Beendigung der Kolonialherrschaft in den Staaten Asiens und Afrikas, vor allem nach 1945; die Entkolonialisierung erfolgte teilweise friedlich, teilweise durch gewaltsamen Widerstand der Kolonialvölker; die von den Kolonialmächten geschaffenen politischen, wirtschaftlichen und kulturellen Strukturen bestehen in vielen Ländern größtenteils noch heute.

Entnazifizierung: im weitesten Sinn durch die ▸ Konferenz von Potsdam begründete Maßnahmen der Besatzungsmächte, NSDAP-Mitglieder aufgrund von Fragebögen und Prozessen zu bestrafen und aus verantwortlichen Stellungen fernzuhalten; die Hauptverantwortlichen wurden in Kriegsverbrecherprozessen abgeurteilt.

„Ermächtigungsgesetz“ („Gesetz zur Behebung der Not von Volk und Reich“ vom 23. März 1933): bildete die Grundlage zur Errichtung der NS-Diktatur; es ermächtigte die Regierung unter dem Reichskanzler Adolf Hitlers ohne Zustimmung von Reichstag und Reichsrat sowie ohne Gegenzeichnung des Reichspräsidenten Gesetze zu erlassen, die u.a. gegen die ▸ Weimarer Verfassung verstießen.

Europäische Union (EU): wurde mit dem Vertrag von Maastricht (1993) gegründet; derzeit (2012) hat sie 27 Mitglieder; weitere Staaten haben Anträge für eine Aufnahme gestellt; die EU strebt eine enge wirtschaftliche und politische Zusammenarbeit an; bisher wichtigste Ergebnisse waren die Einführung des europäischen Binnenmarktes und die gemeinsame Euro-Währung. ▸ Vertrag von Maastricht.

Europäische Wirtschaftsgemeinschaft (EWG): wurde 1957 mit den Römischen Verträgen besiegelt; Unterzeichner waren die sechs Gründerstaaten der ▸ Montanunion. ▸ Europäische Union.

Faschismus: ursprüngliche Bezeichnung für das italienische Herrschaftssystem unter Mussolini; „fasces“, Rutenbündel mit einem Beil, waren in der Antike Würdenzeichen der höchsten römischen Beamten; der Faschismus ist gekennzeichnet durch nationalistische, antidemokratische, antisozialistische und antikirchliche Einstellung; Partei und Staat waren nach dem ▸ Führerprinzip aufgebaut; der ▸ Nationalsozialismus bezeichnete sich nicht als „faschistisch“, weil er eine deutsche und keine internationale Bewegung sein wollte; ab 1945 wurde im sozialistischen Machtbereich Osteuropas, insbesondere in der DDR, die NS-Diktatur sowie nachfolgend auch andere antikommunistische Bewegungen oder Parteien als „faschistisch“ bezeichnet.

Flucht und Vertreibung: s. Vertreibung

Führerprinzip: aus dem Militär übernommenes System von Befehl und Gehorsam; bedingungslose Treue zum „Führer“ und seinen Befehlen, damit verbunden war auch der „Führerkult“; das Führerprinzip steht im Gegensatz zur demokratischen Entscheidung und Mitbestimmung.

„Glasnost“ (russ. = Offenheit): Zentralbegriff der Reformpolitik Michail Gorbatschows seit 1985; Begriff befürwortete die geistige Öffnung, die Auseinandersetzung mit politisch Andersdenkenden in der UdSSR statt ihrer Unterdrückung; Kritik an Partei und Staat durfte jedoch nicht die Prinzipien des Marxismus-Leninismus in Frage stellen; für Gorbatschow war Glasnost auch ein Mittel zur Umgestaltung der Wirtschaftsstrukturen. ▸ Perestroika.

Gleichschaltung: in Deutschland von 1933 bis 1945 durchgeführte Vereinheitlichungen in den Bereichen Politik, Kultur und Soziales nach dem Willen der Nationalsozialisten durch Eingliederung in NS-Organisationen; sie diente der Kontrolle der Bevölkerung und der raschen Durchsetzung des NS-Gedankenguts

Grundgesetz: vom Parlamentarischen Rat erarbeitete und am 23. Mai 1949 in Kraft getretene Verfassung für die Bundesrepublik Deutschland; wurde als provisorisch angesehen; besondere Bedeutung haben aufgrund der Erfahrungen mit dem ▸ Nationalsozialismus die im Grundgesetz verankerten Grundrechte.

Grundlagenvertrag: 1972 zwischen der Bundesrepublik Deutschland und der DDR geschlossener Vertrag; darin verpflichteten sich beide Staaten zum gegenseitigen Gewaltverzicht und zum Aufbau gutnachbarschaftlicher Beziehungen; der Vertrag markierte einen der wichtigsten Einschnitte in der Geschichte des geteilten Deutschlands.

Hitlerjugend (HJ): Jugend- und Nachwuchsorganisation der NSDAP; wurde ab 1933 zum einzigen staatlichen Jugendverband ausgebaut; hatte verschiedene Untergliederungen wie Jungvolk, Bund Deutscher Mädel; die Erziehung erfolgte gemäß NS-Weltanschauung; das Einüben von Befehl und Gehorsam, Disziplin und Selbstaufopferung für die ▸ „Volksgemeinschaft" gehörten zu den vorrangigen Erziehungszielen; die Führung der HJ lag nach dem Grundsatz – „Jugend muss von Jugend geführt werden" – in den Händen von Jugendlichen und war selbst streng hierarchisch geregelt.

Hitler-Stalin-Pakt (23. August 1939): auch deutsch-sowjetischer Nichtangriffspakt genannt; garantierte Deutschland die sowjetische Neutralität bei einer Auseinandersetzung mit Polen und den Westmächten und billigte andererseits der Sowjetunion die Möglichkeit zu, die im Ersten Weltkrieg verlorenen Territorien Russlands ohne ein Eingreifen Deutschlands zu besetzen; mit der Unterzeichnung waren die britisch-französischen Bestrebungen, die Sowjetunion in eine „Große Allianz" gegen das nationalsozialistische Deutschland einzubinden, gescheitert; in einem geheimen Zusatzprotokoll wurden u.a. die künftige Aufteilung Polens zwischen Deutschland und der Sowjetunion geregelt; der Überfall auf die Sowjetunion 1941 machte den Pakt wirkungslos.

Holocaust bzw. Shoa (griech. holos caustos = vollständige Verbrennung, Brandopfer), auch der Begriff „Shoah" (hebräisch = großes Unheil) wird verwendet: heutige Bezeichnung für die systematisch geplante Ermordung der europäischen Juden sowie der Sinti und Roma durch die Nationalsozialisten und ihrer Helfer während des Zweiten Weltkriegs; dem Holocaust fielen etwa sechs Millionen Juden und mindestens 200 000 Sinti und Roma aus allen Teilen des von den NS-Machthabern besetzten Europas zum Opfer.

Inflation: bei einer Inflation stimmt der Wert der sich im Umlauf befindlichen Geldmenge nicht mehr mit dem Wert der angebotenen Waren und Dienstleistungen überein, d.h. es befindet sich zu viel Geld im Umlauf; das Geld wird immer weniger wert, weil die Preise steigen und man sich für denselben Betrag immer weniger kaufen kann; 1923 erreichte die Inflation ihren Höhepunkt, bevor sie durch die Einführung einer neuen Währung, der Rentenmark, beendet wurde. ▸ Währungsreform.

Kalter Krieg: Bezeichnung für die machtpolitische, weltanschauliche sowie kulturelle Auseinandersetzung zwischen den Supermächten USA und Sowjetunion und den mit ihnen verbündeten Staaten zwischen 1948 und 1990; aufgrund des militärischen Gleichgewichts und der Vernichtungskraft moderner Waffen („Gleichgewicht des Schreckens") konnte trotz zahlreicher Krisen (z.B. Kubakrise 1962) ein wirklich „heißer" Krieg verhindert werden (lediglich Stellvertreterkriege, z.B. in Vietnam); mit dem Zusammenbruch des ▸ Ostblocks und dem Ende des ▸ Warschauer Pakts ging der Kalte Krieg zu Ende. ▸ Ost-West-Konflikt.

Kollektivschuldtheorie: die Ansicht, an der NS-Diktatur bzw. deren Verbrechen seien alle Deutschen schuld und daher auch zu bestrafen; das moderne Strafrecht dagegen geht grundsätzlich von einer individuellen Verantwortlichkeit aus. ▸ Entnazifizierung.

Konferenz für Sicherheit und Zusammenarbeit in Europa (KSZE): fand in Helsinki statt; Bestreben der europäischen Staaten, der USA und Kanadas, neben den Entspannungsbemühungen der beiden Supermächte den ▸ Ost-West-Konflikt zu entschärfen; die Schlussakte 1975, unterzeichnet von 35 europäischen Staats- und Regierungschefs, brachte für den ▸ Ostblock die Anerkennung der Grenzen der Nachkriegsordnung und führte zu einem stärkeren wirtschaftlichen Austausch mit dem Westen; im Gegenzug machte der Osten Zugeständnisse bei den Menschenrechten; in den Folgejahren entstanden in zahlreichen sozialistischen Ländern Bürgerrechtsbewegungen; diese trugen letztlich zum Zusammenbruch des Ostblocks und zum Ende des Ost-West-Konflikts bei.

Konferenz von Potsdam: vom 17. Juli bis zum 2. August 1945 dauerndes Treffen der Regierungschefs der Siegermächte USA, Sowjetunion und Großbritannien in Potsdam bei Berlin; entschieden wurde, anknüpfend an die Kriegskonferenzen in Teheran (1943) und Jalta (1945), über das Schicksal des besiegten Deutschland, wobei erste größere Meinungsverschiedenheiten zwischen den Westmächten und der Sowjetunion auftraten.

Konzentrations- (KZ) und Vernichtungslager: dienten dazu, politische Gegner ohne gesetzliche Grundlage einzusperren, oft kam es dabei zu Folter und Ermordung des Inhaftierten; zunehmend wurden auch Menschen jüdischer Abstammung sowie Sinti und Roma, Kriegsgefangene und andere den Nationalsozialisten Missliebige eingesperrt und millionenfach getötet, indem man ihre Arbeitskraft durch ▸ Zwangsarbeit systematisch ausbeutete; während des Zweiten Weltkriegs entstanden eigene Vernichtungslager, z.B. Auschwitz, wo eine fabrikmäßige Massentötung vorgenommen wurde. ▸ Holocaust.

Lebensraum/-ideologie: Versuch der Nationalsozialisten, die expansionistische Politik mit dem biologischen Prinzip des (Über-)Lebenskampfes zu rechtfertigen; sie lieferte den ideologischen Hintergrund für die Vertreibung der „rassisch unerwünschten" Bevölkerung der besetzten Ostgebiete, ihre Germanisierung und wirtschaftliche Ausbeutung; ▸ SS war Trägerin dieser Politik und stand damit in Gegensatz zu der eher von traditionellen Vorstellungen ausgehenden Wehrmachtsführung.

„Machtergreifung": Begriff wird in erster Linie mit dem 30. Januar 1933 verbunden; die NS-Propaganda sprach aber von „Machtübernahme", um zu signalisieren, dass ihnen die Macht übertragen wurde; sie bezog sich dabei auf Hitlers Ernennung zum Reichskanzler sowie auf das ▸ „Ermächtigungsgesetz", das die Zustimmung auch von den bürgerlichen Parteien erhalten hatte.

Marshallplan (European Recovery Program = ERP): auf Anregung des amerikanischen Außenministers George Marshall 1947 entwickeltes Programm zum Wiederaufbau Europas; die westlichen Länder erhielten u.a. Rohstoffe, Maschinen und Nahrungsmittel; Kredite wurden gewährt; Amerika wollte damit auch erreichen, dass ein starkes Europa den kommunistischen Einfluss abwehren sollte (▸ Containment-Politik); die Sowjetunion verhinderte eine Einbeziehung der osteuropäischen Staaten und schuf im Gegenzug den Rat für gegenseitige Wirtschaftshilfe.

Montagsdemonstrationen: hatten ihren Ursprung in der DDR-Friedensbewegung Anfang der 1980er Jahre; sie weiteten sich von Leipzig ausgehend über verschiedene Städte Deutschlands in verschiedenen Kirchen aus; trotz steigenden Drucks des Staates auf die Kirchenleitung fanden die Demonstrationen auch weiterhin statt, ihr Höhepunkt erreichten sie am 9. Oktober 1989; an die 70 000 Teilnehmer protestierten; einen Tag später waren es bereits über 100 000 Menschen; die immer größer werdende Zahl an Teilnehmern war einer der Auslöser für den Rücktritt der gesamten Partei- und Staatsführung der ▸ SED und ein Grund für den Erfolg der „friedlichen Revolution".

Montanunion: seit 1952 gemeinsamer Markt für Kohle und Stahl; Mitgliedsländer: Deutschland, Frankreich, Italien, Belgien, Luxemburg und die Niederlande. ▸ Europäische Wirtschaftsgemeinschaft.

Nationalsozialismus/Nationalsozialistische Deutsche Arbeiterpartei: politische Bewegung in Deutschland, organisiert in der 1919 gegründeten Nationalsozialistischen Deutschen Arbeiterpartei (NSDAP) mit Adolf Hitler an der Spitze, die Deutschland in der Zeit von 1933 bis 1945 diktatorisch regierte; vertrat eine nationalistisch-aggressive Außenpolitik verbunden mit der ▸ Gleichschaltung des Staates auf allen Gebieten. ▸ Führerstaat. ▸ SS-Staat.

NATO (North Atlantic Treaty Organization): westliches Verteidigungsbündnis, 1949 gegründet vor dem Hintergrund der amerikanischen Eindämmungspolitik gegenüber der Sowjetunion (▸ Containment-Politik); die Bundesrepublik Deutschland wurde am 9. Mai 1955 Mitglied (▸ Westintegration); das Bündnis trug während des ▸ Ost-West-Konflikts entscheidend zur Stabilität Westeuropas bei; die Zielsetzungen veränderten sich nach dem Zusammenbruch des ▸ Ostblocks, mit dem Ende des ▸ Warschauer Pakts und den Terroranschlägen vom 11. September 2001 in den USA.

Neue Ostpolitik: s. Ostverträge und „Wandel durch Annäherung“

Nord-Süd-Konflikt: Konflikt zwischen den meist im Norden liegenden Industrieländern und den auf der südlichen Erdhalbkugel gelegenen Entwicklungsländern wegen ungerechter Einkommensverteilung in der Welt; vonseiten der Entwicklungsländer wird der Vorwurf erhoben, die Industrieländer nutzten ihre wirtschaftliche Macht, um die Abhängigkeit der Entwicklungsländer von ihnen zu festigen bzw. billige Preise und Löhne zu ihren Gunsten auszunutzen.

Notstandsgesetze: staatsrechtliche Bevollmächtigung, bei unmittelbar drohender Gefahr von außen oder im Falle eines Umsturzes besondere Maßnahmen zu ergreifen und Rechte außer Kraft zu setzen; im ▸ Grundgesetz von 1949 nicht vorgesehen, seit 1968, nach heftigen Protesten, eingeführt.

Notverordnungen: der Reichspräsident konnte Notverordnungen aufgrund von Artikel 48 der ▸ Weimarer Verfassung bei Gefährdung der „öffentlichen Sicherheit und Ordnung“ und zur Wiederherstellung derselben erlassen; zudem durfte er die Grundrechte zeitweise ganz oder zum Teil außer Kraft setzen, ohne dass die Mehrheit im Reichstag zustimmen musste. ▸ Ermächtigungsgesetz, ▸ Präsidialkabinette.

Nürnberger Gesetze (1935): die systematische Ausgrenzung der jüdischen Bevölkerung erfuhr mit diesen Gesetzen einen ersten Höhepunkt; so wurden Eheschließungen sowie außereheliche Beziehungen zwischen Juden und „Ariern“ verboten; Juden verloren die deutsche Staatsbürgerschaft; die rechtliche Diskriminierung zog die gesellschaftliche Ausgrenzung und Isolation mit sich. ▸ Arisierung.

Oktoberrevolution: revolutionärer Aufstand in Petrograd (Russland) unter Führung von Wladimir I. Lenin und seinen Anhängern am 25. Oktober 1917 (nach westlicher Zeitrechnung am 7. November).

Ostblock: Bezeichnung für die meist osteuropäischen Staaten unter der Führung der UdSSR von 1947 bis 1989; kennzeichnend war eine einheitliche Politik, die sich auf der Führungsrolle der jeweiligen kommunistischen oder Arbeiterpartei gründete.

Ostverträge: Sammelbezeichnung für den Moskauer Vertrag 1970 (Gewaltverzicht), den Warschauer Vertrag 1970 (Oder-Neiße-Linie als endgültige Westgrenze Polens anerkannt), das Berlin-Abkommen 1971 und den ▸ Grundlagenvertrag mit der DDR 1972; sie sollten das Verhältnis der Bundesrepublik zu ihren östlichen Nachbarstaaten verbessern; trotz der Festlegung im Potsdamer Vertrag, der eine endgültige Festlegung der Grenzen ausschließlich von einem Friedensvertrag abhängig machte und trotz der Aufgabe des Alleinvertretungsanspruchs der Bundesrepublik (Hallstein-Doktrin), die DDR nicht als Ausland anzuerkennen, verstießen die Ostverträge nicht gegen das Wiedervereinigungsgebot des ▸ Grundgesetzes.

Ost-West-Konflikt: entstand durch den ideologischen Gegensatz zwischen dem demokratisch regierten Westen und dem kommunistischen ▸ Ostblock; diesem begegneten die Westmächte mit der ▸ Containment-Politik und massiver wirtschaftlicher Hilfe (▸ Marshallplan); der Konflikt hatte die Spaltung Europas und die Bildung zweier deutscher Staaten zur Folge. ▸ Kalter Krieg.

Parlamentarische Demokratie: Republik mit einem gewählten Präsidenten als Staatsoberhaupt; die Gesetzgebung liegt beim Parlament, die Reichsregierung wird vom Staatspräsidenten ernannt, ist aber von Mehrheiten im Parlament abhängig. ▸ Notverordnungen.

„Perestroika“ (russ. = Umgestaltung): neben ▸ „Glasnost“ wichtigster Begriff für die Reformpolitik von Michail Gorbatschow; zielte auf die Demokratisierung des Wirtschaftslebens und der Gesellschaft.

Planwirtschaft: zentral organisierte Lenkung und Kontrolle der Wirtschaft durch den Staat, die im Gegensatz z. B. zur ▸ sozialen Marktwirtschaft Eigeninitiative und freien Wettbewerb mit im Voraus festgelegten Sollplänen verhindert.

Präsidialkabinett/-e: deutsche Regierungen von 1930 bis 1933; waren nur vom Vertrauen des Reichspräsidenten abhängig; fand ein Gesetz nicht die Zustimmung der Reichstagsmehrheit, konnte der Reichspräsident den Reichstag auflösen; Gesetze wurden dann von dem jeweiligen Präsidialkabinett mit Gegenzeichnung des Reichspräsidenten als ▸ Notverordnung erlassen; die weitgehende Ausschaltung des Parlaments leitete das Ende der ▸ Weimarer Republik ein.

Putsch: Versuch einer Minderheit, mit einer überraschenden, meist gewaltsamen Aktion, die Regierung zu stürzen und die Macht im Staat diktatorisch zu übernehmen.

Rassenlehre/-ideologie: pseudo-wissenschaftliche Unterscheidung der Menschen nach biologischen Merkmalen, von denen auf bestimmte Eigenschaften geschlossen und der Wert der Menschen bestimmt wird.

Räterepublik/-system: Herrschaftsform, bei der eine Demokratie mithilfe von Räten (▸ Sowjets) verwirklicht werden soll; ihre Mitglieder wurden gewählt und mussten sich an die Weisungen ihrer Wähler halten; Gewaltenteilung gab es nicht; Lenin benutzte die Räte zum Aufbau der „Diktatur des Proletariats".

SED (-Stasi-Diktatur): die Sozialistische Einheitspartei Deutschlands kontrollierte Staat und Gesellschaft der DDR; der Generalsekretär der SED besaß ein absolutes Weisungs- und Kontrollrecht gegenüber allen Organen und Institutionen und war dadurch der eigentliche Machthaber des Staates.

Selbstbestimmungsrecht der Völker: Anspruch einer Nation oder von Nationalitätengruppen auf Unabhängigkeit. ▸ Völkerbund.

Sowjet (russ. = Rat): Arbeiter-, Soldaten- oder Bauernräte übten die politische Macht aus; sie wurden direkt gewählt, waren an Weisungen gebunden, konnten jederzeit abberufen werden. ▸ Räterepublik.

Sowjetunion/UdSSR: kommunistischer Nachfolgestaat des Zarenreichs; nach dem Sieg der ▸ Bolschewiki im Bürgerkrieg wurde im Dezember 1922 die „Union der Sozialistischen Sowjetrepubliken" (kurz: Sowjetunion) gegründet, die nahezu alle Gebiete des vormaligen Zarenreichs wieder in einem Staat vereinte; die Sowjetunion hatte bis zum Jahr 1991 Bestand.

Soziale Marktwirtschaft: Wirtschaftsordnung in der Bundesrepublik, die wirtschaftlich freies Handeln mit sozialer Gerechtigkeit verbindet; dabei schafft der Staat den Rahmen für individuelles Handeln und geordneten Wettbewerb, sorgt auch für gerechte Einkommens- und Vermögensverteilung sowie soziale Sicherheit; diese Wirtschaftsform wurde zur Grundlage des Wirtschaftsaufstiegs seit den 1950er Jahren in der Bundesrepublik.

SS(-Staat): SS = Schutzstaffel; Gegenpol zur Wehrmacht; wurde zum wichtigsten Machtinstrument Hitlers; zunächst als kleine Eliteeinheit zum Schutz Hitlers gegründet, übernahm die SS unter dem Reichsführer Heinrich Himmler die Sicherung des NS-Staates und wurde zum Instrument der Durchführung des NS-Terrors; sie war zuständig für die ▸ Konzentrationslager (Totenkopf-SS); nach Aufstellung eigener Truppenverbände, der Waffen-SS (während des Kriegs ca. eine Million Soldaten), verantwortlich für eine Vielzahl grausamer Kriegsverbrechen vor allem in den besetzten sowjetischen Gebieten. ▸ Lebensraumpolitik.

Stalinismus: bezeichnet ein diktatorisches und bürokratisches System in sozialistisch-kommunistischen Parteien und Staaten, wie es erstmals unter Stalin praktiziert wurde; der Umbau zum Industriestaat und die Kollektivierung der Landwirtschaft erfolgte mit brutalsten Terrormethoden, wobei Millionen Menschen den Tod fanden; die Phase der „Entstalinisierung" begann 1956 unter Parteiführer Nikita Chruschtschow.

„Stunde Null": der Begriff wird mit dem 8. Mai 1945, dem Tag der Kapitulation der deutschen Truppen sowie dem Ende des Zweiten Weltkriegs als auch dem Ende der NS-Diktatur verbunden; in der DDR sprach man vom „Tag der Befreiung", in der Bundesrepublik u. a. vom „Zusammenbruch" oder der „Stunde Null"; die Vorstellung, mit dem 8. Mai 1945 sei ein allumfassender Neubeginn verbunden gewesen, verdeckt die Tatsache, dass es zwischen der Diktatur und der Bundesrepublik auch Kontinuitäten gegeben hatte.

Totaler Krieg: Ausrichtung des gesamten öffentlichen Lebens, der Arbeitskraft der Bevölkerung und aller wirtschaftlicher Mittel auf die Kriegsführung eines Landes.

Totalitärer Staat/Totalitarismus: eine totalitäre Herrschaft hebt die Trennung von Staat und Gesellschaft auf; staatliches Handeln greift in alle Bereiche des öffentlichen und privaten Lebens; eine Ideologie benennt die Ziele des Staates, denen sich alle Individuen unterordnen müssen; eine Einheitspartei kontrolliert sämtliche Lebensbereiche, lenkt die Wirtschaft zentral; jeglicher Widerstand wird gewaltsam unterdrückt. ▸ Autoritäre Regime. ▸ Faschismus. ▸ Nationalsozialismus.

Umbruch im Ostblock (1989/90): trotz Unterzeichnung der ▸ KSZE-Schlussakte blieb Opposition gegen die kommunistische Herrschaftsstruktur in den Ländern des ▸ Ostblocks gefährlich; erst durch Michail Gorbatschows Reformkurs kam Bewegung zustande; unter dem Eindruck dieser Politik wurde ab 1988 insbesondere in Ungarn und Polen ein Prozess der Verselbstständigung und Demokratisierung in Gang gesetzt; 1989 öffnete Ungarn mit der Grenze zu Österreich den sogenanntene ▸ „Eisernen Vorhang"; Bürgerrechtsbewegungen bewirkten in der Deutschen Demokratischen Republik und der Tschechoslowakei einen Kurswechsel; die polnische Gewerkschaft „Solidarność" konnte sich nach langen Jahren des Kampfes endlich durchsetzen; zwischen 1989 und 1990 kam es zur Bildung von Mehrparteiensystemen und zur Durchführung von freien Wahlen; der ▸ Warschauer Pakt löste sich auf; die ▸ Sowjetunion hörte 1991 zu bestehen auf.

UNO (United Nations Organization): wurde 1945 gegründet mit dem Ziel, Frieden zu schaffen und zu erhalten sowie die Menschenrechte zu sichern; an der Spitze steht der Generalsekretär; (Haupt-)Sitz ist in New York; wichtige Organe sind der UN-Sicherheitsrat und die UN-Vollversammlung; wichtige UN-Organisationen: das Flüchtlingshilfswerk UNHCR, das Kinderhilfswerk UNICEF und die Weltgesundheitsorganisation WHO; bekannt sind Missionen der Blauhelmsoldaten zur Friedenssicherung in Krisengebieten; heute (2012) gehören der UNO 193 Länder an.

Vernichtungskrieg: Begriff kam nach den Materialschlachten des Ersten Weltkriegs auf, wird aber vorrangig für den Zweiten Weltkrieg verwendet; bewaffnete Kriegsführung ohne jegliche Rücksicht auf Verluste; bedeutet die Tötung oder Vertreibung ganzer Volksgruppen; die Enteignung deren Eigentums wird in Kauf genommen; die Auflösung aller staatlichen und wirtschaftlichen Organisationen wird durchgeführt.

Versailler Vertrag: Vertrag zwischen den Alliierten und Deutschland, der den Ersten Weltkrieg beendete; Artikel 231 (Kriegsschuldartikel) stellte die alleinige Kriegsschuld des Deutschen Reichs fest und verpflichtete es zu Reparationszahlungen an die Siegermächte; zudem musste das Reich zahlreiche Gebiete abtreten und sein Heer erheblich reduzieren.

Vertrag von Maastricht: Im Februar 1992 von den Außenministern der EG-Staaten unterzeichneter und 1993 in Kraft getretener Vertrag zur Gründung der ▸ Europäischen Union (EU) mit dem Ziel, eine Einigung der Mitgliedsstaaten auf politischem, sozialem und wirtschaftlichem Gebiet zu erreichen; der Vertrag ruht auf drei Säulen: auf der Europäischen Gemeinschaft, einer gemeinsamen Außen- und Sicherheitspolitik und der Zusammenarbeit in der Rechts- und Innenpolitik; er sah darüber hinaus die Bildung einer Wirtschafts- und Währungsunion bis 1999 vor.

Vertreibung: Festlegung von den allliierten Siegermächten auf der ▸ Konferenz von Potsdam 1945, dass Deutschland die Provinzen Schlesien, Pommern und Ostpreußen teils an den wieder entstandenen Staat Polen und teils an die Sowjetunion abzutreten habe; eine Folge davon war die systematische Vertreibung der deutschen Bevölkerung aus allen ostmitteleuropäischen Staaten, die laut Abkommen „ordnungsgemäß und human" ablaufen sollte; etwa vierzehn Millionen deutsche Flüchtlinge und Vertriebene verloren ihre Heimat, von denen über zwei Millionen auf der Flucht ums Leben kamen.

Völkerbund: auf Vorschlag von US-Präsident Wilson 1920 in Genf gegründeter Bund von Nationen, um gemeinsam Konflikte zu lösen und den Frieden zu sichern; Vorläufer der ▸ UNO; Deutschland war von 1926 bis 1933 Mitglied. ▸ Selbstbestimmungsrecht.

„Volksgemeinschaft": Vorstellung von einer Lebensgemeinschaft, in der Klassen- und Standesunterschiede fremd sind; die Nationalsozialisten förderten diese Gesinnungsgemeinschaft u.a. durch Massenaufmärsche, Fackelzüge, aber auch durch propagandistisch wirksame Sammlungen, z.B. für das Winterhilfswerk; wer aus politischen oder rassistischen Gründen nicht dazugehören durfte, wurde verfolgt.

Währungsreform: Versuch, eine inflationäre Währung (▸ Inflation) in eine stabile umzuwandeln; 1923 in der Zeit der ▸ Weimarer Republik: „Wunder der Rentenmark“; zur Stabilisierung der schwachen Reichsmark wurde am 21. Juni 1948 in der westlichen Zone die Deutsche Mark (DM) eingeführt; diese Währungsreform verstärkte den bereits bestehenden Konflikt zwischen der UdSSR und den Westmächten; wurde einer der Auslöser für die Berliner Blockade.

„Wandel durch Annäherung“: unter diesem Motto setzte sich die sozial-liberale Regierung unter Bundeskanzler Brandt ab 1969 für eine Politik des Ausgleichs mit dem Osten ein. ▸ Ostverträge.

Warschauer Pakt: Gegengewicht zur ▸ NATO; von acht osteuropäischen Staaten und der Sowjetunion 1955 geschlossener „Vertrag über Freundschaft, Zusammenarbeit und gegenseitigen Beistand“; sowjetische Militärs standen an der Spitze; die Sowjetunion hatte das Recht, Truppen in den Mitgliedsstaaten zu stationieren; nach dem Zerfall des ▸ Ostblocks löste sich der Warschauer Pakt 1991 auf.

Weimarer Republik: Bezeichnung für das Deutsche Reich zwischen 1918 und 1933, das in dieser Zeit eine demokratische Verfassung besaß; aufgrund wirtschaftlicher Schwierigkeiten und der gleichzeitigen Zunahme von radikalen Parteien brach die Weimarer Republik zusammen.

Weimarer (Reichs)Verfassung: wurde 1919 verabschiedet; war die erste demokratische Verfassung Deutschlands, die in Kraft trat; der Reichstag und der Reichspräsident waren die wichtigsten Staatsorgane; Artikel 48 schrieb dem Reichspräsidenten weit reichende Vollmachten zu.

Weltwirtschaftskrise: wurde durch den dramatischen Kurseinbruch der New Yorker Börse am 25. Oktober 1929 ausgelöst; aufgrund der starken finanziellen Verflechtungen der USA mit Europa kam es zu einer weltweiten Wirtschaftskrise; Deutschland als einer der wichtigsten Schuldner der USA war besonders stark betroffen.

Westintegration: wirtschaftliche und politische Einbindung der Bundesrepublik in das westliche Bündnis, die u.a. mit dem Beitritt zur ▸ NATO 1955 vollzogen wurde; die Westintegration der Bundesrepublik war eine wichtige Etappe auf dem Weg zur europäischen Einigung. ▸ Europäische Union.

Zwangsarbeiter: Zwangsarbeiter mussten die im Krieg kämpfenden oder gefallenen Soldaten ersetzen; neben ausländischen Zivilisten, sogenannten „Fremdarbeitern“, die oft unter falschen Versprechungen oder gegen ihren Willen eingesetzt wurden, gab es während der NS-Zeit viele Kriegsgefangene und KZ-Häftlinge, aber auch Juden, die Zwangsarbeit durchführen mussten; die Tätigkeiten reichten von leichten Arbeiten bis hin zur „Vernichtung durch Arbeit“; Zwangsarbeit fand sowohl im Deutschen Reich als auch in den besetzten Gebieten Europas statt.

Zwei-plus-vier-Vertrag (Vertrag über die abschließende Regelung in Bezug auf Deutschland vom 12. September 1990): wurde in Moskau von den beiden deutschen Staaten, den USA, der Sowjetunion, Frankreich und Großbritannien unterzeichnet; er nimmt die Stelle eines Friedensvertrags für ganz Deutschland ein, der seit der ▸ Konferenz von Potsdam von den alliierten Siegermächten 1945 aufgeschoben worden war. ▸ Einigungsvertrag.

Bildquellenverzeichnis

Cover/l. ullstein bild/Röhrbein; Cover/M. akg-images; Cover/M. bpk; 2/o. l. akg-images; 2/M. l. bpk; 2/u. l. Russische Staatsbibliothek, Moskau; 2/o. M. akg-images; 2/u. M. bpk; 2/o. r. Bundesarchiv, Plak 005-002-007; 3/o. l. Landesarchiv Berlin, H. Siegmann; 3/u. l. ullstein bild – Sven Simon; 3/M. o. Ivan Steiger; 3/M. u. picture-alliance/dpa; 3/o. r. Keystone – AP; 3/u. r. ullstein bild – Röhrbein; 6/l. akg-images/Erich Lessing; 6/o. r. The New York Historical Society; 6/u. r. akg-images; 7/o. l. akg-images/Nimatallah; 7/u. l. akg-images; 7/r. Merck-Archiv (Y1/af-46); 8/l. Deutsches Historisches Museum, Berlin; 8/o. r. akg-images; 8/u. r. akg-images; 9/o. l. akg-images; 9/M. l. bpk; 9/u. l., o. r. ullstein bild; 9/M. r. Russische Staatsbibliothek, Moskau; 9/u. r. Bergmoser + Höller Verlag, Zahlenbilder; 10/o.l. akg-images; 10/l. M. visum – Silke Reents; 10/l. u. Harper + Row Publisher, N. Y.; 10/o. 1. SZ Photo/Haase; 10/r. 2. akg-images; 10/r. 3. Landesarchiv Berlin – H. Siegmann; 10/r. 4. Spiegel-Verlag, Hamburg; 11/l. Ivan Staiger; 11/o. r. MEV-Verlag; 12/o. l. SZ Photo; 12/13 SZ Photo; 14/M1 picture-alliance/Photoshot; 16/M1 akg-images; 19/M1 aus: Heinz Dieter Schmid, Fragen an die Geschichte, Hirschgraben 1981; 19/M2 aus: Hans Dollinger, Der Erste Weltkrieg in Bildern und Dokumenten, Wiesbaden 1965; 20/M1 Bundesarchiv, Bild 183-R05951; 20/M2 akg-images; 22/M2 Deutsches Historisches Museum, Berlin; 22/M2 akg-images; 23/M3 Deutsches Historisches Museum, Berlin; 24/M1 bpk; 24/M2 Stadtarchiv Darmstadt; 26/M1 © Bettmann/CORBIS; 27/M2 Imperial War Museum, London; 27/M3 Württembergische Landesbibliothek Stuttgart; 28/M1 Archiv Westermann, Braunschweig; 31/M2 bpk; 32/M1 ullstein bild – Nowosti; 33/M2 ullstein bild – Granger Collection; 35/M2 akg-images/Erich Lessing; 35/M3 ullstein bild; 35/M4 bpk; 39/M2 bpk/© VG Bild-Kunst, Bonn 2012; 40/o. r. akg-images; 40/o. l. akg-images; 41/o. l. © Heritage Images/Corbis; 41/u. l. SZ Photo/Rue des Archives/CCI; 41/o. r. akg-images; 42/o. bpk; 42/u. Gedenkstätte Deutscher Widerstand, Berlin; 43 ullstein bild – Lufthansa AG; 44 bpk; 46/M1 bpk; 46/M2 ullstein bild – heritage; 47 SZ Photo/Scherl; 48/M1 Archiv der Stiftung Reichspräsident Friedrich-Ebert-Gedenkstätte, Heidelberg; 50/M1 Universitätsbibliothek Heidelberg; 51/M2 Landesarchiv Berlin; 53/M4 ullstein bild – Archiv Gerstenberg; 53/M5 ullstein bild – Archiv Gerstenberg; 54/M1 bpk; 55/M4 o. ullstein bild – Granger Collection; 55/M4 u. Solo Syndication/Associated Newspaper Ltd.; 56/M1 ullstein bild; 56/M2 Stadtarchiv Leipzig; 58/M1 ullstein bild – KPA; 58/M2 Deutsches Filmmuseum, Frankfurt am Main; 59/M3 bpk; 61/M2 akg-images; 62/M1 Bundesarchiv, Bild 102-12023; 62/M3 SZ Photo; 63/M5 bpk/© VG Bild-Kunst, Bonn 2012; 64/o. r. Deutsches Historisches Museum, Berlin; 64/u. r. Deutsches Historisches Museum, Berlin; 65/o. l. Bundesarchiv, Plak 002-027-008; 65/u. l. Deutsches Historisches Museum, Berlin; 65/o. r. ullstein bild – Archiv Gerstenberg; 65/u. r. ullstein bild – Archiv Gerstenberg; 66/o. l. Deutsches Historisches Museum, Berlin; 66/u. l. Deutsches Historisches Museum, Berlin; 66/67 Agentur Karl Höffkes; 67/o. akg-images; 67/u. Picture Press, Hamburg; 69/M2 1. US Holocaust Memorial Museum; 69/M2 2. www.ravensbrueck.de; 69/M2 3. Berliner Lokalanzeiger; 69/M2 4. Museen der Stadt Nürnberg; 71/M1 Russische Staatsbibliothek, Moskau; 73/M3 SZ Photo; 74/M2 © Peter Tumley/CORBIS; 76/M1 L. Raven Hill/Punch Ltd.; 77/M2 SZ Photo/Scherl;

77/M4 aus: Realismus. Zwischen Revolution und Reaktion. 1929-1939, Prestel, München 1981; 78/M1 Archivio Oronoz; 79/r. bpk/© The Heartfield Community of Heirs/VG Bild-Kunst, Bonn 2012; 80/M1 Hessisches Landesmuseum Darmstadt; 81/M2 Deutsches Historisches Museum, Berlin; 82/M1 Friedrich-Ebert-Stiftung, Bonn; 82/M2 l. Keystone Pressedienst; 82/M2 r. SZ Photo; 85/M4 Bayerische Staatsbibliothek, München; 86/M1 Bergmoser + Höller Verlag, Zahlenbilder; 87/M3 Bundesarchiv, Plak 003-002-046; 87/M4 picture-alliance/DUMONT Bildarchiv; 88/M1 ullstein bild – Archiv Gerstenberg; 88/M2 ullstein bild – Archiv Gerstenberg; 89 Interfoto; 90/M1 l. Deutsches Historisches Museum, Berlin; 91/M2 aus: A. Weidemann, Jungzug 1. Fünfzig Jungen im Dienst, Stuttgart 1936; 92/M1 SZ Photo/Scherl; 92/M2 Halbritter; 93/M5 SZ Photo/Scherl; 94/M1 Jüdisches Museum, Berlin; 95/M3 bpk; 96/M1 bpk; 97/M2 ullstein bild; 99/M3 Bundesarchiv, Plak 003-023-027; 100/M2 akg-images; 102/M1 akg-images; 104/M1 bpk – Kunstbibliothek SMB; 105/M2 Deutsches Historisches Museum, Berlin; 106/M1 bpk – Kunstbibliothek SMB; 107/M3 picture-alliance/akg-images; 107/M5, M6 ullstein bild – dpa; 108/M1 bpk – Arthur Grimm; 108/M2 Deutsches Historisches Museum, Berlin; 109/M3 Bundesarchiv, Bild 183-J14405; 109/M4 Bundesarchiv, Bild 183-R70662; 110/M1 ullstein bild; 111/M6 ullstein bild; 112/M1 Ghetto Fighters House Photo Archives, Western Galilee; 114/M1 Stiftung Denkmal für die ermordeten Juden Europas (Boris Mehl); 116/M1 Picture-alliance/dpa/© dpa – Report; 116/M2 Foto: Birgit Ströter/LVR; 118/M1 ullstein bild – dpa; 119/M2 1. ullstein bild – Leuschner; 119/M2 2. ullstein bild – Stiftung 20. Juli 1944; 119/M2 3. ullstein bild – Borgas; 119/M2 4. Interfoto (Institut für Zeitgeschichte); 120/M3 Bundesarchiv, Plak 009-009A-007; 121/M5 ullstein bild – AKG/Wittenstein; 122/M1 ullstein bild – dpa; 122/M2 CINETEXT; 123/M3 CINETEXT; 124/M1 SZ Photo/Hering, Heinz; 126/M3 picture-alliance/dpa; 127/u. r. visum – Silke Reents; 128 bpk; 129/o. aus: Jeremy Isaacs und Taylor Downing, Der Kalte Krieg. Eine illustrierte Geschichte 1945-1991, Wilhelm Heyne Verlag, München 2001; 129/u. Associated Press; 131/M4 CINETEXT; 134/M2 www.kdvr.de; 136/M1 picture-alliance/dpa/infografik; 137/M3 GhanaWeb.com; 137/M4 toonpool/Winfried Besslich; 138/M1 ullstein bild; 138/M2 © Astrofoto; 139/M4 Münchner Stadtmuseum, Plakatsammlung; 139/M5 Harper + Row Publisher, N. Y.; 139/M6 Deutsches Historisches Museum, Berlin; 140/M1 akg-images; 140/M2 Deutsches Historisches Museum, Berlin; 141/M3 Historisches Archiv der Stadt Köln; 142/M1 SZ Photo; 142/M2 Schweizer Illustrierte Zeitung, 1945; 144/M1 SZ Photo/Haase; 145/M4 bpk – Moll; 146/M1 ullstein bild – Fritz Eschen; 147/M2 bpk/Hanns Hubmann; 148/M1 Deutsches Historisches Museum, Berlin; 149/M2 akg-images; 151/M1 o. l. Bundesarchiv, Plak 004-011-039; 151/M1 o. r. Bundesarchiv, Plak 005-004-002; 151/M3 l. Haus der Geschichte, Bonn; 151/M3 r. Stadtarchiv Bochum; 154/M1 Presse und Informationsamt der Bundesregierung; 155 Landesarchiv Berlin; 156/M1 Haus der Geschichte, Bonn; 158/M1 bpk – Herbert Hensky; 160/M1 ullstein bild – Auer; 161/M4 Haus der Geschichte, Bonn/Archiv der sozialen Demokratie der Friedrich-Ebert-Stiftung; 162/M1 Archiv für Philatelie, Bonn; 162/M2 Jürgens Ost- und Europa-Foto; 163/M3 bpk – Moll; 163/M5 Joseph Heinrich Darchinger, Bonn; 164/M1 ullstein bild; 165/M2 Haus der Geschichte, Bonn; 165/M3 Haus der Geschichte, Bonn; 166/M2 picture-alliance/Mary Evans Picture Library; 167/M3 Bundesarchiv, Bild 183-19000-0733; 167/M4 picture-alliance/Helga Lade Fotoagentur GmbH, Ger; 167/M5 Joseph Heinrich Darchinger, Bonn; 168/M1 Deutsches Historisches Museum, Bonn; 169/M2 akg-images; 170/M1 Audi AG; 170/M2 Christian Ritter/www.p50.de; 170/M3 picture-alliance/dpa; 171/M4 Audi AG; 171/M5 August Horch Museum, Zwickau; 171/M6 ullstein bild – sinopictures/Readfoto; 172/M1 Westfälisches Wirtschaftsarchiv, Dortmund; 173/M2 bpk – Abisag Tüllmann; 173/M4 picture-alliance/dpa; 174/M1 ullstein bild; 174/M2 Deutsches Historisches Museum, Berlin; 175/M4 Bundesarchiv, Bild 183-F0403-0204-003N/Ulrich Kohls; 176/M1a Interfoto – Rauch; 176/M1b ullstein bild – dpa; 177/M2 akg-images; 177/M3 Joseph Heinrich Darchinger, Bonn; 177/M4 picture-alliance/dpa; 177/M5 ullstein bild – dpa; 178/M1 Landesarchiv Berlin – H. Siegmann; 178/M2 picture-alliance/dpa – infografik; 179/M3 ullstein bild – Auer; 180/M1 Interfoto – Friedrich; 181/M2 Sammlung Birgit Schwelling; 181/M4 ullstein bild – ddp; 184/M1 Deutsches Plakatmuseum, Essen/Günther Kieser; 185/M2 ullstein bild – AP Photo; 185/M3 Associated Press – Doug Mills; 186/M1 SZ Photo – Hesterberg; 187/M3 Spiegel Verlag, Hamburg; 188/M1 Bundesarchiv, Plak 104-TA4426-005; 189/M2 ullstein bild – Sven Simon; 190/M1 picture-alliance/dpa; 191/M2 Keystone Pressedienst; 192/M1, M2 BStU, Berlin; 193/M4 o., u. Stasimuseum, Berlin;194/M1 picture-alliance/dpa/© dpa – Report; 195/M2, M4 picture-alliance/dpa; 195/M5, M6 picture-alliance/dpa – infografik; 196/M. WDR; 197/M1 1. Interfoto; 197/M1 2. ullstein bild – British Airways; 197/M1 3. picture-alliance/dpa/© dpa – Bildarchiv; 197/M1 4. l. Wikipedia, 4. r. bpk; 197/M1 5. bpk; 197/M1 6. akg-images; 198 Corbis – Reuters; 199/o. picture-alliance/dpa/© dpa – AFP; 199/u. ullstein bild – AP Photo; 200/M1 Laski; 200/M2 picture-alliance/dpa; 202/M1 Associated Press – Holzner; 203/M2 Ivan Staiger; 203/M3 (J. L. Atlan/Corbis; 204/M1 Deutsches Historisches Museum, Berlin; 205/M2 l., r. Haus der Geschichte, Bonn; 206/M1 picture-alliance/dpa; 207/M4 Peter Leger (Künstler), Haus der Geschichte, Bonn; 208/M2 Karin Mansaray, Berlin; 209/M2 Klaus Böhle; 209/M3 Jürgens Ost- und Europa-Foto; 210/M1 ullstein bild – AP; 210/M2 Keystone Pressedienst; 211/M4 picture-alliance/dpa; 211/M6 Joachim Kohlbrenner; 212/M1 ullstein bild – Röhrbein; 213/M2 Associated Press; 214/M1 ullstein bild – Reuters; 215/M2, M4 Bergmoser + Höller, Zahlenbilder; 216/M1 Haus der Geschichte, Bonn; 216/M2b aus: Jerusalem Post, 31.5.1990; 216/M3b Haus der Geschichte, Bonn; 217/M4b Peter Brookes; 218/M1 Spiegel Verlag, Hamburg; 219/M2 Peter Dittrich, Petershagen-Eggersdorf; 220/M1 MEV-Verlag; 221/M4 Karl-Heinz Schoenfeld; 223/M2 360-berlin – Carl Fredrik Reuterswärd/© VG Bild-Kunst, Bonn 2012; 225/o. l. Presse- und Informationsamt der Bundesregierung; 225/o. r. picture-alliance/ZB/© ZB – Fotoreport; 225/M. l. picture-alliance/dpa/© dpa – Bildarchiv; 225/M. M., M. r. Keystone Pressedienst; 225/u. l. picture-alliance/dpa/© dpa – Report; 225 u. M. Keystone Pressedienst; 225/u. r. Keystone/Georg Munker; 226/M1 Spiegel Verlag, Hamburg; 226/M2 NASA; 227/M5 Joem Sackermann; 229/M4 Lob; 230/M1 Bodleian Library; 231/M4 akg-images/Erich Lessing; 232/M1 akg-images/Erich Lessing; 233/M4 Zentralbibliothek Zürich, Handschriftenabteilung; 234/M1 Historisches Museum Bremerhaven; 235/2 Siebengebirgsmuseum der Stadt Königswinter; 236/M1 picture-alliance/akg-images (Montage); 237/M4 SZ Photo; 238/l., r. akg-images; 240/l. ullstein bild – Heritage Images/Stapleton Historical Collection; 240/M., r. akg-images

Trotz entsprechender Bemühungen ist es nicht in allen Fällen gelungen, den Rechteinhaber ausfindig zu machen. Gegen Nachweis der Rechte zahlt der Verlag für die Abdruckerlaubnis die gesetzlich geschuldete Vergütung. Dies gilt sowohl für die Bild- als auch die Textquellen.

Herausgeber und Autoren

Joachim Cornelissen, Meerbusch
Dr. Martin Ehrenfeuchter, Königsfeld
Bettina Hennemann, Stuttgart
Dr. Christoph Henzler, Krumbach
Dorina Jechnerer, Ansbach
Julia Kind, Sonthofen
Jan Koppmann, Berg
Norbert Lorch, Rettenbach
Gertrud Lübbecke, Arnstadt
Kirsten Müller, Ratingen
Dr. Stefan Schipperges, Offenburg
Michael Tocha, Villingen-Schwenningen
Stefan Weih, Schwäbisch Gmünd
Helmut Winter, Meerbusch

Wissenschaftlicher Berater:

Prof. Dr. Christoph Cornelißen, Universität Frankfurt

Zu den Kapiteleingangsbildern:

S. 12 – 13: Junge Kriegsfreiwillige jubeln in die Kamera eines Fotografen (Ausschnitt; Berlin, August 1914); Kriegsgeschehen an der Westfront (Foto, Januar 1916)
S. 42 – 43: Plakat der SPD von César Klein zur Wahl der Nationalversammlung im Januar 1919; Polizisten gegen demonstrierende KPD-Anhänger (Berlin, 1. Mai 1929), Passagiere der 1926 gegründeten Lufthansa in Berlin/Tempelhof, 1928
S. 66 – 67: Reichsparteitag in Nürnberg (Foto, 1938); Werbeprospekt für den Kraft-durch-Freude-Wagen (1938), Leichenverbrennung in Dresden (Foto, 1945); Tor zum Konzentrationslager Auschwitz, Kinder am Tag der Befreiung von Auschwitz (Foto, 27. Januar 1945)
S. 128 – 129: Sowjetische und amerikanische Panzer stehen sich im Oktober 1961 am amerikanischen Kontrollpunkt „Checkpoint Charlie“ in Berlin gegenüber (Foto, 1961); deutsche Karikatur zur Aufteilung der Welt zwischen den Vereinigten Staaten und der Sowjetunion 1947; Atombombenversuch Mururoa/Französisch-Polynesien (Foto, 1970)
S. 198 – 199: Trabis passieren die Grenze in Berlin /"Checkpoint Charlie“ Grenzübergang (Foto, 1989); Demontage des Lenin-Denkmals in Wilna/Litauen (Foto, August 1991); gestürztes Denkmal von Felix Dsershinski, Gründer des sowjetischen Geheimdienstes, vor dem Staatsgefängnis Lubjanka/Moskau (Foto, August 1991)

Redaktion: Dr. Karin Friedrich
Bildredaktion: Dagmar Schmidt
Karten und Grafiken: Achim Norweg/Detlef Seidensticker, München
Umschlagkonzept: Mendell & Oberer, München
Umschlaggestaltung und Layoutkonzept: Groothuis • Lohfert • Consorten GmbH, Hamburg
Technische Umsetzung: fidus Publikations-Service GmbH, Nördlingen

www.oldenbourg-bsv.de

1. Auflage, 1. Druck 2013

Alle Drucke dieser Auflage sind inhaltlich unverändert
und können im Unterricht nebeneinander verwendet werden.

Druck: Mohn Media Mohndruck, Gütersloh

ISBN 978-3-637-01103-8

Inhalt gedruckt auf säurefreiem Papier aus nachhaltiger Forstwirtschaft.